Imprensa, livros e política no Oitocentos

CONSELHO EDITORIAL

Ana Paula Torres Megiani

Eunice Ostrensky

Haroldo Ceravolo Sereza

Joana Monteleone

Maria Luiza Ferreira de Oliveira

Ruy Braga

Imprensa, livros e política no Oitocentos

Tânia Bessone
Gladys Sabina Ribeiro
Monique de Siqueira Gonçalves
Beatriz Momesso
(Organizadoras)

Copyright © 2018 Tânia Bessone/ Gladys Sabina Ribeiro/ Monique de Siqueira Gonçalves/ Beatriz Momesso (orgs.)

Grafia atualizada segundo o Acordo Ortográfico da Língua Portuguesa de 1990, que entrou em vigor no Brasil em 2009.

Edição: Haroldo Ceravolo Sereza
Editora assistente: Danielly de Jesus Teles
Projeto gráfico, diagramação e capa: Danielly de Jesus Teles
Assistente acadêmica: Bruna Marques
Revisão: Alexandra Collontini
Imagens da capa: *Leisure*, 1910. Óleo sobre tela de William Worcester Churchill.

Essa obra contou com o apoio da FAPERJ.

CIP-BRASIL. CATALOGAÇÃO NA PUBLICAÇÃO
SINDICATO NACIONAL DOS EDITORES DE LIVROS, RJ

I31

Imprensa, livros e política no oitocentos / organização Tânia Bessone ... [et. al.]. - 1. ed. - São Paulo : Alameda.
21 cm

Inclui bibliografia
ISBN 978-85-7939-515-4

1. Imprensa - Brasil - História - Séc. XIX. 2. Livros e leitura - Brasil - História - Séc. XIX. 3. Brasil - Vida intelectual - Séc. XIX. I. Ferreira, Tânia Maria Bessone da C. (Tânia Maria Bessone da Cruz), 1949-.

17-45507 CDD: 079.81
         CDU: 070 (81)

ALAMEDA CASA EDITORIAL
Rua 13 de Maio, 353 – Bela Vista
CEP 01327-000 – São Paulo, SP
Tel. (11) 3012-2403
www.alamedaeditorial.com.br

Sumário

Apresentação
7
Cultura musical e palavra impressa
no Brasil oitocentista
Avelino Romero Pereira
15
O tempo dos almanaques: imprensa e cotidiano
na *Belle Époque* carioca
Joana Monteleone
51
Reflexões sobre a produção e a publicação de periódicos de
ciência médica no Brasil Oitocentista
Monique de Siqueira Gonçalves
75
A questão do Acre na imprensa: os métodos do Barão do Rio
Branco para a construção da opinião pública – 1903-1904
Vanessa da Silva Albuquerque
105

A imprensa religiosa como espaço de afirmação da identidade do protestantismo nacional: a missão presbiteriana e o jornal *Imprensa Evangélica*
Pedro Henrique Cavalcante de Medeiros
149

Em busca de (in)formação: estratégias editoriais femininas na Corte (1852-1855)
Everton Vieira Barbosa
185

Sobre o jornal fluminense O *Globo*: (re)definições em torno da concepção de um perfil editorial (1874 - 1876).
Priscila Salvaia
217

Ideias que vão e que vem: o diálogo entre Nabuco de Araújo e Justiniano José da Rocha
Gladys Sabina Ribeiro e Beatriz Piva Momesso
241

No bonde, com Aurélia: trânsito entre as chácaras do Jardim Botânico e o centro do Rio oitocentista
Samuel Albuquerque
279

O processo de publicação do relato da viagem científica do oficial da Marinha francesa Louis Duperrey
Daniel Dutra Coelho Braga
303

A biblioteca de Almeida Garret: a formação de um homem de Letras oitentista
Maria do Rosário Alves Moreira da Conceição
335

Com licença do Desembargo do Paço: mecanismos de funcionamento da censura no início do século XIX
Claudio M. Correa
361

Apresentação

Tratar dos impressos, em especial dos periódicos e livros que foram produzidos e/ou circularam no Brasil durante o Oitocentos, requer cuidados especiais dos estudiosos sobre o tema. Aspectos próprios às organizações sociais em questão devem ser levados em consideração na compreensão do papel exercido por esses veículos de comunicação neste *longo século XIX*. Trata-se, pois, de uma grande extensão territorial, com especificidades provinciais e municipais que apontam para a existência de diversificadas dinâmicas de produção, circulação, apropriação e ressignificação de ideias, perfazendo circuitos comunicacionais cheios de nuances que envolvem o mundo da escrita e o mundo oral. Por outro lado, se debruçar sobre o período requer a percepção processual, heterogênea e não linear do lugar ocupado por esses impressos ao largo do dezenove, mesmo porque serão muitas as matizes a serem levadas em consideração para se compreender esse período histórico em toda a sua complexidade.

No entanto, não devemos deixar de lado o contexto mais amplo no tocante a esta temática, mesmo porque muitos aspectos próprios à dinâmica estabelecida na Europa, no que diz respeito aos impressos, irão influenciar na conformação dos circuitos comunicacionais no Brasil. Assim, mesmo levando em consideração as especificidades próprias ao contexto nacional, não devemos deixar de atentar para as relações de apropriação e ressignificação frente a uma dinâmica de circulação de ideias que já havia se consolidado em alguns países do ocidente europeu e que influenciariam, sobremaneira, esse dinâmica no Brasil, dada a intensificação paulatina das trocas de informação transatlânticas. Não se trata, assim, de pensar o caso brasileiro como um reflexo das práticas estabelecidas na Europa, ou como mero reprodutor de uma dinâmica cultural europeia, mas atentar para as interações dinâmicas existentes entre estes dois espaços.

Os textos apresentados nesta coletânea cumprem, neste sentido, a função de contribuir com uma compreensão maior sobre este período, priorizando a compreensão do circuito comunicacional consolidado no Rio de Janeiro, enquanto principal porto de entrada de impressos e como espaço de maior efervescência intelectual do Império do Brasil. Ademais, além de dois capítulos serem dedicados a objetos próprios ao contexto português e francês, muitos outros autores não deixam de correlacionar os aspectos identificados no Brasil com a dinâmica estabelecida na Europa no mesmo período. Afinal, apesar de atentarmos para a existência de uma realidade histórica não condicionada de forma unicista por um contexto externo, fugindo a uma interpretação eurocêntrica e determinista, não podemos descolar a realidade nacional do seu contexto maior, visto que essas dimensões coexistem e interagem entre si, mesmo que redunde em práticas e realidades específicas.

A imprensa e os livros são objetos culturais que vem chamando a atenção aos historiadores do político dos últimos tempos. No caso do Brasil, grupos espalhados por todo o território e inseridos em linhas mestras de programas de pós-graduação aprofundam o estudo apontando para as possibilidades de um melhor entendimento de objetos concernentes às esferas política, social, cultural, econômica e científica, por vezes ocultas, a partir de análises desses objetos. No que tange aos estudos do século XIX, constituem fontes que, cada vez mais, produzem empatia aos historiadores e que se têm mostrado também imprescindíveis para a sua melhor compreensão. É verdade que estudos metodológicos sobre os usos de tais suportes no *métier do* historiador também não faltam.

A presente obra constitui o terceiro volume da coleção organizada por quatro historiadoras inseridas em investigações filiadas aos laboratórios da Universidade Federal Fluminense e da Universidade do Estado do Rio de Janeiro, integrantes fundadoras da Sociedade de Estudos do Oitocentos (SEO), em 2013. Como resultado do esforço de divulgação de pesquisas consistentes sobre o século XIX, o presente volume reúne de forma criteriosa os melhores trabalhos apresentados nos Simpósios da SEO na Anpuh-Rio, do ano de 2016. Os textos aqui contidos refletem as mais recentes e qualificadas pesquisas sobre o período, desenvolvidas por professores e pesquisadores universitários e alunos de pós-graduação (em nível de doutorado e mestrado). Além da rica temática, traduzem esforços metodológicos que aproximam a História da Literatura, ou demonstram a possibilidade de fazer no Brasil a História Conceitual do Político no século XIX, ou ainda descortinam novos modos de entendimento da História da ciência oitocentista a partir dos estudos sobre livros e imprensa.

Opiniões a parte, as boas coletâneas possuem o mérito de reunir em uma só obra vários artigos consonantes entre si e, portanto facilitam a divulgação de pesquisas pertinentes e atualizadas. Em sentido prático, democratizam o acesso ao conhecimento de qualidade a alunos e profissionais do ramo. A coesão entre os temas dos artigos nesse volume, consequentemente, visa à reflexão sobre os rumos da historiografia os impressos no Brasil. Portanto, seu valor, transcende as normativas dos órgãos reguladores da pesquisa no âmbito nacional.

A primeira parte desse volume é dedicada à imprensa e a segunda aos livros, dois mecanismos originais e difusores de ideias capazes de transformar, em distintas escalas, os destinos de grupos e personagens pertencentes a vários estratos sociais do Brasil oitocentista.

Na primeira seção, Avelino Romero Pereira destacou a intrínseca relação entre a expansão da cultura impressa e a cultura musical. Além de jornais e revistas portadores de suplementos musicais, havia também os periódicos que publicavam manuais técnicos e partituras. A constituição de espaços de sociabilidade por si só prazerosos, por sua vez, não era independente de premissas ditadas pelo projeto civilizatório apresentado e assumido pelos intelectuais do Brasil no século XIX.

No segundo capítulo, Joana Montaleone se dedica aos almanaques que surgiram no Brasil entre os anos de 1870 e 1900 e que, segundo a autora, alcançaram um verdadeiro sucesso editorial. Sua intenção é compreender, a partir de uma história do cotidiano, a influência que os almanaques tiveram nas conformações das ideias, dos comportamentos individuais, sociais e políticos ao longo do XIX. Montaleone apresenta um panorama sobre o surgimento dos almanaques no Brasil Império, argumentando que se por um lado eles marcaram a expansão do capitalismo brasileiro durante o governo de d. Pedro II, por outro, eles também refletiram as mudanças políticas e sociais do período, como a crescente urbanização e valorização dos espaços nas cidades.

O periodismo médico é o objeto de estudo de Monique de Siqueira Gonçalves que busca, através de uma análise cruzada de matérias publicadas por médicos alopatas e homeopatas na imprensa especializada e leiga, analisar a importância da palavra impressa na construção da autoridade médica. A autora propõe demonstrar, a partir da análise das fontes, como a imprensa foi, na segunda metade do século XIX, um palco privilegiado de disputas jurisdicionais socioprofissionais em curso, tendo em vista a crescente importância da palavra impressa na sociedade imperial. Para Gonçalves, no entanto, tratar da imprensa médica significa atentar para a complexidade dos circuitos comunicacionais do período estudado, de forma mais geral, haja vista o imbricamento entre o mundo oral e o mundo da escrita. E, assim, contribui para uma compreensão mais ampla sobre as dinâmicas de produção, circulação, apropriação e ressignificação de ideias por meio dos impressos no século XIX.

O profícuo debate sobre a construção da opinião pública no Brasil do longo século XIX foi o tema do artigo de Vanessa da Silva Albuquerque. A autora desenvolveu seu argumento partir das atuações do Barão de Rio Branco na questão do Acre e adotou procedimento minucioso ao comentar as posturas dos jornais da situação e da oposição na defesa dos limites entre Acre e Bolívia. Em sentido amplo, a imprensa apresentou-se, de forma nítida, como meio indispensável para a construção da política exterior brasileira.

Numa difícil tarefa de perscrutar novas notas da identidade religiosa brasileira na ainda pouco pesquisada década de 1860, e também em 1870, Pedro Henrique Cavalcanti de Medeiros interessou-se pela divulgação das ideias religiosas de teor protestante através do Jornal *A Imprensa Evangélica*. O debate via imprensa abordava temas ainda pouco conhecidos como, por exemplo, a atuação das sociedades liberais no interior dos grupos cristãos (católico e protestante), bem como suas implicações políticas e consequências práticas.

Regredindo à década de 1850, Everton Viera Barbosa demonstrou a presença de efetivas estratégias femininas por meio de editoras-mulheres na Corte brasileira. O caso exemplar do *Jornal das Senhoras* lança luz sobre os mecanismos de venda, organização do conteúdo do jornal e às tais "estratégias de marketing" desenvolvidas para atrair o público feminino. Ainda que com o objetivo de promover a melhoria moral de suas leitoras, o jornal não poupava esforços para acrescentar informação para que as mulheres se colocassem de forma mais visível numa sociedade patriarcal. O fato das redatoras serem mulheres, por si só, acrescenta um matiz importantíssimo para o entendimento histórico do período.

Ainda no campo das estratégias editoriais, Priscila Salvaia aproximou da História da Teoria Literária com maestria, ao tratar do conteúdo e da materialidade do jornal o Globo em diferentes temporalidades. A análise do discurso, as considerações sobre a forma e o suporte contribuem para o debate sobre os modos como o jornal atraía seu público e divulgava seus pressupostos ideológicos. Como pano de fundo, o artigo faz o leitor se interrogar sobre mudanças nos espaços de circulação das ideias.

A segunda parte do livro é aberta pelo texto escrito a quatro mãos por Gladys Ribeiro e Beatriz Piva Momesso, sendo o resultado de estudos atuais acerca do intercâmbio de ideias políticas entre intelectuais do Segundo Reinado, eles mesmos integrantes de partidos e de esferas do governo imperial. A pesquisa apoiada nos impressos e manuscritos do jornalista Justiniano José da Rocha e do Senador Nabuco de Araújo aponta para o nascimento de uma nova identidade política ao final da Conciliação (1853-1857), capaz de romper a dicotomia historiográfica conservador-liberal e denota a existência de clivagens do liberalismo no Brasil.

Fazendo uso de livros e autores da época, Samuel Albuquerque debruçou-se sobre os escritos biográficos de Aurélia Rolemberg, uma senhora aristocrata do Oitocentos. Como resultado da empreitada reconstruiu habilmente as paisagens rurais e urbanas e as redes de sociabilidade do Rio de Janeiro à época.

O projeto inicial dos reis Bourbons para ampliar o campo de atuação da marinha francesa incluiu o desenvolvimento de acordos com o conhecido editor Arthur Bertrand para a publicação de encadernações de luxo dos relatos de viagens científicas a partir de 1825. Daniel Dutra Coelho Braga tratou do processo de publicação do relato de viagem do oficial Louis Duperrey. Uma pergunta permeia a escrita do artigo: quais interesses, redes e tensões internas moviam a publicação e circulação dessas edições?

Já dizia Antônio Cândido que pelos livros que lê se conhece um homem. Essa foi a intenção de Maria do Rosário Alves Moreira da Conceição ao estudar a biblioteca de Almeida Garret. A autora considerou o cânone de leitura não só como instrumento para desvendar a formação de um homem de letras do Oitocentos, como também para analisar suas motivações como homem público, na medida que a escolha de livros com determinados temas em determinados períodos permite pensar sobre contextos políticos e mecanismos de apropriação das ideias.

Por fim, o tema da censura no século XIX não poderia ficar de fora dessa coletânea, por isso Cláudio Corrêa encarregou-se de analisar a trajetória dos mecanismos de controle das notícias durante o Reinado de Dom João V no Brasil. Valendo-se da documentação do Fundo da Mesa do Desembargo do Paço, discutiu além das instituições envolvidas, as influências e opiniões sobre a expansão das ideias iluministas francesas na Corte brasileira.

Para os interessados nos novos temas e métodos da História Política e Cultural os melhores votos de uma boa leitura, com a certeza de que a inspiração do autor brotará depois dessa experiência na qualidade de leitor dessa obra.

As organizadoras

Cultura musical e palavra impressa no Brasil oitocentista

Avelino Romero Pereira[1]

> [...] *e os pares entraram a saracotear a polca da moda.*
> *Da moda; tinha sido publicada vinte dias antes, e já não havia canto ou recanto da cidade em que não fosse conhecida.*
>
> Machado de Assis, *Um homem célebre*

Em junho de 1888, a *Gazeta de Notícias* do Rio de Janeiro trazia na primeira página um conto de Machado de Assis, que se tornaria

---

1 Historiador e pianista, Doutor em História Social pela UFF e professor de História da Música do Instituto Villa-Lobos da UNIRIO (Universidade Federal do Estado do Rio de Janeiro).

referência para os estudos sobre música e literatura no século XIX. Em *Um homem célebre*, o escritor narra a trajetória frustrada de Pestana, um compositor dividido entre a ambição de compor uma obra nos moldes clássicos, "que fosse encadernada entre Bach e Schumann", e a vocação que o levava a produzir em série um gênero de dança de fácil popularização, a "polca buliçosa", que lhe rendia fama e dinheiro, mas da qual se fartava rapidamente.² Para Antônio Carlos Secchin, "seu drama girará em torno da oposição entre o efêmero, que despreza, e o eterno, que não atinge".³

Numa leitura que extravasa os limites da ficção, Machado parece abordar não só os impasses do desenvolvimento de uma cultura musical erudita no Rio de Janeiro oitocentista, mas também a própria situação de literatos como ele, que aspiravam à consagração do livro impresso. Melhor sucedido que o personagem e suas polcas de glórias relativas, o autor teria a satisfação de ver seu conto escapar à condição efêmera própria à matéria jornalística. *Um Homem Célebre* repousaria, ao lado de *A Cartomante*, em *Várias Histórias*, volume de 1896, que lhe garantiria existência longa, entre a exegese e a conversão ao cânone. A crítica viu muitos desdobramentos no conto: o tema da "impotência criativa" e da "irrealização artística", segundo Secchin;⁴ a antevisão do alcance que a "música popular" atingiria no Brasil, para José Miguel Wisnik;⁵ e ainda um modelo ficcional para

---

2   ASSIS, Machado de. "Um homem célebre". *Gazeta de Notícias*, Rio de Janeiro, n. 180, p. 1-2, 29 jun., 1888.
3   SECCHIN, Antônio Carlos. "Cantiga de esponsais" e "Um homem célebre": estudo comparativo. In: GUIDIN, Márcia Lígia, GRANJA, Lúcia, RICIERI, Francine Weiss (orgs.). *Machado de Assis: ensaios da crítica contemporânea*. São Paulo: Unesp, 2008, p. 55-63. A citação corresponde à p. 61.
4   *Ibidem*, p. 57-58.
5   WISNIK, José Miguel. "Machado maxixe: o caso Pestana". *Teresa, Revista de Literatura Brasileira, Literatura e Canção*, São Paulo, Ed. 34, 2003, n. 4-5, p. 13-79, 2003.

abordar a situação de compositores reais, como propõe Cacá Machado em torno de Ernesto Nazareth.[6] Embora traçado num "discurso que alude e elide",[7] o conto é rico na coleta de impressões extraídas das dinâmicas culturais, e sugere reflexões sobre as práticas sociais e políticas de então: da criação artística confrontada com sua face comercial, passando pelas aspirações quanto a uma possível identidade cultural em torno de uma música apoiada sobre matrizes africanas, chegando até a um olhar crítico sobre o processo abolicionista e as relações raciais. O narrador nada diz diretamente da condição racial de Pestana, mas sugere maliciosamente que ele fosse filho de um padre "doudo por música", que vivera nos tempos de Pedro I. Ao leitor bem informado não deveria escapar a tradição dos mestres de música, negros como o padre José Maurício, que, entre 1808 e 1830, fora mestre da Capela Real, depois Imperial, ou como Carlos Gomes e Henrique Alves de Mesquita, as duas glórias da música nacional no Segundo Reinado. Além disso, a polca nomeada na primeira cena do conto chama-se "Não bula comigo, Nhonhô". Como já observado por Carlos Sandroni[8] e José Miguel Wisnik,[9] seria uma *polca-lundu*, um gênero híbrido, afro-brasileiro, e o título, uma alusão ao assédio das escravas pelos jovens senhores. Já uma nova polca seria batizada como "Senhora Dona, segure o seu balaio", nos fazendo lembrar que também as senhoras costumavam assediar os escravos...

Publicado o conto logo após a extinção da escravidão, a narrativa remonta ao ano de 1870. Traz uma referência explícita e outra velada, à Lei do Ventre Livre na cena em que o compositor procura o editor

---

6   MACHADO, Cacá. *O enigma do homem célebre: ambição e vocação de Ernesto Nazareth*. São Paulo: Instituto Moreira Salles, 2007.
7   SECCHIN, Antônio Carlos Secchin. *Op. Cit.*, p. 57.
8   SANDRONI, Carlos. *Feitiço decente: transformações do samba no Rio de Janeiro: 1917-1933*. Rio de Janeiro: Jorge Zahar, UFRJ, 2001, p. 75.
9   WISNIK, José Miguel. *Op. Cit.*, p. 39.

com sua primeira polca, ironia com que Machado alude ao engodo embutido na lei que prometia extinguir a escravidão no Brasil, mas apenas adiava o ato. O músico levava ao editor um título que já traduzia a leitura do escritor sobre o processo político. Diz a narrativa que "Pestana, quando compôs a primeira polca, em 1871, quis dar-lhe um título poético e escolheu este: Pingos de Sol". Mas o sol raia, não pinga. A expressão sugere um horizonte nublado, ao contrário da metáfora consagrada no *Hino da Independência*, de Evaristo da Veiga: "já raiou a liberdade no horizonte do Brasil". Se aos olhos dos próceres da nossa independência política a liberdade parecia raiar no horizonte, não haveria ela de vingar onde só houvesse "pingos de sol". Os dispositivos da própria lei e os expedientes empregados pelos proprietários para contornar sua aplicação, impediam que a metáfora se concretizasse como realidade social e deixasse de ser apenas o artifício retórico que adornava o velho hino composto por Pedro I. Conforme demonstrado por Sidney Chaloub, Machado de Assis conhecera de perto o problema, na condição de alto dirigente no Ministério da Agricultura, responsável pela aplicação da lei abolicionista de 1871.[10]

Ao rejeitar o título dado por Pestana, o editor explicava que "os títulos deviam ser, já de si, destinados à popularidade – ou pela alusão a algum sucesso do dia – ou pela graça das palavras", sugerindo-lhe dois: "A Lei de 28 de Setembro" ou "Candongas não fazem festa", ao que Pestana, contrariado, indagou do significado de "Candongas não fazem festa". E o editor saiu-se com o que seria talvez uma síntese da própria Lei do Ventre Livre: "não quer dizer nada, mas populariza-se logo".[11] Da ficção narrativa à crítica política e cultural, a polca e a lei, justapostas, pareciam traduzir a força da propaganda e do consumo imediato sobre valores mais nobres e perenes. A aspiração artística

---

10 CHALOUB, Sidney. *Machado de Assis, historiador*. São Paulo: Companhia das Letras, 2003.
11 ASSIS, Machado de. *Op. Cit.*, p. 1.

equiparada à aspiração política. Com a mesma facilidade com que a polca se popularizava como objeto de consumo descartável, lá se iam uma e outra, a arte e a liberdade.

O piano e a música impressa: entre a intimidade e os espaços públicos

A extraordinária habilidade com que o bruxo transforma em literatura a enxurrada de partituras impressas em circulação na época, nos introduz no tema da impressão de música e das palavras impressas sobre música como fatores mediadores das aspirações por uma cultura musical análoga à cultura letrada, ameaçadas ambas pelo analfabetismo e atravessadas por dinâmicas comerciais. Da crítica à ficção literária, dos periódicos aos manuais técnicos, os intelectuais sustentaram na palavra impressa a defesa da música como parte de um ideal civilizatório à europeia.

A expansão da cultura escrita e da palavra impressa no Brasil oitocentista corresponde complementarmente à expansão de uma cultura musical e de práticas musicais apoiadas na palavra impressa. Acompanhando de perto a imprensa no Brasil, a impressão de partituras, iniciada na década de 1820, teria seu peso nos negócios editoriais e na diversificação de práticas culturais e formas de sociabilidade. Embora a impressão regular de música no Rio de Janeiro tenha se dado no período regencial, com a instalação da "estamparia de música" do francês Pierre Laforge, é durante o Segundo Reinado que se observa seu incremento.[12] Despontam então os nomes de alguns periódicos dedicados à publicação de partituras de gêneros musicais variados, para piano ou para canto e piano: o *Philo-Harmônico*, edi-

---

12 Ver o verbete "Impressão musical no Brasil". In: MARCONDES, Marcos Antônio (org.). *Enciclopédia da música brasileira: erudita, folclórica, popular*. São Paulo: Art, 1977.

tado pelo mestre de música João José Ferreira de Freitas, em 1842; o *Ramalhete das Damas*, editado pela firma Heaton & Rensburg, entre 1842 e 1850; *A Lyra do Trovador*, editada por Theotônio Borges Diniz, entre 1856 e 1858; *O Brasil Musical*, dedicado à imperatriz, editado por Filippone, depois Filippone & Tornaghi, entre 1848 e 1875. A longevidade deste último, que lançou mais de 500 partituras, muitas delas conservadas na Divisão de Música e Arquivo Sonoro da Biblioteca Nacional do Rio de Janeiro, atesta a consolidação tanto dos negócios em torno da impressão de música quanto das práticas sociais a ela associadas.[13]

Ao lado da impressão e importação de partituras, assim como de periódicos e livros, também a publicação de manuais técnicos veio somar-se aos suportes para a difusão de valores e padrões de comportamento associados à música. Um papel destacado coube ao português radicado no Rio de Janeiro, Rafael Coelho Machado, pianista, organista, compositor e professor, que também atuaria como editor. Contribuindo para a difusão da cultura musical impressa, traduziu e publicou diversos tratados técnicos de piano, violino, flauta, violão, órgão, harmonia, além de um método de afinação de pianos, reeditado várias vezes, e um *Dicionário Musical*, o primeiro do gênero publicado no Brasil, em 1842, com uma segunda edição aumentada em 1855.[14] Valorizando uma cultura musical apoiada na escrita e nas regras de uma sintaxe musical, ele aí distingue o músico do "musiquim", ou seja, o músico inepto, capaz apenas de executar o que lê, mas sem compreender o sentido

---

13 Para um estudo sobre a impressão de partituras no Rio de Janeiro oitocentista, estendido às redes de sociabilidade que envolvem, ver ZAMITH, Rosa Maria. *A quadrilha: da partitura aos espaços festivos: música, dança e sociabilidade no Rio de Janeiro oitocentista*. Rio de Janeiro: E-papers, 2011.
14 Ver os verbetes "Impressão musical no Brasil" e "Rafael Coelho Machado". In: MARCONDES, Marcos Antônio (org.). *Op. Cit.*, p. 354 e 437.

integral do que toca, análogo àquele que se pusesse a escrever sem o domínio da gramática e da retórica.[15]

Além daqueles títulos especialmente dedicados à impressão de partituras, uma profusão de jornais e revistas de artes, literatura, moda e variedades, como a *Lanterna Mágica*, a *Minerva Brasiliense*, o *Jornal das Senhoras*, a *Marmota na Corte*, o *Bazar Volante*, a *Revista Popular* e o *Jornal das Famílias*, dentre outros, traziam suplementos musicais. Nota-se aí, da mesma forma que naquelas séries de partituras editadas como periódicos, uma tensão entre o caráter efêmero de jornais e revistas e a aspiração à perenidade por parte dos autores, que se valiam desses meios para a difusão de suas obras. Se os periódicos noticiosos estavam condenados ao descarte, os informativos e doutrinários sugeriam a conservação. E assim eram as partituras anexas, que viriam compor álbuns e coleções com que as famílias – com destaque para as moças jovens – ornamentavam a vida doméstica.

Nesse sentido, impossível desconhecer o papel do piano como fator de sociabilidade no século XIX, pavimentando, sobretudo, as relações de gênero.[16] O musicólogo norte-americano Larry Todd, prefaciando uma coletânea de artigos sobre o piano na música oitocentista europeia, observa que "mulheres de elevada condição social eram encorajadas a mostrar, ou esperava-se que mostrassem algum nível de habilidade artística como intérpretes ao teclado".[17] Considerando também as relações de gênero em torno do

---

15 Devo a referência a Gilberto Vieira Garcia, cuja pesquisa de doutorado, em desenvolvimento junto ao Programa de Pós-Graduação da Faculdade de Educação da UFRJ, sobre as trajetórias docentes e a educação musical no Segundo Reinado, contribui para a compreensão do papel da escrita na consolidação dessa cultura musical no Rio de Janeiro oitocentista.
16 Para um olhar sobre a questão, ver CARVALHO, Dalila Vasconcellos de. *O gênero da música: a construção social da vocação*. São Paulo: Alameda, 2012.
17 TODD, Larry. Preface. In: _____ (org.). *Nineteenth-century piano music*. Nova York: Schirmer, 1994, p. XI. (Tradução minha).

instrumento, um dos autores da coletânea, Leon Plantinga inicia sua análise citando passagens de romances oitocentistas de Jane Austen e Wilkie Collins, em que o piano é o mediador entre os personagens femininos e masculinos. Mas o musicólogo lembra ainda que "o piano era [...] o instrumento do século",[18] capaz de conectar esse ambiente doméstico, predominantemente feminino, ao público, cuja expressão artística era majoritariamente dominada pelos homens. Assim, por um lado, "era o instrumento predileto para a execução privada, para a celebração da sensibilidade e do sentimento em ambientes íntimos", mas, por outro lado, "o piano era também uma máquina", cuja potência o habilitava igualmente às apresentações públicas para grandes auditórios lotados.[19]

> Essa duplicidade do instrumento, portanto, revelava-o – e ao compositor que sabia valer-se dele – como um mediador capaz de conectar as duas pontas de uma sociabilidade burguesa atravessada pelas práticas musicais: do evento público, o concerto profissional para multidões de aficionados, ao evento privado, o sarau doméstico, cuja execução podia estar a cargo de musicistas amadores, principalmente mulheres.[20]

Assim, unindo as duas pontas, a impressão de partituras para consumo doméstico aparece como um fator complementar ao caráter mediador do piano e seu papel na fixação de uma cultura musical

---

18 PLATINGA, Leon. "The piano and the nineteenth century". In: Todd, Larry (org.). *Op. Cit.*, p. 1-15. A citação corresponde à p. 1 (Tradução minha).
19 *Idem*, p. 12.
20 PEREIRA, Avelino Romero. "Os afetos do intelectual romântico nas notas de um pianista: Louis Moreau Gottschalk na Corte Imperial". In: SIMPÓSIO NACIONAL DE HISTÓRIA, 28, 2015, Florianópolis. *Anais do XXVIII Simpósio Nacional de História. Lugares dos historiadores: velhos e novos desafios.* Florianópolis: ANPUH, 2015, [p. 3]. Ver também PEREIRA, Avelino Romero. "As notas de um pianista na Corte imperial: mercado e mediação cultural em Louis Moreau Gottschalk (1829-1869)". Debates, *Revista do PPGM da Unirio*, Rio de Janeiro, v. 14, p. 25-51, jun., 2015.

escrita e impressa. E reforçando o aspecto comercial desse circuito, era comum um compositor associar seu nome a um fabricante do instrumento e ao mesmo tempo a um editor de música, que assegurava a divulgação e a comercialização das composições voltadas ao consumo privado por pianistas amadores.[21]

No conto de Machado de Assis, também o piano é o grande canal, contíguo às partituras impressas, pelo qual fluem a música e as relações. Mas, curiosamente, o escritor dá outra significação à contraposição entre suas dimensões pública e privada. Na cena que abre o conto, uma Sinhazinha Mota seduzida pela face pública do Pestana aborda-o, quando este deixa o piano, depois de tocar sua "polca festiva", no "sarau íntimo", rapidamente transformado em dança pela presença do instrumento e da "composição do dia". Em contraste, recusando a exposição pública e o assédio da moça, já em casa, o compositor, metido numa camisola, refugia-se na sala dos fundos, onde mantém o piano e os retratos dos compositores clássicos e o do suposto pai. Ali, longe da celebridade, "o piano era o altar; o evangelho da noite lá estava aberto: era uma sonata de Beethoven". E ele vara a madrugada, exercitando-se nas "velhas obras clássicas", e buscando em vão compor "uma só que fosse daquelas páginas imortais". A camisola e a sala dos fundos reforçam o sentido da privacidade e do recato, algo femininos ou assexuados, com que o compositor, alheio à festa e aos corpos em movimento, entregava-se à música e à contemplação das estrelas e dos retratos – símbolos da perenidade –, "como se procurasse algum pensamento" ou "uma aurora de ideia" surgida "das profundezas do inconsciente".[22] Vale associar as expectativas do personagem a outro aspecto apontado por Plantinga: o piano e sua música como pertencendo a uma espécie de "era poética" na música, cujo início

---

21 PLATINGA, Leon. *Op. Cit.*, p. 7.
22 ASSIS, Machado de. *Op. Cit.*, p. 1.

estava associado, na cultura musical oitocentista, justamente a Beethoven, e que disputava a atenção do público aos apelos de uma música superficial e menos séria.[23] No conto, como observado antes, cabia ao pragmatismo comercial do editor contrapor uma lógica prosaica às expectativas poéticas do compositor.

Na Corte imperial, desde algum tempo, o piano estava associado à difusão da cultura musical escrita e das aspirações "elevadas". Araújo Porto-Alegre, escrevendo em 1856, nas páginas da *Revista do IHGB*, sobre o padre José Maurício, dizia que graças à ação pedagógica do padre nas primeiras décadas do século o Rio de Janeiro era agora "a cidade dos pianos".[24] De fato, o acesso à impressão musical implicava a expansão do ensino e a do fabrico e importação de instrumentos musicais, que vinham somar-se aos negócios das casas editoras de música. Coube a estas portanto fornecer os insumos para uma nova cultura musical, profana e de alcance mais amplo, conforme as dinâmicas sociais do século e um ideal de civilização e progresso. Considerando as alterações da vida privada no Segundo Reinado, Luiz Felipe de Alencastro chama o piano de "mercadoria-fetiche" daquela fase de expansão econômica iniciada em 1850, e registra o desenvolvimento de um importante mercado para o instrumento: "de alto valor agregado e de imediato efeito ostentatório – as duas características que fazem desde então a felicidade respectiva dos importadores e consumidores brasileiros de renda concentrada – o piano apresentava-se como o objeto de desejo dos lares patriarcais".[25]

---

23 PLATINGA, Leon. *Op. Cit.*, p. 8.
24 PORTO-ALEGRE, Manoel de Araújo. "Apontamentos sobre a vida e obras do padre José Maurício Nunes Garcia". *Revista do Instituto Histórico e Geográfico Brasileiro*, Rio de Janeiro, t. 19, p. 354-369, 1856. A citação corresponde à p. 358.
25 ALENCASTRO, Luiz Felipe de. "Vida privada e ordem privada no Império". In: _____. (org.). *História da vida privada no Brasil: Império: a Corte e a modernidade nacional*. São Paulo: Companhia das Letras, 1997, p. 11-93. A citação corresponde à p. 47.

E analisando o conto de Machado de Assis, José Miguel Wisnik complementa:

> O piano traz consigo um fragmento prestigioso de Europa, constituindo-se nesse misto de metonímia de civilização moderna e ornamento do lar senhorial, onde entretém as moças confinadas ao espaço da casa. [...] Mas, antes de mais nada, o instrumento já supõe, na origem importada, dois mundos musicais muito distantes entre si, que estamos vendo se cruzarem aqui o tempo todo: o repertório de salão e o repertório de concerto.[26]

Prosseguindo, Wisnik observa ainda que dificilmente o modelo musical europeu poderia ser seguido à risca, dadas as especificidades daquela sociedade senhorial e arcaica, que tornavam o piano um mero fator de sociabilidade e entretenimento, ao contrário das aspirações pela nova "era poética":

> A introdução galopante da moda do piano no Brasil não configura, obviamente, um campo dos mais propícios para o exercício das agruras progressivas da sonata, com seus desenvolvimentos complexos [...]. Ela suscitava, em vez disso, a projeção de um espaço de convivência e relação ameno, ilustrativo, decorativo, sentimental e dançante, cuja discrepância com as dimensões da tradição musical europeia de concerto é análoga, certamente, à discrepância entre as dimensões problemáticas atingidas pelo romance europeu no século XIX e a escala reduzida do que se convencionou chamar "tamanho fluminense" – expressão de José de Alencar para o marasmo imperial periférico e escravista.[27]

Ao tensionar, então, as aspirações apoiadas em modelos europeus – e é disso também que dá conta a narrativa machadiana –, a presença

---

26 WISNIK, José Miguel. Op. Cit., p. 42.
27 Idem.

do piano e de partituras impressas jamais impediu processos de ressignificação cultural e de apropriação e hibridação, a exemplo da difusão do lundu afro-brasileiro em sua versão escrita. Por outro lado, o mercado de música impressa abriu espaço também para a ascensão social de artistas em trajetórias profissionais desdobradas entre aqueles ideais de elevação estética ou um efêmero entretenimento, como nos casos respectivos de Antônio Carlos Gomes e de Henrique Alves de Mesquita. Se o primeiro conseguiu firmar-se na Europa como compositor de *opera seria*, conforme o modelo italiano, o segundo redirecionou sua carreira ao teatro cômico e ligeiro de inspiração francesa. Primeiro bolsista do Conservatório a receber o prêmio de viagem para se aperfeiçoar na Europa, Mesquita chegara de Paris em 1866, topando na volta com a Guerra do Paraguai, o fim das subvenções oficiais ao teatro lírico e um meio pouco propício à música "séria". Um ano depois, escrevendo na *Semana Ilustrada*, e portando a pena do "Dr. Semana", ao criticar uma missa de Mesquita, Machado observa: "cabe-lhe o papel invejável de ser o continuador de José Maurício. A arte brasileira atual precisa de um Beethoven: Mesquita pode sê-lo, e é para que o seja que eu lhe dou estes conselhos de amigo e de admirador".[28] Traindo então as expectativas, Mesquita haveria de se tornar um fértil compositor de música dançante, buliçosa e comercial: tangos, quadrilhas e muitas polcas...

Imprensa musical e projeto civilizador:
a *Revista Musical & de Belas Artes*

Um significativo desdobramento de todo esse processo de expansão de música impressa e de impressos sobre música foi a publicação de "revistas musicais", periódicos especializados, que traziam

---

[28] ASSIS, Machado de. "Pontos e Vírgulas". *Semana Ilustrada*, Rio de Janeiro, n. 335, p. 2.674-2.675, 12 maio 1867.

noções teóricas, crítica musical, noticiário, além da divulgação de livros e partituras. Esses periódicos se associam à própria impressão de partituras, a exemplo do já citado *Ramalhete das Damas*, que a partir de 1843 incluiu umas "folhas de leitura", editadas pelo mencionado Rafael Coelho Machado. Estes impressos, infelizmente não conservados nas coleções da Biblioteca Nacional do Rio de Janeiro, continham artigos e notícias, além de retratos de músicos, e foram considerados por Mercedes dos Reis Pequeno o primeiro periódico musical brasileiro com noticiário especializado.[29] Outro trabalho pioneiro, também não localizado na Biblioteca Nacional, é o do pianista e afinador de pianos Soland de Chirol, que entre 1860 e 1862 publicou a *Gazeta Musical do Brasil*, a qual, além de vir acompanhada de suplementos musicais, tinha o intuito de "dar todas as notícias musicais de algum vulto, quer do Brasil, quer da Europa; biografias dos artistas célebres, compositores, atores ou instrumentistas, análise das óperas que vão à cena, quer nacionais, quer estrangeiras; enfim, tratar de tudo quanto diz respeito à música".[30]

Confirmando o entrelaçamento entre a publicação de periódicos musicais e os negócios editoriais e de comercialização de instrumentos, no último quarto do século XIX circulariam no Rio de Janeiro três revistas dedicadas à difusão da cultura musical. Entre 1879 e 1880, a *Revista Musical e de Belas Artes*, "semanário artístico". Editada pela Casa Arthur Napoleão & Miguéz, editora e distribuidora de partituras e instrumentos, era dirigida por dois instrumentistas

---

29 Ver MARCONDES, Marcos Antônio Marcondes. *Op. Cit.*, e BRASIL, Ministério da Educação e Cultura, Biblioteca Nacional, "Música no Rio de Janeiro Imperial: 1822-1870". *Catálogo da exposição comemorativa do primeiro decênio da Seção de Música e Arquivo Sonoro*. Rio de Janeiro: MEC, Biblioteca Nacional, 1962, p.74. Autora do verbete sobre impressão musical da *Enciclopédia da Música Brasileira*, Mercedes dos Reis Pequeno foi a fundadora da Seção de Música, hoje denominada Divisão de Música e Arquivo Sonoro (DIMAS) da Fundação Biblioteca Nacional.
30 Apud Brasil. *Op. Cit.* p. 79.

e compositores, o pianista português Arthur Napoleão e o violinista Leopoldo Miguéz. Já na República, seriam publicadas *Arte Musical*, entre 1891 e 1892, pela Casa Bevilacqua, editora musical pertencente a uma família de músicos, e a *Gazeta Musical*, publicada entre 1891 e 1893, e dirigida por Alfredo Fertin de Vasconcellos – proprietário de uma casa de instrumentos musicais – e pelo filho de Manuel de Araújo Porto-Alegre, Inácio Porto-Alegre, então professor do Instituto Nacional de Música, nova denominação do antigo Conservatório Imperial. Embora tenham tido existência efêmera, essas publicações sinalizaram uma tendência que seria verificada nas primeiras décadas do século XX, quando várias revistas publicadas nos principais centros urbanos do país viriam consolidar-se como veículos de peso na discussão em torno de concepções e práticas musicais. Apesar da relevância dessa fatia específica das publicações periódicas que são as revistas de música, para a compreensão dos usos e significados sociais e culturais da circulação de impressos no Brasil, só recentemente elas vêm recebendo atenção de estudos especializados, que em lugar de as tomar apenas como fonte, as consideram como objeto.[31] Na sequência deste trabalho, proponho analisar mais

---

31 Ver o trabalho de Clarissa Andrade, dedicado à *Gazeta Musical*, e os de Alexandre Medeiros, que abordou a *Revista Musical e de Belas Artes*. ANDRADE, Clarissa, A *Gazeta Musical*: positivismo e missão civilizadora nos primeiros anos da República no Brasil. São Paulo: Unesp, 2013; MEDEIROS, Alexandre Raicevich de. "A *Revista Musical & de Belas Artes* (1879-1880) e o panorama musical do Rio de Janeiro no fim do século XIX". In: *Anais do XI Encontro Regional de História*. Rio de Janeiro: ANPUH-RJ, 2014; e Idem, "A Revista Musical e de Bellas Artes (1879-1880)". In: BESSONE, Tânia Bessone et. al. (orgs.). *Cultura escrita e circulação de impressos no Oitocentos*. São Paulo: Alameda, 2016, p. 83-102. Em estágio pós-doutoral concluído recentemente junto à Fundação Casa de Rui Barbosa, sobre "O Mecenato Imperial e as Sensibilidades Artísticas no Oitocentos Brasileiro", identifiquei algumas linhas de força do debate em torno da música e da mobilização dos intelectuais-artistas em relação às políticas culturais do Segundo Reinado, tomando as revistas literárias e ilustradas como fontes. Analisei também o papel mediador da *Revista Musical e de Belas Artes* na construção de uma memória em torno de alguns compositores. Retomo nesta

detidamente a primeira destas publicações, a *Revista Musical e de Belas Artes*, compreendendo as expectativas de seus editores sobre seu papel mediador na conformação de uma cultura musical escrita e impressa no Brasil.

A coleção da revista, disponível na Biblioteca Nacional do Rio de Janeiro, cobre o período compreendido entre janeiro de 1879 e dezembro de 1880. Sempre anunciada como semanário, foi de fato publicada semanalmente e somou 52 números em 1879, mas, no segundo ano, apresentou-se de forma irregular, primeiro quinzenal, depois semanalmente, somando ao todo apenas 38 edições. O caráter de semanário seria mantido apenas para os meses em que houvesse temporada lírica, conforme explicação dada no primeiro número de 1880. Em compensação, aos assinantes anuncia-se como "prêmio" a publicação, em forma de suplemento, de três ou quatro partituras para piano ou canto e piano.[32] O cabeçalho reproduzido regularmente na primeira página das edições informa que a revista é publicada aos sábados, ao preço de $500 o exemplar, e pode ser assinada na Casa Arthur Napoleão & Miguéz, pagando-se pela assinatura 10$000 anuais, 6$000 semestrais ou 4$000 trimestrais para a Corte, e 12$000 anuais ou 7$000 semestrais para as províncias.

A oitava e última página da revista servia para os anúncios de instrumentos, livros e métodos musicais e partituras à venda, além das novidades recém publicadas pela própria casa. Ao menos no número de estreia anuncia também o "Imperial estabelecimento de pianos e músicas de Narciso & C.". Ali dizia-se ainda que a *Revista Musical* "dá todas as matérias relativas ao movimento artístico do Brasil e do estrangeiro" e "publica igualmente artigos doutrinais sobre música e outras seções sobre belas artes, análise de óperas,

---

seção do trabalho algumas das reflexões ali desenvolvidas.
32 "Revista Musical". REVISTA MUSICAL, Rio de Janeiro, ano II, n. 1, p. 1, 3 jan., 1880.

crítica, etc".³³ A partir do sexto número de 1880, aparece no cabeçalho o nome de Narciso José Pinto Braga, como sócio. Narciso já estivera associado a Arthur Napoleão em 1869, após este decidir deixar a carreira de pianista itinerante, para se radicar no Rio de Janeiro, vindo a se dedicar ao comércio e ao ensino de piano. Em 1878, Narciso deixara a sociedade, abrindo espaço para Miguéz, e dois anos depois vinha reunir-se então aos dois. A Casa Arthur Napoleão & Miguéz, depois Narciso, Arthur Napoleão & Miguéz, funcionava na antiga sede do *Diário do Rio de Janeiro*, à rua do Ouvidor, centro comercial e cultural da então Corte imperial, e dispunha de um salão para concertos e reuniões literárias, que permitia ao estabelecimento comercial estender suas funções, como um empreendimento de feição nitidamente cultural.³⁴ É nesse contexto que se entende o lançamento da revista, cujos propósitos denunciavam o engajamento não só artístico de seus proprietários e editores, mas também o compromisso com um projeto civilizador apoiado na difusão da cultura musical impressa.

No número de abertura, um editorial justificava a iniciativa, observando que "a falta de uma folha, que tratasse especialmente das questões de música e belas artes, era por todos conhecida", e lembrava que "os países, mesmo os mais atrasados neste ramo de conhecimentos, têm um ou mais órgãos especiais que se ocupam da arte, já cuidando no seu progresso e desenvolvimento, já registrando os cometimentos artísticos dos seus filhos", por acharem "insuficientes, pelo limitado espaço que dedicam a esta seção, os jornais políticos, noticiosos e humorísticos".³⁵ Por aí se vê a intenção

---

33 "Revista Musical". REVISTA MUSICAL, Rio de Janeiro, ano I, n. 1, p. 8, 4 jan., 1879.
34 MARCONDES, Marcos Antônio Marcondes. *Op. Cit.*, p. 356-357.
35 "Revista Musical". REVISTA MUSICAL, Rio de Janeiro, ano I, n. 1, p. 1, 4 jan. 1879.

dos editores em ir além da mera função noticiosa, explicitando a intenção de contribuir doutrinariamente para o desenvolvimento de uma cultura musical apoiada em modelos europeus. De fato, inspirando-se nos periódicos musicais alemães e franceses de maior prestígio, os editores afirmam que pretendem contar sempre com "os escritores que, mais do que a eloquência e os primores da linguagem, possuam o conhecimento profundo da matéria de que se ocupam".[36] A referência aos modelos estrangeiros, para pautar a ação crítica, corresponde ao que a musicóloga Mónica Vermes identifica como uma tendência assumida pela crítica musical no século XIX, tendo como modelo a *Neue Zeitschrift für Musik*, fundada em 1834, em Leipzig, e editada pelo compositor Robert Schumann:

> A polarização entre compositores e público acaba resultando na percepção da necessidade de mobilização por parte dos primeiros no intuito de sensibilizar esse público para um repertório que requer cada vez mais o engajamento intelectual de seus ouvintes. Um espaço privilegiado para essa educação estética, que agora não se restringe simplesmente à percepção do belo e do elegante, será a imprensa.[37]

Sem esmiuçar em detalhes os diversos conteúdos publicados na revista, pretendo identificar as principais linhas de força que correspondem ao compromisso firmado com o projeto civilizatório embasado na difusão do que venho chamando de cultura musical impressa. Ressalto três aspectos que me parecem mais significativos, observados nos artigos e noticiários publicados ao longo de seus dois anos de existência: primeiramente, a inserção das reflexões sobre a música no conjunto das manifestações artísticas, incluindo

---

36 *Idem*.
37 VERMES. Mónica. *Crítica e criação: um estudo da Kresleriana op. 16 de Robert Schumann*. Cotia, SP: Ateliê, 2007, p. 70.

artes visuais, literatura e teatro, algo que se observa já na alteração do título da revista, que de *Revista Musical – Semanário Artístico*, a partir do terceiro número, passaria a ser *Revista Musical e de Belas Artes*; em segundo lugar, a construção de uma memória da música nacional, mediante a publicação de notas biográficas sobre o padre José Maurício e Carlos Gomes, escritas respectivamente pelo visconde de Taunay e por André Rebouças, além da reprodução dos apontamentos biográficos do padre, publicados por Araújo Porto-Alegre na *Revista do IHGB* em 1856; por fim, os vínculos com o ambiente musical francês e a ênfase na música germânica, mediada, porém, por autores e periódicos franceses, cujos textos, traduzidos, são reproduzidos pela revista.

Sobre o primeiro ponto, já ao longo daquele ano de 1879, o periódico inscreve-se nas polêmicas em torno da Exposição Nacional na Academia Imperial de Belas Artes em torno da contraposição da *Batalha dos Guararapes* de Víctor Meirelles à *Batalha do Avaí* de Pedro Américo. Progressivamente, resenhas de livros recém-publicados no país e apreciações críticas de encenações de Shakespeare no Teatro S. Pedro também passariam a compor os interesses de seus editores e redatores. A série sobre a exposição, assim como os demais artigos sobre as artes visuais ou a Academia, é publicada sempre à primeira página, funcionando como uma espécie de editorial, sob o título genérico de "Revista Musical". Em um dos artigos, o autor, não identificado, rebate as queixas que os leitores teriam manifestado contra os comentários anteriores e aproveita para fazer a denúncia do meio artístico do país, da "incúria dos nossos governos e da atmosfera artística deplorável que respiram todos aqui", afirmando em tom bastante ácido e polêmico: "ninguém mais do que nós conhece o quanto são incompetentes os críticos de música e de belas-artes no nosso país; mas também o que conhecemos é que, bons ou maus, estão à altura das obras que têm de criticar".[38]

Quanto à construção da memória em torno da música no Brasil, a revista abria com uma longa série dedicada a Carlos Gomes: as "Notas Biográficas – Carlos Gomes", escritas por uma figura estreitamente ligada ao próprio compositor e um dos mais fiéis defensores de sua obra e do apoio oficial a ele: André Rebouças. As notas foram publicadas durante seis meses, de janeiro a julho de 1879, do n° 1 ao 27, como um folhetim. Seguindo aliás o estilo folhetinesco, trata-se de uma biografia romanceada, uma representação *romântica* da trajetória do compositor, imaginativa, por vezes mística, fantasiosa na narração de determinadas passagens, embora denotando apoio em testemunhos e documentos, e ciosa na indicação de datas precisas. A narrativa percorre desde a infância do compositor em Campinas até sua consagração na Corte, com a encenação de *A Noite do Castelo* pela Ópera Nacional em 1861. Interrompe-se nesse ponto com uma observação – "fim da primeira parte" –, não havendo porém continuidade.[39]

A interrupção do relato dá margem à publicação nos números seguintes do artigo de Araújo Porto-Alegre sobre José Maurício Nunes Garcia e, após este, outros estudos biográficos do mesmo autor sobre Francisco Pedro do Amaral (n° 33, de 16 de agosto de 1879) e sobre o mestre Valentim (n° 36, de 6 de setembro, e n° 38, de 20 de setembro de 1879). A presença das "notas biográficas" sobre o padre José Maurício e Carlos Gomes revela um notável esforço pela cons-

---

38 "Revista Musical – Academia de Belas Artes – Um parêntesis". REVISTA MUSICAL, Rio de Janeiro, ano I, n. 15, p. 1, 12 abr. 1879.
39 Segundo Lutero Rodrigues, o escrito de Rebouças apoia-se no de Luís Guimarães Jr. publicado em 1870, por ocasião da estreia nacional d'*O Guarani*, em dezembro daquele ano. Ver RODRIGUES, Lutero. *Carlos Gomes, um tema em questão: a ótica modernista e a visão de Mário de Andrade*. São Paulo: Unesp, 2011, p. 18-28.

trução de uma memória em torno dos dois compositores, tomados como casos exemplares do desenvolvimento das artes musicais no Brasil. Nesse sentido, a retomada dos "Apontamentos Biográficos" que Araújo Porto-Alegre publicara na *Revista do IHGB* denota ainda a tentativa de firmar a *Revista Musical e de Belas Artes* na continuidade das ações daquele intelectual em prol de uma arte nacional.[40] O artigo aparece distribuído em seis partes, entre as edições de nº 28 a 32, nos meses de julho a agosto de 1879. No ano seguinte, a voz caberia a Taunay, das edições de número 7 a 13 e depois 15, 17 e 20, entre março e agosto.[41] Embora com respeito e fazendo ressalvas para não ferir a memória de Porto-Alegre, o autor de *Inocência* critica a geração romântica e o estilo das biografias publicadas pela *Revista do IHGB*, dizendo não ser levado "por exageração patriótica, por esse brasileirismo mal fundado e quase ridículo que durante certo período foi uma das causas do atraso intelectual e material do Império".[42] Apesar da ressalva, outra não seria sua motivação.

O que a análise dos textos de Porto-Alegre e Taunay revela é o papel desempenhado pelos escritos deste último no enquadramento da memória sobre a situação histórica do padre, e o papel mediador exercido pela *Revista Musical e de Belas Artes*, ao trazer novamente à baila a figura do padre compositor, em uma época em que sua obra era conhecida apenas de uns poucos iniciados. O próprio Taunay

---

40 O possível vínculo com as ideias de Porto-Alegre fica mais explícito com a publicação de um elogio fúnebre por ocasião de sua morte, assinado com as iniciais "A. C.", de Alfredo Camarate, que colaborava com a revista. "Revista Musical – O Barão de Santo Ângelo". REVISTA MUSICAL E DE BELAS ARTES, Rio de Janeiro, Ano II, n. 2, p. 1-2, 17 jan., 1880.

41 Esses artigos de Taunay fariam parte de um livro organizado por seu filho, em 1930, por ocasião do centenário da morte do padre. TAUNAY, Visconde de. *Uma grande glória brasileira: José Maurício Nunes Garcia (1767-1830)*. São Paulo: Melhoramentos, 1930.

42 TAUNAY, Visconde de. "O padre José Maurício: episódio inédito". REVISTA MUSICAL E DE BELAS ARTES, Rio de Janeiro, Ano II, n. 8, p. 61, 10 abr., 1880.

desempenharia a partir daí um papel fundamental na difusão de seu nome e obra, valendo-se da imprensa combinada à atuação parlamentar. O foco da representação construída como versão hegemônica repousaria na narrativa que opôs ao padre José Maurício Nunes Garcia, espécie de herói nacional, o suposto rival português, Marcos Portugal, aqui chegado a mando de D. João, e que dividira com ele as funções de mestre de música na Capela Real. A lenda biográfica que vitimiza o padre mulato parece iniciar-se com Moreira de Azevedo, em um artigo publicado na *Revista do IHGB*, em 1871. Ele diz ali do apreço de D. João pelo músico, contraposto ao desprezo que os portugueses, incluído Marcos Portugal, lhe dirigiam.[43]

Embora condizente com as rivalidades entre portugueses e brasileiros, que marcaram o reinado de D. Pedro I e os ressentimentos que se seguiram à sua queda em 1831, essa versão parece pouco sustentável diante dos relatos mais antigos de dois contemporâneos do padre: o cônego Januário da Cunha Barbosa, que convivera com o compositor na Capela Imperial, e dedicou-lhe um necrológio, publicado em 1830, pouco após sua morte; e o próprio Araújo Porto-Alegre, autor da máscara mortuária do padre, hoje no IHGB, no mencionado artigo publicado na *Revista do IHGB*, em 1856.[44] Ainda que aponte a tensão entre os músicos portugueses e brasileiros, Porto-Alegre não chega a responsabilizar o mestre Portugal pelas vicissitudes sofridas pelo padre, acusando os cantores e não o compositor. Além disso, ele e Januário da Cunha Barbosa são explícitos ao afirmarem que o excesso de trabalho exigido por D. João

---

43 AZEVEDO. Manuel Duarte Moreira de Azevedo. "Biografia dos brasileiros ilustres por armas, letras, virtudes, etc.: Padre José Maurício Nunes Garcia". *Revista do Instituto Histórico e Geográfico Brasileiro*, Rio de Janeiro, t. 32, p. 293-304, 1871.

44 BARBOSA, Januário da Cunha. "Nicrologia". DIÁRIO FLUMINENSE, Rio de Janeiro, n. 15, p. 402-404, 7 maio 1830, e PORTO-ALEGRE, Manuel de Araújo. *Op. Cit*. Esses artigos constariam de coletânea publicada pela Funarte em 1983.

é que teria minado a saúde de José Maurício, levando à fragilidade com que viveu seus últimos tempos. E a crer nisso, a chegada de Marcos Portugal e a centralidade dada a este na Capela Real, a partir de então, seriam antes um alívio que um estorvo para o brasileiro. A mediação de Taunay e da revista teriam forte ressonância nas histórias da música produzidas ao longo do século XX. Assim, se Guilherme de Melo, o autor da primeira história geral da música no Brasil, de 1908, baseando-se ainda em Porto-Alegre, fala genericamente em inveja, sem acusar explicitamente o compositor português, o mesmo cuidado não seria seguido por quantos escreveram depois.[45] Renato Almeida, pertencente à geração do modernismo de 1922, repete o que consta do relato de Taunay sobre o encontro dos dois músicos:

> Quando veio do Reino, Marcos Portugal, compositor de fama na Europa, cujas óperas foram levadas até na Rússia, com o maior sucesso, apressou-se a princesa D. Carlota em aproximar os dous maestros. Portugal exaltou o talento de José Maurício, mas, no fundo do seu coração, a inveja abriu tenda e o levou a cercar o nosso músico numa atmosfera pesada de intrigas e malquerenças, com a qual vingava a sua manifesta inferioridade.[46]

Já de si é difícil sustentar a contradição que há entre a "manifesta inferioridade" de um compositor que tinha alcançado "o maior sucesso" e "fama na Europa", diante do outro que jamais saíra daqui e praticava um estilo musical de gosto diverso, religioso e pouco dramático. Em parte essas contradições são percebidas por Mário

---

45 MELLO, Guilherme de Mello. *A música no Brasil: desde os tempos coloniais até o primeiro decênio da República*. Salvador: Tipografia de São Joaquim, 1908, p. 160-175.
46 ALMEIDA, Renato. *História da música brasileira*. Rio de Janeiro: F. Briguiet, 1926, p. 64.

de Andrade, num artigo comemorativo ao centenário da morte do padre, mas o escritor e musicólogo sucumbe também à lenda.[47] Mostrando-se crítico e irônico, tensiona a versão consagrada, na desconfiança com que se refere aos "músicos de biografia meia [sic] duvidosa"[48], ou dizendo que "a vida lhe passa em anedotas"[49]. Desmonta com habilidade o relato de Taunay segundo o qual José Maurício havia posto Haydn ao lado do "divino Bach", numa época em que este ainda não tinha sequer sido redescoberto na Europa. Apesar de irônico na forma como se refere aos escritos do "literato da *Inocência*"[50], sugerindo que o visconde de Taunay tenha se deixado levar mais pela fantasia de ficcionista do que pelo rigor historiográfico, o musicólogo paulista termina ratificando a principal conclusão do romancista, ao dizer taxativamente que "D. João VI o estimava sinceramente e Marcos Portugal o invejava", fazendo "todo o possível pra botá-lo no escuro".[51]

Essa mesma versão, com algumas variações, chegaria até a trabalhos recentes, com destaque para a biógrafa do padre, Cleofe Person de Mattos.[52] Mais valeria a toda a tradição musicográfica ter feito a devida crítica ao relato transmitido por Taunay, a respeito do primeiro encontro dos dois compositores, e publicado nas páginas

---

47 ANDRADE, Mário de. "Padre José Maurício, 1830". In: _____. *Música, doce música*. São Paulo: Martins, 1963, p. 131-142.
48 *Idem*, p. 137.
49 *Idem*, p. 139.
50 *Idem*, p. 137.
51 *Idem*, p. 139.
52 MATTOS, Cleofe Person de. *José Maurício Nunes Garcia: biografia*. Rio de Janeiro: Fundação Biblioteca Nacional, Dep. Nacional do Livro, 1997. Para algumas críticas à versão hegemônica, ver AZEVEDO, Luiz Heitor Corrêa de. "José Maurício no panorama da música brasileira". In: MURICY, José C. de A. Muricy et al.. *Op. Cit.*, p. 35-40; e FIGUEIREDO, Carlos Alberto Figueiredo. "As Missas de São Pedro de Alcântara (1808 e 1809) de José Maurício Nunes Garcia como reflexo das mudanças causadas com a chegada da Corte portuguesa ao Rio de Janeiro". *Revista do Instituto Histórico e Geográfico Brasileiro*, Rio de Janeiro, n. 442, p. 363-385, jan./mar., 2009.

da *Revista Musical e de Belas Artes*: "o episódio que deixamos narrado com pálidas cores e que nos foi contado com toda a vivacidade e individuação por uma testemunha quase de vista, a qual nos merece o maior respeito e confiança [...]".[53] Faltou a ele explicar o que seja uma "testemunha quase de vista". Trata-se de uma tradição, e cuja narrativa mostra na verdade um Marcos Portugal entusiasmado pelo padre. À chegada do português, a princesa Carlota Joaquina teria proposto um encontro no palácio, durante o qual José Maurício teria sido desafiado a tocar à primeira vista uma sonata de Haydn. Segundo Taunay, "Marcos Portugal [...] pôs-se, talvez mau grado seu, de pé e [...] precipitou-se para aquele que de repente se constituíra seu igual e no meio dos aplausos dos príncipes e da Corte apertou-o nos braços com imensa efusão". E ainda teria dito, exultante: "- Belíssimo! Bradou ele, belíssimo! És meu irmão na arte; com certeza serás para mim um amigo".[54] Ao que parecia ser a consagração do padre, porém, Taunay acrescenta o comentário:

> Voto sincero, arrancado do fundo do coração, mas que se não realizou senão muitos anos depois, separados que foram aqueles dois robustos talentos, dignos da estima e do apreço recíprocos, por baixas intrigas e violentos ódios, de que foi sempre vítima nobre e resignada o ilustre compositor brasileiro.[55]

Ao publicar na *Revista Musical e de Belas Artes*, em 1880, Taunay escreve em nova conjuntura, distinta da que originara o artigo de Porto-Alegre, e a partir de uma militância que se inicia aí pela recuperação da obra e da memória em torno do padre e também a partir da maior penetração da música germânica no Brasil,

---

53 TAUNAY, Visconde de. "O padre José Maurício – episódio inédito". REVISTA MUSICAL E DE BELAS ARTES, Rio de Janeiro, Ano II, n. 8, p. 60, 10 abr., 1880.
54 Idem.
55 Idem.

aspectos que seriam corroborados pela própria revista, como um elemento mediador na fixação da memória como parte intrínseca à cultura musical impressa. Taunay reitera o tema da rivalidade entre portugueses e brasileiros, mas o relê a partir de uma rivalidade entre a escola italiana – representada por Marcos Portugal, ligado à ópera e à estética de Rossini – e a escola germânica – representada por José Maurício, supostamente entusiasmado diante da obra de Bach, Haydn, Mozart e Beethoven, e cuja produção haveria decaído ao se ver forçado a seguir o estilo italiano. O que se esboça por trás dessa tese é o programa que os wagnerianos, liderados por Miguéz, tentariam desenvolver nos primeiros anos da República, a superação da escola italiana pela alemã. Algo que a *Revista Musical e de Belas Artes* parecia anunciar em suas páginas. Caberia a Miguéz inclusive o restauro de algumas obras do padre e sua publicação e execução por empenho de Taunay, culminando com a "Missa Festiva" – de Santa Cecília – do padre, regida por Alberto Nepomuceno na inauguração da Igreja da Candelária, em 1898.

A defesa da cultura musical germânica, tomada como modelo, é, conforme apontado, um dos traços da revista de Napoleão e Miguéz. Assim, há traduções de notas críticas e biográficas escritas pelos compositores Héctor Berlioz e Charles Gounod, e pelo crítico e editor Léon Escudier, e inclusive a publicação de um artigo em francês, fazendo referência a outro, simpático à revista e a Arthur Napoleão, publicado em Paris por Oscar Comettant, crítico musical do jornal *Le Siècle* e redator-chefe da revista *Ménestrel*.[56] Quanto à cultura musical germânica, foram publicadas notas sobre Mozart e sobre a música na Alemanha, e a reprodução das biografias de Bach, Schubert e Mendelssohn e de textos autorais de Beethoven, Schumann e Wagner. Os vínculos franceses servem como mediadores: as

---

56 "Revista Musical – Le Siècle et la Revista Musical e de Belas Artes". REVISTA MUSICAL E DE BELAS ARTES, Rio de Janeiro, ano II, n. 6, p. 1, 13 mar. 1880.

notas críticas e biográficas sobre os compositores alemães são extraídas de escritos de Antoine Marmontel, professor no Conservatório de Paris, ou da *Revue des Deux Mondes*.

Dentre os vários artigos publicados, destaco a afirmação da superioridade da sinfonia, "música sem palavras", sobre os gêneros vocais, observando que estes "*falam* à generalidade, enquanto que a sinfonia só é apreciada por um diminuto número de altas inteligências musicais".[57] O tema é o desenvolvimento de uma cultura musical escrita, sofisticada e apoiada na erudição. O artigo não vai assinado, mas não é difícil enxergar a afinidade com a visão de Leopoldo Miguéz, que viria a ser o autor de uma das primeiras sinfonias compostas no Brasil, em 1882, além de um defensor entusiasta da tradição da música "séria" e da moderna música alemã de Wagner e Liszt, contraposta às facilidades da ópera italiana e da opereta francesa. Na sequência, chama a atenção um lamento sobre o destino reservado aos compositores que, apesar de preferirem as sinfonias, viam-se na contingência de buscar outros caminhos em nome da subsistência: "quando eles viram que o mais moço, até mesmo o mais inexperiente de seus confrades obtinha mais fama e amontoava mais dinheiro com uma simples *opereta*, o que não tinham conseguido com *sinfonias* magistrais, decidiram a ir bater às portas dos teatros que se lhes abriram de par em par".[58]

O comentário é bastante coerente com a forma como os redatores da revista se referem a Henrique Alves de Mesquita, o ex-pensionista, que ao retornar da Europa dedicou-se precisamente ao gênero desconsiderado. Apesar de emitir sinais de simpatia, a linha editorial da revista marca um limite e uma distância ao noticiar a publicação da partitura de uma opereta do compositor, *La Nuit au Château*, em

---

57 "Sinfonia". REVISTA MUSICAL E DE BELAS ARTES, Rio de Janeiro, ano I, n. 13, p. 2-3, 29 mar. 1879.
58 *Idem*, p. 3.

Paris, por iniciativa de Narciso Braga, ainda não associado naquele momento à dupla Arthur Napoleão & Miguéz na editora:

> Não há no Rio de Janeiro quem não conheça o talento inspirado deste compositor. A música da *Nuit au Château* é fresca e límpida como são todas as composições deste *maestro* que um pouco mais de estudo teria colocado em primeiro plano. O gênero pertence à escola de Offenbach; não é um gênero que mereça os nossos sufrágios, o que não impede que reconheçamos o seu mérito relativo.[59]

Vê-se aí desenhar o lamento pela promessa não cumprida, o deslocamento que marca a distância entre o "talento inspirado" do compositor e o "mérito relativo" da composição. A menção a Offenbach delimita o campo dramático-musical, cindindo-o entre a ópera séria e os gêneros cômicos que firmaram presença no Rio de Janeiro entre as décadas de 1860 e 1870, especialmente depois de fracassado o projeto da Ópera Nacional e com o fim das subvenções oficiais aos teatros durante a guerra no Prata. O mercado ocupara o vazio deixado pelo oficialismo. Tendo retornado de Paris em 1866, Mesquita acabaria fincando um pé em cada lado: em 1872, seria nomeado professor interino de Rudimentos de Harmonia e Solfejo do Conservatório, ao mesmo tempo em que assumia a função de regente da orquestra da companhia Heller, responsável por vários sucessos no teatro cômico.

Mas seria uma encenação daquela opereta de Mesquita no Rio de Janeiro, no ano de 1879, que suscitaria os comentários mais extensos e também os mais críticos na *Revista Musical e de Belas Artes*, dentre os dirigidos à obra do compositor. A notícia referia-se ao fato de

---

59 "Crônica Local – La Nuit au Château". REVISTA MUSICAL E DE BELAS ARTES, Rio de Janeiro, ano I, n. 18, p. 6, 3 maio 1879.

a companhia do teatro *Phênix Dramática* reencenar a partitura, que, segundo o redator, "o talentoso maestro fez em poucos dias, para uma companhia do teatro do Alcazar".[60] Embora a justaposição do talento à rapidez da composição pudesse sugerir domínio técnico, servia na verdade para acusar o caráter da peça, ligeiro, fácil e comercial, sem grandes pretensões estéticas, portanto. Por isso, o redator responsável pela crônica musical se apressa a lembrar Mesquita como "o autor da *Missa de Paris*, da *de Pedro V*", obras sacras compostas na década de 1860, quando estudava em Paris. Justifica-se por não adotar um tom elogioso dirigido ao compositor, observando que ele "não carece do turibular ufanoso da crítica, por uma composição musical que é muito para qualquer; mas muito pouco para o que o maestro sabe fazer".[61] E vai mais longe, apontando na opereta "melodias fáceis, que o ouvido recebe desde logo, instrumentadas com graça e sobretudo sem a menor pretensão", mas lamenta não ter sido possível avaliar a instrumentação, "executada como foi por uma orquestra deficientíssima".[62] Apesar disso, congratula-se com o teatro e o editor, por permitirem levar à cena a obra e "popularizar ainda mais as composições de Henrique de Mesquita".[63] O cronista conclui então enfaticamente, fazendo votos de que, assim, o maestro pudesse arriscar algo mais sólido:

> A *Revista Musical* junta os seus aos aplausos de todos e faz votos para que um dia os esforços do honrado Sr. Narciso Braga, a proteção do público e a generosidade dos empresários se combinem para animar uma composição de mais valor e de que é capaz o talento robusto de Henrique de Mesquita, uma

---

60 "Crônica Local – La Nuit au Château". REVISTA MUSICAL E DE BELAS ARTES, Rio de Janeiro, ano I, n. 24, p. 5-6, 14 jun. 1879.
61 *Idem.*
62 *Idem.*
63 *Idem.*

ópera séria que perpetue em sólidas bases o nome de uma das maiores glórias do Brasil!⁶⁴

Nessas poucas linhas, desenrola-se o drama da tentativa de se desenvolver um projeto de Ópera Nacional no Brasil Imperial. Primeiro bolsista do Conservatório, formado no mesmo movimento que impulsionara o teatro lírico na Corte, Mesquita teve sua estadia em Paris prolongada a expensas da própria Imperial Academia de Música e Ópera Nacional, sob o compromisso de compor uma ópera, para ser encenada no Rio de Janeiro, como efetivamente seria *O Vagabundo*, em 1863. Ao retornar ao Brasil, porém, as expectativas se reverteriam diante da precariedade – sempre apontada pelos intelectuais – do meio artístico acanhado que inviabilizava o sustento do compositor, caso optasse pelo caminho da chamada música séria. Daí as trajetórias divergentes entre Carlos Gomes, que prosseguia na Itália, e Mesquita, cuja produção mudou radicalmente de finalidade. Os termos com que se refere o redator da *Revista Musical* não visavam portanto a atingir o compositor, mas a denunciar a situação.

Porém, sem demonstrar unanimidade, as páginas da revista são reveladoras das tensões que os ideais estéticos despertavam entre os melômanos. Nem todos viam como "relativo" o mérito daquelas composições ligeiras e, curiosamente, o número seguinte da revista parece trazer um contraponto àquela perspectiva tão pouco satisfeita. A "Crônica Local", seguramente a cargo de outra pena, volta a comentar, desta vez brevemente, a representação da mesma opereta de Mesquita ao lado de outra obra, levadas à cena pela companhia do ator Vasques. Ali, diz-se que "é um espetáculo cheio; porque do conjunto das duas partituras se pode dizer que é: – ouro sobre azul".⁶⁵

---

64 *Idem*.
65 "Crônica Local – O Jovem Telêmaco". REVISTA MUSICAL E DE BELAS ARTES, Rio de Janeiro, ano I, n. 25, p. 5, 21 jun. 1879.

Pena não ser possível identificar os autores dos dois textos, mas não é demais supor que o mais extenso estivesse mais afinado à orientação seguida pelos editores do periódico. Vale mencionar que, anos depois, na República, quando Miguéz tornou-se diretor do Instituto Nacional de Música, tentou excluir Mesquita do corpo docente, mas foi forçado a voltar atrás, nomeando-o professor de instrumentos de metal, cargo que ocuparia até aposentar-se em 1904, em obscuridade e muito longe do prestígio que gozara no passado.

Eis aí talvez mais uma chave de leitura para o conto de Machado de Assis e a dicotomia entre a ambição do Pestana de compor uma obra "que fosse encadernada entre Bach e Schumann" e a vocação que o restringia à "polca da moda". No conto são abundantes as referências a compositores como Mozart e Beethoven, cujos retratos pendiam na sala em que Pestana mantinha seu piano, e em cujas sonatas se exercita, à cata de inspiração para compor. "Vão estudo, inútil esforço", diz o narrador. A frustração do personagem é filha do fracasso em compor conforme os clássicos, saindo-lhe apenas a "música fácil". A valorização da música germânica, que parece ter-se iniciado pelas páginas da *Revista Musical e de Belas Artes*, encontraria forte ressonância na década de 1880, com a fundação em 1882 do Clube Beethoven, no qual Miguéz e Napoleão teriam atuação destacada e Machado de Assis, totalmente devotado à cultura musical alemã, integraria, na condição de bibliotecário, a diretoria. Cristina Magaldi observa a diferença entre o Clube Mozart, fundado em 1867, e o novo clube.[66] Naquele, a referência ao compositor que o nomeava, nenhuma influência tinha sobre o repertório e as práticas ali desenvolvidas, que incluíam até bailes. Predominavam

---

66 MAGALDI, Cristina. *Music in Imperial Rio de Janeiro: European culture in a tropical milieu*. Lanham: Scarecrow, 2004. Ver também PEREIRA, Avelino Romero. *Música, sociedade e política: Alberto Nepomuceno e a República Musical*. Rio de Janeiro: Editora UFRJ, 2007, p. 45-51.

peças curtas e leves, muitas derivadas de óperas, executadas às vezes por músicos amadores, e ouvidas como forma de entretenimento. Na nova agremiação, ao contrário, restrita à aristocracia social, política e intelectual do Rio de Janeiro imperial, ouviam-se os "clássicos" germânicos: Mozart, Haydn, Beethoven, Schubert, Schumann, Mendelssohn e ainda Liszt e Wagner. As mulheres só eram admitidas nos raros concertos sinfônicos, e o repertório, executado por músicos profissionais selecionados, exigia audição concentrada e silenciosa. Segundo Magaldi, "em nenhum outro lugar no Rio de Janeiro imperial, nem mesmo nos camarotes do teatro de ópera, um repertório específico estava tão estreitamente associado a exclusividade, superioridade, cultura europeia e dominação masculina".[67] Impossível não pensar no Pestana metido em sua camisola e isolado em seu santuário, rodeado pelos retratos dos "clássicos", e enfrentando ao piano as sonatas de Beethoven e Mozart, enquanto por toda a cidade, os corpos se moviam ao som das polcas buliçosas que o infeliz compositor rejeitava.

Referências bibliográficas

ALENCASTRO, Luiz Felipe de. Vida privada e ordem privada no Império. In: _____. (org.). *História da Vida Privada no Brasil*, vol. 2: Império: a Corte e a modernidade nacional. São Paulo: Companhia das Letras, 1997, p. 11-93.

ALMEIDA, Renato. *História da música brasileira*. Rio de Janeiro: F. Briguiet, 1926.

ANDRADE, Clarissa Lapolla Bomfim Andrade. A *Gazeta Musical*: *positivismo e missão civilizadora nos primeiros anos da República no Brasil*. São Paulo: Unesp, 2013.

---

67 *Idem*, p. 75. (Tradução minha.)

ANDRADE, Mário de. *Música, doce música*. São Paulo: Martins, 1963.

BRASIL. Ministério da Educação e Cultura. Biblioteca Nacional. *Música no Rio de Janeiro Imperial: 1822-1870. Catálogo da exposição comemorativa do primeiro decênio da Seção de Música e Arquivo Sonoro*. Rio de Janeiro: MEC, Biblioteca Nacional, 1962.

CARVALHO, Dalila Vasconcellos de. *O gênero da música: a construção social da vocação*. São Paulo: Alameda, 2012.

CHALOUB, Sidney. *Machado de Assis, historiador*. São Paulo: Companhia das Letras, 2003.

FIGUEIREDO, Carlos Alberto. As Missas de São Pedro de Alcântara (1808 e 1809) de José Maurício Nunes Garcia como reflexo das mudanças causadas com a chegada da Corte portuguesa ao Rio de Janeiro. *Revista do Instituto Histórico e Geográfico Brasileiro*, Rio de Janeiro, n. 442, p. 363-385, jan./mar. 2009.

LEME, Mônica Neves. Impressão musical no Rio de Janeiro (séc. XIX): modinhas e lundus para "iaiás" e "ioiôs". In: CONGRESSO NACIONAL DA ANPPOM, 15., 2005, Rio de Janeiro. *Anais do XV Congresso Nacional da ANPPOM*. Rio de Janeiro: ANPPOM, 2005.

_____. Isidoro Bevilacqua e Filhos: radiografia de uma empresa de edição musical. In: LOPES, Antonio Herculano et al.. *Música e história no longo século XIX*. Rio de Janeiro: Fundação Casa de Rui Barbosa, 2011, p. 117-160.

MACHADO, Cacá. *O enigma do homem célebre: ambição e vocação de Ernesto Nazareth*. São Paulo: Instituto Moreira Salles, 2007.

MACHADO DE ASSIS. Um homem célebre. In: COUTINHO, Afrânio (org.). *Machado de Assis: obra completa*. Vol. III. Rio de Janeiro: Nova Aguilar, 1994, p. 497-504.

MAGALDI, Cristina. *Music in Imperial Rio de Janeiro: European culture in a tropical milieu*. Lanham: Scarecrow, 2004.

MARCONDES, Marcos Antônio (org.). *Enciclopédia da música brasileira: erudita, folclórica, popular.* São Paulo: Art, 1977.

MATTOS, Cleofe Person de. *José Maurício Nunes Garcia: biografia.* Rio de Janeiro: Fundação Biblioteca Nacional, Dep. Nacional do Livro, 1997.

MEDEIROS, Alexandre Raicevich de. A Revista Musical e de Bellas Artes (1879-1880). In: Tânia Bessone et. al. (orgs.). *Cultura escrita e circulação de impressos no Oitocentos.* São Paulo: Alameda, 2016, p. 83-102.

_____. A Revista Musical & de Belas Artes (1879-1880) e o panorama musical do Rio de Janeiro no fim do século XIX. In: ENCONTRO REGIONAL DE HISTÓRIA, 16., 2014, Rio de Janeiro. Saberes e práticas científicas. *Anais do XI Encontro Regional de História.* Rio de Janeiro: ANPUH-RJ, 2014.

MELLO, Guilherme de. *A música no Brasil: desde os tempos coloniais até o primeiro decênio da República.* Salvador: Tipografia de São Joaquim, 1908.

MURICY, José Cândido de Andrade et al.. *Estudos mauricianos.* Rio de Janeiro: Funarte/INM/Pro-Memus, 1983.

PEREIRA, Avelino Romero. Os afetos do intelectual romântico nas notas de um pianista: Louis Moreau Gottschalk na Corte Imperial. In: SIMPÓSIO NACIONAL DE HISTÓRIA, 28., 2015, Florianópolis. *Anais do XXVIII Simpósio Nacional de História. Lugares dos historiadores: velhos e novos desafios.* Florianópolis: ANPUH, 2015. Disponível em: http://www.snh2015.anpuh.org/resources/anais/39/1433816370_ARQUIVO_2015ANPUHAsnotasdeumpianistaAvelino.pdf

_____. *Música, sociedade e política: Alberto Nepomuceno e a República Musical.* Rio de Janeiro: Editora UFRJ, 2007.

_____. As notas de um pianista na Corte imperial: mercado e mediação cultural em Louis Moreau Gottschalk (1829-1869). *Debates, Revista do PPGM da Unirio*, Rio de Janeiro, v. 14, p. 25-51, jun. 2015. Disponível em:http://www.seer.unirio.br/index.php/revistadebates/issue/view/195/showToc

PLANTINGA, Leon. *The piano and the nineteenth century*. In: TODD, R. Larry (org.). *Nineteenth-century piano music*. Nova York: Schirmer, 1994, p. 1-15.

PORTO-ALEGRE, Manoel de Araújo. Apontamentos sobre a vida e obras do padre José Maurício Nunes Garcia. *Revista do Instituto Histórico e Geográfico Brasileiro*, Rio de Janeiro, t. 19, p. 354-369, 1856.

RODRIGUES, Lutero. *Carlos Gomes, um tema em questão: a ótica modernista e a visão de Mário de Andrade*. São Paulo: Unesp, 2011.

SANDRONI, Carlos. *Feitiço decente: transformações do samba no Rio de Janeiro: 1917-1933*. Rio de Janeiro: Jorge Zahar, UFRJ, 2001.

SECCHIN, Antônio Carlos. "Cantiga de esponsais" e "Um homem célebre": estudo comparativo. In: GUIDIN, Márcia Lígia, GRANJA, Lúcia, RICIERI, Francine Weiss (orgs.). *Machado de Assis: ensaios da crítica contemporânea*. São Paulo: Unesp, 2008, p. 55-63.

TAUNAY, Alfredo D'Escragnolle (visconde de). *Dois artistas máximos: José Maurício e Carlos Gomes*. São Paulo: Melhoramentos, 1930.

_____. *Uma grande glória brasileira: José Maurício Nunes Garcia (1767-1830)*. São Paulo: Melhoramentos, 1930.

VERMES, Mónica. *Crítica e criação: um estudo da Kresleriana op. 16 de Robert Schumann*. Cotia, SP: Ateliê, 2007.

WEHRS, Carlos. *Machado de Assis e a magia da música*. Rio de Janeiro: Sette Letras, 1997.

WISNIK, José Miguel. *Machado maxixe: o caso Pestana*. Teresa, Revista de Literatura Brasileira, Literatura e Canção, São Paulo, Ed. 34, 2003. n. 4-5, p. 13-79

ZAMITH, Rosa Maria. *A quadrilha: da partitura aos espaços festivos: música, dança e sociabilidade no Rio de Janeiro oitocentista.* Rio de Janeiro: E-papers, 2011.

O tempo dos almanaques: imprensa e cotidiano na *Belle Époque* carioca

Joana Monteleone[1]

> *Some-te, bibliógrafo! Não tenho nada contigo. Nem contigo, curioso de histórias poentas. Sumam-se todos; o que vou contar interessa a outras pessoas menos especiais e muito menos aborrecidas. Vou dizer como se inventaram os almanaques.*[2]
>
> Machado de Assis, Como se inventam os almanaques

---

[1] Joana Monteleone é pós-doutoranda na Universidade Federal de São Paulo (Unifesp/SP). Fez mestrado e doutorado na Universidade de São Paulo (USP/SP). É autora de *Sabores urbanos. Alimentação, sociabilidade e consumo*. São Paulo, 1828-1910 (Alameda, 2015).

[2] ASSIS, Machado. *Como se inventaram os almanaques*. http://www.dominiopublico.gov.br/download/texto/fs000079pdf.pdf. Acesso em: 3/6/2016.

Em 1890, o *Almanaque das Fluminenses* publicou um pequeno conto de Machado de Assis chamado "Como se inventaram os almanaques". Nele, o escritor conta o encontro da Esperança com o Tempo – e, dessa união inusitada, teriam nascidos os almanaques, que se sucederiam a cada ano novo.

Cada ano, em cada almanaque, atava Esperança uma fita verde. Então a tristeza dos almanaques era assim alegrada por ela; e nunca o Tempo dobrou uma semana que a esposa não pusesse um mistério na semana seguinte. Deste modo todas elas foram passando, vazias ou cheias, mas sempre acenando com alguma coisa que enchia a alma dos homens de paciência e de vida. Assim as semanas, assim os meses, assim os anos. E choviam almanaques, muitos deles entremeados e adornados de figuras, de versos, de contos, de anedotas, de mil coisas recreativas. E choviam. E chovem. E hão de chover almanaques. O Tempo os imprime, Esperança os brocha; é toda a oficina da vida.

E, de fato, na década em que Machado de Assis escreveu seu conto, choviam almanaques. Na Corte, parecia que eles estavam por todo lado. No texto ele diz, literalmente, que chovem almanaques, "que o Tempo os imprime, Esperança os brocha; é toda a oficina da vida."[3]. Na Biblioteca Nacional, entre os anos de 1870 e 1900 existem exemplares de pouco mais de 90 almanaques no Brasil inteiro, de diferentes formatos e assuntos, em diferentes cidades e regiões do país.[4] Pode-se dizer que eram uma mania, um verdadeiro sucesso editorial.

Os almanaques trazem, em suas páginas, o tempo do cotidiano – e talvez por isso tenham se tornado fonte quase que obrigatória dos historiadores do século XIX. Eles tratam, muitas vezes, do que foi um dia considerado as miudezas do dia-a-dia, mas que passou se tornar tema essencial para os historiadores há algumas décadas, como mos-

---
3   Idem.
4   Ver site da Biblioteca Nacional/ Hemeroteca Digital.

tram os trabalhos de Michel de Certeau, Luce Girard e Pierre Mayol, com seu livro *A invenção do cotidiano*,[5] ou com a pesquisa de Daniel Roche, *História das coisas banais*.[6] Fernand Braudel já havia falado dessas novas formas de análise na história, ressaltando a importância dos estudos sobre cotidiano, no qual o Almanaque é essencial.[7]

Ao longo do século XIX, não apenas o significado, mas a maneira de editar e ler os almanaques expressaram as transformações econômicas e políticas do período. Essa mudança de significados, portanto, é fundamental para o entendimento do papel que os almanaques tiveram nas conformações das ideias, comportamentos individuais, sociais e políticos ao longo dos séculos XVIII e XIX – de folhinhas de calendário, como no século XVIII, a uma espécie de lista hierárquica de nobres, funcionários e servidores públicos, guia das cidades e um lugar de veiculação dos produtos decorrentes da revolução industrial.

A história dos almanaques editados no Brasil começa com a vinda de Pierre Plancher para o país, que se mistura com a história das tipografias e livrarias no país.[8] Se em 1808, com a vinda da família real, temos apenas 2 livrarias e uma tipografia, em 1929 já seriam 9 livrarias, 7 tipografias e uma fundidora de tipos.[9] E esse número cresce ao passar das décadas. Plancher chega ao Brasil em 1824, fugindo de Napoleão. Logo que desembarca, abre o *Spectador Brazileiro e, em 1827, o Jornal do Commercio*. Sua empresa era

---

5   Para história do cotidiano ver Michel de Certeau, Luce Girard e Pierre Mayol. *A invenção do cotidiano*. Petrópolis: Editora Vozes, 2005.
6   ROCHE, Daniel. *História das coisas banais. Nascimento do consumo, séculos XVII e XIX*. Rio de Janeiro: Rocco, 2000.
7   BRAUDEL, Fernand. *Civilização material e capitalismo*. São Paulo: Martins Fontes, 1996.
8   HALLEWELL, Laurence. *O livro no Brasil: sua história*. São Paulo: Edusp, 2005, p. 251 a 273.
9   Idem. *O livro no Brasi: sua história*. São Paulo: Edusp; T.A.Queiroz, 1985, p. 47.

inovadora, fazendo loterias e almanaques, estes últimos editados na Corte carioca.[10] Ao longo do século XIX, os livros se tornaram cada vez mais importantes no cotidiano das cidades que cresciam. Criaram-se também livrarias na Corte e em outras cidades do país que ajudavam a disseminar os livros.[11] "O hábito de frequentar livrarias incorporou-se ao cotidiano dos segmentos mais instruídos da sociedade, contribuindo para a formação de núcleos de sociabilidade em torno de debates sobre questões de interesse político ou temas corriqueiros [...]".[12]

A historiadora Tânia Bessone analisou a taxa de anúncios de livrarias no *Jornal do Commercio,* entre 1873 e 1879, e percebeu que, apesar do livro não ser o maior objeto de divulgação nos anúncios da época (que eram os farmacêuticos), aparecia frequentemente nos anúncios. Na época, tem-se que levar em conta que a taxa de alfabetização no Brasil girava ao redor de 15% – ainda que o Rio, por ser a Corte, provavelmente, possuísse mais pessoas alfabetizadas.[13]

Dentro desse universo de livros, no Brasil do século XIX, os almanaques tiveram um papel fundamental. A crescente urbanização fazia com que se colocassem como um produto essencial para se descobrir e viver a cidade que crescia, como era o Rio da época de d. Pedro II. Eram nas páginas dos almanaques que se podia saber

---

10 MIDORI, Marisa. Um editor no quadro político do Primeiro Império: o caso de Pierre Seignot-Plancher (1824-1832). In: Oswaldo Coggiola, *Os rumos da história*. São Paulo: Xamã, 2007, p. 149-162.
11 O historiador Gustavo Henrique Tuna, ao discorrer sobre a livraria de Manual Inácio da Silva Alvarenga, nos dá uma ótima visão sobre o mundo dos livros na transição entre o período colonial e a independência. "A livrariade Manuel Inácio da Silva Alvarenga: representante das Luzes na América Portuguesa?. In: MEGIANI, Ana Paula Torres e ALGRANTI, Leila Mezan. *O império da escrita. Formas de transmissão da cultura letrada no mundo ibérico, séculos XVI –XIX*. São Paulo: Alameda Casa Editorial, 2009, p. 265-276.
12 BESSONE, Tânia Maria. *Palácios cruzados: bibliotecas, homens e livros no Rio de Janeiro* (1870-1920). Rio de Janeiro: Arquivo Nacional, 1997, p. 85.
13 *Ibidem.* p. 89

onde estavam e quem eram os médicos, as modistas, os advogados, os comerciantes das cidades. Também era possível saber claramente quem eram os mais "importantes" da cidade, sempre citados nominalmente e em ordem hierárquica.

Nas páginas do *Laemmert*, um dos maiores e mais longevos almanaques do país (ele foi editado de 1844 até a década de 1940), a sociedade de corte carioca se via representada ao lado dos novos capitalistas, os barões figuravam ao lado de banqueiros, as damas de companhia apareciam na mesma edição de costureiras renomadas. Para Raimundo Faoro, havia a "'boa sociedade' e a sociedade comum. Entre uma e outra, o abismo do prestígio, do estilo de vida, do acesso ao mando".[14] E é essa aparente mistura da sociedade oitocentista carioca que faz do *Almanaque Laemmert* um sucesso de venda durante todo o reinado de d. Pedro II. Um lugar de encontro entre a sociedade de corte e a ainda nascente sociedade capitalista.

Dessa forma, o sucesso editorial do *Almanaque Laemmert* inspirou outras publicações espalhadas pelo país. Cada uma delas se espelhava no que estava sendo feito na Corte e reproduzia o ordenamento político e econômico de suas localidades nas suas páginas. Para muitos fazendeiros e habitantes do campo, os almanaques eram uma forma privilegiada de contato com a cultura urbana, o elo que ligava a fazenda e o campo, a uma maneira de viver e se comportar diferente, nas cidades.

---

14 FAORO, Raimundo. *Machado de Assis: a pirâmide e o trapézio*. São Paulo: Globo, 2001, p. 20-21.

ALMANAK
ADMINISTRATIVO
MERCANTIL E INDUSTRIAL
DO RIO DE JANEIRO
PARA O ANNO BISSEXTO DE
1844
PRIMEIRO ANNO

RIO DE JANEIRO
PUBLICADO E Á VENDA EM CASA DE
EDUARDO E HENRIQUE LAEMMERT
RUA DA QUITANDA, 77
1843

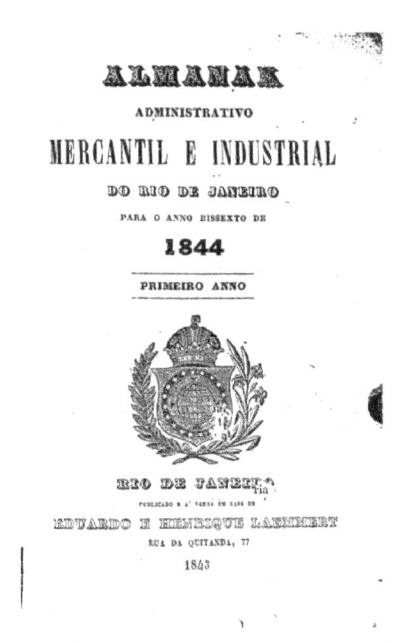

O primeiro *Almanak administrativo, mercantil e industrial do Rio de Janeiro* para o ano de 1843, editado pelos irmãos Eduardo e Henrique Laemmert, em 1844.

Na hemeroteca digital da Biblioteca Nacional foi possível fazer um primeiro levantamento da quantidade de almanaques no país, no século XIX, o que corrobora a impressão de Machado de Assis – de fato choviam almanaques no período em que ele publicou o texto. Ao se cruzar os dados com o catálogo de Marlyse Meyer, *Do almanak aos almanaques*, publicado como decorrente de uma exposição no Memorial da América Latina, em outubro de 1999, temos um primeiro levantamento da quantidade almanaques que circularam no país no período.[15]

---

15 MEYER, Marlyse. *Do Alamank ao almanaque*. São Paulo: Ateliê Editorial/ Memorial da América Latina, 2001.

O resultado, ainda que parcial, nos dá uma ideia da quantidade de almanaques produzidos e de sua penetração em diferentes regiões. Foram arrolados 176 almanaques, classificados em categorias como título, impressor/editor, local e ano de publicação. Com esse levantamento, é possível saber quais as décadas em que mais se publicaram almanaques, onde no país eles se localizavam, qual era a importância para regiões e cidade de possuir um almanaque, quais os principais tipógrafos envolvidos no processo, como esses almanaques eram impressos localmente.

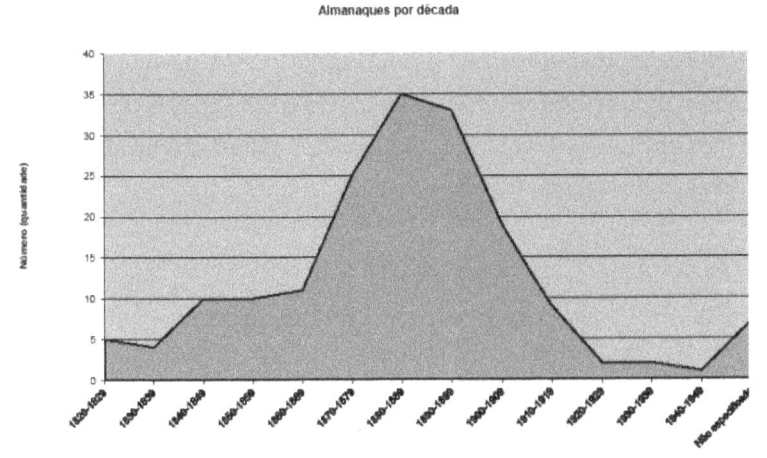

Fonte: Biblioteca Nacional/Hemeroteca Digital. Compilação da autora.

Vemos dessa forma que as décadas de maior publicação dos almanaques são entre os anos 1870 e 1910, época em que Machado escreveu sua crônica. Percebemos também que os locais de publicação vão se expandindo conforme passam os anos e se multiplicam os almanaques na Corte – temos almanaques na Bahia, no Maranhão, em Recife, em São Paulo, em Manaus, em Vitória, no Paraná, em Juiz de Fora, em Florianópolis, em Niterói e diversas outras localidades do país.

Um dos primeiros almanaques que se tem notícia impresso no Brasil está na Biblioteca Nacional – é o *Almanach do Rio de Janeiro para o anno de 1816*, impresso pela então recém-criada Imprensa Régia, criada por d. João quando chegou em 1808. O almanaque tem 393 páginas – o volume começa com uma cronologia, que vai do período Juliano da criação do mundo até o estabelecimento do calendário gregoriano. Começa, então, a cronologia de Portugal com a fundação da monarquia, a conquista de Lisboa, outros acontecimentos importantes para a Coroa até terminar na elevação do Brasil a Reino Unido. A esta cronologia é seguido um arrolamento dos dias de gala da Corte – uma mistura de dias santos, com aniversários da família real. Depois veem os dias de simples gala, com mais aniversários reais, comemorações de datas cívicas como o nascimento do infante d. Sebastião. Em seguida, foram arroladas toda a hierarquia da Corte.

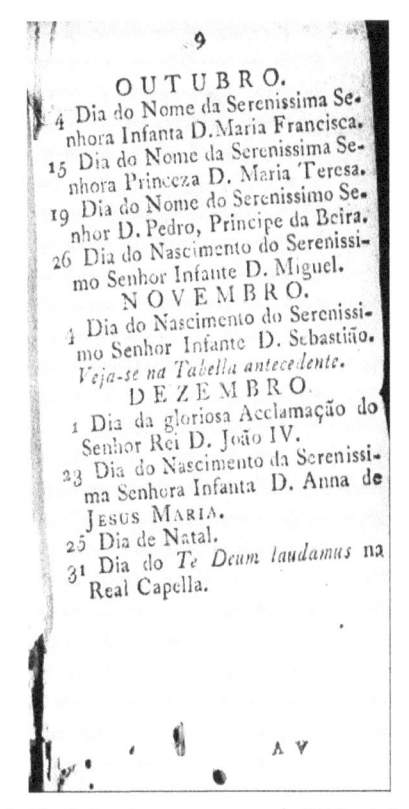

OUTUBRO.
4 Dia do Nome da Serenissima Senhora Infanta D. Maria Francisca.
15 Dia do Nome da Serenissima Senhora Princeza D. Maria Teresa.
19 Dia do Nome do Serenissimo Senhor D. Pedro, Principe da Beira.
26 Dia do Nascimento do Serenissimo Senhor Infante D. Miguel.

NOVEMBRO.
4 Dia do Nascimento do Serenissimo Senhor Infante D. Sebastião.
Veja-se na Tabella antecedente.

DEZEMBRO.
1 Dia da gloriosa Acclamação do Senhor Rei D. João IV.
23 Dia do Nascimento da Serenissima Senhora Infanta D. Anna de Jesus Maria.
25 Dia de Natal.
31 Dia do *Te Deum laudamus* na Real Capella.

Almanach do Rio de Janeiro para o anno de 1816, página 9, cópia na hemeroteca digital, Biblioteca Nacional.[16]

Esse *Almanach para 1816* seguia o exemplo dos almanaques franceses do século XVIII, em que as páginas refletiam a hierarquia social do período – da cronologia da humanidade às datas divinas, passando para a hierarquia política da Corte. Nessa época, os almanaques deviam ser um reflexo da sociedade do período, ou seja, rigidamente hierarquizada e regulada pelo tempo

---

16 http://memoria.bn.br/DocReader/DocReader.aspx?bib=708810&PagFis=9&Pesq=. Acesso em: 26/01/2017.

divino, o tocar de sinos religioso com binado com a estratificação da sociedade de corte.

Onze anos depois, em 1827, com o Brasil já independente, Pierre Plancher publicou um segundo almanaque no Brasil e que está na Biblioteca Nacional, o *Almanak dos Negociantes do Imperio do Brasil*. Esse exemplar já é completamente diferente do almanaque de 1816 – ainda que Plancher reforce os laços que tinha com o imperador d. Pedro I nas páginas iniciais intitulando-se "impressor-livreiro de sua Majestade o Imperador". Ele começa com uma descrição da cidade do Rio de Janeiro, como um guia em que o autor apresenta a cidade, seus habitantes e suas belezas para o leitor-viajante imaginário. Depois, vem um pequeno texto de Plancher explicando que vai publicar todos os anos um *Almanach* como aquele.

O volume se caracteriza por ser uma espécie de guia de utilidade pública para seus concidadãos, ao mesmo tempo em que convidava os comerciantes e negociantes publicarem anúncios e endereços no almanaque. O almanaque tem 261 páginas, a maioria com endereços de negociantes e comerciantes da Corte, daí o nome específico o *Almanak dos negociantes do Império do Brasil*, para se contrapor ao *Almanaque da corte de 1816*, com a hierarquia da cidade arrolada num espécie de enorme lista. Não se deve esquecer que, na mesma época, Plancher funda o *Jornal do Commercio*, interessado nos comerciantes da Corte. O *Almanak* aparece então como uma continuidade dos negócios que Plancher estava fundando na Corte, interessado nos comerciantes que expandiam seus negócios e que podiam apoiá-lo financeiramente em novos negócios – um jornal e um almanaque voltados para economia.

O exemplo do *Almanak dos negociantes* de Plancher é interessante para o estudo dos almanaques no Império em geral, pois é ele que vai dar o *tom* dos volumes do resto do século XIX, servindo como um exemplo tanto de negócio (ao publicar anúncios) como de como se publicar "corretamente" um almanaque (os outros almanaques do país serão editados como ele). Os Laemmert seguem essa receita com seu almanaque ao salientarem a ideia de negócio logo no título – administrativo, mercantil e industrial. Importante salientar que, além da sua utilidade pública, a publicação de almanaques no século XIX é um negócio e a profusão de títulos mostra o sucesso dessa atividade.

Assim, o sucesso editorial de *O Almanak dos negociantes do Imperio do Brasil* deu origem a outras publicações espalhadas pelo país, ao longo de todo século XIX. Cada uma delas se espelhava no que estava sendo feito na Corte e reproduzia o ordenamento político e econômico de suas localidades nas suas páginas, aliando negócios, posição social e guia local da cidade.

A ideia de se fazer um texto introdutório sobre a cidade influenciou muitos outros volumes, que publicavam textos sobre as próprias cidades, como o raro *Almanak para o ano de 1845*, impresso pela Tipografia M. A. de S. Serva na Bahia, em 1845, um dos primeiros exemplares de almanaques editados fora do Rio de Janeiro.[17] Pelo estudo introdutório, escrito por Renato Berbet de Castro, ficamos sabendo também de um outro almanaque publicado no Bahia, em 1812, pela tipografia de Manuel Antonio da Silva Serva, em formato pequeno, com 264 páginas e cujo único exemplar se encontra na Academia de Ciências de Lisboa.[18]

---

17 V. O ALMANQUE CIVIL, POLÍTICO E COMERCIAL DA CIDADE DA BAHIA PARA O ANO DE 1845 foi reeditado em 1998 pelo governo da Bahia numa edição fac-similar. Encontra-se hoje digitalizado pela Biblioteca Mindlin. https://digital.bbm.usp.br/view/?45000011743&bbm/1879#page/10/mode/2up. Acesso em: 14/2/2017.

18 Não consegui consultar esse almanaque, que parece não estar digitalizado ainda. Mas sua existência nos faz pensar em várias questões, sendo a principal delas é esta: existiu um almanaque no Rio encomendado por d. João VI antes de 1816? Por que a Bahia, que se autointitulava a segunda cidade teria um almanaque antes do Rio de Janeiro?

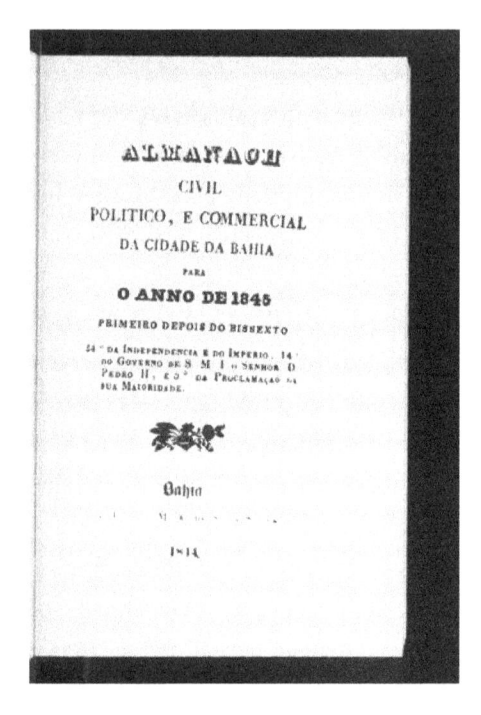

Almanach Civil, e comercial da cidade da Bahia para o ano de 1845: apresentação da cidade da Bahia.[19]

Já o *Almanak Administrativo, Mercantil e Industrial para o ano de 1858*, editado pela Tipografia Progresso, de São Luis do Maranhão, concentrou-se em editar aquela mesma espécie de hierarquia da cidade misturada com uma lista de endereços e feriados religiosos. O interessante é notar que o editor B. de Mattos mencionou a existência de uma experiência editorial fracassada de se editar almanaques na cidade, havia dez anos. Ao mesmo tempo, em sua carta ao leitor, ele diz que a falta de numeração das casas contribuiu para uma certa confusão nos endereços e atraso na publicação. O recado para as au-

---

19 https://digital.bbm.usp.br/view/?45000011743&bbm/1879#page/28/mode/2up. Acesso em: 14/2/2017.

toridades era claro – era preciso ordenar e numerar ruas e casas de um jeito novo, racional.[20]

Almanak Administrativo, Mercantil e Industrial para o ano de 1858, editado em São Luís do Maranhão.[21]

O almanaque passava a ser não apenas um contador do tempo, uma folhinha, mas também um guia para as cidades, indicando "quem era quem" e onde estavam os estabelecimentos comerciais daquela localidade. Os almanaques do Rio possuíam claramente essa função, desde o exemplar de Plancher. Para muitos fazendeiros e habitantes do campo, os almanaques eram uma forma privilegiada de contato com a cultura urbana da Corte, o elo que ligava a fazenda e o campo, a uma maneira de viver e se comportar diferente, nas cidades.

---

20 Ver link http://memoria.bn.br/DocReader/docreaderaspx?bib=706655&pasta=ano%20185&pesq=. Acesso em: 26/01/2017.
21 Ver http://memoria.bn.br/DocReader/docreaderaspx?bib=706655&pasta=ano%20185&pesq=. Acesso em: 26/01/2017.

A crescente urbanização fazia com que se colocassem como um produto essencial para se descobrir e viver a cidade que crescia, como era o Rio da época de d. Pedro II. Eram nas páginas dos almanaques que se podia saber onde estavam e quem eram os médicos, as modistas, os advogados, os comerciantes das cidades. Também era possível saber claramente quem eram os mais "importantes" da cidade, sempre citados nominalmente e em ordem hierárquica.

Os almanaques se popularizam a partir da década de 1870 – na década de 1880/1890 temos cerca de 40 exemplares disponíveis na Biblioteca Nacional. Pode-se entender, assim, a impressão de Machado ao escrever sua crônica: a impressão que se tinha era mesmo que choviam almanaques por todo lado. Nota-se também que o termo almanaque passa a significar os mais variados tipos, do *Almanak do Ministério da Marinha*, editado no Rio em 1870, ao *Almanach médico da imperial pharmacia Diniz para o ano de 1880,* organizado pelo Dr. Francisco Correa Diniz.

É preciso fazer um destaque para o almanaque do Dr. Diniz. Os almanaques farmacêuticos se tornam almanaques especializados. Ao longo do século, vemos que diversos almanaques passam a ter cada vez mais propagadas de remédios dos mais variados tipos, homeopáticos ou não, e produtos para beleza, cremes embelezadores, anti-rugas, para crescer cabelos, etc. Tornam-se guias em si, a maioria das vezes gratuitos, patrocinados por um laboratório ou farmácia, o foi o caso do *Almanach do biotômico Fontoura,* num caso de longevidade e sucesso e editorial.

No caso específico do *Almanach médico da imperial pharmacia Diniz para o ano de 1880*, o volume, que se autoproclama pioneiro, é claramente patrocinado pela Imperial Pharmácia Diniz, que tem um texto contando sua importância e fundação como parte da abertura para os artigos sobre prevenção e doenças. Segue um artigo sobre a importância dos banhos frios e um dicionário de como se aplicar remédios. O volume, em sua parte inicial, lista os inúmeros médicos da cidade, que têm seus consultórios citados em cerca de 45 páginas. O almanaque dá os endereços, as horas de consulta, as especialidades médicas, colocando-se essencial para a vida na Corte, era um "amigo das famílias em emergências".[22] A farmácia Diniz ficava na Praça do General Osório, n. 57. É evidente a associação com o Império, como selo de qualidade.

Almanaque médico imperial phármacia Diniz, que listava os médicos da Corte em 1880.

No *Almanak Imperial do Comércio e das Corporações Civis e Militares do Império do Brasil*, de 1829, publicado por Plancher, podemos ler, logo no primeiro texto, que o editor Plancher estava consciente da importância do almanaque para cidade e, mais importante, para os negócios da cidade que cresciam:

---
22 ALMANACH MÉDICO DA IMPERIAL PHARMACIA DINIZ PARA O ANO DE 1880, p. 4, "Ao leitor". Acessado em: 2/3/2017.

> A Corte do Rio de Janeiro aumenta tão rapidamente e os interesses políticos, civis, comerciais tomam cada ano tal acréscimo de importância, que é não é possível, que um estrangeiro, ou mesmo um nacional, trate facilmente seus negócios sem outro socorro de que o da memória a respeito das pessoas, ou lugares, e, portanto, a indispensabilidade de almanaques que apresentam os mapas das repartições e empregados civis, e militares, bem como dos negociantes e donos das fábricas tem-se a dado a conhecer de tal forma que a Imprensa Nacional até o ano de 1827 deu a anualmente a luz o *Almanak do Rio de Janeiro*, [...][23]

Pedro Plancher também parecia ter consciência da matéria com que trabalhava e tentava vender, o tempo. No mesmo prospecto, ele escrevia: "O tempo que tudo muda e tudo leva após si não permite já que esta serventia continue [...]".[24] Os almanaques, como mostra também o conto de Machado, lidavam com o tempo.

Machado teve a sensibilidade de colocar no conto os elementos mais importantes que compõem e definem os almanaques do século XIX: a questão do tempo, que é essencial, sendo o centro de toda a história. Já na primeira frase, o escritor joga fora as definições tradicionais e eruditas sobre os almanaques, dizendo: "Come-te bibliografo!". Com isso, ele passa a contar sua história de escritor, sua pequena crônica ficcional do tempo. Para um historiador interessado nos almanaques, não poderia existir presente melhor.

Na crônica, Machado vai falar de um tempo antigo, sem almanaques, ou seja, um tempo sem a contagem obsessiva dos dias, semanas, meses e anos; em que o sol e a lua seriam reflexos e sombras no chão. "Conhecia-se a marcha do sol e da lua; contavam-se os meses e os anos; era, ao cabo, a mesma coisa; mas não ficava escrito, não se nu-

---

23 Ver o link *do Almanak* em http://memoria.bn.br/DocReader/docreader.aspx?bib=706183&pesq=. Acesso em: 22/2/2017.
24 *Idem*.

meravam anos e semanas, não se nomeavam dias nem meses, nada; tudo ia correndo, como passarada que não deixa vestígios no ar".[25]

A esse tempo se sobrepunha um tempo novo, um tempo marcado pelo relógio e pelos almanaques e pelas folhinhas de calendários. Um tempo obcecado com a contagem do próprio tempo, vivendo da própria história do tempo, numa linguagem metafórica e autorreferente, que parecia se acelerar – era, naturalmente, o tempo em que ele mesmo vivia, ou seja, as décadas finais do Oitocentos.

A ordem natural das cortes, a sociedade do Antigo Regime, ao longo século XIX, viria ser implodida pelas muitas revoluções, francesas e industriais, e o tempo da vida cotidiana foi se transformando ao sabor das fábricas, das mercadorias, dos relógios, da métrica, de uma marcação científica do tempo – mudanças que se refletem nas páginas dos almanaques e na crônica do *Almanaque Fluminense*.

Walter Benjamin também pensou nessa oposição entre o novo tempo do capitalismo e o tempo tradicional, do antigo regime.[26] Sendo assim, se no começo do século XIX os almanaques, em geral, ainda reproduziam o tempo dos calendários, da Corte e da vida religiosa. Com o passar dos anos o próprio almanaque se transformou e mostrava em suas páginas esse novo tempo de que fala Benjamin, com anúncios de mercadorias e novos serviços que passam a ocupar mais da metade de suas edições. Quando a monarquia brasileira chegava ao fim, nas décadas finais do século XIX, os almanaques já eram outros, expressando em suas páginas as transformações de um novo tempo do capitalismo brasileiro, que Machado tão bem soube captar em sua pequena crônica.

25 *Idem*.
26 BENJAMIN, Walter. *Obras escolhidas. Magia e técnica, arte e política*. São Paulo: Brasiliense, 2011. E ver também a tese de Marcelo de Andrade Pereira. "O lugar do tempo: experiência e tradição em Walter Benjamin". Dissertação de mestrado defendida na UFRG em 2006, sob a orientação de Kathrin Rosenfield.

Se Machado, numa brincadeira com o leitor, não conta a história erudita do significado da palavra almanaque, é importante retomá-la para entender a crescente importância que os almanaques vão ter para o século XIX. O dicionário português de Rafael Bluteau, no início do século XVIII define a palavra *almanach* como sendo derivada do árabe *manach,* "que significa calendário. É o que vulgarmente chamamos de folhinha do ano".[27]

Em francês a palavra, derivada da mesma raiz árabe, também existe e tem uma trajetória semelhante, explica a historiadora Lise Andries. "Desde o início, portanto, o almanaque se encaixa no que Fernand Braudel chama de *longe durée*".[28] Gênero que engloba diferentes informações – de endereços de pessoas importantes a previsões astrológicas e histórias –, os almanaques remontam aos livros de horas medievais e às previsões astrológicas, ambos muito populares. Ao longo dos séculos, o almanaque teve uma longa e bem sucedida história de diferentes edições. Mas, nessa longa duração, ele também passou por diversas metamorfoses e transformações.

Se, no começo do século XVIII, no mundo português, a palavra almanaque significava calendário ou folhinha do tempo, em 1789, no final do século XVIII e no início da Revolução Francesa, o sentido da palavra havia se transformado e abarcava outras significações. Ao se consultar outros dicionários portugueses, vemos outras definições: "*Almanak*: Livro de notícias das pessoas de ofícios públicos, civis ou militares, com observações meteorológicas e algumas notícias histórias e cronológicas.", como definiu, por exemplo, a obra de Antonio Morais Silva[29].

---

27 BLUTEAU, Raphael. *Vocabulário Português e Latino.* Coimbra: Colégio da Companhia de Jesus, 1728, vocábulo "almanach".

28 ANDRIES, Lise. Almanaques: revolucionando um gênero tradicional. In: DARNTON, Robert e ROCHE, Daniel. *Revolução impressa. A imprensa na França 1775-1880.* São Paulo: Edusp, 1996, p. 287-307.

29 MORAES E SILVA, Antonio. *Dicionário de* Língua *Portuguesa.* Lisboa: Typo-

No século XIX, a percepção do tempo se transformou rapidamente.[30] E os almanaques são fontes privilegiadas para os historiadores perceberam essas transformações – já que são os "contadores do tempo", como escreveu Machado na sua crônica. Edward Thompson registra que a percepção de tempo que existia até o século XVIII, em sociedades rurais ou predominantemente camponesas, era descrita como orientada pelas tarefas do dia-a-dia, numa noção temporal ligada à natureza. Depois das transformações decorrentes da revolução industrial, essa percepção se transformou, e passaram a ser reguladas pelos relógios e pelos apitos das fábricas.[31] François Hartog vai falar de "antes" de uma medição do tempo natural, da crise da história moderna e de sua contagem do tempo. Esses movimentos e percepções temporais são parte essenciais dos almanaques desde suas concepções, nas tentativas de medirem, organizarem e contarem o tempo em diferentes sociedades.[32] Não foi à toa que Machado disse em determinado momento do conto:

> O Tempo inventou o almanaque; compôs um simples livro, seco, sem margens, sem nada; tão somente os dias, as semanas, os meses e os anos. Um dia, ao amanhecer, toda a terra viu cair do céu uma chuva de folhetos; creram a princípio que era geada de nova espécie, depois, vendo que não, correram todos assustados; afinal, um mais animoso pegou de um dos folhetos, outros fizeram a mesma coisa, leram e entenderam. O almanaque trazia a língua das cidades e dos campos em que caía.[33]

---

grafia Lacerdina, 1789, vocábulo "almanak".
30 Ver o artigo "Tempo, disciplina de trabalho e o capitalismo industrial", de Edward Palmer Thompson. In: THOMPSON, Edward P. *Costumes em comum. Estudos sobre a cultura popular*. São Paulo: Companhia das Letras, 1991, p. 267-304.
31 *Ibidem*, p. 271
32 HARTOG, François. Tempo, história e a escrita da História: a ordem do tempo. In: *Revista de História*, n. 148, 2003, trad. Francisco Murari Pires.
33 http://www.dominiopublico.gov.br/download/texto/fs000079pdf.pdf. Acesso em: 3/6/2016.

Até a Revolução Francesa, e também antes, ao longo do século XVIII, os almanaques foram marcadores de um tempo natural e religioso – das colheitas, das festas de santos, dos tempos das safras e das luas –, imprimindo em suas páginas uma "ordem natural" do mundo que também era política e se traduzia na rígida hierarquia da Corte, com os reis, rainhas, herdeiros marqueses, viscondes, e da sociedade.

No século XIX, essa concepção temporal, e de sociedade, vai se transformar radicalmente e vemos isso em escritos variados, de filósofos a romancistas. No Brasil, temos a crônica de Machado sobre os almanaques, que expressa claramente essa mudança sobre a noção do tempo, vivida provavelmente por ele mesmo, desde quando nasceu, em 1839, até a escrita do texto em 1890, quando tinha 51 anos e se considerava um velho, tendo acabado de vivenciar o fim de algo que considerava eterno, a monarquia de d. Pedro II.

O almanaque podia significar também um modelo de comportamento para os moços filhos de fazendeiros, que faziam estágios na capital do Império antes de partirem nos paquetes para a Europa. Machado de Assis vai se preocupar em mostrar a urbanização das fortunas rurais – e certamente os almanaques contribuíam para que os jovens do interior soubessem como era vida no Rio de Janeiro e quem eram os herdeiros, herdeiras e nobres que estavam disponíveis para casamentos de conveniência.[34]

A crônica de Machado mostra o avanço da modernidade capitalista na segunda metade do século XIX – vivido por ele mesmo e retratado em sua obra. Alguns pesquisadores chamam os almanaques de documentos liberais, positivistas, românticos.[35] Sendo as-

---

34 FAORO, Raimundo. *Machado de Assis: a pirâmide e o trapézio*. São Paulo: Globo, 2001, p. 37.
35 GALZERANI, Maria Carolina Bovério. *O almanaque, a locomotiva da cidade moderna. Campinas, décadas de 1870 e 1880*. Tese (doutorado em História) Campinas: UNICAMP, 1998.

sim, se, por um lado, os almanaques marcaram a expansão do capitalismo brasileiro durante o governo de d. Pedro II, por outro, eles também refletiram as mudanças políticas e sociais do período, com a crescente urbanização e valorização dos espaços nas cidades.

Nas páginas dos diferentes almanaques do país podemos ler claramente como as transformações capitalistas avançaram durante o Império de d. Pedro II. Deste modo, o almanaque passou, aos poucos, a espelhar os hábitos cada vez mais burgueses de uma sociedade imperial. Suas páginas abrigam tanto as modernas instituições ligadas ao consumo e à fruição das cidades – as lojas da rua ouvidor, as novas sorveterias, os cafés e os bailes, os jornais e colunas sociais – como os preços, as fugas e o trabalho de escravos ligados ao universo urbano – são anunciados cozinheiras prendadas, costureiras treinadas, ajudantes, cocheiros, lacaios e muitos outros.

O sucesso editorial e de vendas dos almanaques também capturou esse movimento de expansão de valores e de nacionalidade imperiais, burgueses e brasileiros. Na medida em que os livros se espalhavam pelo Império, levavam não apenas novas ideias, mas também novos produtos e novos desejos.

Os almanaques cariocas, como o *Almanaque das Fluminense* em que escreveu Machado, têm uma especificidade rara se comparados com os almanaques editados no Brasil do século XIX. Eles representam ao mesmo tempo uma ruptura e uma continuidade no universo dos impressos do Rio de Janeiro. Ruptura do modelo inspirado na Corte francesa dos almanaques reais do século XVIII. Ao incorporar as transformações do país do período, ele inaugura um novo modelo, que abarca desde a hierarquia política e social da Corte até a publicidade de novos produtos em anúncios e propagandas. Assim, ao refletir um novo tempo, os almanaques descobrem uma fórmula editorial de sucesso, que garante sua continuidade ao longo de todo o século XIX.

Referências Bibliográficas

ANDRIES, Lise. Almanaques: revolucionando um gênero tradicional. In: DARNTON, Robert e ROCHE, Daniel. *Revolução impressa. A imprensa na França 1775-1880*. São Paulo: Edusp, 1996, pgs. 287-307.

BEJAMIN, Walter. *Obras escolhidas. Magia e técnica, arte e política*. São Paulo: Brasiliense, 2011.

BESSONE, Tania Maria. *Palácios cruzados: bibliotecas, homens e livros no Rio de Janeiro (1870-1920)*. Rio de Janeiro: Arquivo Nacional, 1997, p. 85.

BLUTEAU, Raphael. *Vocabulário Português e Latino*. Coimbra: Colégio da Companhia de Jesus, 1728, vocábulo "almanach".

BRAUDEL, Fernand. *Civilização material e capitalismo*. São Paulo: Martins Fontes, 1996.

CERTEAU, Michel de, GIRARD, Luce e MAYOL, Pierre. *A invenção do cotidiano*. Petrópolis: Editora Vozes, 2005.

FAORO, Raimundo. *Machado de Assis: a pirâmide e o trapézio*. São Paulo: Globo, 2001, p. 20-21.

GALZERANI, Maria Carolina Bovério. *O almanaque, a locomotiva da cidade moderna. Campinas, décadas de 1870 e 1880*. Tese de doutorado apresentada ao departamento de História da Universidade de Campinas em 1998.

HALLEWELL, Laurence. *O livro no Brasil: sua história*. São Paulo: Edusp, 2005, págs. 251 a 273.

HARTOG, François. Tempo, história e a escrita da História: a ordem do tempo. In: *Revista de História*, n. 148, 2003, trad. Francisco Murari Pires.

MEGIANI, Ana Paula e ALGRANTI, Leila Mezani. *O império da escrita. Formas de transmissão da cultura letrada no mundo ibé-*

rico, séculos XVI –XIX. São Paulo: Alameda Casa Editorial, 2009, p. 265-276.

MEYER, Marlyse. *Do Alamank ao almanaque*. São Paulo: Ateliê Editorial/ Memorial da América Latina, 2001.

MIDORI, Marisa Midori. "Um editor no quadro político do Primeiro Império: o caso de Pierre Seignot-Plancher (1824-1832)". In: COGGIOLA, Oswaldo. *Os rumos da história*. São Paulo: Xamã, 2007, p. 149-162.

PEREIRA, Marcelo de Andrade. *O lugar do tempo: experiência e tradição em Walter Benjamin*. Dissertação de mestrado defendida na UFRG em 2006, sob a orientação de Kathrin Rosenfield.

ROCHE, Daniel. *História das coisas banais. Nascimento do consumo, séculos XVII e XIX*. Rio de Janeiro, Rocco, 2000.

THOMPSON, Edward P. "Tempo, disciplina de trabalho e o capitalismo industrial", de Edward Palmer Thompson. In: *Costumes em comum. Estudos sobre a cultura popular*. São Paulo: Companhia das Letras, 1991.

Reflexões sobre a produção e a publicação de periódicos de ciência médica no Brasil Oitocentista

Monique de Siqueira Gonçalves[1]

Apresentação

Objetivo, com a apresentação desta análise na presente coletânea, ampliar e incitar o debate historiográfico sobre a natureza e a importância dos periódicos médicos publicados ao longo do século XIX na Corte imperial, com ênfase naqueles que surgiram na cena pública a partir da segunda metade do século, por meio da iniciativa de médicos e estudantes de medicina que exerciam sua profissão ou estudavam na cidade do Rio de Janeiro. Conforme sinalizei em trabalhos anteriores,[2] foi a partir da segunda metade do Oitocentos

---

[1] PPGH-UERJ. Pesquisa financiada com Bolsa de Pós-Doutorado Nota 10 da FAPERJ.
[2] Cf. GONÇALVES, Monique de Siqueira. A imprensa médica na Corte impe-

que se concretizou, no âmbito da medicina acadêmica, uma inflexão na natureza de suas publicações especializadas com a exclusão das vozes dos praticantes das demais artes de curar[3] em voga. Inflexão esta que focava na construção e consolidação retórica de uma "medicina oficial", em contraposição às demais práticas curativas, denominadas dali em diante, pejorativamente, como "charlatãs". Assim, ao se fechar o espaço para o debate com os demais "praticantes das artes de curar"[4] nas páginas das suas publicações especializadas, se reforçava a construção de um "discurso sobre", em detrimento de um "discurso do",[5] com o objetivo de alçar uma legitimação social ainda não usufruída pela medicina acadêmica, sobrepondo tais práticas, haja vista a pouca credibilidade social desfrutada por essa categoria socioprofissional no Brasil oitocentista.

Destaco, sobretudo, nesta análise, a importância conferida pela categoria médica ao discurso publicado na imprensa especializada, atentando para a forma como essa argumentação foi construída e

    rial: a loucura e as doenças nervosas nas páginas dos periódicos especializados (1850-1880). *Varia Historia*, Belo Horizonte, vol. 29, nº 49, p. 143-168, jan./abr. 2013 e GONÇALVES, Monique de Siqueira. *A febre amarela, o poder público e a imprensa durante a década de 1850, no Rio de Janeiro*. Dissertação (Mestrado em História). Rio de Janeiro: PPGH/UERJ, 2005.

3 Cf. PIMENTA, Tânia Salgado. *O exercício das artes de curar no Rio de Janeiro (1828-1855)*. Tese (Doutorado em História). São Paulo: UNICAMP, 2003.

4 É importante atentar para a diversidade das práticas curativas em voga no contexto estudado. Apesar de estar concentrada no Rio de Janeiro uma grande quantidade de médicos diplomados por Universidades nacionais e estrangeiras reconhecidas, não era raro que a população recorresse aos curandeiros, às benzedeiras, às parteiras, cujos conhecimentos advinham da cultura africana e/ou indígena.

5 Luiz Otávio Ferreira, ao estudar os periódicos médicos da primeira metade do século identificou a existência de aportes dos demais praticantes e/ou de leigos nas páginas dos periódicos médicos, o que, segundo o autor, seria decorrente da ausência de um público especializado amplo. Ver: FERREIRA, Luiz Otávio. *Negócio, política, ciência e vice-versa: uma história institucional do jornalismo médico brasileiro entre 1827 e 1843*. *História, Ciências, Saúde – Manguinhos*, vol. 11 (suplemento 1), p. 93-107, 2004.

consolidada, paulatinamente, por esses atores, enquanto uma estratégia de legitimação socioprofissional em meio às lutas jurisdicionais desempenhadas.[6] Tais publicações especializadas assumiriam, neste sentido, uma tarefa central na atuação dos intelectuais médicos no espaço público, se diferindo dos debates realizados na imprensa não especializada, por não permitir a penetração das "vozes" de seus oponentes. Portanto, enquanto a imprensa não especializada seria povoada por um constante e crescente embate entre as diferentes artes de curar, as publicações médicas deixariam de conferir a seus oponentes qualquer oportunidade de figurar nas páginas de suas publicações, calando-as ao menos neste espaço. Isto se deu exatamente em um período de crescente embate com outras práticas curativas, em um contexto de surgimento das temerosas epidemias de febre amarela e cólera. Não à toa, essa tentativa de silenciamento se desenrolou em meio a uma conjuntura de fortalecimento dessas práticas curativas e no período de surgimento da homeopatia no Brasil. A falta de um conhecimento médico consolidado a respeito do combate às grandes epidemias que passaram a assolar a sociedade carioca, somava-se à falta de respostas da elite médica às doenças endêmicas como a tuberculose, assim como aos outros diversos tipos de moléstias endêmicas que assolavam a sociedade, tornando frágil a sua credibilidade em meio à sociedade da Corte e fazendo dos impressos um espaço de possibilidade de construção retórica[7] de uma autoridade almejada.

6   ABBOTT, Andrew. *The system of professions. An essay on the division of expert labor*. Chicago and London: The University of Chicago Press, 1988.
7   Gostaria de destacar que não considero "construção retórica" como sinônimo de ausência de explicações científicas, apesar de no contexto estudado, em se tratando das doenças em questão, o estado de arte da medicina não oferecia nenhuma posição conclusiva. Trata-se, pois, de um momento de controvérsias científicas, relacionadas, sobretudo, à falta de conhecimento a respeito da etiologia de tais moléstias. Uma situação, no entanto, que não era particular à elite médica carioca, dado o desconhecimento geral sobre a matéria. Ade-

Ao que cabe destacar que partimos do pressuposto de que a elite médica carioca, durante a segunda metade do século XIX, apesar das deficiências estruturais institucionais que enfrentava, estava atualizada e em consonância com as produções teóricas desenvolvidas nos principais centros europeus de produção de conhecimento médico e que, portanto, as dificuldades enfrentadas por esses atores no combate às doenças endêmicas e epidêmicas no Império do Brasil não estavam em dissonância com o grau de desenvolvimento do conhecimento médico abstrato do período. Entrementes, somente ao longo do século XIX seriam construídas as primeiras asserções inerentes a uma medicina tropical, voltada para a compreensão das doenças próprias aos climas tropicais e que seriam a base para a elaboração de um saber médico atento às especificidades das doenças que assolavam as populações que habitavam as zonas mais quentes do planeta. Participariam também deste processo de construção de conhecimento acerca das doenças tropicais, os médicos que atuavam em torno das Faculdades de Medicina do Rio de Janeiro e da Bahia, como demonstram Edler e Benchimol.[8]

Ademais, é importante remarcar que ao tratarmos da atuação desse nicho socioprofissional, consubstanciado pelo conceito de *elite médica*,[9] não a encaramos como uma categoria homogênea, mas

---

mais, acredito, conforme o defendido por Bruno Latour, que o processo de construção retórica é parte inerente à construção científica. Ver: LATOUR, Bruno. *Ciência em ação: como seguir cientistas e engenheiros sociedade afora*. São Paulo: Ed. Unesp, 2011.

8   EDLER, Flavio Coelho. *A medicina no Brasil Imperial: clima, parasitas e patologia tropical*. Rio de Janeiro: Ed. Fiocruz, 2011; BENCHIMOL, Jaime Larry. *Dos micróbios aos mosquitos: febre amarela e a revolução pasteuriana no Brasil*. Rio de Janeiro: Ed. Fiocruz/ Ed. UFRJ, 1999.

9   De acordo com Weisz, a *elite médica* não é formada necessariamente pelos melhores médicos, mas por aqueles indivíduos que tradicionalmente concentram em suas mãos os diferentes tipos de poder profissional. Ver: WEISZ, George. The emergence of medical specialization in the nineteenth century. *Bull. Hist. Med*, n. 77, p. 536-575, 2003.

pensamos esse grupo como um agregado de intelectuais[10] médicos que, apesar da formação em comum, vai expressar em sua dinâmica de atuação toda a heterogeneidade de paradigmas, haja vista a pouca estabilidade dos pressupostos teóricos que informavam a prática médica, pelo menos até o final do século XIX, quando a medicina experimental se legitimou de forma mais substancial, conferindo uma estabilidade maior a esta categoria. De forma que propomos compreender melhor essas dinâmicas socioprofissionais em toda sua complexidade, atentando para a compreensão das diversificadas estratégias colocadas em prática por esses atores em meio a um processo mais amplo de busca de autoridade no campo médico, no qual, acreditamos, a palavra impressa vai cumprir um papel vital.

Assim sendo, centrarei este capítulo na análise dos debates concernentes à atuação socioprofissional dos médicos na cidade do Rio de Janeiro, durante a segunda metade do Oitocentos, através da análise das matérias publicadas nos seguintes periódicos especializados: o *Annaes Brasilienses de Medicina* (1850-1889), a *Gazeta Médica do Rio de Janeiro* (1862-1864), *A Homepathia* (1850), *O Athleta: jornal médico-homeopático* (1852), *Revista homeopathica: congregação médico-homeopathica fluminense* (1859-1860) comparativamente

---

10 Inspirados nos argumentos levantados por François Dosse, acreditamos ser importante pensar o intelectual em toda a sua heterogeneidade e indeterminação. Amalgamamos, pois, as reflexões realizadas por Karl Mannheim e as produzidas, mais recentemente, por Bruno Latour sobre as práticas científicas, para pensar os médicos em sua prática intelectual, sem vincular tal prática à necessidade de atuação puramente científica, visto que não compreendemos a esfera de construção intelectual como algo passível de ser apartado das outras dimensões da realidade (como a política, a economia, a cultura ou a sociedade). Por outro lado, também não cremos ser produtivo atrelar a atividade intelectual de forma unicista a quaisquer interesses de classe. Ver: DOSSE, François, *La marcha de las ideas: historia de los intelectuales, historia intelectual*. Universitat de València, 2007; MANNHEIM, Karl. "O problema da Intelligentsia. Um estudo de seu papel no passado e no presente". *Sociologia da Cultura*. São Paulo: Perspectiva, 1974. LATOUR, Bruno. *Op. Cit.*, 2011.

analisados com matérias publicadas sobre assuntos correlatos no *Correio da Tarde* (1850-1889), no *Correio Mercantil* (1850-1869) e no *Diário do Rio de Janeiro* (1850-1879)[11].

Não deixaremos de lado, portanto, os debates encetados pelos médicos na grande imprensa, pois esses dialogavam explícita ou implicitamente (na maioria das vezes) com os conteúdos e ideias veiculadas na imprensa especializada. Com esse cruzamento de informações, estaremos atentando tanto para as disputas socioprofissionais ocorridas entre jurisdições, como intra e extra jurisdicionalmente. A visão interpretativa que se quer apresentar com essa estratégia de análise é de uma dinâmica profissional perpassada concomitante e continuamente por embates internos (à própria categoria), entre profissões (por exemplo, contra atuantes na arte de curar e/ou outros) e os aspectos que lhes são "externos", relacionados, principalmente, com a busca de legitimação nos âmbitos social e cultural, assim como na esfera política. Em termos de compressão histórica, tais vieses são elencados de forma "separada", mas compreendemos a necessidade de atentar para tais aspectos como algo imbricado, em constante justaposição. Partindo dos pressupostos alinhavados por Bruno Latour, não pensamos as dinâmicas científicas como subordinadas ao social ou mesmo independentes das relações sociais, mas compreendemos o social, o cultural, o político e o econômico como parte das dinâmicas e integrantes deste fazer científico que é construído e que interage com as diversas dimensões da realidade, visto que é constituído assim como reconstitui essa realidade de forma contínua e ininterrupta.

---

11 É importante destacar que a pesquisa abarcou, originalmente, outros jornais especializados e leigos publicados no mesmo período, sendo citados aqui, contudo, somente aqueles que ofereceram subsídios diretamente para a construção do presente texto.

Partindo desses marcos teórico e metodológicos, acreditamos poder trazer à tona um debate concernente às estratégias encetadas pela elite médica na busca pela legitimação socioprofissional, ao largo do Segundo Reinado. Partimos da premissa de que, naquele momento, a medicina ainda não gozava de prestígio e reconhecimento social, cultural e político, e que, por isso, buscou nos impressos um espaço de afirmação de seus pressupostos epistemológicos. Acionavam, pois, a palavra escrita como um importante artifício de construção de uma autoridade no campo médico/curativo.

A palavra impressa é trazida para o centro desta análise tendo em vista a compreensão de que, ao longo do século XIX, principalmente após o decreto que pôs fim à censura aos impressos (em 1822), ela foi, paulatinamente, ocupando um espaço estratégico no Brasil imperial. De acordo com Marialva Barbosa,[12] a palavra impressa foi ganhando importância na medida em que se consolidava uma mentalidade abstrata que lhe conferia um papel de destaque nas disputas de poder em curso na sociedade carioca, que aglutinava parte significativa da elite política, econômica e cultural do Império.[13] Os intelectuais médicos, assim como as demais camadas de intelectuais que perfaziam a sociedade carioca, não só tinham ciência da crescente importância da palavra impressa no período pós-iluminista, nas sociedades ocidentais[14], como, ao direcionar esforços para fazer desse espaço um veículo primordial de divulgação e afirmação de suas premissas, reforçavam a centralidade dos impressos nas disputas em curso.

---

12 BARBOSA, Marialva. *História cultural da imprensa (Brasil – 1800-1900)*. Rio de Janeiro: Mauad X, 2010.
13 CARVALHO, José Murilo de. *A construção da ordem. Teatro de sombras: a política imperial*. Rio de Janeiro: Civilização Brasileira, 2003.
14 PALLARES-BURKE, Maria Lúcia Garcia. A imprensa como uma empresa educativa do século XIX. *Cad. Pesq.*, n. 104, p. 144-161, jul. 1998.

Entremestes, mesmo que estejamos tratando de uma sociedade onde a oralidade assumia o papel principal nas trocas interpessoais, haja vista o alto nível de analfabetismo[15], analisamos os impressos como parte de um circuito comunicacional que englobava o mundo oral e o mundo da escrita, pois acreditamos que eles estavam imbricados e compunham uma mesma rede de produção, circulação, apropriação e ressignificação de ideias. A complexidade desse circuito nos é bastante cara, pois analisamos a palavra impressa como parte ativa de uma dinâmica de disputas de poder que passaria, obrigatoriamente, pela imprensa ao longo do Oitocentos. Assim, a análise atenta deste material, principalmente no tocante às disputas no campo das práticas curativas, nos permite não só compreender melhor tais embates profissionais, mas o papel exercido pelos periódicos neste processo, evidenciando a importância da palavra impressa no Brasil oitocentista.

Finalmente, destacamos que, dada a variedade de fontes analisadas, utilizaremos como documentação comprobatória dos argumentos aqui apresentados na forma de hipóteses, excertos de cada publicação, onde se evidenciam a importância e a pertinência do periodismo médico às estratégias de legitimação profissional da medicina em curso; assim como atentaremos para os argumentos construídos pelos redatores das publicações em questão, na construção de uma autoridade que, necessariamente, passava pelo combate às demais práticas de curar em voga, com destaque para a homeopatia. De forma geral, pretendemos, ao evidenciar a importância da im-

---

15 De acordo com o recenseamento realizado pelo governo imperial em 1872, se no Império do Brasil, de forma geral, o analfabetismo perfazia mais de 80% da população, no Rio de Janeiro (Município Neutro) ele não passavam de 60% da população. BRASIL. RECENSEAMENTO DO BRAZIL EM 1872. Disponível em: http://biblioteca.ibge.gov.br/visualizacao/monografias/GEBIS%20%20RJ/Recenseamento_do_Brazil_1872/Imperio%20do%20Brazil%201872.pdf. Acesso em 01/05/2015.

prensa médica especializada em meio a um processo mais amplo de busca de legitimidade socioprofissional, contribuir para uma compreensão mais ampla a respeito da importância da palavra imprensa no Brasil oitocentista.

O periodismo médico e a construção da autoridade socioprofissional

As primeiras iniciativas voltadas para a publicação de periódicos médicos datam de fins da década de 1820 e são contemporâneas à inauguração da Faculdade de Medicina do Rio de Janeiro (fundada em 1808 como Escola Anatômica, Cirúrgica e Médica do Rio de Janeiro e transformada em Faculdade em 1832) e à formação da Sociedade de Medicina do Rio de Janeiro (criada em 1829). Estavam presentes na inauguração destes espaços de atuação profissional os principais membros da *elite médica* que figurariam como os redatores dos primeiros periódicos médicos publicados na cidade do Rio de Janeiro, a exemplo de Joseph-François Xavier Sigaud e Francisco de Paula Cândido, ambos membros da Sociedade de Medicina do Rio de Janeiro e o segundo também professor da Faculdade de Medicina (1833-1863).[16] Segundo Luiz Otávio Ferreira, o periodismo médico seria, neste contexto, resultante de uma simbiose entre negócio (dado o ambiente editorial favorável), política (disputas pela hegemonia política) e ciência (afirmação científica da medicina).[17]

Não entraremos em pormenores acerca do funcionamento da imprensa médica periódica durante a primeira metade do século XIX, mas acreditamos ser importante remarcar que partimos da

---

16 http://www.dichistoriasaude.coc.fiocruz.br/iah/pt/verbetes/escancimerj.htm. Fonte: Escola Anatômica, Cirúrgica e Médica do Rio de Janeiro. Dicionário Histórico-Biográfico das Ciências da Saúde do Brasil (1832-1930). Acesso em 15/04/2017.

17 FERREIRA, Luiz Otávio. *Op. Cit.*, 2004.

hipótese de que o seu surgimento esteve atrelado à percepção, por parte dos intelectuais médicos, de que os impressos passaram a cumprir um importante papel nos espaços públicos na Corte, figurando como verdadeiros agentes nas disputas de poder em curso nas diversas dimensões do cotidiano. Como sugerem muitos trabalhos historiográficos produzidos a respeito da imprensa na primeira metade do século XIX,[18] assistiu-se, naquele período, a uma verdadeira "explosão da palavra pública" que trouxe para o centro dos debates as publicações periódicas. O que nos atenta para a importância desses veículos de comunicação em termos estratégicos já que, mesmo diante dos altos níveis de analfabetismo, as informações por ele veiculadas circulavam por diversos setores da sociedade através da prática do "bouche à oreille", ou seja, através das tradições orais. De forma que, o investimento particular e/ou institucional na publicação de periódicos ganhava sentido dentro desta dinâmica.

Ademais, no que tange, em especial, aos periódicos médicos gostaríamos de fazer algumas ilações que julgamos essenciais para introduzirmos a análise do material que é o foco deste capítulo. Já destacamos que, a partir de meados do século XIX, as publicações periódicas assumiram um perfil distinto daquelas publicadas de 1827 a 1843 e analisadas por Ferreira.[19] Se nessas publicações, o sobredito autor chama a atenção para a existência de um diálogo mais direto

---

18 Ver: BASILE, Marcelo. Projetos de Brasil e construção nacional na imprensa fluminense (1831-1835). NEVES, Lúcia M. B. P. das; MOREL, Marco; FERREIRA, Tânia M. B. T. da C. (Orgs.). *História e imprensa. Representações culturais e práticas de poder*. Rio de Janeiro: FAPERJ; DP&A Ed., 2006. p. 60-93; LUSTOSA, Isabel. *Insultos impressos. A guerra dos jornalistas na Independência (1821-1823)*. São Paulo: Companhia das Letras, 2000; MOREL, Marco. *As transformações dos espaços públicos. Imprensa, atores políticos e sociabilidades na cidade Imperial (1820-1840)*. São Paulo: Editora Hucitec, 2005; MOREL, Marco. "Papéis incendiários, gritos e gestos: a cena pública e a construção nacional nos anos 1820-1830". *Topoi*, mar. 2002, p. 39-58.

19 FERREIRA, Luiz Otávio. *Op. Cit.*, 2004.

com as demais artes de curar em voga, tendo em vista a carência de um público leitor especializado amplo; nas publicações analisadas a partir deste período, identificamos a supressão deste espaço, com a adoção de uma estratégia de silenciamento dos demais praticantes (sendo suprimido o espaço de publicação de opiniões divergentes) e com a consolidação, concomitante, de uma retórica que alçava a medicina acadêmica à condição de um conhecimento sobre o qual só poderiam opinar aqueles indivíduos devidamente diplomados por instituições oficialmente reconhecidas pelo governo imperial.

Acreditamos, entretanto, que esta mudança de postura estava relacionada com a construção de uma estratégia de busca de autoridade no campo médico. Primeiramente, buscava-se consolidar a percepção de uma medicina acadêmica, ou "medicina oficial" (como passou a ser referenciada nos periódicos médicos e leigos) enquanto uma prática profissional legítima, visto que contava com o apoio do governo na manutenção das suas principais instituições: a Faculdade e a Academia Imperial de Medicina. Este argumento de autoridade seria acionado em grande parte das matérias médicas publicadas na imprensa periódica leiga, como veremos adiante, como um mecanismo de construção de um argumento de dedução por lógica, pois, realçando que este conhecimento era chancelado e promovido pelo governo imperial, intentavam ganhar legitimidade social, angariando, assim, uma clientela mais vasta.

Ademais, o surgimento da homeopatia e a rápida expansão de seus adeptos na sociedade carioca a partir da década de 1850, – com parte significativa da população recorrendo aos seus métodos, mediante a pouca credibilidade da medicina alopática (dita oficial) –, colocavam em xeque um conhecimento ainda instável e que buscava sua legitimação. Seria, neste sentido, a prática da homeopatia o foco de grande parte das inventivas lançadas pelos médicos através das páginas dos periódicos (especializados e leigos). Em meio a um contexto de piora da saúde pública, – mediante as primeiras ocorrências das epidemias de febre amarela e cólera que atemorizariam a população da Corte durante toda a segunda metade do século XIX, dado o seu potencial de letalidade e o desconhecimento de suas causas –, se multiplicariam as publicações médicas. Por meio de tais iniciativas, ao mesmo tempo em que se empenhavam em consolidar os pressupostos epistemológicos da medicina alopática, os médicos direcionavam suas forças para debelar a adoção das terapêuticas homeopáticas que se difundiam tanto pela atuação de profissionais adeptos (alguns deles médicos diplomados por instituições de ensino reconhecidas), quanto pela venda de manuais populares de homeopatia (que assistiram a um grande sucesso editorial).[20]

Importante destacar que a imprensa especializada e leiga seria o palco privilegiado de tais disputas e é, portanto, através da análise deste material que pretendemos demonstrar a complexidade dos embates socioprofissionais em curso, atentando para o potencial da palavra impressa no Oitocentos. Afinal, prática e discurso são encarados nesta análise como duas "faces de uma mesma moeda", ambos se retroalimentando e redefinindo a realidade contínua e concomitantemente.

As disputas nas páginas da imprensa

> Em todas as nações livres, é a imprensa o tribunal mais poderoso, também o mais popular, onde se tratam as grandes questões de interesse social. É pela imprensa que o público conhece e analisa as inovações, as descobertas com que se engrandecem os conhecimentos humanos e as leis que são

---

20 Cf. GUIMARÃES, Maria Regina Cotrim. *Civilizando as artes de curar: Chernoviz e os manuais de medicina popular no Império*. Dissertação (Mestrado em História). Rio de Janeiro: Casa de Oswaldo Cruz, 2003.

promulgadas na sociedade. É ainda pela imprensa que os propugnadores dos diferentes sistemas científicos, devem sustentar as teorias de suas ideias elucidando-as plenamente, de maneira a não deixar dúvidas, ainda nos ânimos dos mais incrédulos, e demonstrar com clareza, suas vantagens e valor sobre os sistemas que lhes são adversos (...) Se todas as ciências devem ser patenteadas e discutidas pelo público, pois que é o público o verdadeiro juiz de todas essas matérias, com quanta razão não deve ser submetida à sua opinião e tratada com precisa e devida importância, a medicina, que de tão perto interessa o povo?[21]

Iniciamos a presente análise com o extrato acima, retirado de uma publicação financiada "por uma associação de homeopatas" (de acordo com a sua primeira edição) que, no início dos anos 1850, organizava suas estratégias profissionais rumo à expansão de sua influência na sociedade carioca. Além do periódico *O Athleta* (redigido por Pedro Ernesto Albuquerque de Oliveira), identificamos os seguintes títulos: *A Homepathia* (1850 – redatores Luciano Lopes Pereira e J. B. de Figueiredo), a *Gazeta do Instituto Hannemaniano* (1859-1860 – redigida por Saturnino Soares de Meirelles), a *Revista homeopathica: congregação médico-homeopathica fluminense* (1859-1860 – redigida por J. S. Rebello), além do *Annaes de medicina homeopática* (1882-1883).

Todos os redatores dos jornais localizados eram médicos diplomados e suas publicações assumiam um perfil parecido, pouca durabilidade, matérias redigidas somente pelos redatores responsáveis (sem contar com matérias de autoria de outros médicos), além de serem publicações financiadas por particulares, à exceção dos *Annaes de medicina homeopathica*. Este último fora criado em 1882, publicado ininterruptamente até 1883, e após um interregno voltou

---

21 OLIVEIRA, Pedro Ernesto Albuquerque de. *O Athleta: jornal médico-homeopático*. Rio de Janeiro: Typ. Brasiliense de F. M. Ferreira, 14/01/1852, p. 1

a ser editado em 1901 como *Revista de Homeopathia*, e mesmo contando com algumas interrupções em sua publicação e com mudanças de nome sobrevive até os dias atuais como *Revista Homeopatia Brasileira*, financiada pelo Instituto Hahnemanniano do Brasil (cujas origens datam da fundação da Escola de Homeopathia do Rio de Janeiro, em 1844, e que em 1847 viria a ser denominada Academia Médico Homeopathica do Brasil).[22]

Importante destacar que os periódicos em questão assumiam, preponderantemente, o caráter de iniciativa particular, sendo evidenciada sempre nessas publicações a preocupação desses médicos (enquanto redatores) com a construção de uma imagem da medicina homeopática, dando relevo, com mais ou menos intensidade, aos ataques que lhes eram dirigidos pelos médicos alopatas em publicações especializadas e leigas. A construção dessa autoimagem passava, pois, para os médicos que encamparam tais iniciativas, pela publicação de periódicos especializados, apesar de parte significativa de suas inventivas se concentrar na publicação de matérias na imprensa leiga (em sua maioria "comunicados à pedido" que eram publicados mediante pagamento aos jornais).

De uma forma ou de outra, fica evidente a importância delegada à imprensa, já que tais atores direcionavam parte de suas rendas para tornar pública uma disputa socioprofissional, – o que se intensificou com a erupção das primeiras epidemias de febre amarela e cólera, não sendo diminutas nas páginas da imprensa as publicações direcionadas à defesa dos métodos e terapêuticas aplicadas para debelar as temidas moléstias ao longo da década de 1850, seja de autoria de alopatas ou homeopatas. A ideia da imprensa como um tribunal, assim como a do público leitor como juiz, esteve presente simbolicamente na cabeça daqueles que investiam neste meio de

---

22 LUZ, Madel T. *A arte de curar versus a ciência das doenças: história social da homeopatia no Brasil*. São Paulo: Dynamis Editorial, 1996.

divulgação, sendo acepções correntes desde o início do século XIX, como bem destaca o historiador Marco Morel.[23] Ademais, palavras como elucidação ou mesmo educação ou iluminação estiveram presentes no vocabulário desses médicos que reconheciam o potencial educacional (de cunho mais formativo do que informativo) das palavras veiculadas pela imprensa naquele contexto.

A passagem, de autoria do filósofo alemão Schlegel, reproduzida pelo médico Roberto Jorge Haddock Lobo na "Introdução" ao quinto volume dos *Annaes Brasilienses de Medicina*, em 1849: "O jornalismo científico e literário é a locomotora dos conhecimentos humanos que vai marchando rápida e sem estorvos para o século futuro"[24] evidencia a centralidade da palavra impressa, para estes atores, no que diz respeito ao processo de busca de autoridade profissional da medicina, já que subordina a própria dinâmica de construção do conhecimento à sua divulgação. Ao que prossegue argumentando que:

> Porque em todos os países tem-se admitido como máxima que nada é mais capaz de civilizar e moralizar um povo do que as letras; e que sendo elas o manancial e a fonte de todas as riquezas, é, por elas que tudo deve florescer. Uma nação onde ninguém cultive o estudo – onde ninguém cure de se instruir, tudo aí murchará, porque em lugar da civilização existirá apenas um instinto brutal somente capaz de levar o homem a praticar ações más e reprovadas. Assim, pois, tanto mais fina e apurada for a instrução de um povo, tanto maior e mais extenso será o catálogo de suas publicações, vindo daqui a seguir-se que o movimento da imprensa de uma nação será

---

23 Ver: MOREL, Marco. *Obra citada*, 2005.
24 LOBO, Roberto Jorge Haddock. Introdução. *Annaes Brasilienses de Medicina*. Rio de Janeiro, 1849, p. 1.

o termômetro por onde só se deva julgar do seu progresso e adiantamento das ciências.[25]

A ideia de uma imprensa como "termômetro" do conhecimento humano e a sua importância no tocante ao próprio desenvolvimento da ciência também estivera presente em outros momentos, no próprio *Annaes Brasilienses de Medicina*:

> A ciência médica, como dizíamos, teve seu desenvolvimento, e a imprensa que mede e regula os movimentos do pensamento e da inteligência na ordem política e que mede e regula as descobertas dos gênios e os resultados da observação na ordem científica faz retumbar tanto na Europa quanto nas Américas as observações médicas, as investigações de história natural e os fatos clínicos que se foram colhendo em um terreno tão vasto, tão rico e tão fecundo qual o Brasil.[26]

Tanto nas páginas de periódicos médicos alopatas quanto naquelas publicadas por homeopatas fica explícita a compreensão de que a obtenção de prestígio e reconhecimento social passava pela utilização da imprensa, visto que já havia se consolidado na sociedade carioca, na segunda metade do Oitocentos, uma mentalidade abstrata que lhe conferia o *status* de educadora e promotora dos conhecimentos. Direta ou indiretamente (por ler, ouvir ler ou ouvir dizer) aquele conteúdo que era publicado nos periódicos de tiragem diária, semanal ou episódica, passava a circular entre as pessoas que compunham as diferentes hierarquias sociais. E este esforço crescente de fazer esses conhecimentos e disputas profissionais chegar às páginas da imprensa evidencia a importância do público no pro-

---
25 *Idem*, p. 2.
26 MOREIRA, Nicolau Joaquim. Discurso pronunciado pelo Dr. Nicolau Joaquim Moreira na sessão solene da academia, em presença de S. M. Imperial. *Annaes Brasilienses de Medicina*. Rio de Janeiro, junho de 1860, p. 72.

cesso de construção de autoridade da medicina. Este público, ou seja, o interlocutor dessas matérias era tanto a clientela e potencial clientela desses profissionais, como o próprio Estado, do qual buscavam o apoio para espraiar a sua influência e poder na sociedade. Tais empenhos, conceitualmente, perfazem para nós as lutas extra jurisdicionais, compostas pelas dinâmicas de busca de legitimidade no público externo ao campo profissional.

No entanto, é importante destacar que o empenho na publicação de matérias em jornais leigos e/ou especializados compunha um complexo emaranhado de disputas socioprofissionais que não se restringiam à busca de apoio externo às suas práticas científicas. Fazia parte dessas dinâmicas as disputas entre profissões e intra profissionais.

As disputas entre profissões, sem dúvida, mobilizaram grande parte dos esforços empenhados pelos médicos na produção e publicação de matérias na imprensa, mesmo porque no contexto estudado as bases epistemológicas da medicina alopata ainda não tinham angariado a estabilidade e a credibilidade científica que a medicina de laboratório lhe conferiria a partir de fins do século XIX. O contexto de grandes epidemias e endemias a serem combatidas também trazia para o centro das disputas profissionais as expectativas da sociedade de que tais conhecimentos pudessem sanar os problemas de saúde pública e privada da população, através da aplicação de suas terapêuticas. No entanto, o que podemos inferir da leitura diária das páginas dos periódicos analisados é que na falta de respostas objetivas ao clamor social pelo combate às doenças, ambas as categorias médicas se empenhavam em publicizar os resultados obtidos em suas práticas clínicas diárias, o que instaurara uma verdadeira disputa por espaço que muitas vezes não apresentava nenhum argumento objetivo, conforme evidencia a matéria intitulada "A briga das duas patas", publicada no *Correio Mercantil*, a respeito de uma sessão ocorrida na Câmara dos Deputados:

(...) cumpre dizer que importantíssima e porfiada esteve a briga das *duas patas*: a honrada sala converteu-se em um grande consultório homeopático e alopático; alguns representantes defenderam a causa da *pata* dos semelhantes, outro a *pata* dos contrários. Desde já prevenimos que não vamos nos meter no que não entendemos uma pitada; temos muito medo de passarmos por charlatães, e apenas faremos as reflexões que nos sugerir nossa acanhada razão; e portanto não digam depois que a Resenha é homeopata ou alopata. Ora pois! Não nos metam e barulhos. O Sr. Moraes Sarmento foi o cabeça de tal encarniçada luta médica coma emenda que ofereceu para a criação de um lazareto homeopático, e o Sr. Pacheco o primeiro sobre ela falou. O Sr. representante por São Paulo apresentou escrúpulos de acabar com a medicina oficial votando pela moção do Sr. Moraes Sarmento. Ora em verdade muito escrupuloso é o Sr. Pacheco! Medicina Oficial! Que bichorôco é este? Será a que cura e mata por ofício? Não: é a que exercem os médicos formados pelas nossas academias. Ah! Isto é outra coisa! Mas então desde que os médicos oficiais exerçam a homeopatia fica esta sendo oficial? É verdade. Logo não haja escrúpulos, porque os que não têm diplomas em conformidade com as leis, cuidem de plantar batatas ou de outro qualquer ofício, porque a vida não é cousa com que se brinque, entregando-se aí a qualquer ferreiro, alfaiate, sapateiro ou caixeiro, que se arvore de médico (...) Tudo o que não for proceder por esta forma é dar lugar a que o povo acredite não só em doutrinas errôneas, mas também a que ele se persuada que a vozeria levantada contra os homeopatas mais provém da lesão ou ofensa aos interesses da sacrossanta bolsa do que da convicção ou do absurdo da inutilidade da homeopatia.[27]

A disputa profissional entre alopatas e homeopatas estava instalada, no entanto, não somente na Parlamento, onde deputados de-

---

27 "Resenha parlamentar", CORREIO MERCANTIL, 11 de março de 1851, p.1.

bateriam com afinco sobre a possibilidade de médicos homeopatas atenderem em enfermarias das Ordens Terceiras em meio ao combate à temerosa epidemia de febre amarela que fizera centenas de vítimas fatais por dia no verão de 1849-1850, e que voltaria a acometer a população da capital, a cada verão, com mais ou menos intensidade até as campanhas sanitaristas de Oswaldo Cruz.

Identificamos dezenas de matérias publicadas por homeopatas e alopatas em jornais diários da imprensa leiga na defesa de seus métodos e resultados alcançados, sendo inviável a reprodução destes. Por isso nos ateremos a duas destas iniciativas para que possamos elucidar os aspectos próprios à argumentação de cada grupo. Primeiramente, reproduziremos parte de uma matéria publicada pelo médico homeopata Mello de Moraes a respeito da epidemia de febre amarela que também atingira a Bahia em 1850, no *Correio da Tarde*, folha diária publicada no Rio de janeiro, na qual abundavam as publicações de autoria de homeopatas:

> (…) A localidade da Bahia, ou, por outra, a situação topográfica da nossa cidade, o nenhum asseio, a quantidade de canos descobertos e cheios de podridões nas ruas públicas, o matadouro dentro da cidade, que continuamente exala um ar pestífero, os monturos de animais mortos em decomposição pelas ruas, são quem melhor do que ninguém explicam o caráter de febre devastadora que experimentamos. E quais os meios curativos? A alopatia tem perdido a maior parte de seus doentes, porque quantos tem sido sangrados, segundo me consta, e bichados, todos tem morrido! – Agora que conhece o pernicioso da emissão sanguínea, serve-se quase em doses homeopáticas do tártaro emético, isto é, um grão de tártaro em uma libra ou mais de água comum, administrando as colheres. A homeopatia não tem perdido nenhum de seus doentes, ao menos os que

tenho tratado com o acônito, arsênico, bryonia, vertrum-album e phosphoro, nenhum tem sucumbido.[28]

Selecionamos esta matéria porque, apesar de se referir à Bahia (localidade onde a epidemia de febre amarela deu seus primeiros sinais, antes de chegar à capital do Império), ela reúne argumentos comumente acionados por homeopatas nas páginas diárias dos jornais com o objetivo de angariar simpatia aos seus métodos terapêuticos.

Assim como eram recorrentes matérias como esta, que asseveravam que a homeopatia estava alcançando mais resultados positivos no combate à epidemia, também o eram as publicações de "correspondências" nestes mesmos jornais em agradecimento a médicos homeopatas pela obtenção da cura após terem sido tratados por eles.

Também no *Diário do Rio de Janeiro*, durante este mesmo período epidêmico, seriam recorrentes as matérias publicadas por alopatas e homeopatas. Da safra dos alopatas seriam as matérias que se ocupariam em negar qualquer validade ao sistema homeopático, conforme o extrato da matéria a seguir:

> (...) A homeopatia, de que já falamos, é uma dessas monstruosidades de fraca ou vulcânica observação, que veio ao Brasil; mas que o Brasil inteligente o deporta, como se deporta um estrangeiro com esdrúxula e repreensível conduta. A verdade é sempre vitoriosa. E já que assim o queremos formar uma galeria, onde iremos depondo e classificando os troféus, não para vangloriar para observação e lição.[29]

Discurso que se repetiria nos periódicos médicos especializados. Nestes, no entanto, não haveria a possibilidade de réplicas, como as que ocorriam nos jornais leigos, onde abundavam as maté-

---

28 "Rio de Janeiro", CORREIO DA TARDE, 15 de fevereiro de 1850, p.1.
29 L. C. "Para os homeopatas", DIÁRIO DO RIO DE JANEIRO, 12 de julho de 1850, p. 2.

rias em defesa da homeopatia. Nos jornais publicados por médicos alopatas seria reiterada cotidianamente a nulidade dos tratamentos propostos pela homeopatia que seria comumente denominada como charlatanismo.

Entrementes, para além das disputas cotidianas que punham em lados opostos homeopatas e alopatas, podemos também, através da análise desses mesmos jornais especializados, demonstrar que essas publicações igualmente refletiam as disputas profissionais internas à própria categoria (demonstrando toda a sua heterogeneidade), visto que mesmo entre os membros da Academia Imperial de Medicina (principal representante dos interesses da *elite médica* alopata), existiam adeptos a esse novo sistema tão combatido pelos médicos acadêmicos nas páginas da imprensa, conforme matéria publicada no *Annaes de Medicina Brasiliense*:

> "Incidente Acadêmico" – É sabido que nos dias de maior luto e pranto para a cidade do Rio de janeiro, nestes nefandos dias em que a especulação e a ganância disputavam o ouro das vítimas (...), um membro da Academia – o Sr. Dr. Francisco de Paula Menezes renegando todos os princípios da ciência, rasgando de meio a meio o pergaminho que lhe dava uma posição nobre e decente entre os médicos honestos, se convertera à traficância *especulo-pata*. Ninguém julgava, ninguém podia mesmo acreditar, que depois de um semelhante passo, se lembrasse o sr. dr. de ir se sentar de novo nos mesmos bancos de onde em 1845 havia tão fortemente fulminado semelhante seita (...) Pois bem: o sr. dr. Paula Menezes com a maior impavidez do mundo foi tomar parte dos trabalhos desta sessão. O Sr. Dr. Lallemand, indignado com semelhante comportamento, julgando que nenhum médico digno desse nome deveria sentar-se a par de um homeopata no próprio templo da ciência, mandou uma

indicação à mesa, despedindo-se de membro e retirando-se efetivamente do recinto acadêmico.[30]

No entanto, é importante notar que, para além das disputas mais amplas, no seio da categoria médica da mesma forma vigoravam outras disputas mais pontuais de caráter teórico e/ou terapêutico, próprias a um período de construção do próprio conhecimento abstrato ainda em curso, como a querela relativa à utilização dos "remédios de segredo", a exemplo da utilização da famosa *Salsaparrilha de Sands*. No final de 1849, o médico e então presidente da Academia Imperial de Medicina, José Martins da Cruz Jobim, apresentara uma representação ao Imperador, contra a Câmara Municipal da Corte, que havia, por resolução, permitido a venda da Salsaparrilha de Sands, um remédio cuja fórmula era secreta, mas que ganhara grande fama na cidade dada a sua propalada eficácia no tratamento da febre amarela, divulgada com assiduidade nos principais jornais leigos em circulação. Ao que argumentava que tal resolução permitia a venda de um remédio secreto sem receita do facultativo e por uma pessoa não habilitada (a empresa Southworth e Sands), já que ela não estava autorizada por lei a vender remédios ou ter boticas. O que subvertia ainda, segundo Jobim, os estatutos formulados pela Academia e executados pelo governo que definiam que sem a licença da Academia ou da Faculdade de Medicina não era permitido vender remédios.[31]

Este caso se torna ainda mais interessante quando descobrimos que o parecer positivo à venda do medicamento em questão era de autoria de um médico, então membro da própria Academia e vere-

---

30 "Notícias diversas", ANNAES BRASILIENSES DE MEDICINA, abril de 1850, p. 164.
31 JOBIM, José Martins da Cruz "Representação da Academia Imperial de Medicina ao governo de S. M. O Imperador contra a deliberação da Ilustríssima Câmara Muncipal tomada na sessão de 2 de outubro do corrente ano", ANNAES BRASILIENSES DE MEDICINA, novembro de 1849, p. 30.

ador, o renomado Joaquim Vicente Torres-Homem. A respeito da posição deste médico sobre a representação apresentada por Cruz Jobim contra a dita autorização, destacavam na mesma edição:

> Consta-nos que o ilustre conselheiro com aquela arrogância que todos lhe conhecem, proferira na discussão grosseiras injúrias contra a Academia e especialmente contra alguns de seus membros dizendo entre outras belezas – que os signatários da representação eram perfeitas nulidades! Que lhe agradeça o elogio o Sr. Jobim.[32]

E na mesma editoria congratulavam a saída de Torres-Homem da Academia:

> Uma perda lucrativa – O Sr. Dr. Torres-Homem deu a sua demissão de membro titular da Academia na sessão de 28 do corrente. Havia quatro anos que a S. Sª nem comparecia às sessões nem se encarregava de trabalho algum; de maneira que a permanência do seu nome na relação dos membros da Academia, longe de lhe ser proveitosa era antes um entrave para a aquisição de algum outro que com mais proveito para ele viesse ocupar aquele lugar; visto que o número de membros efetivos é limitado.[33]

De forma geral, ao analisarmos os meandros do funcionamento da Academia Imperial de Medicina, cruzando informações retiradas de seu próprio periódico, assim como de outras fontes, compreendemos que a categoria médica que a compunha estava longe de atingir a tão almejada autoridade socioprofissional. Apesar da utilização sistemática de uma retórica peremptória que a colocava num local de destaque na sociedade imperial, dada a função de conselheira

---

32 "Notícias diversas", ANNAES BRASILIENSES DE MEDICINA, novembro de 1849, p. 48.
33 *Ibidem*, p. 47.

do Estado em questões relativas à saúde pública, na prática a situação era bastante diferente. Com relação ao próprio Estado, muitos contratempos eram enfrentados, principalmente mediante a instabilidade do conhecimento abstrato construído até aquele momento. Não seria à toa que em 1851 seria criada a Junta Central de Higiene Pública, órgão subordinado ao Ministério do Império e encarregado efetivamente de colocar em prática ações na área de saúde pública visando, sobretudo, obstar a marcha das epidemias de febre amarela.

A perda dessa função pela Academia evidenciava a grave crise de legitimidade sofrida por essa instituição. Ademais, não seriam diminutas as reclamações dos editores do próprio jornal da AIM sobre a falta de interesse de seus membros em contribuírem com matérias para o jornal; assim como de estarem ausentes nas sessões ordinárias. O próprio Cruz Jobim (um dos fundadores da Sociedade de Medicina do Rio de Janeiro que depois se transformara em Academia) afirmaria, reiteradamente, em sessões solenes e em debates parlamentares,[34] que a Academia encontrava-se "Moribunda".

Uma década depois, em outro jornal, redigido pelos então jovens médicos Matheus de Andrade, Pinheiro Guimarães, Souza Costa e João Vicente Torres-Homem, evidenciava-se, em uma crônica médica, o estado de crise em que permanecia a Academia, o que certamente se refere ao estado de crise da própria medicina acadêmica:

> O mês de julho foi rico para a Academia Imperial de Medicina, que somente em dias extraordinários costuma dar sinal de vida. À semelhança de um moribundo, suja agonia

---

34 http://www.dichistoriasaude.coc.fiocruz.br. José Martins da Cruz Jobim foi deputado geral, nas 7ª e 8ª legislaturas, pela província do Rio Grande do Sul (1849-1851), e senador do Império pela província do Espírito Santo (01/03/1851), cargo este que assumiu em 6 de maio do mesmo ano e onde permaneceu até a data de sua morte, em 1878. Fonte: José Martins da Cruz Jobim. *Dicionário Histórico-Biográfico das Ciências da Saúde no Brasil (1832-1930)*. Acesso em: 10/05/2017.

data de longo tempo, ela tem seus paroxismos, que passam rápidos, e dos quais logo sai para tornar a cair no mesmo estado de abatimento. Coitada, apesar de seu nome pomposo, das suas sessões aniversárias em salões palacianos cheios de magnificência, dos repetidos anúncios que publicam os jornais nas segundas-feiras, da mudança econômica que operou na casa de seus trabalhos, abandonando o asqueroso casebre do Largo da Sé, que lhe custava algumas centenas de mil réis por ano, e indo ocupar um das melhores salas da Câmara Municipal, apesar finalmente das numerosas simpatias de que goza justamente o seu ilustrado presidente, a Academia vai definhando de dia em dia, até que chegue a sua hora extrema, que não está muito longe (...).[35]

As dissenções internas, resultantes das indeterminações epistemológicas da medicina acadêmica, acabavam contribuindo para a sua falta de legitimidade socioprofissional. Assim, apesar dos reiterados esforços retóricos desempenhados pelos membros da *elite médica* carioca na construção de uma imagem de legitimidade e autoridade para a medicina acadêmica, fica evidente, ao leitor que acompanha as páginas diárias das publicações especializadas e leigas que circularam ao largo da segunda metade do século, que, em vez de refletir uma realidade acabada, se buscava engendrar com as matérias publicadas um verdadeiro mecanismo de reconhecimento mediante uma notória falta de legitimidade socioprofissional.

Neste contexto de disputas e indefinições inerentes às práticas curativas, a imprensa figuraria como um espaço "por excelência" por meio da qual ambas as categorias buscavam construir uma imagem de legitimidade, visando angariar adeptos aos seus "sistemas". O esforço na construção e divulgação desse material escrito evidencia a crescente importância dos impressos na sociedade carioca oitocen-

---

35 SILVESTRE, Cyrillo. Crônica médica, GAZETA MÉDICA DO RIO DE JANEIRO, 1º de agosto de 1862, p. 51-58.

tista e nos atenta para o fato de que a imprensa ocupava um papel ativo neste contexto, sendo performada e performando as dinâmicas sociais em curso.

Conclusões

Não foram poucas as linhas escritas e impressas por médicos alopatas e homeopatas na Corte imperial durante a segunda metade do século XIX. Neste capítulo, pretendemos apresentar um recorte desta prática que se tornou fulcral para as disputas socioprofissionais em questão. Muitos esforços seriam despendidos por membros da categoria médica, seja na publicação de periódicos por iniciativa particular (onde além de redatores eram os responsáveis financeiros pela impressão), seja na publicação de matérias a pedido (por meio também de pagamento) nos jornais leigos de circulação diária. Nosso objetivo é evidenciar a importância da imprensa especializada e leiga neste processo de construção de autoridade médica, a fim de ratificar, ao mesmo tempo, a centralidade dos impressos nas complexas disputas jurisdicionais estudadas. Afinal, uma análise acurada do material recolhido nos permite compreender melhor tanto a complexidade das disputas intra, entre e extra profissionais, como nos atenta para a importância de utilizar os impressos como fontes históricas para conhecer um pouco mais dos complexos circuitos comunicacionais próprios a uma sociedade em que o mundo oral e o mundo da escrita estavam imbricados, constituindo um mesmo mecanismo de circulação, produção, apropriação e ressignificação de ideias.

Fontes

Annaes Brasilienses de Medicina (1850-1889)

A Homepathia (1850)

Correio da Tarde (1850-1889)

Correio Mercantil (1850-1869)

Diário do Rio de Janeiro (1850-1879)

Gazeta do Instituto Hannemaniano (1859-186)

Gazeta Médica do Rio de Janeiro (1862-1864)

O Athleta: jornal médico-homeopático (1852)

Revista homeopathica: congregação médico-homeopathica fluminense (1859-1860)

Recenseamento do Brazil em 1872. Disponível em: http://biblioteca.ibge.gov.br/visualizacao/monografias/GEBIS%20%20RJ/Recenseamento_do_Brazil_1872/Imperio%20do%20Brazil%201872.pdf.

Referências Bibliográficas

ABBOTT, Andrew. *The system of professions. An essay on the division of expert labor.* Chicago and London: The University of Chicago Press, 1988.

BARBOSA, Marialva. *História cultural da imprensa (Brasil – 1800-1900)*. Rio de Janeiro: Mauad X, 2010.

BASILE, Marcelo. "Projetos de Brasil e construção nacional na imprensa fluminense (1831-1835)". In: NEVES, Lúcia M. B. P. das; MOREL, Marco; FERREIRA, Tânia M. B. T. da C. (Orgs.). *História e imprensa. Representações culturais e práticas de poder.* Rio de Janeiro: FAPERJ; DP&A Ed., 2006. p. 60-93.

BENCHIMOL, Jaime Larry. *Dos micróbios aos mosquitos: febre amarela e a revolução pasteuriana no Brasil.* Rio de Janeiro: Ed. Fiocruz/ Ed. UFRJ, 1999.

CARVALHO, José Murilo de. *A construção da ordem. Teatro de sombras: a política imperial.* Rio de Janeiro: Civilização Brasileira, 2003.

Dicionário Histórico-Biográfico das Ciências da Saúde do Brasil (1832-1930). Online. Disponível em: http://www.dichistoriasaude.coc.fiocruz.br.

DOSSE, François, *La marcha de las ideas: historia de los intelectuales, historia intelectual*. Universitat de València, 2007.

EDLER, Flavio Coelho. *A medicina no Brasil Imperial: clima, parasitas e patologia tropical*. Rio de Janeiro: Ed. Fiocruz, 2011.

FERREIRA, Luiz Otávio. Negócio, política, ciência e vice-versa: uma história institucional do jornalismo médico brasileiro entre 1827 e 1843. *História, Ciências, Saúde – Manguinhos*, vol. 11 (suplemento 1), p. 93-107, 2004.

GONÇALVES, Monique de Siqueira. *A febre amarela, o poder público e a imprensa durante a década de 1850, no Rio de Janeiro*. Dissertação (Mestrado em História). Rio de Janeiro: PPGH/UERJ, 2005.

_____. A imprensa médica na Corte imperial: a loucura e as doenças nervosas nas páginas dos periódicos especializados (1850-1880). *Varia Historia*, Belo Horizonte, vol. 29, nº 49, p. 143-168, jan./abr. 2013.

GUIMARÃES, Maria Regina Cotrim. *Civilizando as artes de curar: Chernoviz e os manuais de medicina popular no Império*. Dissertação (Mestrado em História). Rio de Janeiro: Casa de Oswaldo Cruz, 2003.

LATOUR, Bruno. *Ciência em ação: como seguir cientistas e engenheiros sociedade afora*. São Paulo: Ed. Unesp, 2011.

LUSTOSA, Isabel. *Insultos impressos. A guerra dos jornalistas na Independência (1821-1823)*. São Paulo: Companhia das Letras, 2000.

LUZ, Madel T. *A arte de curar versus a ciência das doenças: história social da homeopatia no Brasil*.

MANNHEIM, Karl. O problema da *Intelligentsia*. Um estudo de seu papel no passado e no presente. *Sociologia da Cultura*. São Paulo: Perspectiva, 1974. LATOUR, Bruno. *Obra citada*, 2011.

MOREL, Marco. *As transformações dos espaços públicos. Imprensa, atores políticos e sociabilidades na cidade Imperial (1820-1840)*. São Paulo: Editora Hucitec, 2005.

_____. Papéis incendiários, gritos e gestos: a cena pública e a construção nacional nos anos 1820-1830. *Topoi*, mar. 2002, pp. 39-58.

PALLARES-BURKE, Maria Lúcia Garcia. A imprensa como uma empresa educativa do século XIX. *Cad. Pesq.*, n. 104, p. 144-161, jul. 1998.

PIMENTA, Tânia Salgado. *O exercício das artes de curar no Rio de Janeiro (1828-1855)*. Tese (Doutorado em História). São Paulo: UNICAMP, 2003.

WEISZ, George. "The emergence of medical specialization in the nineteenth century". *Bull. Hist. Med*, 77:536-575, 2003.

A questão do Acre na imprensa: os métodos do Barão do Rio Branco para a construção da opinião pública – 1903-1904

Vanessa da Silva Albuquerque[1]

Esse capítulo visa compreender como a imprensa, representada pelos jornais *Gazeta de Notícias, Jornal do Commercio, Jornal do Brasil, A Tribuna* e *O Paiz,* foi importante veículo para a consolidação de uma opinião pública favorável ao Tratado de Petrópolis, assinado em 11 de novembro de 1903. Neste documento, o Brasil, após negociação com a Bolívia, anexou o território do Acre. Porém, entendemos como necessário averiguar, também, as vozes destoantes ao discurso governista; oposição caracterizada, principalmente, pelo *Correio da Manhã* e pelo jornal *A Notícia* no Rio

---

[1] Doutoranda em História Política pela Universidade do Estado do Rio de Janeiro – UERJ, bolsista CAPES.

de Janeiro e pelo *Commercio de São Paulo*, em São Paulo, mas com repercussão na capital.

Para um melhor entendimento dos discursos proferidos na imprensa, relacionados à questão do Acre, necessitamos de uma exposição das causas que levaram ao Tratado de Petrópolis. Dessa forma, dividiremos o texto em duas partes: a primeira versará sobre o que foi a questão do Acre e como esta vem sendo retratada pela historiografia e, num segundo momento, buscaremos demonstrar como a imprensa influenciou a política externa e a formação da opinião pública em relação à assinatura do tratado de Petrópolis. Pois, compreendemos que os discursos presentes nos jornais foram fundamentais para a consolidação de uma opinião pública favorável à assinatura de tal acordo.

A questão do Acre

Muitos são os trabalhos que dão conta da questão do Acre[2]. Em nosso estudo objetivamos entender como este assunto foi levado aos jornais, pelo Barão do Rio Branco, durante e após sua resolução. O Acre era uma região boliviana reconhecida pelo Brasil, desde 26 de março 1867, pelo Tratado de Ayacucho. No entanto, esse território era habitado mais por brasileiros do que por bolivianos. Geografica-

---

2 Dentre eles destacamos: BANDEIRA, Luiz Alberto Moniz. O barão de Rothschild e a questão do Acre. In: *Revista Brasileira de Política Internacional,* n. 43 (2), p. 150-169, 2000. LINS, Álvaro. *Rio Branco: Rio de Janeiro/São Paulo*: José Olympio, 1945. 2 vol.; RICARDO, Cassiano. *O tratado de Petrópolis*. Rio de Janeiro: MRE, 1954. 2 vol. RICUPERO, Rubens. *J. H. P. Araújo José Maria da Silva Paranhos, Barão do Rio Branco*. Brasília: FUNAG, 1995. RICUPERO, Rubens. *Rio Branco: o Brasil e o mundo*. Rio de Janeiro: Contraponto, 2000. TOCANTISN, Leandro. *Formação histórica do Acre*. Rio de Janeiro: Conquista, 1961. 3v. VIANA FILHO, Luís. *A vida do Barão do Rio Branco*. São Paulo: Editora UNESP, 2008. BUENO, Clodoaldo. *Política externa da Primeira República: os anos de apogeu: 1902 a 1918*. São Paulo: Paz e Terra, 2003.

mente o acesso a estas terras era mais favorável aos brasileiros. Para Rubens Ricupero:

> A historiografia tradicional não teve em geral capacidade de destacar suficientemente a excepcionalidade do Acre mesmo no conjunto das outras questões de limites. A tendência, por vezes inconsciente é que o Acre foi, acima de tudo, um problema político e não mera questão jurídico-histórica sobre alguma terra longínqua e deserta.[3]

As tensões nesse território tiveram início mais precisamente em 10 de março de 1899, quando foi surpreendida em águas brasileiras uma viagem clandestina da canhoneira norte-americana *Wilmington*. Esta excursão foi o primeiro passo de um acordo que o governo boliviano pretendia firmar com os Estados Unidos, em prol de auxílio para a manutenção do território do Acre, Purus e Iaco. Em troca, a Bolívia prometia conceder, ao aliado, território e concessões aduaneiras. Assim, foi criado o *Bolivian Syndicate*, "um consórcio de capitalistas [..] integrado pelas firmas *Cary&Withridge, United Satates Ruber Company* e *Export Lumber*".[4]

O Brasil evidenciou, por meio da diplomacia, o seu descontentamento com a investida norte-americana. Nessa época, Assis Brasil era o representante do Brasil em Washington e foi o responsável por ratificar a insatisfação do governo brasileiro diante de tal medida. Sua ação foi protestar junto ao Departamento de Estado. No entanto, o desagrado do Brasil em relação à aliança firmada entre os Estados Unidos e a Bolívia ultrapassou as contendas oficiais indo parar nas páginas da imprensa, através da qual se posicionaram os mais diferentes atores, compreendendo tal investida como uma prática imperialista.

---

3 Cf. RICUPERO, Rubens. *Op. Cit.*, p. 28.
4 BUENO, Clodoaldo. *Op. Cit.*, p. 309.

Sobre a questão do Acre, fizemos sentir a Bolívia que o contrato de arrendamento, como os poderes dados ao *Bolivian Syndicate* é monstruosidade em direito, importando alienação parcial da soberania feita em benefício de sociedade estrangeira sem capacidade internacional. É concessão para as terras da África, indigna do nosso continente. Por este contrato o governo boliviano deu a estrangeiros o poder de administrarem e de ali manterem forças terrestres e fluviais e o de disporem soberanamente da navegação do Acre. [5]

Com isso, percebemos que a Bolívia concedia ao *Bolivian Syndicate* poderes de Estado, muito parecidos com os poderes que alguns consórcios semelhantes desfrutavam na África e na Ásia. Segundo Clodoaldo Bueno, "pelos termos do arrendamento, a Bolívia abdicava de soberania, pois, entre outras disposições, a companhia assumiria tanto o governo civil quanto a administração e teria poder de arrecadar rendas, impostos e outros direitos".[6] Os problemas vistos pelo Brasil nessa negociação eram basicamente dois.

Em primeiro lugar, ia de encontro com as propostas da Doutrina Monroe resumida, a grosso modo, pela frase "América para os americanos", o consórcio, formado por empresas americanas tinha também sócias inglesas e isso demonstrava que o poderio europeu, maciçamente combatido pela doutrina, poderia se apossar de terras americanas e nelas desenvolver práticas imperialistas como as praticadas na África e na Ásia. O segundo ponto que afligia o governo do Brasil era o fato de ser uma ameaça à soberania nacional. Como a Bolívia não tinha saída para o mar, a única forma de se chegar ao Atlântico seria através dos rios brasileiros, o que afetaria diretamente o controle sobre quem atravessaria pelas águas do país.

---

5 Telegrama emitido por Rio Branco, de Berlim, à legação brasileira em Lisboa, publicado em 23/01/1903, pela GAZETA DE NOTÍCIA.
6 BUENO, Clodoaldo. *Op. Cit.*, p. 310.

A primeira medida interna tomada foi revogar, na Câmara dos Deputados, o acordo de livre navegação da Bolívia com o Brasil, firmado em 1896. Essa era uma forma de sufocar o *Bolivian Syndicate*, que não teria os lucros esperados, tornando o investimento algo inviável.[7] Esse era, ainda, o período do governo de Campos Sales, no qual Olinto de Magalhães ocupava a pasta das Relações Exteriores. Baseados no respeito ao tratado firmado pelo Império, Olinto de Magalhães não se posicionou contra a Bolívia. Apesar de Clodoaldo Bueno e Amado Cervo[8] diminuírem sua atuação na questão do Acre, recentemente um estudo sobre a missão do astrônomo Luiz Cruls, a Comissão Mista Brasil-Bolívia, de 1901, demonstra que Magalhães buscava uma base legal para contestar o acordo do século XIX.[9]

---

7 CERVO, Amado Luiz; BUENO, Clodoaldo. *História da política exterior do Brasil*. Brasília: UnB, 2011.
8 BUENO, Clodoaldo. *Op. Cit.* CERVO, Amado Luiz; BUENO, Clodoaldo. *Op. Cit.*
9 Cabe ressaltar a importância das investidas patrocinada pelo governo de Campos Sales, que "instituiu três comissões sucessivas que tiveram por objetivo traçar o limite na região amazônica e verificar a localização da principal nascente do rio Javari, cujo desconhecimento gerava controvérsias na interpretação daquele tratado" In: Moema de Resende Vergara. Luiz Cruls e a delimitação de fronteiras na Primeira República: o caso Brasil-Bolívia. In: BORGES, Luiz C.; BERTOL, Heloisa Maria Domingues; FAULHABER, Priscila (Orgs.). *Ciências e fronteiras*. Rio de Janeiro: Museu de Astronomia e Ciências Afins, 2012. p. 131-146, p. 132. A missão chefiada por Cruls teria como finalidade, através da astronomia, mais especificamente com a geodésia, delimitar as fronteiras do Brasil com a Bolívia e o Peru. Sua missão, dessa forma, era "determinar a posição geográfica das nascentes do rio Javari, traçar a linha geodésica entre este rio e o da Madeira" *Idem*. p. 137. Nossa intenção ao relatar a missão chefiada por Cruls é demonstrar que Olinto de Magalhães, mesmo sem ter consolidado um novo acordo com a Bolívia, sabia da importância e da necessidade da delimitação das fronteiras com aquele país, assim como com o Peru. Além de reconhecer a fragilidade dos limites traçados pelo Tratado de Ayacucho. A missão de Cruls, apesar de sua importância, não foi a base do Tratado de Petrópolis, pois segundo Vergara, a historiografia erroneamente reproduziu isso ao longo dos tempos. Para essa autora, o Barão do Rio Branco teria optado por uma solução mais política do que científica, o que, no entanto, não invalidaria a missão do astrônomo.

O Tratado de Ayacucho realmente concedia a região do Acre à Bolívia, porém, o limite traçado entre esses dois territórios seria a nascente do rio Javari. O desconhecimento da localização de tal nascente gerou muita controvérsia ao longo do XIX e principalmente no início do XX. Em 1874, Von Hoenholtz, futuro Barão de Tefé, ao buscar tal nascente, chamou o rio Javari de "rio misterioso, quase encantado". Mais tarde, outras expedições, como as de Taumaturgo de Azevedo, Cunha Gomes e Luiz Cruls, também tiveram como missão encontrar as nascentes deste rio, porém cada uma das viagens a descreveram em pontos distintos.[10]

Com Barão do Rio Branco assumindo o Ministério das Relações Internacionais em dezembro de 1902, no governo do recém empossado Rodrigues Alves, a questão do Acre passou a estar na ordem do dia, também, do Executivo. Deixou de ser relegada, basicamente, ao Legislativo como ocorreu anteriormente.[11]

A primeira medida do novo ministro foi reinterpretar o Tratado de Ayachucho, transferindo "a linha divisória do território em questão do sentido leste-oeste para o paralelo de10º 20' latitude sul",[12] o que fez com que o território se tornasse litigioso, pois essa era uma região reconhecidamente boliviana. Apesar dessa solução momentânea encontrada pelo Barão, ele teve que resolver o problema de um levante dos habitantes da região. Sob o comando do gaúcho Plácido de Castro foi criado o Estado Independente do Acre. Para Castro, sua luta não era contra a Bolívia e sim contra o *Bolivian Syndicate*.

---

10 VIANA FILHO, Luís. *A vida do Barão do Rio Branco*. São Paulo: Editora UNESP, 2008. p. 385.
11 É bom lembrar que mesmo com a missão Cruls capitaneada a partir do MRE sob o comando de Olinto de Magalhães, uma ação efetiva contra a investida do *Bolivian Syndicate* se deu apenas por parte do legislativo com a revogação do tratado de livre navegação entre o Brasil e a Bolívia.
12 BUENO, Clodoaldo. *Op. Cit.* p. 319.

Assim, Rio Branco, antes mesmo de ocupar a chancelaria, como estratégia para resolver a questão do Acre, desenvolveu junto a Assis Brasil ideia de tirar o *Bolivian Syndicate* da jogada. Nesse sentido, a ação de Plácido de Castro foi favorável, pois o Acre sendo um território sem saída para o mar, e ainda com problemas internos, não ofereceria muitos lucros aos sócios capitalistas. Rio Branco, então, ofereceu uma indenização de £114.000 ao sindicato e, em 28 de fevereiro de 1903, foi assinado o acordo da desistência desse consórcio em explorar o território do Acre, deixando essa questão como um problema a ser resolvido apenas entre o Brasil e a Bolívia.

Após essa derrota, a Bolívia mandou tropas para cercar a região ao norte ocupada por Plácido de Castro; o Brasil, por sua vez, enviou tropas ao sul. Essa manobra de Rio Branco foi retratada com receio pela imprensa brasileira. O Brasil estaria entrando em guerra? Rio Branco em carta a José Veríssimo esclarecia:

> Prezado amigo Sr. José Veríssimo. Muito lhe agradeço, à sua cartinha de 7. O negócio do Acre, como sabe, não está terminado, mas espero em Deus que há de terminar brevemente, por um acordo razoável e satisfatório. Para que cheguemos a esse resultado, sem derramamento de sangue, é preciso que nos mostremos fortes e decididos a tudo. Deus nos livre de uma guerra, desmantelados, empobrecidos como estamos.[13]

Para o Barão, a saída encontrada para conseguir negociar com a Bolívia seria através da ameaça militar. Para Ricupero, "sem a ocupação militar, é duvidoso que Pando (presidente da Bolívia) negociasse. Mas, se o Brasil não tivesse finalmente aceito permutar

---

13 Carta de Petrópolis, 16/02/1903. Arquivo da ABL. *Apud*. VIANA FILHO. *Op. Cit.*, p. 399.

territórios e pagar compensações financeiras, o acordo jamais teria sido viabilizado".[14]

Rio Branco delegou a Assis Brasil e a Rui Barbosa, como plenipotenciários, a responsabilidade de ajudar a resolver tal querela. No entanto, Rui Barbosa pediu para ser desligado da missão, pois não concordava que a solução poderia se dar através de um acordo bilateral, no qual, para ele, o Brasil sairia perdendo ao pagar indenizações. Para Rui Barbosa, o arbitramento seria a melhor solução. Esse foi o início das objeções que o Barão[15] encontraria a partir daquele momento. No entanto, mesmo sofrendo oposição na Câmara dos Deputados, no Senado Federal e, sobretudo, na imprensa, ele seguiu com as negociações.

Em 17 de novembro de 1903, o tratado foi, enfim, assinado na casa de Rio Branco, em Petrópolis. Com este documento, o Brasil cedeu cerca de 3,2 mil quilômetros quadrados de terras da área do Amazonas, à Bolívia, pagou uma indenização de £2.000.000 em ouro, e prometeu construir a estrada de ferro Madeira Mamoré, em troca de 191 mil quilômetros quadrados. Para Tocantins[16] a incorporação do Acre foi uma "compra mal disfarçada".

---

14 RICUPERO, Rubens. *Op. Cit.*, p. 30.
15 O Barão era a forma mais comum de se referirem a Rio Branco, seus biógrafos falam que essa forma tornou-se tão recorrente que era como se ele fosse o único a possuir tal título no início da República. Cf. VIANA FILHO, *Op. Cit.*; RICUPERO, Rubens. *Op. Cit.*
16 TOCANTINS, Leandro. *Formação histórica do Acre*. Rio de Janeiro: Conquista, 1961. 3vol., p. 649.

Imprensa, livros e política no Oitocentos   113

Figura 1: Foto oficial da assinatura do Tratado de Petrópolis - 1903

Fonte: Arquivo do Museu Histórico Nacional [17].

O tratado foi votado e aprovado pela Câmara dos Deputados após 11 sessões "secretas", por 118 votos a favor a 13 contra, sendo depois remetido à apreciação presidencial em 29 de dezembro de 1903. Rui Barbosa retirou-se do plenário antes da votação, mas o que se comentava era que ele fez isso para não se indispor com o governo, já que era contra tal acordo.[18] O *Mapa da Linha Verde* que até então não tinha sido mencionado por Rio Branco, durante as negociações com a Bolívia, foi entregue por ele próprio, após a assinatura do Tratado de Petrópolis, ao presidente da comissão parlamentar que analisava o acordo na Câmara dos Deputados.

---

17 Foto oficial de 17 de novembro de 1903, em Petrópolis (no jardim da casa do Barão), logo após a assinatura do Tratado de Petrópolis, hoje pertencente ao arquivo do Museu Histórico Nacional no Rio de Janeiro. Comitivas do Brasil e Bolívia que participaram das negociações. Ao lado do Barão do Rio Branco, estão o senador boliviano Fernando E. Guachalla, Enviado Extraordinário e Ministro Plenipotenciário em missão especial no Brasil e Claudio Pinilla, Enviado Extraordinário e Ministro Plenipotenciário no Brasil, nomeado Ministro das Relações Exteriores da Bolívia. Disponível em: <http://vfco.brazilia.jor.br/ferrovias/efmm/Tratado-Petropolis-1903.shtml> Acesso em: 20/01/2016.

18 Clodoaldo Bueno. *Op. Cit.*, p. 32.

Se o *Mapa da Linha Verde* elaborado por Duarte da Ponte Ribeiro, mas "desconhecido" do Barão do Rio Branco, tivesse aparecido antes, se a questão tivesse sido levada ao arbitramento, como queria Rui Barbosa, certamente o Brasil sairia perdendo, pois ele era claro e demonstrava que o território era, de fato, pertencente à Bolívia. Porém, tendo como lema que "em terra que se tem brasileiros quem governa é o Brasil", Rio Branco guiou toda a política de limites da época, compreendendo que aquelas terras seriam por direito brasileiras.

Figura 2: "Mapa da Linha Verde" – Duarte da Ponte Ribeiro e Isaltino José Mendonça de Carvalho - 1860

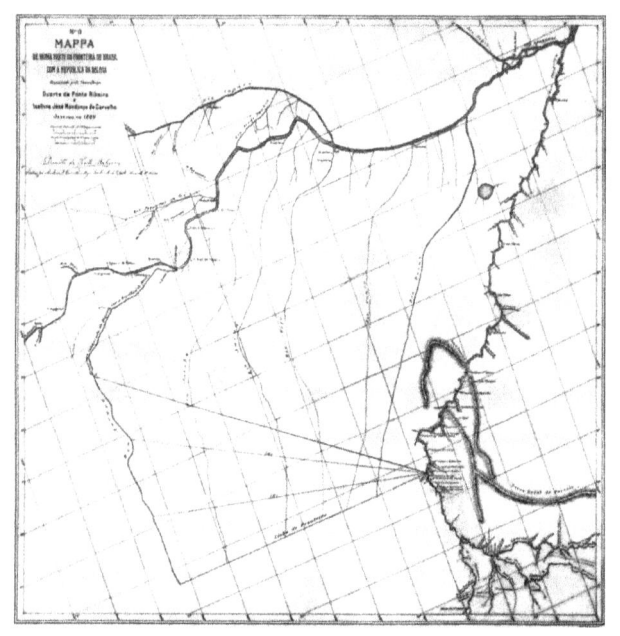

Fonte: Mapoteca do Itamaraty. *Apud*. Santos, 2015. p. 167.

Entretanto, as discussões sobre o Tratado não ficaram retidas à Câmara dos Deputados e ao Senado. A imprensa foi amplamente utilizada pelo Barão e por seus adversários com intuito de mobilizar a opinião pública do período. A disputa foi travada tão fortemente através dos jornais que Rio Branco foi acusado de comprar a imprensa para que esta ficasse ao seu favor. O Barão de Jaceguai [19] em carta a Joaquim Nabuco levanta tais suspeitas ao dizer que:

> Já então ele havia comprado toda a imprensa, com exceção do *Correio da Manhã* e da *Notícia*, e pois que mostrava-se orgulhoso de sua obra e continuava a fazer alarde de seu menosprezo pelas considerações pessoais de todas as pessoas estranhas à sua política, não pude conter-me e fiz a crítica mais séria do tratado que, na opinião geral, aqui se produziu. Não sei se a terás visto; ela saiu em quatro comunicados à Notícia e o primeiro deles causou sensação apesar de longo houve quem o mandasse transcrever no *Jornal* e no *Correio da Manhã*. Consta-me que o homem ficou furioso... Aí está a primeira notícia que te dou do Sr. Juca Paranhos. [20]

O *Jornal* ao qual Jaceguai se refere é o *Jornal do Commercio*. Um debate intenso foi travado por meio das páginas dos mais importantes impressos cariocas e paulistas da época. Discursos a favor e contra o Barão do Rio Branco foram bastante comuns no auge das negociações do acordo. Nesse ensejo, a partir de agora, analisaremos cinco artigos publicados pelo Barão do Rio Branco em alguns dos principais jornais da época.

---

19 O Barão de Jaceguai foi um dos heróis da Passagem de Humaitá, na Guerra do Paraguai. Ele conhecia Rio Branco há muito tempo, era amigo de seu pai. Ter se tornado opositor de sua política foi um grande baque para Rio Branco. Em um pronunciamento sobre o acordo, Jaceguai proferiu a frase de Voltaire: "Tel brille au second rand qui s'eclipse au premier" (Um brilho tal no segundo momento que o primeiro se eclipsa) Cf.:Viana Filho. *Op. Cit.* p. 415.
20 Carta de 29/ 02/ 1904. Inédita. Arquivo Joaquim Nabuco. *Apud*. VIANA FILHO, 2008, p. 416.

A opinião pública na questão do Acre

Antes de nos remetermos aos jornais aos quais analisaremos, entendemos como necessário pontuar, que compreendemos a opinião pública como "sujeito político, com vontade e identidade próprias".[21] Assim, de acordo com Ozouf,[22] não existiria opinião pública se não existisse uma opinião individual, essa seria, na visão de Habermas,[23] o sinônimo do óbvio, pois para este autor a opinião pública está intimamente ligada à capacidade que o homem tem racionalizar algo.[24] Assim sendo, entendemos que o óbvio, torna-se óbvio a partir de uma massificação de algo que se quer como verdade. Muitas são as estratégias a fim de moldar a opinião pública na política ou em qualquer outra área.

Através dos artigos publicados na imprensa de 1903, compreendermos como o governo, representado na figura do Barão do Rio Branco, tentou tornar "óbvia" a política de limites com a Bolívia. Isso não quer dizer que este óbvio não tenha enfrentado objeções, mas como veremos adiante, a massificação feita por parte do Barão e de seus aliados, na imprensa, foi maior que a de seus adversários, o que fez com que a opinião pública não se voltasse contra sua política. Como uma estratégia que buscava deixar a opinião pública em seu favor, Rio Branco escreveu cinco artigos sobre a questão do Acre. Todos estes, assinados sob o pseudônimo de *Kent*. Compreendemos

---

21 MOREL, Marco. *As transformações dos espaços públicos: imprensa, atores políticos e sociabilidades na cidade Imperial (1820-1840)*. São Paulo: Editora Hucitec, 2005. p. 200.
22 OZOUF, Mona. Le concept d'opinion publique au XVIIIe siècle. In : *Sociologie de la communication*, 1997, volume 1, n° 1, p. 349-365
23 JHABERMAS, Jürgen. *Mudança estrutural da esfera pública*. Rio de Janeiro: Tempo Universitário, 1984.
24 Habermas ao fazer esse jogo de palavras, comparando a opinião pública ao óbvio, leva o debate para algo intrínseco à capacidade humana de racionalizar. Nesse sentido, a opinião pública seria a capacidade de aceitar ou refutar alguma opinião de acordo com a razão.

que a utilização de um pseudônimo, por Rio Branco, equivale a sua capacidade de se adaptar a um determinado tipo de auditório, no caso os jornais,[25] pois, se eximia do peso de sua figura política e se dirigia ao público leitor de forma direta, algumas vezes, coloquial, mas, sobretudo, de maneira clara, se defendendo e defendendo os seus ideais, bem como, atacando seus opositores.

Esses artigos eram publicados primeiramente no *Jornal do Commercio* e republicados com espaço de um ou dois dias no *Jornal do Brasil*, na *Gazeta de Notícias*, em *A Tribuna*, em *A Nação* e em *O Paiz*. Com essa tática, Rio Branco conseguia o maior número possível de leitores de diferentes públicos, não deixando praticamente lugar para as vozes dissonantes em relação a sua política. Nesse sentido, a oposição, combatida por ele, se representava nas páginas do *Correio da Manhã* e de *A Noticia* no Rio de Janeiro e no *Commercio de São Paulo*, em São Paulo.

Situação X Oposição: os jornais sob o olhar de Rio Branco

Compreendemos que a imprensa do longo século XIX, e podemos dizer do início do XX também, serviu como o veículo mais eficiente de educação influenciando os costumes e a moral pública.[26] Nesse sentido, a história da imprensa não se reduz em citar a notícia ou quantificá-las. Para uma melhor compreensão do contexto em que tais fatos eram levados às páginas dos impressos e como estes eram redigidos, faz-se necessário uma análise de quem eram os donos dos jornais, qual a linha seguida por cada um, qual o público a

---

25 PERELMAN, Chaïm; OLBRECHTS-TYTECA, Lucie. *Tratado da argumentação: a nova retórica*. São Paulo: Martins Fontes, 2005.
26 PALLARES-BURKE. Maria Lúcia Garcia. A imprensa como uma empresa educativa do século XIX. *Caderno de Pesquisa*, São Paulo, n. 104, v. 1, p. 144-161, jul. 1998.

quem se direcionava, enfim, é preciso dar vida às pessoas que estão por trás dessas empresas de notícia. Por isso, por citarmos alguns periódicos, entendemos como necessário falar um pouco sobre cada um.[27] Dividiremos os impressos em jornais de situação e de oposição. Nos jornais que estamos chamando de situação, analisaremos apenas os artigos publicados por *Kent*.[28]

A situação

Jornal do Commercio

Fundado em 1827, esse jornal foi considerado a imprensa oficial durante o período imperial: "alguém definiu o *Jornal do Commercio* como uma espécie de diário oficial do período".[29] No entanto, a partir da década de 1890 este precisou se adequar aos novos tempos. De todos foi o que mais mudou sua feição empresarial para atender o poder público, já que este, mesmo com a mudança de regime de governo, foi o que continuou lhe sustentando.[30] Assim, não deixou de ser "o verdadeiro defensor das classes conservadoras do Brasil".[31]

---

27 Dessa forma, utilizaremos as informações encontradas, principalmente, nos estudos de Marialva Barbosa, Ana Luiz Martins e Tania Regina de Luca, Tania Bessone e Lerice de Castro Garzoni, entre outros.

28 É bom salientar que mesmo nesses jornais foram publicados artigos que iam de encontro à posição de Rio Branco, mas estes eram rebatidos de forma veemente pelo Barão, como veremos mais adiante. Um exemplo dessa contradição está nas sessões "secretas" da Câmara dos Deputados, que eram transcritas nas páginas desses impressos levando ao público leitor a posição de cada um. Já nos jornais que denominamos de oposição, analisaremos apenas as matérias que o Rio Branco debatera em seus artigos.

29 FERREIRA, Tania Maria Bessone da Cruz Ferreira. O Jornal do Commercio: o público e o privado refletidos na vida cultural do Rio de Janeiro. In: Colóquio História e Imprensa: Homenagem a Barbosa Lima Sobrinho – 100 anos. Rio de Janeiro, 1998. *Anais*... Rio de Janeiro: UERJ/IFCH, 1998., p. 27-32. p. 27.

30 Marialva Barbosa. *Op. Cit.*, p. 45.

31 Ernesto Cerveira de Sena. Desafios políticos nas fronteiras do Império: Do discurso da ordem ao encalço da civilização em Mato Grosso (1834-1862). In: FERREIRA, Tânia Maria Bessone da Cruz, NEVES, Lucia Maria Bastos P.,

Rio Branco escolheu o *Jornal do Commercio* para ser o primeiro a publicar todos os seus artigos sobre o Acre. Noticiava na sessão *A pedido* e somente depois de alguns dias republicava em outros impressos. Essa escolha corrobora a ideia defendida acima de que, mesmo com a proclamação da República, este órgão de imprensa continuava sendo uma espécie de diário oficial do governo, pois, era o jornal de maior circulação e com uma grande abrangência territorial. No entanto, o público leitor agora era outro, assim como a imprensa. As reportagens ganhavam cada vez mais lugar, da mesma forma a fotografia, contudo, essas inovações não eram tão utilizadas no *Jornal do Commercio*, como nos outros jornais da época. Como essas inovações ganharam o gosto popular atraindo mais leitores para os outros periódicos, podemos justificar tal fator como um dos motivos que podem ter levado o Barão a publicar em outros jornais.

Jornal do Brasil

Considerado o jornal de maior popularidade do período, foi fundado em 1891, se intitulou de oposição até 1894, período em que esteve sob a direção de seu fundador, o monarquista Joaquim Nabuco. Sua linha editorial se modificou a partir do momento que foi vendido a Rui Barbosa, um "republicano histórico".[32] Nos anos de 1900 o público leitor desse periódico conseguia decodificar o texto escrito por meio das imagens que eram colocadas lado a lado. É "uma verdadeira revista ilustrada dos acontecimentos diários [...] era o jornal dos caixeiros, dos balconistas, dos empregados de comércio, dos militares de baixa patente, dos trabalhadores em geral".[33]

GUIMARÃES, Lucia Maria P. (Org.). *Elites, fronteiras e cultura do Império do Brasil*. Rio de Janeiro: Contra-Capa, 2013, p. 46.
32 MARTINS, Ana Luíza; LUCA, Tânia Regina de. *História da imprensa no Brasil*. São Paulo: Contexto, 2013, p. 159
33 BARBOSA, Marialva. *História cultural da imprensa*. Brasil 1900-2000. Rio de Janeiro: Mauad X, 2007, p. 32-33.

O Paiz

Jornal republicano fundado em 1884, sob a direção de Quintino Bocaiúva, é considerado fruto da geração de 1870, por ser produzido e lido pelos representantes desse grupo. Se autointitulava neutro no momento de sua fundação, mas não demorou muito para ser mais um representante dos interesses do governo. Para Tânia Regina de Luca, a posição deste jornal era caracterizada por ser um "situacionista subserviente".[34] Cabe ressaltar que ele e o Jornal do Commercio foram os únicos que publicaram todos os artigos de *Kent*. Nos primeiros anos do XX, *O Paiz* era tido como um dos cinco maiores jornais da época e era voltado para o cenário político. Mesmo com essa reconhecida influência, não encontramos nada muito aprofundado sobre este periódico nas obras que estamos analisando, apenas uma tese. No entanto, esta direciona suas análises para as matérias referentes às questões abolicionistas da década de 1880.[35]

Gazeta de Notícias

Enquanto que o *Jornal do Brasil* era voltado para um público com menor grau de instrução, a *Gazeta de Notícias*, fundada em 1875, por Ferreira de Araújo, Henrique Chaves, Manoel Carneiro e Eliseo Mendes, era direcionada à elite intelectual. Originalmente, a pretensão de seus fundadores seria que este se tornasse um jornal popular e barato. Caracterizado por ser uma publicação de cunho literário, publicou em suas páginas obras de autores como Machado de Assis, Olavo Bilac e Arthur de Azevedo. Porém, a maior parte de sua renda vinha dos contratos com órgão municipais para publicação de atos oficiais. Apesar de ser considerado um jornal governis-

---

34 MARTINS, Ana Luíza; LUCA, Tânia Regina de. *Op. Cit.*, p. 165.
35 PESSANHA, Santos da Silva. *O Paiz e a Gazeta Nacional. Imprensa Republicana e Abolição*: Rio de Janeiro–1884-1888. Tese. Instituto de Ciências Humanas e Filosofia. 212f. Rio de Janeiro, 2006.

ta, em 1904, posicionou-se de forma contrária à obrigatoriedade da vacina. Assim como os demais, acompanhou as inovações técnicas do período, passando a utilizar fotografias e impressões coloridas a partir dos anos de 1900.[36]

A Tribuna

A Ex-*Tribuna Liberal* foi fundada em 1890; era um jornal de oposição, mas devido à perseguição sofrida pela censura no início da República, na qual teve, sua redação incendiada, mudou seu posicionamento, passando a ser mais um periódico que em tempos de falta de liberdade de imprensa mudou de posição por uma questão de sobrevivência.

A Nação

De acordo com o site da hemeroteca da Biblioteca Nacional do Rio de Janeiro, existiram vários jornais sob este nome[37]. No entanto, o impresso aos qual nos referimos foi o fundado, ainda na década de 1870, por Ferreira de Aguiar e teve ao longo de sua trajetória, Gusmão Lobo como redator chefe. Este foi um dos primeiros jornais que José Maria da Silva Paranhos Júnior, o futuro Barão do Rio Branco, escreveu desde a mocidade. Ele foi também um de seus editores. No período em que esteve fora do Brasil, Rio Branco foi correspondente desta folha por muito tempo. Tal fato nos permite afirmar que uma ligação pessoal, mais do que profissional, levou à publicação de alguns artigos escritos por ele, quando se tornou ministro das Relações Exteriores.

---

36 BARBOSA, Marialva. *Op. Cit.*., p. 25-30.
37 Cf.: <https://bndigital.bn.br/artigos/a-nacao/> Acesso em: 22/01/2016.

A Oposição

Correio da Manhã

Considerado o maior jornal de oposição do período, de acordo com Marialva Barbosa[38] fazia parte da lista dos cinco maiores jornais da imprensa carioca, no início do século XX. Fundado em 1901 por Edmundo Bittencourt, "o jornal sempre se manteve independente [...] tal liberdade diante dos poderes constituídos era considerado essencial para o livre exercício da crítica".[39] Garzoni afirma que o fato de ser oposição não deixava de ser uma forma de aumentar o seu público leitor; para a autora essa era a maneira encontrada de se conseguir o tão desejado sucesso empresarial.[40] Por ter se autodeclarado, desde o início, opositor ao governo de Campos Sales, teve suas publicações suspensas em 19 de novembro de 1904, só retornando a circular em 15 de dezembro daquele mesmo ano, com a condição de ter um censor do governo em sua redação. Diante desse episódio, o jornal perdeu sua característica inicial, tornando-se, a partir de 1905, meramente informativo.[41] No entanto, analisaremos artigos de seu período de maior fulgor oposicionista.

A Notícia

Fundado em 1894, pelo português Manoel de Oliveira Rocha, era uma folha republicana criada para ser um jornal independente; não era uma oposição de fato. Era caracterizado como um órgão de

---

38 BARBOSA, Marialva. *Ibid.*
39 MARTINS, Ana Luíza e DE LUCA, Tânia Regina de. *História da imprensa no Brasil*. São Paulo: Contexto, 2013, p. 162.
40 GARZONI, Lerice de Castro. Reivindicações impressas: demandas à municipalidade no Correio da Manhã: Rio de Janeiro, início do século XX. In. XVI Encontro Regional de História da Anpuh Rio. ANAIS... Rio de Janeiro: ANPUH-RJ, 2014.
41 BARBOSA, Marialva. *Op. Cit.*, p. 43.

informação e não de opinião. A coluna *O Boletim do Dia – O Caso de Ontem* era a única parte do impresso que tinham um posicionamento. Contudo, sempre feito de forma moderada, "priorizou a informação em detrimento das questões políticas desde a sua fundação".[42] A informação, no entanto, nem sempre era o desejado pelo governo, o que fez com que Rio Branco não deixasse de atacar este jornal em seus escritos.

Commercio de São Paulo

Apesar de ser um jornal fundado em 1893, por Edgar Leuenroth, não encontramos nenhum trabalho que fale de forma mais aprofundada sobre ele. Todavia, na questão do Acre foi alvo dos embates travados por Rio Branco, na imprensa. No entanto, supomos que seguia uma linha editorial de oposição, pois, também se posicionou de forma favorável à greve geral de 1906.[43]

O Barão do Rio Branco, a questão do Acre e a imprensa

Rio Branco após assumir o Ministério dos Negócios Estrangeiros publicou artigos em vários jornais sob diversos pseudônimos. Dentre os mais conhecidos, temos *Kent* e *Nemo*. É impossível uma leitura sobre a política desempenhada pelo Barão sem citar a imprensa. De acordo com Álvaro da Costa Franco "é sabido que o Barão do Rio Branco, durante os anos de sua gestão à frente do Itamaraty, mantinha estreitos laços de cooperação com os principais jornais do Rio de Janeiro, no propósito de informar e angariar o apoio da opinião pública para sua política exterior".[44]

---

42 MARTINS Ana Luíza e LUCA, Tânia Regina de. *Op. Cit.*, p. 165.
43 SIQUEIRA, Gustavo Silveira. *História do Direito pelos movimentos sociais: Cidadania, Experiências e Antropofagia Jurídica nas Estradas de Ferro* (Brasil, 1906). Tese. UFMG Faculdade de Direito, 2011, 142 f.
44 CADERNOS DO CHDD (2002) *Artigos anônimos e pseudônimos do barão do*

Sua proximidade com a imprensa não era algo novo, decorrente de sua posição de chanceler. Rio Branco foi, por muito tempo, correspondente de *A Nação*, jornal de seu amigo Gusmão Lobo. Outro fato que comprova essa sua parceria com a imprensa pode ser demonstrado por meio de suas correspondências presentes no Arquivo Histórico do Itamaraty (AHI). Lá encontramos cartas que havia recebido de redatores e jornalistas de vários jornais da época, como José Carlos Rodrigues (*Jornal do Commercio*), Alcindo Guanabara (*A Tribuna, Gazeta de Notícias, A Nação* e *Jornal do Commercio*), Domingos Olympio Rodolfo Dantas (*Jornal do Brasil*), Tobias Monteiro, João de Souza Lage e Eduardo Salamonde (*O Paiz*), Joaquim Pereira Teixeira (*A Nação*), Henrique de Villeneuve (*Jornal do Commercio, Jornal do Brasil* e, depois, revista *France-Brésil*), e Pedro Leão Velloso (*Correio da Manhã* e *Diário de Notícias*).

Em comemoração ao centenário da morte do Barão, a FUNAG lançou 12 volumes com obras de Rio Branco. O volume 10 desta coleção trata dos artigos escritos na imprensa. Alguns desses escritos também foram publicados em algumas edições do Caderno do Centro de História e Documentação Diplomática (Cadernos CHDD).[45] No entanto, muito sobre o que Rio Branco lia ou escrevia na impren-

---

Rio Branco. Rio de Janeiro: FUNAG, ano I, número 1, p. 7.
45 Neste capítulo utilizamos as seguintes publicações: CADERNOS DO CHDD (2002) *Artigos anônimos e pseudônimos do barão do Rio Branco*. Rio de Janeiro: FUNAG, ano I, número 1, p. 9-20. CADERNOS DO CHDD (2003) *Artigos anônimos e pseudônimos do barão do Rio Branco (II)*. Rio de Janeiro: FUNAG, ano II, número 3, p. 405-414. CADERNOS DO CHDD. (2004) *Artigos anônimos e pseudônimos do barão do Rio Branco (III)*. Rio de Janeiro: FUNAG, ano III, número 4, p. 347-442. CADERNOS DO CHDD. (2004a) *O barão do Rio Branco e a imprensa: correspondência com Gusmão Lobo, A criação do Jornal do Brasil, Jornal do Commercio e outros órgãos da imprensa*. Rio de Janeiro: FUNAG, ano III, número 5, p. 87-428. CADERNOS DO CHDD. (2005) *Artigos anônimos e pseudônimos do barão do Rio Branco (IV)*. Rio de Janeiro: FUNAG, ano IV, número 6, p. 207-285. CADERNOS DO CHDD. (2009) *Artigos anônimos e pseudônimos do barão do Rio Branco (V)*. In: *Cadernos do CHDD*. Ano VIII, número 14, p. 501-511.

sa carioca ainda não foi publicado. No AHI existem vários cadernos com recortes diários sobre as matérias de política externa que eram publicadas nos jornais cariocas, paulistas e estrangeiros. De acordo com Álvaro da Costa Franco, responsável pela publicação de alguns desses artigos nos Cadernos do CHDD e no volume sobre imprensa nas Obras do Barão do Rio Branco, uma das pistas para saber se a matéria era ou não escrita por ele seria por meio das anotações feitas pelo próprio Barão nesses cadernos. Não é raro se encontrar as iniciais RB a lápis, ao lado desses recortes, o que é interpretado como sinal de o artigo ser de sua autoria, já que encontramos as iniciais somente em algumas matérias sem assinatura ou assinados por pseudônimos. Contudo, apontamos para a necessidade de um estudo mais aprofundado sobre essa espécie de *clipping*[46] feito por ele no início do século XX.

Aqui tratamos apenas das matérias publicadas sobre a questão do Acre, escritas por Rio Branco, mas assinadas sob o pseudônimo *Kent*. Abaixo, listamos as cinco matérias redigidas por *Kent* com seus respectivos títulos, datas e locais de publicação e republicação:

> *A questão do Acre e o tratado com a Bolívia I* – Publicado no *Jornal do Commercio* em 17/12/1903 e republicado no dia 18/12/1903 na *Gazeta de Notícias*, no *Jornal do Brasil*, em *A Tribuna* e em *O Paiz*.
>
> *A questão do Acre e o tratado com a Bolívia II* – Publicado no *Jornal do Commercio* em 18/12/1903 e republicado no

---

46 O *clipping* é o recorte de uma notícia, informação ou comentário de interesse de uma pessoa física ou jurídica, para seu conhecimento ou arquivo. Não conseguimos identificar ainda se o Barão do Rio Branco fazia os seus próprios recortes de jornais, mas tudo leva a crer que sim, pois, muitos são os relatos de seus biógrafos de que ele era um trabalhador incansável que passava noites em claro estudando e escrevendo. Outra pista que temos, é que a maior parte de seu trabalho era feito em sua casa de Petrópolis, onde não tinha secretários. No entanto, tal questão ainda merece um pouco mais de atenção.

dia 19/12/1903 na *Gazeta de Notícias*, e em *O Paiz* e em *A Nação*.

A questão do Acre e o tratado com a Bolívia III – Publicado no *Jornal do Commercio* em 21/12/1903 e republicado no dia 22/02/1903 no *Jornal do Brasil*, em *A Tribuna* e em *O Paiz*.

A questão do Acre e o tratado com a Bolívia IV – Publicado no *Jornal do Commercio* em 23/12/1903 e republicado no dia 24/02/1903 no *Jornal do Brasil*, em *A Tribuna* e em *O Paiz*.

O Tratado de Petrópolis – Publicado no *Jornal do Commercio* em 01/01/1904.

O primeiro desses cinco artigos é bem longo e se inicia como resposta a três publicações do *Commercio de São Paulo*. Kent atribuía às matérias a Martim Francisco Ribeiro de Andrada, a quem ele chamava de "regressista" por se tratar do neto do estadista do Império de mesmo nome. Antes de iniciar sua exposição, ele pontuou três trechos em que Andrada teria criticado o Tratado de Petrópolis. Nesses pontos, encontramos condenações ao pagamento de indenização, à perda de território e, sobretudo, ao dano que o erário sofreu para construir a estrada de ferro Madeira Mamoré. Kent, no entanto, defendia o tratado, começando pelo ponto da estrada de ferro. Segundo ele, esta não seria apenas de uso da Bolívia, visto que o Brasil também se beneficiaria com a obra. Buscando justificativa na política do Império, alfinetava:

> A construção dessa via de comunicação, ao mesmo tempo brasileira e internacional, foi aconselhada e reclamada pelos primeiros estadistas do Império, desde Tavares Bastos até o Marquês de São Vicente, o Visconde do Rio Branco e o Barão de Cotegipe, sem excetuar um Conselheiro de Estado que se chamou Martim Francisco Ribeiro de Andrada.

Com essa passagem, Rio Branco deixava claro que não estava indo contra a política imperial e que o avô do autor do artigo que o criticava outrora partilhava da necessidade de tal estrada férrea. Para comprovar esse interesse anterior, Kent citava o próprio artigo do Tratado de Ayachucho, de 1867. O argumento de um monarquista, de que a estrada de ferro seria onerosa para os cofres públicos, acabava de ser derrubado com a exposição do trecho de um acordo firmado ainda pelo Imperador. Essa passagem é bastante interessante, também, pois demonstra as continuidades, de certa forma por vezes maiores que as rupturas que vieram após a instituição da República. Rio Branco, assim como muitos outros personagens monarquistas que ingressaram na política após a mudança do regime de governo, carregavam essa dualidade, ou melhor, continuidade, muitas vezes expressas em ações como esta.

Seguindo a longa defesa das críticas proferidas ao tratado, Kent defendia que não havia território cedido, e sim permuta em que uma minúscula parte do Mato Grosso, desabitada, teria entrado na negociação. Da mesma forma, ao falar sobre o gasto feito pela segunda vez com a indenização à Bolívia, defendia que pagou ao *Bolivian Syndicate* e à Bolívia com o intuito de preservar a soberania nacional, pois o Brasil agora estaria livre do consórcio imperialista e de qualquer tentativa de a Bolívia de fazer um acordo com quem quer que fosse naquela região. Com isso, defendia e questionava:

> Adquirimos, pois, por transação muito legítima, o território só ultimamente declarado em litígio entre a linha oblíqua chamada Cunha Gomes e o paralelo de 10° 20' e adquirimos por compra, não menos legítima, a zona ao sul desse paralelo. Se nessa combinação não entrássemos também com a transferência de alguns insignificantes pedaços de terra, se pretendêssemos que deve ser amaldiçoado o que cede uma polegada de território nacional, mesmo em troca de região considerável e rica, como seria possível convencer a Bolívia

de que nos devia abandonar mais da oitava parte do que considerava seu patrimônio nacional?

Ainda sobre a crítica de ter cedido o território, ao passo que o Império nunca teria feito isso, segundo o autor da matéria do periódico paulista, Kent reafirmava que não cedera e sim permutara. Além disso, ainda rebatia o fato de que o Império nunca teria cedido algum território. Nesse caso, citou os tratados de limites com o Peru (1851), Uruguai (1853), Venezuela (1859), Bolívia (1867) e Paraguai (1872), no quais, segundo Kent, o Brasil teria feito "enormes concessões". O tom de defesa desse artigo tem um aspecto muito mais pessoal do que político. A retórica utilizada é como se Rio Branco estivesse se defendendo de estar traindo os interesses de D. Pedro II e de seu pai, o Visconde do Rio Branco, uma fundamental figura política do Império.

Essa retórica era um pouco diferente do tom panfletário da imprensa do XIX, pois não era um artigo em defesa do governo de Rodrigues Alves, por exemplo. O nome do presidente não foi citado nenhuma vez na matéria; a preocupação maior, presente em toda texto, era mostrar que a política de limites de D. Pedro II não estava sendo subjugada. Rio Branco ficou muito conhecido por utilizar a História em sua diplomacia, mas nesse caso, a História que ele cita era a desenvolvida pelo seu pai e pelo Imperador, por quem, manifestadamente, nutria grande apreço. Era uma História vivida, que ele muitas vezes fazia questão de narrar para que não fosse esquecida; não era uma história conhecida por meio de documentos.

Vale salientar que compreendemos a retórica como um ato de fala em que, de segundo Michel Meyer, o orador pode se mascarar ou se revelar, dissimulando ou se exibindo com toda a transparência, de acordo com a problemática que ele necessite enfrentar.

[47] Nesse ato de fala, a argumentação é fundamental para a arte do convencimento, pois "visa obter a adesão daqueles a quem se dirige, ela é, por inteiro, relativa ao auditório a que se procura influenciar". [48] O auditório do Barão do Rio Branco era composto pelos leitores dos jornais nos quais publicava. Influenciando e convencendo este auditório, conseguia convencer o auditório político, pois este sofria pressão, diretamente, da opinião pública.

Assim, o segundo artigo, de 18 de dezembro de 1903, publicado no *Jornal do Commercio* e depois republicado em outros periódicos cariocas, é uma resposta aos órgãos da imprensa que se opunham à política do Barão. Kent citava Rio Branco como aquele que veio para salvar os desmandos cometidos até então, no que se referia aos negócios estrangeiros. Nesse caminho, ao tratar dos pontos que a imprensa oposicionista naquele momento repudiava, demonstrava que em outros momentos esses mesmos jornais os apontavam como solução. Nesse artigo são colocados em análise matérias de *A Notícia* e do *Correio da Manhã*. Para Kent, desqualificar as propostas de Rio Branco não seria nada mais do que "o desejo de perturbar a paz pública", movido por paixões partidárias:

> O plano assentado e seguido pelo Barão do Rio Branco para resolver a chamada questão do Acre, tão mal parada quando ele assumiu a direção do seu cargo, ficou perfeitamente conhecido de toda a nossa imprensa desde janeiro último, só encontrando, durante meses, manifestações de simpatia e até louvores e aplausos dos mesmos que hoje procuram levantar contra esse compatriota a cólera popular.

Com essa fala, Kent deixava claro para o público leitor que o que a imprensa oposicionista estava fazendo era um desserviço à

---
47 MEYER, Michel. *A retórica*. São Paulo: Ática, 2007. p. 36.
48 PERELMAN, Chaïm e OLBRECHTS-TYTECA, Lucie. *Op. Cit.*, p 21.

nação, já que ela mesma tinha apontado, em outro momento, as soluções que Rio Branco encontrou para resolver a questão do Acre como as mais acertadas. Dessa forma, ele mobilizou a opinião pública a seu favor, buscando demonstrar, por meio dos maiores jornais que circulavam na época, que a oposição estava contra o Brasil e não apenas contra o governo. Para comprovar tal medida, ele citava artigos anteriores à posse de Rio Branco em que tanto o Correio *da Manhã* quanto o *A Notícia* eram favoráveis à permuta de território, à implantação da estrada de ferro e ao pagamento de indenização ao *Bolivian Syndicate*.

Esse jogo de palavras utilizado era o mesmo do primeiro artigo, em que demonstrou por meio da História que ainda seguia a política imperial. Com isso, Rio Branco trazia o grande público para o seu lado, e escondido sob um pseudônimo bombardeava a imprensa com suas ideias. Conseguia ao mesmo tempo promover a figura do Barão do Rio Branco, que segundo seus biógrafos era extremamente vaidoso, bem como defender o governo de uma República ainda bastante frágil, sem que para isso necessitasse desqualificar a política imperial. Era uma forma bastante peculiar de se fazer política nesse momento em que tanto a situação quanto a oposição, favoráveis ao regime republicano, viam no repúdio ao regime imperial uma forma de autoafirmação.

Utilizar o discurso do outro como forma de se defender foi uma prática bastante comum para Rio Branco, e nesse artigo isso era bem recorrente, como podemos notar a seguir:

> E A *Notícia*, desde janeiro até outubro, não disse uma palavra contra a permuta de territórios. Em 4 de abril aconselhava a compra do Acre. E, em 13 de novembro, esquecida do que escrevera em 30 de janeiro e 26 de março, dizia: "O Sr. Barão do Rio Branco, para cuja lealdade não precisamos apelar, repelia *in limine* e com todo o vigor do seu escla-

recido patriotismo qualquer proposta de permuta de territórios" [...] Vem de molde lembrar também que, quando o ilustre redator chefe d'*A Notícia* e da *Gazeta* defendia o Governo passado, não se revoltava contra a ideia de troca de territórios, nem via na Constituição da República empecilho algum para a permuta projetada

O jornal *A Notícia* não era o único alvo de Kent, matérias anteriores do *Correio da Manhã* foram utilizadas na mesma intenção de desqualificar a oposição:

> O Correio da Manhã naquele tempo era pela troca de territórios que hoje condena. [...] Entendia, portanto, o Correio da Manhã, em 9 de fevereiro, que devíamos procurar resolver a contenda com a Bolívia por meio de concessões recíprocas, compreendendo-se, sem dúvida, nesta expressão a permuta de territórios, já aconselhada em 24 de junho do ano passado no mesmo Correio da Manhã, ou a compra do Acre, proposta pelo atual Governo com o intento de reduzir à expressão mais simples a nossa contribuição em território.

Kent argumentava que o problema não eram as soluções encontradas pelo Barão do Rio Branco para resolver a questão do Acre, pois quando essas ideias foram enviadas pelo Barão, no momento em que ainda era um simples diplomata em Berlim, foram muito bem acolhidas por todos. O problema seria, na verdade, o governo de Rodrigues Alves. O presidente sim teria uma forte oposição e isso acabava respingando em Rio Branco. Porém, o Barão via a diplomacia como algo a parte, sendo de interesse da nação. Não esqueçamos que ele, também, foi ministro das Relações Exteriores dos governos de Rodrigues Alves (1902-1906), Afonso Pena (1906-1909), Nilo Peçanha (1909-1910) e Hermes da Fonseca (1910-1912).

Nesse mesmo artigo, Kent apontava para o fato de que a política exterior deveria ser vista, também, como uma política nacional, assim como era feito pela França. Dessa forma, reafirmava para opinião pública que os padrões franceses eram os mais desenvolvidos e os que deveríamos seguir. Tendo em vista que o Rio de Janeiro vivia momentos da *Belle Époque*, utilizar a França como exemplo era reafirmar que tais medidas serviriam para nos aproximarmos cada vez mais da modernidade vivenciada pelo Velho Mundo:

> Em outros países, onde em todos os círculos da política e da imprensa se tem melhor compreensão de patriotismo e dos interesses da causa pública, as questões com o estrangeiro são consideradas sempre questões nacionais. Por isso em França, ministros como os Srs. Hanotaux e Delcassé têm podido permanecer em gabinetes sucessivos, de diferentes matizes políticos. Entre nós não se dá o mesmo nos dias de hoje, que infelizmente ainda são de anarquia mental. São precisamente as grandes questões externas que alguns ambiciosos de mando, ao mesmo tempo agitados e agitadores incuráveis, exploram com mais engenho para intrigas de politicagem, no propósito de transviar a opinião e urdir conspirações e golpes de Estado. E há jornalistas, alguns de puro e sincero patriotismo, que se deixam levar pelo canto dessas sereias das discórdias civis!

Demonstrava, assim, como a política externa era tão necessária e viável para a modernização do país. Com esse distanciamento entre a chancelaria e a figura do presidente, Rio Branco intentava transformar a opinião pública para que essa passasse a enxergar sua exótica figura como um poder à parte da política brasileira. Kent finalizou esse longo artigo defendendo o Rio Branco e cada ponto do Tratado de Petrópolis.

Já no terceiro artigo dessa série, publicado um mês após os dois primeiros, em 21 de janeiro de 1904, Kent seguia na batalha contra o *Correio da Manhã*. Seu alvo agora era uma matéria de Manoel Vitorino Pereira, publicada por este jornal, em 28 de junho de 1902. Abaixo segue o trecho do *Correio da Manhã* que serviu de base para o artigo de Kent:

Referindo-se à revolução do Acre, afirmam as confidências do Ministro (das Relações Exteriores) a um diplomata, que ela terminou quando menos nos convinha, porque, conquanto o Governo Federal fosse inteiramente alheio a essa revolução, a resolução que por conta própria tomaram os oficiais da flotilha era inteiramente inoportuna, por isso que só em virtude da revolução consentiu o Governo da Bolívia NA PERMUTA DE TERRITÓRIOS, já aceita pelo seu Ministro."[...]
"Parece incrível que, como dizem as mesmas confissões, os oficiais da flotilha, que só havia sido enviada pelo Governo ao Acre para o fim de proteger o livre trânsito dos vapores mercantes brasileiros, tomassem a si a atribuição de pacificar o Acre, sem que para isso recebessem ordens ou instruções. Dado, porém, que assim fosse, o que aliás o Governo não procurou apurar, responsabilizando os que excederam a sua missão, nada impedia que as negociações continuassem NO TERRENO EM QUE ESTAVAM COLOCADAS, tanto mais quanto os revolucionários entregaram o território ao Governo brasileiro, representado pela sua força armada, e fizeram lavrar dessa entrega uma ata, na qual confiavam aos seus pacificadores a restituição desse pedaço do solo pátrio, que eles haviam civilizado com a sua iniciativa e o seu trabalho, e que haviam defendido com o seu esforço e com o seu sangue...
(*Correio da Manhã*, 28/06/1902).

Nessa transcrição, o destaque em letras maiúsculas foi feito por Kent, pois além do recurso retórico utilizado usualmente, ele recorreu a um recurso visual, para chamar atenção do leitor. Destacando *Na permuta de território* e *No terreno em que estavam colocadas*, Kent buscou demonstrar para o leitor que o *Correio da Manhã* estava se contradizendo e que, por isso, não deveria ser considerado uma oposição séria. Difamando a opinião desse jornal, que passou a advogar pelo arbitramento no lugar de uma solução bilateral, ele ironizou, inicialmente, a posição assumida pelo *Correio da Manhã* e logo em seguida demonstrou seu apoio irrestrito a Rio Branco ao dizer que:

Esses artigos devem ter pesado muito no espírito do ilustre redator chefe e proprietário do *Correio da Manhã*, pois desde novembro entrou a preconizar, como solução da contenda, o arbitramento após um novo reconhecimento da nascente principal do Javari. Quantos anos durariam essas duas campanhas, a da quarta exploração da nascente do Javari e a do processo arbitral até a assinatura do laudo? Pelo menos uns cinco a seis. E quantas complicações e quantos perigos poderão surgir durante tão largo período com os levantes dos povoadores brasileiros dessas regiões, os conflitos entre eles e os bolivianos do Orton e Madre de Diós e as intrusões peruanas?

Esse trecho foi uma alusão à questão com o Peru, pois ao utilizar a *Linha Verde*, um problema com os limites do Brasil com esse país, passou também a existir. Esse terceiro artigo já era uma demonstração de quanto o Peru seria o próximo alvo das negociações do Barão, assim como o arbitramento seria uma derrota pré-anunciada, pois, de acordo com os tratados firmados anteriormente um bom advogado daria perda de causa ao Brasil.

A defesa eficaz de uma causa em arbitramento internacional não é empresa fácil como parece a alguns. É preciso que a causa seja boa e que o advogado saiba defender. Uma coisa é escrever artigos às pressas, em cima da perna, para gente que leva a mandriar e não conhece e nem estuda as questões que lê, e outra muito diferente é produzir argumentos e provas que um juiz examina, esmiúça e aprofunda, por si mesmo e por auxiliares competentes. Se, por exemplo, o Sr. Rocha Pombo repetisse em juízo arbitral que o tratado de 1777 estabelece uma linha de fronteira pela divisória das duas águas entre os rios Verde e Paragahú (Correio da Manhã de 4 de fevereiro de 1903), os jurisconsultos e geógrafos, conselheiros do árbitro, iriam logo examinar aquele tratado e achariam, mediante simples leitura do artigo 10º, que nele não há menção alguma desses dois afluentes da margem esquerda ou ocidental do Guaporé e que ambos, portanto a anticlinal citada, ficavam em terras da Coroa de Espanha, por ser o álveo do Guaporé, a leste, a fronteira determinada no mesmo artigo. E o árbitro tomaria boa nota de que o Sr. Rocha Pombo – o futuro fundador da Universidade de Curitiba – ou tinha querido deitar-lhe poeira nos olhos, como não raro faz nos seus leitores cariocas, ou escrevia às vezes sem suficiente preparo. *Quandoque bonus dormitat columbus...*

Essa passagem é tão rica de detalhes técnicos que um jornalista, por melhor que fosse, não teria como ter acesso a todos eles. Um leitor atento, de certo, saberia que Kent era Rio Branco. Outra característica comum do XIX, que ainda permanecia no XX, era a utilização de citações em latim de trechos da Antiguidade. Isso era sinônimo de erudição e, como tal, Rio Branco não poderia deixar escapar de seu discurso. *Quandoque bonus dormitat columbus...* significa que "Também o bom Homero cochila"; nesse sentido, ele demonstrava ao longo do texto, numa linguagem acessível a todos os públicos, que o arbitramento era uma solução amadora de quem o propunha. E ao usar a citação em latim reafirmava para os intelectuais, ou mesmo para a elite, que esta era uma saída fadada ao fracasso. Percebe-se, assim, que independente de quem fosse ler o que estivesse escrito, todos entenderiam, pois utilizava um tom de retórica que o aproximava do grande público e ao mesmo tempo uma escrita erudita que era um forte elemento para o convencimento da elite e da Câmara dos Deputados, visto que o Tratado de Petrópolis não tinha ainda sido homologado por esta casa:

> O Tratado de Petrópolis, se for aprovado, evitará a contingência de novos destemperos e agitações e protestos do Acre. O Tratado põe termo à trapalhada em que andávamos metidos desde 1899 e resolve honrosamente a questão, atendendo às mútuas conveniências do Brasil e da Bolívia. O

arbitramento a não resolveria, havendo vários fatores para perturbar a sua marcha regular, ou daria apenas, na mais favorável das hipóteses, uma solução demorada e deficiente.

Esse artigo anunciava os próximos passos do Barão, como, por exemplo, a questão com o Peru, bem como trazia a opinião pública para o seu lado, deixando a oposição da Câmara dos Deputados praticamente sem saída. Por meio da retórica, Rio Branco angariava para ele a maioria popular e a maioria política, deixando constrangido o próprio Rui Barbosa, que para não ir contra o Tratado preferiu sair do plenário na hora da votação.

Seguindo a estratégia anterior, Kent publicava dois artigos seguidos, sendo o primeiro em 23 de dezembro de 1903. Em *A Questão do Acre com a Bolívia IV*, a campanha pela aprovação do Tratado continuava. Dessa vez, a estratégia foi pegar pequenos trechos de o *Correio da Manhã* publicados em dias diferentes e desconstruir os argumentos apresentados pela oposição. Nos recortes de jornais de Rio Branco que estão AHI é possível encontrar tanto as matérias favoráveis quanto as contrárias à sua política. Caso explicável pelo fato de que o discurso da imprensa de oposição era utilizado para construir suas defesas. Dessa forma, nesse artigo ele enumerava e citava 12 trechos.

Assim, o *Correio da Manhã* foi o alvo principal dos artigos de Kent. Isso era justificado pela quantidade de leitores que este alcançava, pois de acordo com o quadro, retratado anteriormente, este era o maior jornal de oposição da capital. Por isso, as críticas eram voltadas para ele. Assim também que Rio Branco via como necessário desqualificar ponto a ponto qualquer coisa que pudesse convencer a opinião pública de que sua política de limites não seria a melhor a ser seguida, pois, perder o apoio da opinião pública seria perder o apoio da Câmara dos Deputados na aprovação do Tratado de Petrópolis. Kent contrapunha ponto a ponto citado no início da matéria, no entanto, demonstraremos a defesa de apenas três:

> Nos trechos 1º, 3º e 5º supratranscritos, diz-se que o Tratado de Petrópolis "não é um ato diplomático", "não é um tratado", "não é um acordo legítimo nem uma lícita conciliação de interesses", é sim "uma vergonhosa transação de compra e venda em grosso", uma "escritura de negócio", "a vergonha de dois povos". Mui pouco versados em direito internacional e em história política e diplomática são os que escreveram tais coisas. Não necessitamos de recorrer a jurisconsultos estrangeiros para mostrar que é muito regular e legítima, em direito, a aquisição derivativa que o Brasil vai fazer, e muito usual, nas relações internacionais, a transação a que chegaram os dois Governos, do Brasil e da Bolívia. Temos prata da casa.

A prata da casa referida por Kent era o jurista Lafayette Rodrigues Pereira, autor dos *Princípios de Direito Internacional*. Ao citar essa obra, Kent demonstrava os pontos que Rodrigues Pereira defendia e tratava como legal a aquisição do território. Afirmava que cabia ao leitor julgar quem teria mais razão: o *Correio da Manhã* ou o renomado jurista? "Os nossos leitores decidirão entre a recente opinião do *Correio da Manhã*, de um lado, e do outro, a autoridade de Lafayette Rodrigues Pereira e de uma centena de outros mestres ou expositores do direito internacional que poderiam ser citados." Com isso, mobilizava a vaidade do público, elevava a inteligência de quem o lia, justificando sua posição. Enfim, fazia com que seu auditório, em busca de legitimidade, concordasse com ele.

A fim de qualificar e validar a posição de Rio Branco, Kent buscou na História as justificativas do acordo. Outra prática comum do Barão, em que mais uma vez um leitor atento conseguiria identificar o verdadeiro autor do artigo. Os exemplos escolhidos por ele foram o Tratado de Paris, no qual os Estados Unidos comprou a Luisiana de Napoleão Bonaparte, em 1803, assim como os demais tratados assinados pelos Estados Unidos para a delimitação das fronteiras com o México, o Canadá, além da compra de territórios britânicos e espanhóis como Massachusetts, a Flórida, Nova York, Arizona, Alaska, entre outros. Com essa passagem, era possível convencer que estes tipos de tratados eram práticas já utilizadas, além de levar ao público leitor uma maior proximidade com a história dos Estados Unidos. Para Rio Branco, pragmaticamente, este deveria ser o grande parceiro internacional do Brasil e não outro país europeu, como a política internacional do XIX sugeria.

Partindo desse exemplo, ele detalhadamente levava ao conhecimento do público a política de limites norte-americana. Mais uma vez chamando a plateia para o seu lado. Sim, os jornais eram o grande palco de Rio Branco e o auditório a que ele se dirigia era diversificado e amplo. Com sua retórica clara, e ao mesmo tempo profunda em termos de conhecimento, o Barão trazia para si a grande maioria dos leitores. A opinião pública ficava ao lado do "óbvio" e o "óbvio" era favorável a ele. Com isso, os meio políticos, bem como a oposição dos jornais, não tinham fôlego para vencerem os seus argumentos. Rio Branco utilizou os jornais muito bem ao seu favor.

O último dos cinco artigos sobre a questão do Acre, escritos por Kent, foi publicado em 01 de janeiro de 1904, sob o título de *O Tratado de Petrópolis*. Na verdade, Kent republicava um artigo do jurista Isidoro Martins Júnior, catedrático da Faculdade de Direito do Recife, inserindo apenas uma pequena introdução. Martins Júnior escreveu o artigo, publicado originalmente em 20/11/1903, pelo próprio *Jornal do Commercio*, sob o título de *Censuras Platinas*, e tinha como base na Doutrina defendida por ele no Congresso Jurídico Americano de 1900.

O que percebemos, nessa publicação, é que Kent buscava meios legais a fim de legitimar o Tratado de Petrópolis, assim como fez anteriormente quando citou o especialista em Direito Internacional Lafayette Rodrigues Pereira. Esse artigo de Martins Júnior foi considerado tão importante que foi republicado quatro vezes. A primeira sob o título de *Censuras Platinas*; depois com a introdução de Kent, que é o que estamos analisando; mais tarde, sob o título original, em 18/01/1905, em *O Paiz* e em 19/01/1905, novamente no *Jornal do Commercio*.

Na introdução, redigida por Kent, ele dizia que o Brasil teria autonomia de ceder territórios em suas fronteiras e até um estado inteiro, em casos extremos, como "medida de salvação pública". Dizia, também, que essa possibilidade era reconhecida pela Suíça desde quando o Brasil teve que solucionar a questão dos limites com a França pela Guiana Francesa. Assim, deixava claro que o Barão não cometeu nenhuma atrocidade diplomática, pois estava respaldado pelas leis nacionais e internacionais.

Já a segunda parte, de autoria de Martins Júnior, iniciava como uma resposta a um artigo do jornal argentino, de Buenos Aires, *La Prensa*, republicado no *Jornal do Commercio* de 19/01/1904. Esse artigo argentino questionava a reorganização naval do Brasil[49] e aconselhava que o governo argentino fizesse o mesmo. A partir desse evento, dava início às considerações sobre a soberania brasileira, a possibilidade e necessidade de defesa. Além do aumento da marinha brasileira, Martins Júnior relatava o fato se os vizinhos argentinos terem se incomodado com a instalação de uma embaixada em Washington, entendendo essas atitudes como uma tentativa do Brasil de se tornar uma força hegemônica na região.

Em defesa do Brasil, Martins Júnior dizia que *La Prensa* sempre olhara o Brasil como inimigo, mas que todos os acordos firmados entre Brasil e seus vizinhos eram amistosos; na oportunidade afirmava que as próximas questões a serem resolvidas com o Peru também o seriam. Não querendo levantar uma discórdia entre os dois governos, é possível perceber por meio desse discurso que o Brasil estava atento

---

49 ALSINA JÚNIOR, João Paulo Soares. *Rio Branco: grande estratégia e poder naval*. Rio de Janeiro: FGV, 2015.

às publicações de seus vizinhos sobre sua política; que o aumento da marinha era uma questão de segurança nacional; que os Estados Unidos eram de fato os grandes parceiros internacionais e que o Peru seria o próximo alvo na questão de resolução do território.

Apesar de o artigo ter sido publicado por Kent sob o título de Tratado de Petrópolis, ele era muito mais um recado de Rio Branco sobre os próximos passos de sua política externa do que propriamente um texto do que propriamente sobre a resolução das questões das fronteiras do Acre. Tal fato justificava a republicação da parte redigida por Martins Júnior, no momento em que o Brasil se via às voltas de solucionar suas fronteiras com o Peru.

Considerações finais

Esperamos que ao fim da análise desses cinco artigos publicados sobre a questão Acre, entre o Brasil e a Bolívia, seja possível compreender como a imprensa foi um meio utilizado para legitimar a política de limites do Barão do Rio Branco. Como este político via a imprensa como aliada para a formação de uma opinião pública favorável aos seus interesses. Entender esse período através dos jornais é compreender como aspectos da imprensa do XIX permaneceram, como a sua utilização para responder, se defender e atacar seus opositores. Assim como, compreender outros que surgiram como a mecanização e a modernização das gráficas, a grande dependência dos jornais dos recursos públicos e a censura constante dos meios impressos que se colocavam contra o novo regime.

Rio Branco soube mais do que ninguém fazer uso desse meio para a política internacional que implantou. Sua influência foi tamanha que até hoje o Itamaraty reproduz sua forma de fazer diplomacia, por meio da qual o Brasil é mundialmente reconhecido por ser um país que utiliza *soft power* como estratégia de política exterior. Por mais que a opinião pública continue não sendo o alvo dos estudos da política internacional, por ser considerada uma política dinâmica e rápida e porque muitas de suas decisões são tomadas sem a sua influência. No entanto, na política interna, a opinião pública teve e tem grande importância. Porém, tanto na política externa quanto na interna a opinião pública, mesmo não tendo papel de decisão, "tem o poder de tornar ou não possível a política de seus representantes".[50] Foi nesse sentido que o Barão do Rio Branco estreitou os laços com a imprensa no período que esteve à frente do Ministério das Relações Exteriores.

Todavia, rever essa história sob as perspectivas da história dos impressos é aumentar a lente; é ter novas possibilidades de análise.

Referências Bibliográficas

ALSINA JÚNIOR, João Paulo Soares. *Rio Branco: grande estratégia e poder naval*. Rio de Janeiro: FGV, 2015.

BANDEIRA, Luiz Alberto Moniz. O barão de Rothschild e a questão do Acre. *Revista Brasileira de Política Internacional,* n. 43 (2), p. 150-169, 2000.

BARBOSA, Marialva. *História cultural da imprensa*. Brasil 1900-2000. Rio de Janeiro: Mauad X, 2007.

_____. *História cultural da imprensa*. Brasil 1800-1900. Rio de Janeiro: Mauad X, 2010.

_____. Como escrever uma história da imprensa? In: Encontro Nacional da Rede Alfredo de Carvalho, 2, 2004, Florianópolis. *Anais…* Florianópolis, abr., 2004.

BRANCATO, Sandra. O retorno do Barão do Rio Branco ao Brasil: a leitura da imprensa. *Cadernos do CHDD,* vol. 1, n. 2, p. 95-110, jul., 2002.

---

50 GIRARD, Alain. *L'opinion publique et la presse*. Paris: Cours de droit, 1969. p. 40.

BUENO, Clodoaldo. *Política Externa da Primeira República: os anos de apogeu: (1902 a 1918)*. São Paulo: Paz e Terra, 2003.

CADERNOS DO CHDD (2002) *Artigos anônimos e pseudônimos do barão do Rio Branco*. Rio de Janeiro: FUNAG, ano I, número 1, p. 9-20.

_____. (2003) *Artigos anônimos e pseudônimos do barão do Rio Branco (II)*. Rio de Janeiro: FUNAG, ano II, número 3, p. 405-414.

_____. (2004) *Artigos anônimos e pseudônimos do barão do Rio Branco (III)*. Rio de Janeiro: FUNAG, ano III, número 4, p. 347-442.

_____. (2004a) *O barão do Rio Branco e a imprensa: correspondência com Gusmão Lobo, A criação do* Jornal do Brasil, Jornal do Commercio *e outros órgãos da imprensa*. Rio de Janeiro: FUNAG, ano III, número 5, p. 87-428.

_____. (2005) *Artigos anônimos e pseudônimos do barão do Rio Branco (IV)*. Rio de Janeiro: FUNAG, ano IV, número 6, p. 207-285.

_____. (2009) *Artigos anônimos e pseudônimos do barão do Rio Branco (V)*. In: Cadernos do CHDD. Ano VIII, número 14, p. 501-511.

CARVALHO, José Murilo. *A construção da ordem: a elite política imperial*. Rio de Janeiro: Campus, 1980.

_____. História intelectual no Brasil: a retórica como chave da leitura. *Topoi*, Rio de Janeiro, v. 1, p 123-152, jan. 2000.

CERVO, Amado Luiz; BUENO, Clodoaldo. *História da política exterior do Brasil*. Brasília: UnB, 2011.

CHARTIER, Roger. Textos, Impressões, leituras. In: HUNT, Lynn. *A nova história Cultural*. São Paulo: Martins Fontes, 1990.

_____. *A ordem dos livros: leitores, autores e bibliotecas na Europa entre os séculos XIV e XVIII*. Brasília: Editora UNB, 1998.

CORTESÃO, Jaime. *História do Brasil nos Velhos Mapas*. Lisboa: Imprensa Nacional-Casa da Moeda, 2009 [1957 e 1971], 2 tomos.

DARNTON, Robert. *A questão dos livros. Passado, presente e futuro*, São Paulo: Companhia das Letras, 2010.

EULETÉRIO, Maria de Lourdes. Imprensa a serviço do progresso. In: MARTINS, Ana Luíza e DE LUCA, Tânia Regina. *História da imprensa no Brasil*. São Paulo: Contexto, 2013, p. 83-102.

FERREIRA, Tania Maria Bessone da Cruz. O Jornal do Commercio: o público e o privado refletidos na vida cultural do Rio de Janeiro. In: Colóquio História e Imprensa: Homenagem a Barbosa Lima Sobrinho – 100 anos. Rio de Janeiro, 1998. *Anais...* Rio de Janeiro: UERJ/IFCH, 1998, p. 27-32.

_____. NEVES, Lucia Maria Bastos P.; GUIMARÃES, Lucia Maria P. (Org.). *Elites, fronteiras e cultura do Império do Brasil*. Rio de Janeiro: Contra Capa, 2013.

_____. Gladys Sabina; GONÇALVES, Monique de Siqueira. *O oitocentos entre livros, livreiros, impressos, missivas e bibliotecas*. São Paulo: Alameda, 2013.

FUNDAÇÃO ALEXANDRE DE GUSMÃO (Org.). *O Barão do Rio Branco visto por seus contemporâneos*. Brasília: FUNAG, 2002.

GARZONI, Lerice de Castro. Reivindicações impressas: demandas à municipalidade no Correio da Manhã: Rio de Janeiro, início do século XX. In: XVI Encontro Regional de História da Anpuh Rio. *Anais...* Rio de Janeiro: ANPUH-RJ, 2014.

GIRARD, Alain. *L'opinion publique et la presse*. Paris: Cours de Droit, 1969.

GOMES, Ângela de Castro. *A República, a História e o IHGB*. Belo Horizonte: Argvmentvm, 2009.

HABERMANS, Jürgen. *Mudança estrutural da esfera pública*. Rio de Janeiro: Tempo Universitário, 1984.

HOBSBAWM, Eric. *Nações e nacionalismo desde 1780: programa, mito e realidade*. Rio de Janeiro: Paz e Terra, 1990.

JANKE. Macedo. *Duarte da Ponte Ribeiro: território e territorialidade no Império do Brasil*. 265 f. Tese (Doutorado em Geografia) – Faculdade de Filosofia, Letras e Ciências Humanas, Universidade de São Paulo, São Paulo, 2014.

JEANNENEY, Jean-Noël. A opinião pública. In: RÉMOND, René (Org.). *Por Uma História Política*. Rio de Janeiro: Editora UFRJ, 2003, p. 213-230.

LABOIRE, Pierre. Memória e Opinião. *In*: AZEVEDO, Cecilia; ROLLEMBERG, Denise; BICALHO, Maria Fernanda; KNAUSS, Paulo; QUADRAT, Samantha (Org.). *Cultura política, memória e historiografia*. São Paulo: FGV Editora, 2009, p. 79-87.

LINS, Álvaro. *Rio Branco*. Rio de Janeiro/São Paulo: José Olympio, 1945. 2v.

MAGNOLI, Demétrio. *O corpo da pátria*. São Paulo: Editora da Unesp/ Moderna, 1997.

MANZUR, Tânia Maria Pechir Gomes. Opinião pública e política externa do Brasil do Império a João Goulart: um balanço historiográfico. *Revista Brasileira de Política Internacional*, Brasília, vol. 42, n. 1, p. 30-61, jan. /jun. 1999.

MARTINS, Ana Luíza e DE LUCA, Tânia Regina. *História da imprensa no Brasil*. São Paulo: Contexto, 2013.

MEYER, Michel. *A retórica*. São Paulo: Ed. Ática, 2007.

MOREL, Marco e BARROS, Mariana Monteiro de. *Palavra, imagem e poder: o surgimento da imprensa no Brasil do século XIX*. Rio de Janeiro: DP&A, 2003.

_____. *As transformações dos espaços públicos: imprensa, atores políticos e sociabilidades na cidade Imperial (1820-1840)*. São Paulo: Editora Hucitec, 2005.

NEDER, Gizlene; BARCELOS, Ana Paula Ribeiro da Silva. Intelectuais, circulação de ideias e apropriação cultural: Anotações para uma Discussão Metodológica. *Passagens. Revista Internacional de História Política e Cultura Jurídica*, Rio de Janeiro, v. 1, n. 1, p. 2-26, jan-jun, 2009.

NEVES, Lúcia M. Bastos P. MOREL, Marco e FERREIRA, Tania Maria Bessone (Org.). *História e Imprensa: Representações culturais e práticas de poder*. Rio de Janeiro: DP&A/Faperj, 2006.

_____. NEVES, Guilherme Pereira. Constituição. In: FERES JÚNIOR, João (Org.). *Léxico da história dos conceitos políticos do Brasil*. Belo Horizonte: Editora UFMG, 2009. 65-90p.

OZOUF, Mona. Le concept d'opinion publique au XVIIIe siècle. In: *Sociologie de la communication*, 1997, vol. 1, n. 1, p. 349-365.

PALLARES-BURKE, Maria Lúcia Garcia. A imprensa como uma empresa educativa do século XIX. *Caderno de Pesquisa*, São Paulo, n. 104, vol. 1, p. 144-161, jul., 1998.

PEIXOTO, Renato Amado. Depois aconteça o que acontecer: por uma rediscussão do Caso Panther e da política externa de Rio Branco. *Revista Brasileira de Política Internacional*, Brasília, vol. 1, n. 54, p. 44-66, abr., 2011.

PEREIRA, Aline P.; BARCELOS, Ana Paula. *Trajetórias individuais e experiências sociais: sociabilidades e ideias políticas no Brasil (1820-1940)*. Niterói: EDUFF, 2012.

PEREIRA, Embaixador Manoel Gomes (Org.). *Coleção Barão do Rio Branco*. Brasília: FUNAG, 2012.

PEREIRA, Paulo José dos Reis. A Política Externa da Primeira República e os Estados Unidos: a atuação de Joaquim Nabuco em Washington (1905-1910). *Revista Brasileira de Política Internacional*, Brasília, vol. 2, n. 48, p. 111-128, jul., 2005.

PERELMAN, Chaïm; OLBRECHTS-TYTECA, Lucie. *Tratado da argumentação: a nova retórica*. São Paulo: Martins Fontes, 2005.

PESSANHA, Andréa Santos da Silva. *O Paiz e a Gazeta Nacional. Imprensa Republicana e Abolição*: Rio de Janeiro – 1884-1888. Tese. Instituto de Ciências Humanas e Filosofia. 212f. Rio de Janeiro, 2006.

RICARDO, Cassiano. *O Tratado de Petrópolis*. Rio de Janeiro: MRE, 1954. 2v.

RICUPERO, Rubens; ARAÚJO J. H. P. *José Maria da Silva Paranhos, Barão do Rio Branco*. Brasília: FUNAG, 1995.

_____. *Rio Branco: o Brasil e o mundo*. Rio de Janeiro: Contraponto, 2000.

_____. Acre: o momento decisivo de Rio Branco. In. PEREIRA, Manoel Gomes. *Barão do Rio Branco*: cem anos de memória. Rio de Janeiro: FUNNAG, 2012.

RIO BRANCO, Barão do. Apontamentos para uma História Militar do Brasil. In: Pereira, Embaixador Manoel Gomes (Org.). *Coleção Barão do Rio Branco*. Brasília: FUNAG, 2012.

_____. Brasil, os Estados Unidos e o Monroísmo. Pereira, Embaixador Manoel Gomes (Org.). *Coleção Barão do Rio Branco*. Brasília: FUNAG, 2012.

SANTOS, Luís Cláudio Villafañe G. O Barão do Rio Branco e a Imprensa. In: *Revista Brasileira*. Rio de Janeiro: Academia Brasileira de Letras, jul-ago-set, 2012, Ano I, Fase VIII, nº 72, p. 135-168.

_____. O Barão do Rio Branco como Historiador. In: PEREIRA, Manuel Gomes (Org.). *Cadernos do CHDD*. Brasília: FUNAG, 2012, p. 307-335.

_____. A questão do Acre nas caricaturas cariocas (1903-1904). In. PAREDES, Marçal de Menezes et ali. *Dimensões do Poder*: história, política e Relações Internacionais. Porto Alegre: EDIPUCRS, 2015. p. 165-188.

_____. *Brasil entre a América e a Europa: o Império e o interamericanismo do Congresso do Panamá à Conferência de Washington.* São Paulo: Unesp, 2004.

_____. *O dia em que adiaram o carnaval: política externa e construção do Brasil.* São Paulo: Unesp, 2010.

_____. *O evangelho do Barão: Rio Branco e a identidade brasileira.* São Paulo: Unesp, 2012.

SENA, Ernesto Cerveira de. Desafios políticos nas fronteiras do Império: Do discurso da ordem ao encalço da civilização em Mato Grosso (1834-1862). In: FERREIRA, Tânia Maria Bessone da Cruz, NEVES, Lucia Maria Bastos P., GUIMARÃES, Lucia Maria P. (Org.). *Elites, fronteiras e cultura do Império do Brasil.* Rio de Janeiro: Contra Capa, 2013.

SIQUEIRA, GUSTAVO SILVEIRA. *História do Direito pelos movimentos sociais: Cidadania, Experiências e Antropofagia Jurídica nas Estradas de Ferro* (Brasil, 1906). Tese. UFMG Faculdade de Direito, 2011, 142 f.

TOCANTIS, Leandro. *Formação histórica do Acre.* Rio de Janeiro: Conquista, 1961. 3vols.

VERGARA, Moema de Resende. Luiz Cruls e a delimitação de fronteiras na Primeira República: o caso Brasil-Bolívia. In: BORGES, Luiz C.; DOMINGUES, Heloisa Maria Bertol; FAULHABER, Priscila (Orgs.). *Ciências e Fronteiras.* Rio de Janeiro: Museu de Astronomia e Ciências Afins, 2012., p. 131-146.

VIANA FILHO, Luís. *A vida do Barão do Rio Branco.* São Paulo: Editora UNESP, 2008.

A imprensa religiosa como espaço de afirmação da identidade do protestantismo nacional: a missão presbiteriana e o jornal *Imprensa Evangélica*

Pedro Henrique Cavalcante de Medeiros[1]

As décadas de 1860 e 1870 foram um período efervescente em questões políticas e religiosas no Brasil e no mundo. Diversos jornais religiosos foram fundados, dentre os quais destacamos a *Imprensa Evangélica*, da missão presbiteriana no Brasil, em 1864, e o jornal *O Apóstolo*, representante do catolicismo ultramontano, em 1866.

A *Imprensa Evangélica* foi um importante instrumento utilizado pelos missionários para demonstrar sua identidade e marcar presença nas principais discussões político-religiosas da segunda metade do Oitocentos. Pretende-se discutir o papel desse periódico no contexto político do Segundo Reinado, a partir da análise dos principais temas discutidos no jornal nesse período.

---
1   Mestre e doutorando em História pelo PPHR-UFRRJ.

Fundação do jornal *Imprensa Evangélica*

A *Imprensa Evangélica*, primeiro jornal evangélico publicado no Brasil, foi lançada em 5 de novembro de 1864. O jornal foi fundado por Ashbel Green Simonton (1833-1867), tendo a cooperação de Alexander Latimer Blackford (1829-1890), José Manoel da Conceição (1822-1873), Domingos Manoel de Oliveira Quintana[2] e Antônio José dos Santos Neves (1827-1874).[3]

Simonton era missionário norte-americano enviado pela Junta de Missões Estrangeiras da Igreja Presbiteriana dos Estados Unidos da América. Chegou ao Rio de Janeiro em 1859. Ele esteve à frente da organização da primeira Igreja Presbiteriana no Brasil, em 1862, e da formação do primeiro seminário teológico presbiteriano do país, em 1867.[4]

Blackford era cunhado de Simonton; chegou ao Rio de Janeiro em 1860, enviado pela mesma Junta de Missões. Ao chegar ao Brasil, iniciou sua atividade missionária distribuindo Bíblias da Sociedade Bíblica Americana. Além disso, também ocupou brevemente o cargo de *Charge d'affaires* da legação americana. Ele também foi atuante na organização da primeira Igreja Presbiteriana do Brasil e na fundação do primeiro seminário teológico.[5]

Sua atividade missionária esteve voltada principalmente para o interior de São Paulo. Em 1863, em Rio Claro, ele apresenta a men-

---

2 Não temos muitas informações sobre este personagem; sabe-se apenas que ele tornou-se membro da Igreja Presbiteriana do Rio de Janeiro em 6 de novembro de 1864, no domingo após a primeira publicação do jornal. IGREJA PRESBITERIANA DO RIO DE JANEIRO. *Centro de Documentação: CENDOC*. Livro de Registro de Membros da Igreja Presbiteriana do Rio de Janeiro: Início 12 de janeiro de 1862, Fim 2 de julho de 1911, fls. 4, Rio de Janeiro, 6 nov. 1864.
3 SIMONTON, Ashbel Green. Diário. In: MATOS, Alderi Souza de (org.). *O diário de Simonton 1852-1866*. 2. ed. São Paulo: Editora Cultura Cristã, 2002, p. 168.
4 *Ibidem*, p. 42-46.
5 VIEIRA, David Gueiros. *O protestantismo, a maçonaria e a questão religiosa no Brasil*. Brasília: Editora Universidade de Brasília, 1980, p. 138-139.

sagem evangélica para o padre José Manoel da Conceição. Em 1864, Conceição se converte ao presbiterianismo e logo em seguida se torna o primeiro pastor presbiteriano nacional. Conceição expandiu o protestantismo para o interior do Brasil, alcançando indivíduos e famílias inteiras.[6]

Antônio José dos Santos Neves se converteu ao presbiterianismo em 1863; era poeta, trabalhava como taquígrafo do Senado e era funcionário do Ministério da Guerra. Foi membro do Partido Liberal e, em 1863, fundou o jornal *O Locomotivo Intelectual*, que teve curta duração. Vieira destaca que Santos Neves via o protestantismo como uma "fonte de 'progresso'".[7]

Simonton teria ficado impressionado com a leitura de periódicos da época sobre a religiosidade no Brasil, em que se atacava constantemente o catolicismo ultramontano. Alguns fatos específicos teriam chamado sua atenção. Em 1863, publica-se o artigo "Os Fariseus", possivelmente escrito por Tito Franco de Almeida (1829-1899), num periódico fluminense. Em 1864, o deputado Pedro Luiz Pereira de Souza (1839-1884) profere um discurso contra os jesuítas na Câmara dos Deputados. Para Simonton, se os estadistas hesitavam em visitar os cultos protestantes, ao menos poderiam ser alcançados pelas publicações do jornal. As publicações poderiam influenciar os políticos a defenderem a liberdade religiosa no Brasil.[8]

---

6 HAHN, Carl Joseph. *História do Culto Protestante no Brasil*. São Paulo: ASTE, 1989, p. 176. VIEIRA. *Op. Cit.*, p. 142. LÉONARD, Émile G. *O protestantismo brasileiro*. São Paulo: ASTE, 2006, p. 56.
7 VIEIRA. *Op. Cit.*, p. 264.
8 Tito Franco de Almeida já teria, inclusive, assistido a um culto da Igreja Presbiteriana e tido uma conversa com Blackford na qual defendeu a ideia de que a Besta do Apocalipse era o papa e seu sistema de governo. *Ibidem*, p. 137, 147-148. SANTOS, Edwiges Rosa dos. *O jornal Imprensa Evangelica: diferentes fases no contexto brasileiro* (1864-1892). São Paulo: Universidade Presbiteriana Mackenzie, 2009, p. 64.

A tiragem inicial seria de quatrocentos exemplares semanais. O jornal seria publicado quinzenalmente aos sábados, com oito páginas por edição e paginação contínua anual. Ele se manteria pelas assinaturas - inicialmente no valor de 6$000 anuais, passando para 4$000, a partir de 1866 -, e por arrecadações nas igrejas. O editorial abordaria questões relacionadas ao protestantismo, polêmicas sobre os dogmas da religião oficial, a defesa da liberdade religiosa e notícias sobre a expansão do protestantismo no Brasil e no mundo. As publicações seriam de responsabilidade do editorial e os autores seriam mantidos anônimos. As edições seriam remetidas aos grandes diários da Corte, às autoridades, a alguns padres, além dos leitores interessados.[9]

Em 5 de novembro de 1864, o *Correio Mercantil* deu notícia da publicação do jornal. *O Cruzeiro do Brasil* reagiu pedindo uma averiguação dos fatos por parte do vigário capitular para combater toda doutrina contrária ao catolicismo. Na semana seguinte o editor católico noticiou que a fundação de um jornal evangélico demonstrava o descumprimento das leis do país. Outros jornais também noticiaram a fundação do jornal como o *Constitucional* e o *Diário do Rio de Janeiro*, que inclusive congratulou o surgimento da folha evangélica.[10]

---

9 SANTOS. *Op. Cit.*, p. 67. VASCONCELOS, Michelini Reinaux. Imprensa e protestantismo no Brasil (1864-1930). *Projeto História*, São Paulo, v. 35, ago./dez. 2007, p. 343-345. Disponível em: <http://revistas.pucsp.br/index.php/revph/issue/view/171/showToc>. Acesso em: 7/01/2013. RIBEIRO, Boanerges. *José Manoel da Conceição e a reforma evangélica*. São Paulo: O Semeador, 1995, p. 43-44.

10 CORREIO MERCANTIL. Rio de Janeiro: Typographia do Correio Mercantil de Munis Barreto, Mendes Campos e Comp., n. 306, 5 nov. 1864, p. 1. CRUZEIRO DO BRASIL. Rio de Janeiro: Typ. de Quirino & Irmão, ano 1, n. 6, 6 nov. 1864, p. 4; n. 7, 13 nov. 1864, p. 1. CONSTITUCIONAL. Rio de Janeiro: Typ. do Constitucional, ano 3, n. 124, 5 nov. 1864, p. 4. DIÁRIO DO RIO DE JANEIRO. Rio de Janeiro: Typographia do Diario do Rio de Janeiro, ano 44, n. 304, 5 nov. 1864, p. 1.

A Tipografia Universal Laemmert imprimiu apenas o primeiro número. A Tipografia Perseverança passou a publicar o jornal a partir da segunda edição. Segundo Silvestre, essa tipografia só aceitou publicar o jornal porque estava ligada à maçonaria, pois os maçons tinham boas relações com os protestantes.[11]

O editorial, no prospecto da primeira edição, esclarece que a intenção era alcançar aqueles que não estavam indiferentes às questões religiosas. As publicações tinham por objetivo a propagação do evangelho, contribuindo para o trabalho evangelístico dos missionários, orientando a prática do culto doméstico, incentivando as pequenas comunidades do interior, carentes de pastores, contribuindo para a uniformidade e homogeneidade nas comunidades nascentes. Seus artigos forneciam a visão protestante sobre os problemas políticos do país, embora inicialmente tenham declarado o desejo de não se intrometerem em questões políticas. Em questões sociais, o jornal manteve relativa neutralidade, com exceção daqueles assuntos que interessavam aos protestantes naquele momento, tais como: o casamento civil e a secularização dos cemitérios. O noticiário cobria mais assuntos internacionais do que nacionais. De forma geral, independente do interesse dos leitores da *Imprensa Evangélica*, todos eram alcançados pela mensagem protestante.[12]

---

11 SILVESTRE, Armando Araújo. *Da Imprensa Evangelica ao Brasil Presbiteriano: o papel (in)formativo dos jornais da Igreja Presbiteriana do Brasil* (1864-1986). Dissertação (mestrado em Ciências da Religião) Instituto Metodista de Ensino Superior, São Bernardo do Campo/SP, 1996, p. 20. Cf. SANTOS. *Op. Cit.*, p. 43. VIEIRA, *Op. Cit.*, *passim*.
12 IMPRENSA EVANGÉLICA. Rio de Janeiro: Typographia Universal Laemmert, 1864, p. 1. Cf. FERREIRA, Julio Andrade. *História da igreja presbiteriana do Brasil*. 2ª ed. São Paulo: Casa Editora Presbiteriana, 1992, p. 51. SANTOS., *Op. Cit.*, p. 67-69. MATOS, Alderi Souza de. "A atividade literária dos presbiterianos no Brasil". *Fides Reformata*, São Paulo, n. 2, v. 12, 2007, p. 46. Disponível em: <http://www.mackenzie.br/fileadmin/Mantenedora/CPAJ/revista/VOLUME_XII__2007__2/alderi.pdf>. Acesso em: 7/01/2013; SILVESTRE. *Op. Cit.*, p. 21-22. FEITOZA, Pedro Barbosa de Souza. "A 'Imprensa Evan-

Assuntos tratados no jornal

Divulgação da mensagem evangélica reformada e confronto aos dogmas católicos

Ao analisarmos as publicações propriamente religiosas, percebemos que o jornal refletia o pensamento calvinista conservador norte-americano do século XIX. Segundo Velasques Filho, o conservadorismo protestante refletiu a filosofia empirista de Francis Bacon (1561-1626) e a filosofia do senso comum de David Hume (1711-1766) e de Thomas Reid (1710-1796). A aplicação da filosofia do senso comum na religião foi feita por John Witherspoon (1723-1794), sexto presidente do Colégio de New Jersey, futura Universidade de Princeton, nos seguintes pontos: a universalidade da verdade, considerada a mesma em todo o tempo e lugar, independente das circunstâncias; a capacidade da linguagem de expressar o mundo real ou transmitir fielmente a realidade; e a capacidade da memória em conhecer objetivamente o passado, mantendo-se o registro dos fatos de forma inalterada. Esses pressupostos aplicados à teologia podem ser enunciados como universalidade, linguagem e memória. A verdade bíblica tinha de ser considerada universalizante, revelação perfeita e fonte exclusiva do conhecimento sobre Deus, portanto, inerrante, não sendo passível de revisão a partir das ciências naturais. A interpretação deveria ser literal. Não havia oposição entre a Bíblia e a ciência, pelo menos não com a verdadeira ciência. A função da teologia era expressar a racionalidade da fé, pois não havia fé irracional.[13]

---

gélica' como estratégia para inserção do protestantismo no Brasil Imperial". In: Encontro Regional da ANPUH-Rio: Memória e Patrimônio, 14, 2010, Rio de Janeiro. ANAIS ELETRÔNICOS. Rio de Janeiro: ANPUH, 2010. Disponível em: <http://www.encontro2010.rj.anpuh.org/resources/anais/8/1276743612_ ARQUIVO_AImprensaEvangelica-ANPUH.pdf>. Acesso em: 7/01/2013.

13 Dentre as ideias centrais da doutrina da inerrância bíblica, pode-se destacar: somente os manuscritos bíblicos originais são inerrantes; relatos bíblicos apa-

O seminário teológico do Colégio de New Jersey foi o principal centro de formação e influência dos missionários. Sua teologia era reformada, fiel à Confissão de Fé de Westminster e aos seus dois Catecismos, baseada na ideia dos dois pactos, o das obras, feito entre Deus e Adão, e o da graça, feito com a humanidade a partir de Jesus Cristo. Para os professores de Princeton, como Charles Hodge (1797-1878), a verdadeira doutrina bíblica havia sido redescoberta e sistematizada por Calvino. Os teólogos deveriam apenas expor e explicar a teologia calvinista.[14]

Uma das características da teologia conservadora foi a discussão milenista. Os milenistas se dividem em pré e pós-milenistas. O primeiro grupo entende que Jesus Cristo retornará para estabelecer o seu reino, visível e literal, na Terra, iniciando um período marcado pela justiça universal, precedido pelo anúncio do Evangelho a toda a humanidade. O segundo grupo procurava defender a formação de uma civilização cristã a partir do esforço missionário, somente após o desenvolvimento dessa civilização ocorrerá o retorno de Jesus Cristo para o juízo final.[15]

A história política e religiosa dos Estados Unidos também foi marcada por dois grandes avivamentos. O primeiro, iniciado em 1734, teve como principal pregador Jonathan Edwards (1703-1758) e foi marcado pela doutrina calvinista da eleição, pela soberania absoluta de Deus, pelo apelo ao arrependimento de pecados e fé em Jesus Cristo. Em seguida, com George Whitefield (1714-1770), o movimento teve novo impulso, mas manteve o foco calvinista das

---

rentemente contraditórios são, na verdade, complementares; a doutrina diz respeito apenas ao caráter espiritual da Bíblia e não às informações científicas ou geográficas. MENDONÇA, Antônio Gouvêa; VELASQUES FILHO, Prócoro. *Introdução ao protestantismo no Brasil.* 2ª ed. São Paulo: Edições Loyola, 2002, p. 112-127.
14 *Ibidem*, p. 119.
15 *Ibidem*, p. 124-125.

mensagens. No entanto, o conteúdo dos avivamentos teve significativa mudança a partir do crescimento do metodismo. O metodismo ganhou espaço nos Estados Unidos após a morte de Jonathan Edwards, em 1758, durante a conquista e colonização do sudoeste americano. Esse grupo religioso teria conseguido se adaptar às condições sociais de fronteira, pois sua estrutura estava baseada em reuniões informais, com pregadores leigos, semianalfabetos e itinerantes. Esse movimento enfatizava mais a conversão emocional do que o batismo, a experiência religiosa ao invés do pertencer a uma igreja e a certeza da salvação pela renúncia dos prazeres sociais, pelo desejo da perfeição cristã. Sua teologia era arminiana, baseada na decisão do crente em aceitar ou rejeitar a salvação; puritana, devido ao ativismo religioso; e pietista, ao defender o constante progresso espiritual, evitando as disputas teológicas e a cultura popular.[16]

A partir do segundo grande avivamento, ocorrido após a Revolução Americana, os avivalistas passaram a vincular a teologia da aliança com o racionalismo iluminista e o pensamento político e social radical da Revolução Inglesa do século XVII. A ideia da incapacidade total do homem para cooperar com sua salvação, tradicional na doutrina calvinista da eleição, passou a ser nuançada pela noção arminiana da decisão e responsabilidade do homem com relação à sua salvação. Isso foi um contraponto ao elitismo calvinista. Durante os avivamentos, reforçou-se a ideia da construção de uma civilização cristã no mundo. A partir dessa ideia, houve uma cooperação entre as diversas denominações protestantes, que "dispunham-se a cooperar para a reforma do mundo a partir da visão de uma população religiosa, livre, letrada, industriosa, honesta e obediente às leis".[17]

---

16 *Ibidem*, p. 83, 94-98. MENDONÇA, Antônio Gouvêa. *O Celeste Porvir: a inserção do protestantismo no Brasil*. 3ª ed. São Paulo: Editora da Universidade de São Paulo, 2008, p. 47, 85.
17 MENDONÇA. *Op. Cit.*, p. 92. Cf. BAILYN, Bernard. *As origens ideológicas da*

Com essa cultura os missionários presbiterianos vieram trabalhar no Brasil. A doutrina do pacto, o combate ao cientificismo materialista e ao evolucionismo, a ideia da inerrância bíblica, a valorização da versão bíblica de João Ferreira de Almeida, a ideia pietista de "perfeição cristã" e a ideia de experiência emocional de conversão estiveram presentes ao longo das publicações de a *Imprensa Evangélica*.[18]

A reação católica ao jornal é a melhor forma para podermos verificar a repercussão das publicações.[19] Ao analisarmos os debates entre o jornal *O Apóstolo* e a *Imprensa Evangélica*, podemos verificar a validade do argumento de Pierre Bourdieu ao dizer que no campo religioso sempre há uma concorrência entre o novo e o dominante monopolizador da gestão do sagrado. Nessa luta, os detentores do monopólio tendem a sair do silêncio para produzirem um discurso defensivo de sua ortodoxia.[20]

O primeiro grande debate entre os dois jornais ocorreu quando a *Imprensa Evangélica* publicou o artigo "O culto de imagens e a sensualidade", em 3 de março de 1866. Para o editorial, a imoralidade sexual era gerada pelo "culto de imagens" do catolicismo, por priorizar os sentidos ao invés do culto espiritual. A tese proposta pelo editorial era que "o culto de imagens deixa o espírito em jejum e favorece o predomínio dos sentidos". Em outro momento diz: "todo o povo dado ao culto de imagens tem forte propensão para costumes relaxados. À sombra de templos em que se veneram objetos visíveis com um culto todo simbólico e exterior, esmorece o que há no homem de espiritual, e as suas paixões mais ignóbeis reinam infrenes".[21]

Revolução Americana. Bauru: EDUSC, 2003, p. 38-51, 65-67, 85-86.
18 IMPRENSA EVANGÉLICA. Rio de Janeiro: Typographia Perseverança, 1866, p. 42, 57, 63; 1867, p. 5-6, 52, 62, 89, 94, 109-111.
19 VASCONCELOS, *Op. Cit.*, p. 345.
20 BOURDIEU, Pierre. *Questões de Sociologia*. Lisboa: Fim de Século Edições, 2003, p. 120-121.
21 IMPRENSA EVANGÉLICA, *Op. Cit.*, 1866, p. 33.

Nas publicações, os presbiterianos se identificavam como empiristas e bíblicos contra os católicos escolásticos. Para o editorial evangélico, era necessário haver boa exegese bíblica para se compreender que santificação de objetos na Bíblia estava relacionada à separação para o serviço sagrado e não para prestação de culto. Os católicos eram acusados de não compreenderem a ordem bíblica de prestar culto apenas a Deus e de condenar a idolatria. Além disso, para a maior parte do povo, a Bíblia era desconhecida. A Bíblia deveria ser interpretada combinando a letra com o espírito da Lei.[22]

Para o editorial católico, simbolizar o invisível não era substituí-lo pelo visível. No entanto, o espírito necessitava do sensível para desenvolver a razão suprasensível. O protestantismo era quietista, maniqueísta, pelagianista e socinianista.[23] O trabalho do artista religioso deveria ser valorizado. A imoralidade estava relacionada ao clima e não ao culto imagético. O editorial se assumia escolástico e acusava os protestantes de não seguirem as orientações de Francis Bacon. Não havia dados suficientes para demonstrar a maior imoralidade dos povos católicos ante os protestantes. Caso isso fosse fato, não havia como provar a relação da incontinência com o culto aos santos. Embora o culto aos santos não estivesse expresso, estava no espírito da lei da Bíblia, pois toda a natureza pode ser constituída por Deus como meio de santificação, sem haver pureza ou impureza inata às coisas. Os protestantes precisavam entender a polissemia da palavra culto, aplicada também à veneração ou reverência. O

---

22 *Ibidem*, p. 79-80, 91-92, 113-114.
23 O quietismo dava ênfase à contemplação passiva, numa fé pura acima das crenças e teologias. O maniqueísmo era um sistema que dualista que entendia ser o mundo formado por dois princípios eternos e antagônicos, Deus representando o bem absoluto e o diabo representando o mal absoluto. O pelagianismo nega a ideia de pecado original e defende a liberdade do homem para alcançar a salvação por seus próprios meios. O socianismo negava a divindade de Cristo e a realidade da trindade. ANDRADE, Claudionor Corrêa de. *Dicionário Teológico*. Edição revista e ampliada. Rio de Janeiro: CPAD, 1998, p. 210, 248, 236, 266.

editorial da *Imprensa Evangélica* era racionalista, ao defender que santificação de objetos era apenas o ato de separá-los para o serviço de Deus, quando na verdade santidade é a relação íntima e direta de algo com Deus, concluía.[24]

Percebe-se nesse debate uma série de recursos retóricos para fundamentar os argumentos. Conceitos teológicos e filosóficos foram usados em abundância. Enquanto um se assumia tomista e, portanto, conservador, tridentino e ultramontano; o outro se dizia baconiano, logo, conservador protestante norte-americano. A referência feita a seitas e heresias combatidas por ambas as religiões serviu para desvalorizar os dogmas da religião adversária.

Durante a gestão de Blackford e Francis Joseph Christopher Schneider (1832-1910), a partir de 1868,[25] uma série de alterações gráficas é feita no jornal. Cria-se um logo, uma âncora rodeada por um laço, no qual estava inscrito: "a qual esperança nós temos como âncora da alma, firme e inabalável. Heb VI.19 ". A imagem aparecia sobre o nome Jesus. Segundo o editorial de 18 de janeiro de 1868, o logo simbolizava a proposta do evangelho para o homem, a esperança era a salvação da alma operada pelo Espírito Santo pela graça de Deus em Jesus Cristo.[26]

---

24 O APÓSTOLO. Rio de Janeiro: Typographia de N. L. Vianna & Filhos, 1866, n. 11, p. 2-3; n. 36, p. 2; n. 21, p. 2; n. 23, p. 3; n. 25, p. 2.
25 BLACKFORD, Alexander Latimer. Relatorio de A. L. Blackford, from Julho 1867 até Agosto 1868. IGREJA PRESBITERIANA DO RIO DE JANEIRO. *CENDOC*. Relatórios Pastorais (1859-1875). Schneider foi o terceiro missionário presbiteriano a vir para o Brasil pela Junta de Missões da Igreja Presbiteriana dos Estados Unidos. Sua intenção era trabalhar com os colonos alemães de São Paulo, sem resultados. A partir de 1863 passou a trabalhar na Igreja do Rio de Janeiro. Seu trabalho esteve voltado principalmente para o preparo de candidatos ao ministério pastoral. MATOS, *Os pioneiros presbiterianos do Brasil (1859-1900)*: missionários, pastores e leigos do século XIX. São Paulo: Cultura Cristã, 2004, p. 42-46.
26 IMPRENSA EVANGÉLICA. *Op. Cit.*, 1868, p. 9.

Para Santos, neste momento já havia condições para fazer críticas sociais e políticas no jornal e para lutar mais incisivamente pela liberdade religiosa. O jornal manteve-se fiel aos princípios originais, isto é, divulgar a mensagem evangélica e contribuir para a expansão do protestantismo no Brasil. Além disso, o jornal continuou a contribuir para a unidade do presbiterianismo, como se pode ver pela publicação em série da Confissão de Westminster.[27]

Nesse período, as ideias milenistas também estiveram muito presentes nas publicações. O combate ao catolicismo foi fundamentado nessa ideia, como pode ser visto nas várias publicações sobre a história da Igreja, cuja intenção era levar o leitor a compreender o verdadeiro caráter da igreja romana e a restauração do cristianismo a partir da Reforma Protestante. O catolicismo era tido como um cristianismo corrompido pelo desenvolvimento da hierarquia, pela criação dos títulos de papa e de cardeal, pelo domínio temporal do papa romano, pela imoralidade do clero e pela formulação de dogmas não bíblicos, desde Constantino (272-337), no século IV.

A Reforma demonstrara a ligação da religião com a liberdade e a união entre a razão e a verdade. Martinho Lutero (1483-1546) havia tentado reformar a igreja internamente, mas como resposta havia sido excomungado pelo poder intolerante e despótico do pontificado. O "papismo" ou "romanismo" era a besta e a prostituta apocalíptica e não a Roma gentílica, como defendia Antônio Pereira de Figueiredo (1725-1797). Uma forte evidência disso havia sido a comparação entre Jesus Cristo e o Papa que o jornal *O Apóstolo* havia feito. Textos bíblicos escatológicos faziam referência ao "progresso do papismo". Desde o século VI até o século XVI muitos haviam sofrido por combater a "Babilônia" romana. A Reforma Protestante era a "ferida que a besta recebeu". Mas isso teria sido só o início, o fim

---

27 SANTOS. *Op. Cit.*, p. 77-81. IMPRENSA EVANGÉLICA *Op. Cit.*, 1871, p. 106.

seria a destruição da apostasia pela brilhante vinda de Cristo, ou até que o Evangelho fosse pregado a todas as nações do mundo. A perda de domínio político papal, com nações que antes apoiavam o papa se voltando contra ele, e a oficialização do dogma da infalibilidade papal eram sinais da instauração do reino milenar de Cristo sobre a Terra, concluía.[28]

O editorial católico respondeu dizendo que Figueiredo já havia demonstrado que a Babilônia e a prostituta faziam referência a Roma gentílica. Se a referência fosse à Igreja Católica, o escritor bíblico não utilizaria a figura de uma prostituta e sim de uma adúltera. O papa, na verdade, era um "cordeiro entre mil lobos".[29]

Liberdade religiosa, casamentos civis e secularização de cemitérios

Em diversas publicações de a *Imprensa Evangélica* podemos constatar referências aos políticos oitocentistas e a seus discursos, principalmente com relação à liberdade religiosa e aos seus temas práticos congêneres, isto é, o casamento civil e a secularização dos cemitérios. Essas referências eram feitas ou para endossar o discurso desses políticos ou para criticá-los.

O matrimônio foi uma preocupação constante para Estado imperial, principalmente devido à imigração, e aos conflitos com a Igreja. Para a Igreja, essa era uma questão espiritual e moral. Para o Estado, era uma questão legislativa e política. As concessões da Santa Sé para os casamentos mistos, principalmente o *Breve dos 25 anos*, não resolviam a demanda dos dissidentes, pois era limitada e exigia a educação da prole no catolicismo. A solução era o contrato civil.

---

28 IMPRENSA EVANGÉLICA, *Op. Cit.*, 1868, p. 28, 110-111, 106-107, 115-116, 126-127, 142-143, 163, 172.
29 O APÓSTOLO. *Op. Cit.*, 1868, n. 8, p. 58.

Diante disso, uma série de projetos foi apresentada para dar garantias legais às famílias não católicas e mistas.[30] O projeto de casamento civil de Nabuco de Araújo (1813-1878), quando era ministro da Justiça do gabinete conciliador do Marquês do Paraná, foi formulado em 1856. O projeto tinha a intenção de dar garantias civis tanto para os casamentos evangélicos quanto mistos, distinguindo o contrato civil do sacramento. Dessa forma, as famílias dos imigrantes protestantes teriam reconhecimento legal e se submeteriam a jurisdição do Estado.[31]

Nabuco de Araújo pode ser considerado um católico liberal do século XIX. Beatriz Momesso destaca a matriz europeia do pensamento liberal desse político, principalmente de católicos liberais como Charles de Montalembert (1810-1870) e Hughes Lamennais (1782-1854). Nabuco de Araújo teria combinado de forma singular essas ideias com o pensamento católico e as estruturas de Beneplácito e Padroado. Para ele, a liberdade religiosa deveria ser uma concessão do governo e ser limitada pelo catolicismo. Ele era um empregado público fiel ao Estado. A Igreja Católica no Brasil não poderia ser considerada livre, sua estrutura deveria estar submissa ao Estado no intuito de se manter a ordem política e administrativa.[32]

---

30 Por exemplo, os projetos de Nicolau de Campos Vergueiro (1778-1859), em 1829, de João Maurício Wanderley (1815-1889), em 1847, e de José Tomás Nabuco de Araújo Filho (1813-1878), em 1856.

31 SILVA, Rafaela Albuquerque. *No labirinto das liberdades: Conselho de Estado, direitos civis e associativismo religioso não-católico no Brasil imperial (1850-1883)*. Dissertação (mestrado em História Política) Universidade do Estado do Rio de Janeiro, Rio de Janeiro, 2012, p. 73-76.

32 MOMESSO, Beatriz Piva. A religião no Império compreendida a partir de manuscritos pessoais. *Revista Maracanan*, n. 12, jul. 2015, p. 63-72. Disponível em: <http://www.e-publicacoes.uerj.br/index.php/maracanan/article/view/17397>. Acesso em: 16/03/2017. A título de comparação, em 1857, José Antônio Pimenta Bueno (1803-1878), Marquês de São Vicente, dizia que a consciência deveria ter liberdade absoluta, mas as manifestações públicas de culto deveriam ser regulamentadas pelo Estado para manter a ordem e os interesses da sociedade. PEREIRA, Rodrigo da Nóbrega M. A primeira das

Ao ser discutido no Conselho de Estado, o projeto recebeu um substitutivo propondo o casamento civil apenas para não católicos, pois o aparato religioso era necessário para manutenção da ordem. O projeto resultou na Lei nº 1.144, de 11 de setembro de 1861, regulamentada pelo Decreto nº 3.069, de 17 de abril de 1863. Mas a burocracia do Estado não estava preparada para por em prática a lei, por isso ela só foi cumprida eficazmente na República. Segundo Gugliota, mesmo com a oposição de liberais, alguns conservadores, associações secretas e os protestantes, a Igreja Católica manteve o controle sobre o matrimônio durante todo o Império. O Estado não entrava em confronto direto com a Igreja para não ver minada sua autoridade na sociedade e nas províncias. Para políticos como Tavares Bastos (1839-1875), o principal entrave para as reformas necessárias, inclusive a da liberdade religiosa, era a centralização do Estado. Além disso, a Lei de 1861 era incompleta por exigir o ato religioso e o registro do pastor celebrante.[33]

O editorial de a *Imprensa Evangélica* publicou uma série de artigos tratando da questão dos registros civis. Naqueles assinados por Calvino, denunciava-se a dificuldade e resistência dos oficiais cartorários em fazer os registros nos respectivos livros. Isso ocorria porque muitos desses oficiais tinham receio das autoridades eclesiásticas e não confiavam em leis que as contrariassem. As reclamações dos requerentes eram ignoradas. A solução era fazer com que os registros civis nos cartórios fossem tanto para católicos quanto para

---

liberdades: o debate político sobre a liberdade religiosa no Brasil imperial. *Desigualdade & Diversidade*: Revista de Ciências Sociais da PUC-Rio, Rio de Janeiro, n. 1, v. 1, jul./dez. 2007, p. 107. Disponível em: <http://desigualdade-diversidade.soc.puc-rio.br/media/Pereira_desdiv_n1ano1.pdf>. Acesso em: 2/03/2014.

33 GUGLIOTA, Alexandre Carlos, *Entre trabalhadores imigrantes e nacionais: Tavares Bastos e seus projetos para a nação*. Dissertação (mestrado em História Social) Universidade Federal Fluminense, Niterói/RJ, 2007, p. 39, 95. SILVA. *Op. Cit.*.

não católicos. O direito de fazer o registro civil era do Estado, a Igreja tinha esse direito por usurpação.[34]

Para a *Imprensa Evangélica*, as regras para os casamentos mistos eram uma agressão à consciência do dissidente, e até mesmo de outros grupos como os maçons. Além disso, o casamento misto não poderia ser considerado um sacramento, já que o dissidente não podia receber sacramentos do catolicismo. Caso este tipo de casamento fosse legítimo, o sacramento não seria essencial, logo não havia impedimentos para regulamentar os casamentos civis. Nem os teólogos católicos entravam num acordo sobre a matéria, a forma e o momento da instituição do sacramento. Isso só servia para justificar a burocracia eclesiástica e estender o domínio espiritual e financeiro da Igreja Católica, tendo por consequência a imoralidade do povo pobre que não podia pagar as taxas exigidas.

Durante o Império, conforme Ana Marta Rodrigues Bastos, havia uma aglutinação entre o católico e o cidadão em um único centro: a paróquia. A Igreja era responsável canonicamente por registrar toda a vida civil dos fiéis, e essa estrutura era aproveitada pelo Estado. A identidade religiosa fundamentava a cidadania política dos brasileiros. A partir do Segundo Reinado, o Estado foi adquirindo autossuficiência burocrática e administrativa, mas não deu autonomia para a Igreja controlar as questões que a subordinavam ao Estado. As atribuições burocráticas dos párocos foram gradualmente sendo repassadas com dificuldades para os juízes de paz. No entanto, mesmo os registros dos casamentos mistos que continuaram sendo feitos pela Igreja tinham dificuldades, pois muitos párocos não os enviavam, ou os enviavam incompletos para o Estado.[35]

---

34 IMPRENSA EVANGÉLICA. *Op. Cit.*, p. 131-132.
35 BASTOS, Ana Marta Rodrigues. *A Igreja e a legislação eleitoral no Império*. Rio de Janeiro: Lumem Juris, 1997, p. 12-13. RODRIGUES, Claudia. *Nas fronteiras do Além: a secularização da morte no Rio de Janeiro, séculos XVIII e XIX*. Rio

Essas dificuldades eram claras para o governo. Até o imperador entendia que o código francês era o melhor sobre legislação de casamento civil, mas não cria ser possível aplicá-lo no Brasil.[36] Órgãos como o Instituto da Ordem dos Advogados Brasileiros deveriam se empenhar e cooperar para que o Estado se libertasse do jugo do catolicismo, pois isso impedia o desenvolvimento do Brasil. Além disso, a falta de regulamentação gerava escândalos como no caso de um padre de Santa Leopoldina/ES, que casara duas senhoras alemães já casadas e não divorciadas dos primeiros maridos protestantes.[37]

O conceito de liberdade religiosa também gerou diversos discursos e publicações na década de 1860. O Partido Progressista, criado em 1864, não se pronunciou sobre a liberdade religiosa, apenas sobre a educação e a regeneração do clero. No entanto, Aureliano Cândido Tavares Bastos (1839-1875), que integrava o partido junto com Nabuco de Araújo, também foi um defensor da imigração e dos direitos civis dos não católicos. Ele era um admirador dos Estados Unidos. em sua concepção evolucionista com relação ao progresso, o nível ideal de civilização seria aquele que garantisse a máxima liberdade individual, o respeito pela diversidade e o incentivo das potencialidades particulares, um padrão representado pelos Estados Unidos.[38]

---

de Janeiro: Arquivo Nacional, 2014, p. 235-244. Cf. ROCHA, Maria. As cartas pastorais de d. Carlos Luis D'Amour e de d. Aquino Correa: a secularização dos cemitérios públicos da cidade de Cuiabá no liminar do século XX. *Revista Brasileira de História das Religiões*, Maringá, n. 9, v. 3, jan. 2011, p. 3. Disponível em: <http://www.dhi.uem.br/gtreligiao/pub.html>. Acesso em: 2/03/2014, p. 8.

36 SANTIROCCHI, Ítalo. O matrimônio no Império do Brasil: uma questão de Estado. *Revista Brasileira de História das Religiões*, Maringá, n. 12, v. 4, jan. 2012, p. 82-121. Disponível em: <http://www.dhi.uem.br/gtreligiao/pdf11/04.pdf>. Acesso em: 2/3/2017. SILVA, *Op. Cit.*, p. 76-86.

37 IMPRENSA EVANGÉLICA *Op. Cit.*, 1866, p. 83-84, 185-186; 1867, p. 116; 1870, p. 100; 1873, p. 7, 55, 111-112, 155.

38 Sua admiração pelos Estados Unidos e seu interesse em abrir o rio Amazonas para navegação adviriam da influência de José Tell Ferrão (professor da faculdade de Direito de São Paulo entre os anos de 1856 a 1860), educado nos Estados Unidos. PONTES, Carlos. *Tavares Bastos (Aureliano Cândido 1839-1875).*

Os temas religiosos formavam a base do pensamento político e social de Tavares Bastos, como afirma Chavante. A liberdade religiosa era uma questão de cidadania e era necessária para o progresso. A liberdade de consciência era inalienável. Assim como Nabuco de Araújo, seu catolicismo estava baseado nas ideias de católicos liberais europeus como Montalembert e Lamennais, além de Henri Dominique Lacordaire (1802-1861), Camilo Benso, Conde de Cavour (1810-1861) e Jules Simon (1814-1896). A religião formava os costumes e o caráter do povo, formava a civilização. Entretanto, o clero brasileiro era ignorante e depravado, os templos eram precários, havia ausência de sentimento religioso em todos os brasileiros. Para ele, havia uma separação entre o catolicismo real, dos brasileiros, e o ideal, dos cânones da Igreja. Mas enquanto não houvesse maior liberdade para o Estado, a Igreja Católica não poderia ser livre. A solução era a total separação entre Estado e Igreja. Além disso, o Brasil ainda sofria devido à sua herança ibérica.[39]

A moral do povo brasileiro só se elevaria a partir de um maior contato com os norte-americanos, pela imigração e pela abertura do país aos missionários. Com a difusão do protestantismo no Brasil, Tavares Bastos nutria a esperança de ver seu país alcançando o mesmo nível de desenvolvimento observado nos Estados Unidos. Tanto Tavares Bastos quanto os missionários entendiam ser a instrução popular, baseada numa educação técnica e separada da instrução religiosa, o elemento necessário para o progresso do Brasil.[40]

2ª ed. São Paulo: Editora Nacional; Brasília: INL, 1975, p. 55-56. VIEIRA. *Op. Cit.*, p. 96. PEREIRA. *Op. Cit.*, p. 112.

39 CHAVANTE, Esdras. *Do monopólio à livre concorrência: a liberdade religiosa no pensamento de Tavares Bastos* (1839-1875). Dissertação (mestrado em História) Universidade Estadual Paulista, Assis/SP, 2013, p. 89-112.

40 MEDEIROS, Pedro H. C. de. *Pelo progresso da sociedade: a imprensa protestante no Rio de Janeiro imperial* (1864-1873). Dissertação (mestrado em História) Universidade Federal Rural do Rio de Janeiro, 2014, p. 106-107.

Essas ideias eram compartilhadas e incentivadas pela *Imprensa Evangélica*, que publicou diversos artigos tratando da filantropia dos norte-americanos, da abolição da escravidão, dos investimentos feitos pelo governo dos Estados Unidos em prol da instrução dos libertos, da educação pública no Brasil comparada com a daquele país, além da liberdade religiosa e de imprensa existente na nação dos missionários.[41]

Além de Tavares Bastos, outros autores políticos da época foram citados pela *Imprensa Evangélica* sobre o tema da liberdade religiosa. Em 1864, era publicado o opúsculo de Ephraim, cujo conteúdo defendia a tese de que a unidade do cristianismo e sua verdade estavam na sua essência e não no culto exterior. A partir dessa tese, Ephraim defendia doze proposições sobre a necessidade da tolerância religiosa, dentre as quais destacamos: o poder de Cristo não era arbitrário, e sim a manifestação da misericórdia de Deus; o poder conferido aos apóstolos era uma autoridade não absoluta nem infalível e sua estabilidade dependia de Deus apenas; o cristianismo, em sua essência, era indestrutível, em todos os tempos e lugares, podendo subsistir em todas as formas religiosas, mas sem se identificar com nenhuma delas. Portanto, todos os homens eram cristãos, pertencendo ou não à religião cristã.[42]

Em 1865, era publicado em volume único o panfleto de Antônio Joaquim de Macedo Soares (1838-1905), baseado no pensamento kantiano de Karl Christian Friedrich Krause (1781-1832), que defendia a liberdade religiosa como uma questão de democracia. Todas as religiões seriam idênticas e exprimiriam a verdade, pois

---

41 IMPRENSA EVANGÉLICA. *Op. Cit.*, 1870, p. 21, 80, 111, 168; 1871, p. 16, 56, 64, 72; 1872, p. 16, 112, 119; 1873, p. 10, 24.
42 EPHRAIM. *Doze proposições sobre a legitimidade religiosa da verdadeira tolerância dos cultos*. Rio de Janeiro: Typographia Universal de Laemmert, 1864, p. 6-19, 147.

partiam da natureza humana que aspirava ao infinito, mas, na forma, nenhuma religião era a expressão da verdade, por isso era necessário garantir a liberdade de cultos. O direito deveria ser a linha divisória das liberdades. Além disso, fora da sociedade não haveria direito. As religiões eram iguais do ponto de vista político, mas diferentes em seus dogmas teológicos.[43]

A principal resposta ultramontana ao opúsculo de Macedo Soares veio de um autor anônimo, publicada no jornal *O Missionário Catholico*, em 1865. Seu autor foi posteriormente identificado por Soares como sendo o bispo do Pará, d. Antônio de Macedo Costa (1830-1891). Esse opúsculo era dirigido aos homens pejorativamente chamados de apoucados por Macedo Soares, aqueles que seguiam o papa. Para o autor, Macedo Soares não entendia nada sobre religião, pois como poderia considerar todas iguais em essência e desiguais nos dogmas. O autor, baseado no próprio argumento de Soares, argumenta que o Estado não poderia conceder a liberdade religiosa, pois se a constituição política de uma nação deveria espelhar e refletir as crenças, os hábitos, tradições e costumes do seu povo, então a Constituição brasileira deveria se basear no catolicismo.[44]

Outro católico conservador que discutiu o tema da liberdade religiosa, embora não tenha sido citado neste momento pela *Imprensa Evangélica*, foi Candido Mendes de Almeida (1818-1881), que em 1866 publicou *Direito Civil Ecclesiastico Brazileiro*. Para Candido Mendes, liberdade religiosa era a liberdade que a Igreja deveria ter

---

43 SOARES, Antônio Joaquim de Macedo. *Da liberdade religiosa no Brazil*: estudo de Direito Constitucional. 4ª ed. Rio de Janeiro: Typographia Universal de E. & H. Laemmert, 1879, p. 9-35.
44 ALBUQUERQUE, Felix Maria de Freitas e. Circular. *O Apóstolo, op. Cit.*, 1866, n. 21, p. 2. SOARES. *Op. Cit.*, p. 10. O MISSIONÁRIO CATHOLICO, Rio de Janeiro: Typ. Industria Nacional de Cotrim & Campos, 1865, n. 4, p. 4; 13 ago. 1865, p. 4; 17 set. 1865, p. 3; 15 out. 1865, p. 3-4.

para exercer sua autoridade espiritual e para que o homem cumprisse com seu dever religioso proposto pelo cristianismo.[45] Em 1866 também foi publicado o opúsculo assinado por Melasporos, um possível pseudônimo de Tavares Bastos.[46] O autor concordava com as conclusões de Soares, mas criticava seus fundamentos. Melasporos defendia a ideia de nada poder destruir o catolicismo, mas se esperava uma reforma e um ressurgimento dessa religião, quando ela proclamaria a tolerância e a liberdade religiosa, porém manteria o combate ao erro e converteria as ovelhas perdidas pela persuasão. Os argumentos de Soares levavam ao indiferentismo religioso. No entanto, a única maneira de evitar esse indiferentismo era a aplicação das conclusões de Soares, isto é, a liberdade de consciência era direito absoluto e a liberdade de culto a expressão dessa liberdade, portanto, o Estado deveria reconhecer e garantir esse direito, observando a ordem pública e o bem geral da sociedade. O desenvolvimento do sentimento religioso inerente ao homem decorreria da educação e da providência divina. Não poderia haver unidade em sistemas religiosos divergentes. A religião era um ato privado de cada indivíduo. Não poderia haver utilização do braço civil para a propagação do cristianismo. O cristão não podia confundir o erro com a verdade, contudo deveria tolerar todos os homens, independente de suas crenças. Melasporos defendia a total separação entre o Estado e a Igreja. Além disso, os Estados Unidos deveriam servir como modelo de nação onde havia a liberdade religiosa como fruto do Evangelho.[47]

---

45 PEREIRA. *Op. Cit*
46 CHAVANTE. *Op. Cit.*, 83 nota.
47 MELASPOROS. *Exposição dos verdadeiros princípios sobre que se basêa a liberdade religiosa, demonstrando ser a separação entre a Igreja e o Estado uma medida de direito absoluto e de summa utilidade*. Rio de Janeiro: Typographia Universal de Laemmert, 1866, p. 5-30. Cf. BASTOS, Aureliano Cândido Tavares. *Cartas do Solitário*. 3ª ed. São Paulo: Companhia Editora Nacional, 1938, p. 81-83, nota.

Para a *Imprensa Evangélica*, se Ephraim e Macedo Soares formassem um partido político cujo propósito fosse defender a liberdade religiosa, receberiam todo o apoio do editorial, pois em política o que importava eram as questões práticas. No entanto, seus argumentos racionalistas eram passíveis de crítica, uma vez que o editorial não aceitava relativizar a verdade absoluta do cristianismo. Os argumentos do autor anônimo só mantinham a confusão existente entre a Igreja e o Estado. O Estado era uma entidade imaginária, não tinha alma, por isso, não podia professar uma religião. A ideia de uma religião oficial só servia para uma igreja específica receber verbas do Estado, não tendo qualquer relação com a salvação de almas. Os argumentos de Melasporos eram os melhores: pois baseavam-se na supremacia da consciência individual, na limitação dos poderes constituídos, na fé no triunfo da verdade e no desenvolvimento de associações religiosas livres, limitadas apenas pelo Código Criminal. Essas ideias morais e religiosas poderiam ser seguidas por crentes e descrentes sob a autoridade civil. As discussões de dogmas deveriam ser feitas apenas pela persuasão, sem a coerção do poder civil: "a fé, sendo filha da persuasão, não tem lugar do momento em que o poder civil intervém com penas civis. Resta só a alternativa de obedecer hipocritamente, ou sofrer heroicamente".[48]

O Partido Republicano foi o primeiro partido a defender plenamente a liberdade religiosa. Em 1873, o Partido Republicano de São Paulo defendia a separação entre Igreja e Estado. A liberdade religiosa se caracterizava pela: a abolição da oficialidade da Igreja Católica; o ensino secular separado do religioso; a instituição do casamento civil; a regulamentação do registro civil; e a secularização dos cemitérios.[49]

---

48 IMPRENSA EVANGÉLICA. *Op. Cit.*, 1866, p. 73.
49 PEREIRA. *Op. Cit.*, p. 107-115.

No entanto, a *Imprensa Evangélica* não se pronunciou sobre o manifesto republicano de 1870. José Murilo de Carvalho indica o retrocesso ocorrido com relação à variedade e à profundidade das reformas propostas pelos liberais e pelos radicais quando da fundação do partido.[50] Os presbiterianos não queriam mudança de regime, naquele momento, sua principal intenção era inserir a mensagem protestante na sociedade sem entrar em conflito com o Estado. O importante eram as reformas necessárias em prol da liberdade religiosa, por isso, procuravam se aliar a políticos defensores das reformas e não da mudança de regime como o caso de Aureliano Cândido Tavares Bastos (1839-1875).[51]

Outra questão central, que precisava ser resolvida pelo Estado, relacionada à liberdade religiosa, era a secularização dos cemitérios. Secularização para os anticlericais e progressistas significava a libertação do homem moderno da tutela da religião. Para os católicos tradicionais, secularização significava descristianização ou paganização da sociedade.[52]

Silva destaca que os cemitérios criados ao longo do século XIX eram públicos, mas apenas para os católicos. As associações não católicas tinham papel fundamental na proteção dos sepultamentos dos dissidentes, elas preenchiam um vazio de poder, atuavam onde faltava a administração imperial. Os cemitérios ingleses atendiam tanto a demanda de protestantes quanto de judeus, por exemplo. O Conselho de Estado não abria mão do caráter bento dos cemitérios públicos, mas procurava combater atitudes da hierarquia católica contrárias à caridade cristã, à tolerância e ao zelo pela higiene. Os

---

50 CARVALHO, José Murilo de. Liberalismo, radicalismo e republicanismo nos anos sessenta do século dezenove. *Centre for Brazilian Studies, University of Oxford*, p. 17. Disponível em: <http://www.lac.ox.ac.uk/sites/sias/files/documents/WP87-murilo.pdf>. Acesso em: 2/03/2014.
51 MEDEIROS. *Op. Cit.*, p. 93.
52 ROCHA. *Op. Cit.*, p. 3.

conselheiros orientavam constantemente à hierarquia católica sobre a necessidade de reservar um espaço nos cemitérios públicos para os não católicos.[53] O editorial da *Imprensa Evangélica* destacava o empenho do Conselho de Estado, em 1870, ao reclamar sobre a falta de tolerância civil e religiosa e sobre a falta de caridade cristã de uma autoridade eclesiástica ao recusar o sepultamento de um imigrante suicida, morto em 1869, dentro dos muros do cemitério. Todos tinham o direito de serem enterrados dentro do cemitério, pois todos pagavam impostos e a Constituição garantia a liberdade de consciência, não sendo permitida a perseguição religiosa observada ao impedir o sepultamento de um não católico suicida. No entanto, diferente do pensamento de Candido Mendes de Almeida, os protestantes se diferenciavam dos católicos não porque esses acreditavam na ressurreição do corpo e aqueles não, mas sim porque os protestantes não temiam o sepultamento ao lado de racionalistas e pagãos, pois isso não poderia perturbar o sono dos crentes. A questão era prática, deveria haver a separação imediata dos cemitérios em área benta e não benta. Essa medida era necessária para o progresso do país e para o bem estar religioso e social do povo, principalmente após a recusa de sepultura ao general João Inácio de Abreu e Lima (1794-1869). A medida desagradaria aos párocos, mas acabaria com os abusos de se negar sepultura aos desvalidos. Essa regulamentação também seria importante para a evangelização protestante, pois desqualificaria as ameaças da hierarquia católica de negar sepultura aos leitores da Bíblia, como já ocorria. Por fim, salientava-se o fato de as divergências entre os conselheiros do Estado e a hierarquia católica demonstrarem a falta de unidade da Igreja Católica e a inconveniência de uma Igreja do Estado.[54]

---

53 SILVA. *Op. Cit.*, p. 112-136.
54 IMPRENSA EVANGÉLICA *Op. Cit.*, 1869, p. 1-4, anexo; 1870, p. 84-86; 1873,

Para a editoria da *Imprensa Evangélica* a secularização dos cemitérios era uma necessidade do mundo moderno, o espírito brasileiro não suportava mais a mentalidade medieval da Igreja romana. Essa questão era importante não só para garantir o direito do estrangeiro, mas também para se conservar a própria vida social no Brasil. Não havia harmonia entre o sistema católico e o desejo de progresso expresso pelos políticos, não bastava criticar os bispos ultramontanos, era necessário dar fim ao regime de união do Estado com a Igreja. A religião oficial e suas implicações cooperavam para formação de homens católicos apenas por conveniência, para não terem seus direitos civis negados. As leis de Roma prevaleciam sobre as leis do país toda vez que um dissidente tinha sua sepultura negada.[55]

Ao longo de suas edições o jornal também procurou deixar claro que a liberdade religiosa era uma questão relacionada à civilização dos povos. Alguns países estavam alcançando o progresso a partir dessa liberdade, o reverso também era verdadeiro. A luta pelo estabelecimento da liberdade religiosa no mundo era tida como uma ação da Providência Divina.[56]

O antagonismo entre o Estado e a Igreja Católica: questão Religiosa

A Questão Religiosa, para o editorial de a *Imprensa Evangélica*, não havia sido causada pela intransigência de bispos ultramontanos que haviam rompido com a harmonia entre o Estado e a Igreja, mas resultava da própria união. A solução para o conflito não

---

p. 58-59. Claudia Rodrigues destacou o que mais revoltava os ultramontanos num enterramento civil, isto é, o desrespeito pelos protocolos eclesiásticos e a exaltação dos feitos do finado em detrimento dos temas clássicos da escatologia cristã. RODRIGUES. *Op. Cit*, p. 206-208.
55 IMPRENSA EVANGÉLICA *Op. Cit*., 1869, p. 57; 1873, p. 34, 36, 119, 182.
56 *Ibidem*, 1867, p. 127, 165; 1868, p. 72, 152; 1869, p. 80, 126-128, 134, 160; 1871, p. 132-133, 156; 1872, p. 80, 112, 175, 183-184; 1873, p. 36, 75.

estava na pena imposta aos bispos de Olinda e de Belém, mas sim na total separação entre o Estado e a Igreja. O antagonismo entre as instituições era evidente para o editorial. Ao se promulgar leis, ignorava-se a influência da Igreja Católica sobre a sociedade. Os políticos reconheciam a necessidade de se garantir os direitos individuais, e favoreciam a criação de associações livres promotoras da moralidade e do progresso do país. Mas as leis da Igreja eram despóticas e combatiam contra o desenvolvimento individual, pondo-se contra toda a tentativa de reforma. Nos Estados Unidos, um país modelo, as instituições políticas e religiosas eram homogêneas. No entanto, o Brasil tinha as leis e as instituições liberais, mas não a tradição da liberdade. Além disso, muitos políticos, em teoria, estavam excomungados da Igreja Católica, por serem maçons.[57]

Alexandre Barata ressalta que a maçonaria não pode ser compreendida como um todo monolítico. A maçonaria se destacava por defender o racionalismo, combater a superstição, a ignorância, a religião revelada e defender a secularização da sociedade, a fraternidade e a ajuda mútua. Para os maçons do Lavradio, liderados por José Maria da Silva Paranhos (1819-1880), o visconde do Rio Branco, a Questão Religiosa havia sido gerada pelas divergências entre o ultramontanismo e a maçonaria, isso teria rompido a harmonia entre o Estado e a Igreja. Para os maçons do Vale dos Beneditinos, liderados por Joaquim Saldanha Marinho (1816-1895), o conflito só seria resolvido pela separação entre o Estado e a Igreja. Para os ultramontanos, a maçonaria era subversiva e perigosa para a Igreja Católica e para o Estado. Nesse período, maçonaria e Igreja se mobilizaram como nunca na imprensa, em festas públicas, em escolas e em clubes literários para se digladiarem.[58]

---

57 *Ibidem*, 1867, p. 1-2, 17-18; 1868, p. 73, 81; 1870, p. 25-26.
58 BARATA, Alexandre Mansur. *Luzes e sombras: a ação da maçonaria brasileira (1870-1910)*. Campinas: Editora Unicamp, Centro de Memória – Unicamp,

Marco Morel destaca que a filantropia era o principal motor associativo no Brasil imperial, criando redes de poder e laços de clientela, fortalecendo o poder dos filantropos e criando um mercado de mão de obra mais especializada, contribuindo para o progresso da civilização ocidental. Homens ilustrados do Império não viam problemas em serem maçons e católicos ao mesmo tempo. Na maçonaria esses homens buscavam uma instância de legitimidade do poder, de consolidação de liderança política e de laços entre pares.[59]

Os missionários protestantes contaram com a ajuda de maçons para a implantação de igrejas no século XIX; algumas tiveram início em suas casas ou em suas lojas. Alguns deles foram colportores e mantinham depósitos de Bíblias. Eles cooperavam para combater a hegemonia da Igreja Católica. No entanto, segundo Vieira, os missionários não concordavam com o racionalismo maçônico. A harmonia entre os dois grupos só viria a sofrer um abalo a partir de 1898, com a chamada "questão maçônica" na Igreja Presbiteriana do Brasil.[60]

O caso da suspensão do padre José Luis de Almeida Martins, no Rio de Janeiro, por ter discursado no Grande Oriente do Lavradio em 2 de março de 1872; a interdição das irmandades de Olinda e Belém, por não expulsarem os confrades maçons, em 1873; o indiciamento, em 1873, condenação e prisão, em 1874, dos bispos d.

1999, p. 51-134. Cf. SANTIROCCHI, Ítalo Domingos. *Questão de Consciência*: *os ultramontanos no Brasil e o regalismo do Segundo Reinado* (1840-1889). Belo Horizonte: Fino Traço, 2015, p. 429. MOREL, Marco; OLIVEIRA, Françoise Jean. *O poder da maçonaria: a história de uma sociedade secreta no Brasil*. Rio de Janeiro: Nova Fronteira, 2008, p. 160.
59 MOREL. *Op. Cit.*, p. 146-167.
60 VIEIRA. *Op. Cit.*, p. 279. Cf. SOUZA NETO, Wilson Ferreira de. *Presbiterianismo e Maçonaria: uma análise da contribuição maçônica ao presbiterianismo brasileiro no período de 1859 a 1889*. Dissertação (mestrado em Ciências da Religião) Universidade Presbiteriana Mackenzie, São Paulo/SP, 2008, p. 64-69. MATOS, Alderi Souza de. "A IPB e a Maçonaria: resoluções dos Concílios da Igreja". *História da Igreja*: *Presbiterianismo no Brasil*. Disponível em: <http://www.mackenzie.com.br/10245.html>. Acesso em: 6/11/2013.

frei Vital (1844-1878), de Olinda, e d. Macedo Costa (1830-1891), de Belém, geraram um grande debate relacionado à união entre o Estado e a Igreja na década de 1870. No entanto, em meio aos debates, e diante da prisão de d. frei Vital, muitos católicos abjuraram da maçonaria e retornaram para a Igreja, como destaca Santirocchi.[61]

A questão só foi agravada devido ao regime de união; a solução era a separação dos dois poderes, mas nenhum dos dois lados aceitava tomar essa atitude, apenas os republicanos perceberam e quiseram aplicar o remédio para o conflito, como indicado por Barros. Essa letargia do Estado em tomar a única decisão possível para dar solução ao conflito foi muito explorada pelo editorial de a *Imprensa Evangélica*. As igrejas protestantes se beneficiaram da situação. As reuniões da Igreja Presbiteriana, por exemplo, teriam passado a ser frequentadas por homens ilustrados e curiosos. As assinaturas de a *Imprensa Evangélica* aumentaram durante esse período. Para os protestantes, com a separação, muitos deixariam de ser católicos nominais e o campo estaria aberto a ação dos missionários. John Beaty Howell (1847-1924) acreditava que metade dos brasileiros deixaria a Igreja Católica para se tornarem evangélicos.[62]

Para o editorial, a maçonaria era um exemplo de filantropia e caridade, destacada por promover a instrução popular com criação de escolas e bibliotecas. Mas criticava aqueles que condenavam o ato dos bispos, pois esses apenas cumpriam com o seu dever; a atitude dos bispos ultramontanos era honrosa. Também não deixaram de denunciar a incoerência entre os prelados ultramontanos brasileiros, como a neutralidade de d. Lacerda (1830-1890). O problema

---

61 SANTIROCCHI. *Op. Cit.*, p. 445.
62 BARROS, Roque Spencer M. de. "A Questão Religiosa". In: ELIS, Myriam; ARAÚJO FILHO, José R. de; LUZ, Nícia Vilela *et al*. *O Brasil Monárquico, v. 6: Declínio e queda do Império*. Rio de Janeiro: Bertrand Brasil, 2004, p. 396, 423. Cf. VIEIRA. *Op. Cit.*, p. 280-287.

não estava no sacerdote, mas na Igreja a qual ele pertencia. Além disso, a Igreja Católica só poderia continuar sendo religião oficial se transigisse com as "conveniências", pois se não os bispos teriam que excomungar todos os padres maçons, o que não foi feito. O conflito era uma causa do povo, da nação e da humanidade. Uma luta entre a liberdade e o despotismo. Os maçons também estavam sendo incoerentes quando acusavam os bispos de estarem convivendo com excomungados, pois eles não abriam mão de também estarem com os excomungadores. Os que queriam ser maçons e católicos ao mesmo tempo eram homens indignos e ocupavam posição dúbia. Quem quisesse continuar sendo católico tinha que se submeter às leis da Igreja. O editorial nutria a esperança de que padres suspensos no conflito deixassem de uma vez a Igreja Católica e se tornassem verdadeiros pastores e pregadores evangélicos, porém se ressentia de que, em meio às polêmicas, alguns estivessem abandonando a Igreja Católica para se tornarem racionalistas.[63]

O editorial destacava que o Estado tinha que tomar a decisão de separar-se da Igreja, pois caso contrário, um golpe de Estado o faria. Se o país estava sendo governado por maçons excomungados e para ter cargo público era necessário ser católico, então o país estava em anarquia. A falta de uma ação eficaz por parte do Estado só agravava ainda mais a situação. A soberania do Estado estava vacilante ante o infalibilismo papal.[64]

Conclusão

Os missionários, diferente dos imigrantes protestantes, tinham por intenção alcançar a alma do brasileiro e convertê-lo ao protes-

---

63 IMPRENSA EVANGÉLICA. *Op. Cit.*, 1872, p. 8, 57-58, 65-66, 73-74, 80, 81, 88, 98-99, 106; 1873, p. 23, 36, 39, 41, 49, 57-58, 81-82.
64 *Ibidem*, p. 65-66, 73-74, 81-82, 90-91, 113-115, 130-131, 137-138, p. 161.

tantismo. Por isso, viam que o melhor meio a ser utilizado era a divulgação do evangelho por meio da imprensa.

As discussões religiosas estavam relacionadas ao contexto político oitocentista. Diversas personalidades políticas foram citadas no periódico. Muitos discursos políticos sobre o tema da liberdade religiosa, do casamento civil e da secularização dos cemitérios foram transcritos e comentados pelos redatores. Para eles, a solução para essas questões sempre estava baseada no pragmatismo contra todos os argumentos baseados em filosofias racionalistas. No momento da Questão Religiosa, o periódico não se eximiu de expor suas opiniões e incentivar o legislativo e o executivo a tomarem a decisão de por fim a união entre o Estado e a Igreja.

O padroado foi considerado o principal entrave para que o país alcançasse o progresso. Diversas publicações procuraram demonstrar a incompatibilidade e incoerência dessa união. Além disso, por questões religiosas e políticas, o editorial procurou confrontar os dogmas da Igreja Católica, repetidamente descrita como uma instituição retrógrada e inimiga do progresso.

O jornal continuou na luta pela liberdade religiosa durante as décadas de 1870 e 1880. A partir de 1880, com o crescimento das lideranças nacionais, temas como a escravidão passaram a receber melhor tratamento nas publicações. Conforme redatores brasileiros começaram a participar mais ativamente das publicações da folha e da direção da Igreja Presbiteriana, o papel dos missionários estrangeiros passou a ser questionado e criticado. A vontade de nacionalizar o trabalho missionário fez com que o jornal perdesse o patrocínio da Junta de Missões da Igreja Presbiteriana dos Estados Unidos e, em julho de 1892, tivesse sido obrigado a encerrar as publicações. Encerrava-se então o primeiro e mais duradouro periódico protestante do Brasil no século XIX.[65]

---

65 SANTOS. *Op. Cit.*, p. 138.

Fontes

Apóstolo, O. *Rio de Janeiro*. Typographia de N. L. Vianna & Filhos, 1866-1893.

BASTOS, Aureliano Cândido Tavares. *Cartas do Solitário*. 3ª ed. São Paulo: Companhia Editora Nacional, 1938.

BLACKFORD, Alexander Latimer. "Relatorio de A. L. Blackford, from Julho 1867 até Agosto 1868". IGREJA PRESBITERIANA DO RIO DE JANEIRO. *CENDOC*. Relatórios Pastorais (1859-1875).

Constitucional. Rio de Janeiro: Typ. do Constitucional, 1862-1864.

Correio Mercantil. Rio de Janeiro: Typographia do Correio Mercantil de Munis Barreto, Mendes Campos e Comp., 1848-1868.

Cruzeiro do Brasil. Rio de Janeiro: Typ. de Quirino & Irmão, 1864-1865.

Diário do Rio de Janeiro. Rio de Janeiro: Typographia do Diario do Rio de Janeiro, 1821-1878.

EPHRAIM. *Doze proposições sobre a legitimidade religiosa da verdadeira tolerância dos cultos*. Rio de Janeiro: Typographia Universal de Laemmert, 1864.

IGREJA PRESBITERIANA DO RIO DE JANEIRO. *Centro de Documentação: CENDOC*. Livro de Registro de Membros da Igreja Presbiteriana do Rio de Janeiro: Início 12 de janeiro de 1862, Fim 2 de julho de 1911.

Imprensa Evangélica. Rio de Janeiro: Typographia Universal Laemmert, 1864-1892.

MELASPOROS. *Exposição dos verdadeiros princípios sobre que se basêa a liberdade religiosa, demonstrando ser a separação entre a Igreja e o Estado uma medida de direito absoluto e de summa utilidade*. Rio de Janeiro: Typographia Universal de Laemmert, 1866.

Missionário Catholico, O. Rio de Janeiro: Typ. Industria Nacional de Cotrim & Campos, 1865.

SOARES, Antônio Joaquim de Macedo. *Da liberdade religiosa no Brazil*: estudo de Direito Constitucional. 4ª ed. Rio de Janeiro: Typographia Universal de E. & H. Laemmert, 1879.

Referências Bibliográficas

ANDRADE, Claudionor Corrêa de. *Dicionário Teológico*. Edição revista e ampliada. Rio de Janeiro: CPAD, 1998.

BAILYN, Bernard. *As origens ideológicas da Revolução Americana*. Bauru: EDUSC, 2003.

BARATA, Alexandre Mansur. *Luzes e sombras: a ação da maçonaria brasileira* (1870-1910). Campinas: Editora Unicamp, Centro de Memória – Unicamp, 1999.

BARROS, Roque Spencer M. de. "A Questão Religiosa". In: ELIS, Myriam; ARAÚJO FILHO, José R. de; LUZ, Nícia Vilela *et al.* *O Brasil Monárquico*, v. 6: *Declínio e queda do Império*. Rio de Janeiro: Bertrand Brasil, 2004.

BASTOS, Ana Marta Rodrigues. *A Igreja e a legislação eleitoral no Império*. Rio de Janeiro: Lumem Juris, 1997.

BOURDIEU, Pierre. *Questões de Sociologia*. Lisboa: Fim de Século Edições, 2003.

CARVALHO, José Murilo de. Liberalismo, radicalismo e republicanismo nos anos sessenta do século dezenove. *Centre for Brazilian Studies, University of Oxford*. Disponível em: <http://www.lac.ox.ac.uk/sites/sias/files/documents/WP87-murilo.pdf>. Acesso em 02/03/2014.

CHAVANTE, Esdras. *Do monopólio à livre concorrência: a liberdade religiosa no pensamento de Tavares Bastos* (1839-1875). Dissertação (mestrado em História) Universidade Estadual Paulista, Assis/SP, 2013.

FERREIRA, Julio Andrade. *História da igreja presbiteriana do Brasil.* 2ª ed. São Paulo: Casa Editora Presbiteriana, 1992.

FEITOZA, Pedro Barbosa de Souza. A 'Imprensa Evangélica' como estratégia para inserção do protestantismo no Brasil Imperial. In: Encontro Regional da ANPUH-Rio: Memória e Patrimônio, n. 14, 2010, Rio de Janeiro. *Anais eletrônicos.* Rio de Janeiro: ANPUH, 2010. Disponível em: <http://www.encontro2010.rj.anpuh.org/resources/anais/8/1276743612_ARQUIVO_AImprensaEvangelica-ANPUH.pdf>. Acesso em: 7/01/2013.

GUGLIOTA, Alexandre Carlos. *Entre trabalhadores imigrantes e nacionais: Tavares Bastos e seus projetos para a nação.* Dissertação (mestrado em História Social) Universidade Federal Fluminense, Niterói/RJ, 2007.

HAHN, Carl Joseph. *História do Culto Protestante no Brasil.* São Paulo: ASTE, 1989.

LÉONARD, Émile G. *O protestantismo brasileiro.* São Paulo: ASTE, 2006.

MATOS, Alderi Souza de. A atividade literária dos presbiterianos no Brasil. *Fides Reformata,* São Paulo, n. 2, v. 12, 2007. Disponível em: <http://www.mackenzie.br/fileadmin/Mantenedora/CPAJ/revista/VOLUME_XII__2007__2/alderi.pdf>. Acesso em: 7/01/2013.

_____. "A IPB e a Maçonaria: resoluções dos Concílios da Igreja". *História da Igreja*: Presbiterianismo no Brasil. Disponível em: <http://www.mackenzie.com.br/10245.html>. Acesso em: 6 nov., 2013.

_____. (org.). *O diário de Simonton 1852-1866.* 2. ed., São Paulo: Editora Cultura Cristã, 2002.

_____. *Os pioneiros presbiterianos do Brasil (1859-1900)*: missionários, pastores e leigos do século 19. São Paulo: Cultura Cristã, 2004.

MEDEIROS, Pedro H. C. de. *Pelo progresso da sociedade: a imprensa protestante no Rio de Janeiro imperial* (1864-1873). Dissertação (mestrado em História) Universidade Federal Rural do Rio de Janeiro, 2014.

MENDONÇA, Antônio Gouvêa; VELASQUES FILHO, Prócoro. *Introdução ao protestantismo no Brasil*. 2ª ed., São Paulo: Edições Loyola, 2002.

MENDONÇA, Antônio Gouvêa. *O Celeste Porvir: a inserção do protestantismo no Brasil*. 3ª ed. São Paulo: Editora da Universidade de São Paulo, 2008.

MOMESSO, Beatriz Piva. A religião no Império compreendida a partir de manuscritos pessoais. *Revista Maracanan*, n. 12, jul. 2015, p. 61-76. Disponível em: <http://www.e-publicacoes.uerj.br/index.php/maracanan/article/view/17397>. Acesso em 16/03/2017.

MOREL, Marco; OLIVEIRA, Françoise Jean. *O poder da maçonaria: a história de uma sociedade secreta no Brasil*. Rio de Janeiro: Nova Fronteira, 2008.

PEREIRA, Rodrigo da Nóbrega M. "A primeira das liberdades: o debate político sobre a liberdade religiosa no Brasil imperial". *Desigualdade & Diversidade*: Revista de Ciências Sociais da PUC-Rio, n. 1, v. 1, jul./dez. 2007. Disponível em: <http://desigualdadediversidade.soc.puc-rio.br/media/Pereira_desdiv_n1ano1.pdf>. Acesso em: 2/03/2014.

PONTES, Carlos. *Tavares Bastos (Aureliano Cândido 1839-1875)*. 2ª ed., São Paulo: Editora Nacional; Brasília: INL, 1975.

RIBEIRO, Boanerges. *José Manoel da Conceição e a reforma evangélica*. São Paulo: O Semeador, 1995.

ROCHA, Maria. "As cartas pastorais de d. Carlos Luis D'Amour e de d. Aquino Correa: a secularização dos cemitérios públicos da cidade de Cuiabá no liminar do século XX". *Revista Brasileira de História das Religiões*, Maringá, n. 9, v. 3, jan. 2011. Disponível em: <http://www.dhi.uem.br/gtreligiao/pub.html>. Acesso em: 2/3/2014.

RODRIGUES, Claudia. *Nas fronteiras do Além: A secularização da morte no Rio de Janeiro, séculos XVIII e XIX*. Rio de Janeiro: Arquivo Nacional, 2014.

SANTIROCCHI, Ítalo Domingos. "O matrimônio no Império do Brasil: uma questão de Estado". *Revista Brasileira de História das Religiões*, Maringá, n. 12, v. 4, jan. 2012. Disponível em: <http://www.dhi.uem.br/gtreligiao/pdf11/04.pdf>. Acesso em: 2/3/2014.

_____. *Questão de Consciência: os ultramontanos no Brasil e o regalismo do Segundo Reinado* (1840-1889). Belo Horizonte: Fino Traço, 2015.

SANTOS, Edwiges Rosa dos. *O jornal Imprensa Evangelica: diferentes fases no contexto brasileiro* (1864-1892). São Paulo: Universidade Presbiteriana Mackenzie, 2009.

SILVA, Rafaela Albuquerque. *No labirinto das liberdades: Conselho de Estado, direitos civis e associativismo religioso não-católico no Brasil imperial* (1850-1883). Dissertação (mestrado em História Política) Universidade do Estado do Rio de Janeiro, Rio de Janeiro, 2012.

SILVESTRE, Armando Araújo. *Da Imprensa Evangelica ao Brasil Presbiteriano: o papel (in)formativo dos jornais da Igreja Presbiteriana do Brasil* (1864-1986). Dissertação (mestrado em Ciências da Religião) Instituto Metodista de Ensino Superior, São Bernardo do Campo/SP, 1996.

SOUZA NETO, Wilson Ferreira de. *Presbiterianismo e Maçonaria: uma análise da contribuição maçônica ao presbiterianismo brasileiro no período de 1859 a 1889.* Dissertação (mestrado em Ciências da Religião) Universidade Presbiteriana Mackenzie, São Paulo/SP, 2008.

VASCONCELOS, Michelini Reinaux. "Imprensa e protestantismo no Brasil (1864-1930)". *Projeto História*, São Paulo, v. 35, ago./dez. 2007. Disponível em: <http://revistas.pucsp.br/index.php/revph/issue/view/171/showToc>. Acesso em: 7/01/2013.

VIEIRA, David Gueiros. *O protestantismo, a maçonaria e a questão religiosa no Brasil.* Brasília: Editora Universidade de Brasília, 1980.

Em busca de (in)formação: estratégias editoriais femininas na Corte (1852-1855)

Everton Vieira Barbosa[1]

Introdução

Para produzir um periódico ao longo do século XIX, no Brasil, o redator-chefe recebia os artigos escritos por seus colaboradores, lia e escolhia quais textos comporiam determinada sessão e edição. Depois, estruturava o conteúdo nas páginas do jornal para publicação, distribuição e venda. Ainda que esta sequência não fosse igual para todos os impressos periódicos produzidos naquele século – e realmente não era –, a dinâmica de criação tinha suas semelhanças. No caso do periódico *O Jornal das Senhoras* (1852-1855), os textos escritos pelos colaboradores e as correspondências em carta

---

1 Doutorando em História – UFF

fechada eram enviados à casa da redatora-chefe na cidade do Rio de Janeiro para leitura e seleção.

A circulação do *O Jornal das Senhoras* pela cidade do Rio de Janeiro permite identificar e compreender as relações de sociabilidade existentes entre as diversas pessoas envolvidas, dentre elas: as redatoras; escritores; tipógrafos; comerciantes; músicos e poetas. Além disso, esta dinâmica possibilita perceber as transformações que aconteceram no espaço público ao longo do século XIX.[2]

Nos seis primeiros meses de circulação do periódico, os textos eram enviados à casa de Joanna Paula Manso de Noronha (1819 - 1875), no Beco do Cotovelo, n. 18. Argentina exilada no Brasil por causa da ditadura militar instaurada por Juan Manuel Rosas (1793 - 1877),[3] a redatora lançou *O Jornal das Senhoras* com o objetivo de divulgar a condição de submissão feminina, buscar a equiparação de direitos entre os sexos, e melhorar a posição social das mulheres no país por meio da (in)formação.[4]

Com sua saída da redação-chefe, as correspondências foram destinadas à residência de Violante Atabalipa Ximenes de Bivar e Vellasco (1817-1875), segunda redatora do *O Jornal das Senhoras*, que assumiu o cargo de Joanna por onze meses. Violante já havia atuado como tradutora e escritora em outros periódicos, além de colaborar na sessão de modas no periódico feminino, o que contribuiu para seu ingresso como redatora-chefe, mantendo os mesmos objetivos de sua antecessora.

---

2   Cf. MOREL, Marco. *As transformações dos Espaços Públicos*: Imprensa, Atores Políticos e Sociabilidades na Cidade Imperial (1820-1840). São Paulo: Hucitec, 2005.

3   Cf. LOBO, Luiza. "Juana Manso: uma exilada em três pátrias". *Gênero*. Niterói, v. 9, n. 2, p. 47-74, 1º sem. 2009.

4   NORONHA, Joanna Paula Manso de. "As nossas Assinantes". O JORNAL DAS SENHORAS. Rio de Janeiro: Typographia Parisiense, nº 01, 01 jan. 1852, p. 01.

Mas por questões pessoais e financeiras,[5] Violante entregou o cargo para Gervasia Nunezia Pires dos Santos Neves (1824 - 1872), que assumiu a direção do periódico em maio de 1853, logo após seu casamento, e recebeu em sua residência as cartas dos colaboradores até dezembro de 1855, data da última edição do *O Jornal das Senhoras*.

Além dos textos recebidos por correspondentes, as redatoras circulavam pela cidade, ruas, estabelecimentos e demais espaços públicos e privados em busca de notícias e informações para preencherem as oito páginas do periódico, distribuídas em duas colunas, e impressas todos os domingos sob a assinatura semestral no valor de 6$000 réis para a corte e 7$000 réis para as províncias.

Nesta etapa, após a coleta de assuntos considerados interessantes às suas leitoras, as redatoras redigiam os textos em suas residências e, posteriormente, enviavam o material à tipografia para a realização dos ajustes finais e publicação.

Impresso inicialmente na Tipografia Parisiense, localizada na Rua Nova do Ouvidor, nº 20, por dois meses, e posteriormente na Tipografia de Santos e Silva Junior, na Rua da Carioca, nº 32, por um ano, *O Jornal das Senhoras* só viria se estabelecer em uma tipografia de nome próprio – Tipografia do Jornal das Senhoras - a partir de março de 1853, quando migrou para o estabelecimento de George Leuzinger (1813 - 1892), na Rua do Ouvidor, nº 36. Mantendo o mesmo nome, a tipografia passou para a Rua da Alfândega, nº 54, em julho de 1853, e, por fim, para a Rua do Cano, nº 165, em agosto de 1853, permanecendo neste endereço até a última edição, em dezembro de 1855.[6]

---

5 LIMA, Joelma Varão. *O Jornal das senhoras, um projeto pedagógico: mulheres, maternidade, educação e corpo* (Rio de Janeiro, segunda metade do século XIX). Tese (doutorado em História) – PUC, São Paulo, 2012, p. 12.

6 BARBOSA, Everton Vieira. *Páginas de sociabilidade feminina: sensibilidade musical no Rio de Janeiro oitocentista*. Dissertação (mestrado em História) – FCL – UNESP, Assis, 2016, p. 44.

Destinado ao público feminino, as redatoras Joanna, Violante e Gervasia colocaram *O Jornal das Senhoras* em três estabelecimentos comerciais fixos na Rua do Ouvidor, para divulgação, subscrição e venda. A casa dos senhores Wallerstein e C., nº 70 era uma espécie de perfumaria, loja de arreios e de fazendas secas com todas as qualidades de seda, lã, algodão e linho da França, Inglaterra e Alemanha. A casa de Alexandre e Francisco Demarais, nº 86, além de perfumaria também funcionava como salão de cabelo. E a casa de Louis Mongie, nº 87 atendia como mercado de livros e impressos dos mais variados assuntos.

Assim, percebemos que os estabelecimentos comerciais que subscreviam *O Jornal das Senhoras* foram estrategicamente escolhidos pelas redatoras por se localizarem na Rua do Ouvidor, espaço de grande fluxo feminino, e por esses comerciantes atenderem ao mesmo público com peças de modas, embelezamento e acesso à literatura.

Além da localização, outra estratégia utilizada pelas redatoras de *O Jornal das Senhoras* foi a inclusão gratuita de uma peça com estampas de modas ou moldes de bordados semanais, vindos exclusivamente da França, ou partituras musicais em edições mensais. Estas estratégias buscavam dar visibilidade ao periódico e conquistarem novas assinantes, informando e formando suas leitoras para alcançarem melhores condições sociais, via educação e cultura.

Neste sentido, a atuação de uma redatora-chefe em um periódico estava relacionada às notícias recebidas de colaboradores, sua circulação em alguns espaços de sociabilidade, à busca de (in)formação para suas leitoras, às estratégias editoriais utilizadas para dar visibilidade ao jornal, bem como moldar os textos que comporiam cada edição periódica.

Deste modo, propomos com este texto perceber como as redatoras do periódico *O Jornal das Senhoras* se articulavam nos espaços de sociabilidade existentes no Rio de Janeiro na metade do século XIX em busca de notícias, compreender também as estratégias de divulgação do jornal no espaço público, e como tais assuntos eram inseridos e organizados no jornal para sua impressão e venda.

Em busca de (in)formação

Logo na primeira edição do periódico *O Jornal das Senhoras*, publicada dia 01 de janeiro de 1852, a redatora Joanna Paula Manso de Noronha destacou o seu comprometimento com a resenha teatral, a fim de informar suas leitoras sobre os espetáculos que aconteceriam naquela semana ou quinzena. Neste artigo, é possível observar que o teatro foi um dos espaços de sociabilidade frequentado pela redatora:

> Chega um ator à redação do Jornal, fala:
> — Amanhã é minha estreia; desejaria que V. m. lá se achasse para poder julgar: eu tenho talento para a arte (neste século todo mundo tem talento, é coisa fácil), porém o que desejo da sua parte é justiça e imparcialidade.
> O homem acaba a sua alocução com um bilhete grátis – não se pode resistir.
> Vamos ao Teatro.[7]

Vê-se que a ida de Joanna ao teatro estaria condicionada ao veredito a respeito do desempenho realizado pelo artista ou pelo autor daquela peça, publicado posteriormente no periódico. Apesar de o ator desejar justiça e imparcialidade neste julgamento, seu principal objetivo era a divulgação do espetáculo em que atuaria e, consequentemente, o aumento do público nas apresentações.

---

7 NORONHA, Joanna Paula Manso de. Teatros. O JORNAL DAS SENHORAS. Rio de Janeiro: Typographia Parisiense, n° 01, 01 jan. 1852, p. 07.

Costume comum para a época, outros redatores, escritores e demais agentes históricos ligados à imprensa também recebiam convites teatrais e musicais para conferirem o desempenho de determinados artistas, para depois redigirem e publicarem suas impressões justas e imparciais.

Francisco de Paula Brito (1809 - 1861), tipógrafo e redator de *A Marmota na Corte* (1849 - 1852) e de outros impressos, frequentou os teatros da Corte a fim de divertimento, imprimindo sua opinião sobre os espetáculos e atores em seu periódico:

> Que o Snr. Martinho Correia Vasques é o nosso ator predileto nas comédias de todos os gêneros, não precisávamos dizê-lo, porque de sobejo o público o sabe, e de sobejo o temos dito nas muitas e repetidas vezes que, a seu respeito, havemos manifestado nossa opinião.[8]

O amigo de Francisco de Paula Brito, Machado de Assis (1839 - 1908), foi outro apreciador e crítico das peças e óperas executadas nos teatros da Corte. No periódico *O Espelho* (1859-1860), dirigido por Francisco Eleuterio de Sousa e impresso na Tipografia de Paula Brito, Machado de Assis se empenhou em realizar uma crítica teatral das peças encenadas durante a semana e do desempenho dos artistas, destacando aqueles que foram coadjuvados:

> A representação foi bem, mas primaram os Srs. Furtado Coelho, Moutinho, Joaquim Augusto, Heller e Graça. O Sr. Moutinho foi perfeito, sobretudo no quarto ato, apesar de seu papel tão pequeno. O Sr. Furtado Coelho na morte do quinto ato esteve sublime e mostrou ainda uma vez os seus

---

8 BRITO, Francisco de Paula. O Snr. Martinho no teatro S. Francisco. A MARMOTA NA CORTE. Rio de Janeiro: Typographia Dois de Dezembro, nº 226, 13 jan. 1852, p. 01.

talentos dramáticos. O Graça é sempre o Graça, um grande artista. N'um mesquinho papel mostrou-se artista, e como leiloeiro, não esteve abaixo de Cannell ou outro qualquer do ofício.

A Sra. Velluti, no papel difícil e trabalhoso de Henriqueta esteve verdadeiramente inspirada e mostrou, como tantas vezes, que possui fogo sagrado da arte.[9]

Ao realizar a resenha do drama *Asno morto*, retirado do romance de Jules Janin (1804 - 1874), e encenado no Teatro Ginásio Dramático,[10] Machado de Assis não só pontuou sua impressão sobre o desempenho de alguns artistas como também deu visibilidade à peça que havia conferido naquela ocasião.

Deste modo, os elogios ou críticas realizados na imprensa a determinado espetáculo e atores serviam como um termômetro para os leitores do jornal, medindo a presença e o prestígio dado à apresentação conferida pelos redatores e demais escritores.

Mas a presença de redatores no teatro podia ter outros motivos, além da busca pelo divertimento ou da resenha teatral de determinados atores e peças. No caso das redatoras do *O Jornal das Senhoras*, constatamos que suas presenças também estavam relacionadas aos vínculos afetivos com outros agentes históricos que atuavam nos teatros da Corte.

---

9   ASSIS, Machado de. Revista de Teatros. O ESPELHO. Rio de Janeiro: Tipografia de Paula Brito, n° 2, 11 set. 1859, p. 8.
10 Localizado na Rua São Francisco de Paula, entre os números 27 e 29 (atual Rua do Teatro), tendo como fundo a Rua do Cano (atual Rua Sete de Setembro), este teatro surgiu na década de 1830, com o nome Teatro de São Francisco de Paula. Em 09 de setembro de 1846 ele passou a ser chamado de Teatro de São Francisco, e após algumas reformas, em 12 de abril de 1855 ele recebeu o nome de Teatro Ginásio Dramático, funcionando até pouco antes da proclamação da República. Disponível em: < http://www.ctac.gov.br/centrohistorico/TeatroXPeriodo.asp?cod=53&cdP=18>. Acesso em: 17/03/2017.

O marido de Joanna Paula Manso de Noronha, Francisco de Sá Noronha (1820-1881), era violonista e foi mestre de canto, em 1852, no Teatro São Januário, e mestre de canto e regente da orquestra do Teatro Pedro de Alcântara, em 1853.

Apesar de o Teatro São Januário ser mal localizado e mal frequentado,[11] entre 1851 e 1852 ele recebeu uma atenção e frequência especial de escritores, jornalistas e da seleta sociedade da Corte, inclusive de suas altezas reais, pois com o incêndio e reestruturação do Teatro Pedro de Alcântara as apresentações foram deslocadas temporariamente para o São Januário.

No mesmo período em que Joanna foi redatora-chefe do *O Jornal das Senhoras*, seu marido atuava no Teatro São Januário, executando composições musicais de sua autoria e peças teatrais escritas por sua esposa. Essas informações contribuíam para formar um determinado gosto cultural das assinantes do periódico feminino, bem como indicar os locais frequentados pela realeza.

E se a presença de Joanna nos teatros era influenciada pela atuação de seu marido, podemos enquadrar a redatora Gervasia Nunezia Pires dos Santos Neves na mesma posição. A terceira redatora de *O Jornal das Senhoras* era esposa de Antonio José dos Santos Neves (1827-1874), taquígrafo do Senado e funcionário do Ministério de Guerra. Além disso, ele atuou como poeta e compositor na imprensa e criou dramas teatrais apresentando-os em teatros da Corte.[12]

Após uma de suas apresentações, "O autor [Santos Neves] e o empresário João Caetano foram chamados à cena, e vitoriados pelo

---

11 SOUZA, Silvia Cristina Martins de. *As noites do Ginásio: teatro e tensões culturais na Corte* (1832-1868). Campinas: Editora da UNICAMP, Cecult, 2002, p. 51-52.
12 BARBOSA, Everton Vieira. *Op. Cit.*, p. 32.

público; depois a Companhia também foi, e finalmente o maestro Noronha, também recebeu as ovações populares".[13]

Neste trecho é possível identificar que as ovações da plateia sinalizavam o grau de satisfação com a peça e com os artistas. Além disso, a participação dos esposos das redatoras Joanna e Gervasia indicava a aproximação entre estes agentes históricos e as redatoras do periódico feminino, neste espaço de sociabilidade.

Joanna também chegou a atuar nos teatros da Corte, apresentando peças teatrais de sua autoria, com músicas compostas e executadas por seu marido Noronha. Na 93ª edição, saída a 9 de outubro de 1853, Gervasia publicou na sessão da *Crônica de Quinzena* o benefício dado à sua amiga Joanna Paula Manso de Noronha, no dia anterior, realizado no Teatro Pedro de Alcântara: "Orgulho-me pois em ter ocasião de noticiar-vos esse fato de tão grande saliência nos anais de nossa contemporânea emancipação literária".[14]

A atuação teatral e a publicação de informações sobre as peças encenadas influenciavam a presença das assinantes do periódico e contribuíam para ampliar a participação feminina nos espaços de sociabilidade existentes no Rio de Janeiro.

Já Violante Atabalipa Ximenes de Bivar e Vellasco era filha de Diogo Soares da Silva de Bivar (1785-1865), conselheiro imperial, redator e presidente do Conservatório Dramático, o que garantia à redatora acesso ao espaço teatral, bem como à tradução e transcrição de textos encenados por muitos artistas.

Mas, enquanto Joanna e Gervasia tiveram uma aproximação maior com os teatros da Corte, por conta da atuação de seus mari-

---

13 João Caetano (1808 - 1863) era um ator brasileiro e foi empresário do Teatro São Januário. NORONHA, Joanna Paula Manso de. *Op. Cit.*, nº 04, 25 jan. 1852, p. 10 [acréscimo nosso].
14 NEVES, Gervasia Nunezia Pires dos Santos. O JORNAL DAS SENHORAS. Rio de Janeiro: Typographia do Jornal das Senhoras, nº 93, 09 out. 1853, p. 09.

dos, Violante dedicou boa parte de seu tempo - como escritora e redatora em *O Jornal das Senhoras* – nos estabelecimentos de modistas para compor a sessão de modas do periódico.[15]

Ao se deslocar pela Rua do Ouvidor, Violante, buscava as peças de estampas de modas que chegavam da Europa pelos paquetes e demais embarcações. Utilizadas como brinde no jornal feminino, estas peças tinham grande importância para as redatoras, pois elas atraíam um número considerável de assinantes para o periódico.

Era a partir das estampas inseridas em *O Jornal das Senhoras* que as leitoras se dirigiam até as lojas de modistas, alfaiates e costureiras a fim de encomendarem tecidos para a confecção dos vestidos e demais adereços visualizados nas imagens litografadas.

Em meados da década de 1830 a maioria das placas representava duas mulheres, na esfera doméstica ou ao ar livre, envolvidas em atividades femininas de classe alta ou média, tais como participar de bailes – incluindo o baile de fantasia para crianças – recebendo uma visita no salão, tocando pianoforte, lendo livros ou revistas, escrevendo ou lendo cartas, fazendo bordado, esboçando, pintando, e passeando nos jardins, parques ou pelas propriedades rurais.[16]

Destinados às diversas ocasiões e espaços de sociabilidade, as placas litografadas ganharam o gosto das leitoras de periódicos ao longo do século XIX, influenciando o surgimento de uma cultura ligada à moda, bem como de uma dinâmica comercial para atender a crescente demanda que buscava se equiparar ao padrão europeu.

---

15 HAHNER, June E. *Emancipação do sexo feminino: a luta pelos direitos da mulher no Brasil. 1850-1940*. Tradução de Eliane Lisboa; apresentação de Joana Maria Pedro. Florianópolis: Ed. Mulheres; Santa Cruz do Sul: EDUNISC, 2003, p. 89.

16 Tradução minha. In: HAHN, H. Hazel. *Scenes of parisian modernity: culture and consumption in the nineteenth century*. New York: Palgrave Macmillan, 2009, p. 67-68.

Entre 1850-1854, veio da Inglaterra um total de 8.689.288 libras de tecidos de algodão; 1.859.432 libras de lãs; 1.024.063 de linhos; 112.947 libras de sedas, totalizando o montante de 11.685.739 libras ou cerca de 72,55% do total de todos os produtos exportados para o Brasil – o que incluía produtos alimentícios, produtos de borracha, de barro, prata, armas, drogas e remédios, couro, maquinaria, carvão de pedra, produtos químicos, equipamentos ferroviários, entre outros.[17]

O aumento na importação de tecidos e produtos relacionados ao comércio da moda e beleza, em especial o feminino, indicam a influência e a importância que os periódicos femininos, com a sessão de modas e a inserção de peças litografadas, tiveram neste período.

Não por acaso, a redatora Violante deu atenção especial à sessão de modas e às placas litografadas. Afinal, trazer à luz o universo feminino da moda europeia para *O Jornal das Senhoras* significava atualizar suas assinantes com o que havia de mais moderno para a época, bem como informá-las e formá-las conforme os costumes considerados de bom-tom.

Enquanto responsável pela seção de modas, Violante circulava pela cidade em busca de informações sobre as vestimentas utilizadas na Europa, além de estabelecer vínculos sociais e comerciais com modistas, costureiras e demais agentes históricos ligados ao mundo da moda, a fim de proporcionar às suas leitoras um conhecimento atual e luxuoso.

Um dos vínculos estabelecidos pela redatora foi com a casa dos Srs. Wallerstein, estabelecimento que subscreveu *O Jornal das Senhoras* e local de recebimento dos tecidos da Europa, os mesmos uti-

---

17 MONTELEONE, Joana. *O circuito das roupas: a Corte, o consumo e a moda* (Rio de Janeiro, 1840-1889). Tese (doutorado em História) – FFLCH - USP, São Paulo, 2013, p. 43.

lizados para confeccionar os vestidos litografados nas imagens que eram inseridas no periódico feminino.

Na metade do século XIX, as lojas de modistas, costureiras, alfaiates e outros comerciantes de roupas e fazendas de todos os tipos se concentravam na Rua do Ouvidor e em alguns arredores, aglomerando senhoras e senhoritas, redatoras e escritoras em busca das encomendas e informações sobre a moda, que chegavam pelos paquetes e demais embarcações, diretos da Europa.

Porém, qualquer atraso marítimo no desembarque das fazendas, roupas e peças litográficas de modas e bordados influenciavam o recebimento das encomendas e das informações impressas no jornal.

Sob o título *Uma Desculpa*, Violante, utilizando o pseudônimo de Christina, publicou na 50ª edição de *O Jornal das Senhoras*, em 12 de dezembro de 1852, que "[...] o vapor *Tay* ancorou a boa hora para muitos, e infelizmente tarde para nós, porque não pôde efetuar a sua descarga tão a tempo, que pudesse haver os nossos figurinos para serem distribuídos".[18]

As estampas de modas, pintadas pelo litógrafo Jean-Baptiste David (1808 - 1892), eram extraídas do periódico francês *Moniteur de la Mode* (1843 - 1913). Em comum acordo entre os redatores franceses com as correspondentes do periódico *O Jornal das Senhoras*, na França, estas peças eram enviadas ao Brasil nas embarcações que se deslocavam pelo oceano Atlântico.

Quando havia o atraso de peças, uma das estratégias utilizadas pelas redatoras para suprirem a falta deste material era informar o incidente às suas leitoras e inserir outro brinde ou informação que pudesse equiparar tal prejuízo. Deste modo, gravuras e partituras musicais, impressas em estamparias ou casas de músicas da cidade,

---

18 CHRISTINA (Violante Atabalipa Ximenes de Bivar e Vellasco). Modas. O JORNAL DAS SENHORAS. Rio de Janeiro: Typographia de Santos e Silva Junior, nº 50, 12 dez. 1852, p. 01 [grifo do original].

e notícias extraídas de outros periódicos acabavam servindo como uma solução provisória.

Para suprir o atraso das placas de modas inseridas em *O Jornal das Senhoras*, em maio de 1854 "[...] resolvemos ir dando, em todos os números que se forem publicando, algumas importantes e lindas gravuras, cujas chapas são de grande valor, e só por especialíssimo favor do seu proprietário, a quem estamos sumamente agradecidas, podemo-las obter".[19]

As gravuras escolhidas geralmente possuíam um caráter religioso, e junto havia um texto informativo e formativo contextualizando a imagem. Deste modo, as redatoras conseguiam solucionar os atrasos de determinados conteúdos do periódico mantendo suas leitoras informadas e instruídas.

Assim como as gravuras, a inserção de partituras musicais era um brinde às suas assinantes e também tinha um caráter informativo e pedagógico, uma vez que elas condicionavam as assinantes do periódico a tomarem aula com algum professor de música, a fim de aprender a leitura e a prática musical. Estrategicamente, Joanna Paula Manso de Noronha inseriu muitas partituras de seu marido, contribuindo para a divulgação de sua carreira como músico e professor.

Além de Francisco de Sá Noronha, outros músicos e poetas foram beneficiados com a inserção de partituras musicais no periódico, com a divulgação de peças vendidas em determinadas casas de música pela cidade, ou com comentários sobre determinada canção ouvida em algum evento. Como exemplo, o poeta Sr. Santos Neves, esposo da redatora Gervasia, teve sua poesia melodiada em forma de modinha composta pelo Sr. Henrique Alves de Mesquita.[20]

Percebemos que a inserção destes objetos culturais era possível graças às relações comerciais e sociais estabelecidas entre os diversos

---
19 NEVES, Gervasia Nunezia Pires dos Santos. *Op. Cit.*, nº 125, 21 mai. 1854, p. 01.
20 *Ibidem*, nº 142, 17 set. 1854, p. 08.

agentes históricos envolvidos com os impressos. O contato com músicos, poetas, tipógrafos, escritores, modistas, alfaiates, cabeleireiros, sapateiros, joalheiros, redatores, atores, empresários e outros comerciantes possibilitava uma gama variada de assuntos, mantendo as mulheres como público alvo e os objetivos das redatoras em atividade.

No caso da relação entre os tipógrafos, redatores e escritores, as informações, das mais variadas, extraídas de outros periódicos e inseridas no jornal de Joanna, Violante e Gervasia contribuíam para atualizar, informar e formar as assinantes do periódico, demonstrando que estas mulheres liam outros impressos em busca de notícias de interesse feminino.

Traduzido do periódico francês *Journal de Connaisances Utiles*, e impresso no *Diário do Rio de Janeiro*, o artigo *Higiene Pública* – que tratava da enfermidade causada pela mordida de aranha – foi publicado em *O Jornal das Senhoras* na 41ª edição, em 10 de outubro de 1852. Além desta notícia, assuntos que envolviam receitas caseiras para desinfetar a respiração, curar dores de cabeça, de dente, de outras partes do corpo, ou mesmo métodos para tirar nódoas do fado de lã, de tecidos de seda, e limpeza de vidros, apareciam nas últimas páginas do periódico feminino, disseminando um conhecimento que geralmente era passado oralmente de mãe para filha.

E não apenas conteúdos como receitas e medicamentos caseiros, mas outros temas também foram extraídos de periódicos nacionais e internacionais, demonstrando o dinamismo com que as redatoras de *O Jornal das Senhoras* atuavam, a fim de selecionarem informações que pudessem agradar, (in)formar, e preencher as oito páginas do jornal.

Assim, é possível identificar citações de alguns periódicos nacionais, dentre eles: *O Liberal*; *Correio Mercantil*; *Tamoio*; *Diário do Rio de Janeiro*; *Novo Correio das Modas*; *Ilustração Brasileira*; *Guanabara*; *Jornal do Comércio*; *Marmota Fluminense*. E citações de alguns periódicos internacionais, dentre eles: *Moniteur de la Mode*; *Petit Courrier de Dames*; *Le Modes Parisiennes*; *Diário de Lisboa*; *Revue de Deux Mondes*; *Les femmes*; *Presse*.

Uns mais e outros menos citados, a extração de informações de outros periódicos era prática comum entre as redatoras de *O Jornal das Senhoras* e de outros redatores brasileiros, ao longo do século XIX. Mantendo uma função informativa e pedagógica, o objetivo era (in)formar o público leitor com uma variedade de assuntos de utilidade pública e/ou particular.

E como um dos principais objetivos da redatora Joanna e de suas sucessoras era a busca pela emancipação moral e melhoramento social feminino, *O Jornal das Senhoras* recebeu artigos específicos voltados à educação, considerado como meio para alcançar tais finalidades.

Dentre os textos que almejavam a busca por melhorias na educação feminina, temos o *Opúsculo Humanitário*, publicado em dezembro de 1853. Este texto "[...] consiste, na realidade, de uma coletânea de 62 artigos que foram publicados no *Diário do Rio de Janeiro*, em 1853, e também em *O Liberal*, de julho de 1853 a maio de 1854".[21] Nele "[...] encontra-se a síntese do pensamento de Nísia Floresta sobre a educação – formal e informal – de meninas",[22] que foi apropriada por Joanna, Violante e Gervasia.

Nísia Floresta Brasileira Augusta era o pseudônimo de Dionísia Gonçalves Pinto (1810 - 18885), escritora que encetou no Brasil, ainda da década de 1830, informações sobre a submissão feminina e a busca por melhorias para as mulheres por meio da educação.

---

21 DUARTE, Constância Lima. Nísia Floresta e a educação feminina no século XIX. In: LÔBO, Yolanda; FARIA, Lia (Orgs.). *Vozes femininas do Império e da República*. Rio de Janeiro: Quartel / FAPERJ, 2008, p. 109-110 [grifo do original].
22 *Ibidem*, p. 110.

A redatora Joanna, que já conhecia e se inspirava nas ideias e na atuação jornalística de Nísia Floresta, teve uma experiência parecida com a da escritora, ao visitar outros países e identificar os métodos de ensino entre meninos e meninas.

Em seu diário de viagens, Joanna relatou ter conhecido a Casa de Refúgio para crianças pobres de ambos os sexos no estado da Pensilvânia, nos Estados Unidos, onde constatou o ensino de artes e música às meninas.[23]

Esta publicação visava propor um maior acesso ao ensino feminino, uma vez que a diferença sexual também influenciava as disciplinas ministradas entre as meninas e entre os meninos no Brasil.

Enquanto os meninos aprendiam geometria, constituição e retórica, preparando-os para a política, economia, relações comerciais e demais atividades ligadas ao âmbito público, as meninas aprendiam atividades voltadas para o espaço doméstico, como o bordado, coser, as primeiras letras, pintura, dança e música, cuja finalidade era instruí-las para se tornarem boas mães, esposas e receberem adequadamente visitas em sua residência.

Assim, as redatoras Joanna, Violante e Gervasia, ao darem visibilidade na distinção do ensino entre os sexos, contribuíram para caracterizar *O Jornal das Senhoras* como uma "empresa educativa", publicando textos para conscientizar as mulheres sobre sua condição de submissão e meios necessários para superar esta posição e ampliar seu papel social e político no espaço público.[24]

Dentre os textos impressos, constatamos inicialmente a busca pela definição sobre a mulher, caracterizada como alguém com alma, inteligência, com direitos e deveres, portanto igual aos homens.

---

23 NORONHA, Joanna Paula Manso de. *Op. Cit.*, nº 14, 04 abr. 1852, p. 04/06.
24 PALLARES-BURKE, Maria Lúcia Garcia. "A imprensa periódica como uma empresa educativa no século XIX". *Cadernos de Pesquisa*. São Paulo, n. 104, jul. 1998, p. 144-161.

Ainda que o discurso médico considerasse o homem superior à mulher, tanto em aspectos físicos quanto cognitivos, e muitos homens enxergassem o sexo oposto como seres imaturos, frágeis, dóceis, recatados e destinados ao espaço doméstico, as redatoras de *O Jornal das Senhoras* questionavam a sobreposição de valores com os quais caracterizavam a mulher incapaz de exercer determinadas funções sociais e políticas.

E mesmo escrevendo com cautela alguns textos sobre a emancipação moral e o melhoramento social feminino, as redatoras foram alvo de questionamentos por parte de alguns homens que não concordavam com os objetivos impressos no periódico.

A carta intitulada *O Homem*, enviada sem assinatura à residência de Joanna Paula Manso de Noronha, em janeiro de 1852, e o artigo *A Emancipação das mulheres*, impresso 17 de outubro de 1852 no periódico *Novo Correio das Modas* (1852-1854), também sem assinatura, foram escritos com a finalidade de combater o posicionamento das redatoras de *O Jornal das Senhoras*. Porém, sem recuar seus princípios e ideais, Joanna rebateu firmemente as críticas impressas na carta e no artigo dando legitimidade à causa social e política feminina.

Ao mencionar países como os Estados Unidos, Inglaterra, Itália, Suíça, Alemanha e França, Joanna indicava a importância da atividade profissional feminina como prática comum e justificada pela necessidade de colaboração financeira com seu marido e sustento familiar. Neste sentido, o Brasil alcançaria o progresso e o desenvolvimento social e político na medida em que possibilitasse o acesso a determinadas carreiras profissionais, que ainda eram restritas às mulheres.

> Dizei o que quiserdes, sempre repetirei que a Emancipação moral ou intelectual da Mulher, no Brasil, não é uma utopia, nem um paradoxo, e sim é uma verdade dominadora que marcha ao seu total desenvolvimento, envolta das fitas,

nos chapéus e nas casas francesas que nos chegam todos os meses nos paquetes ingleses.[25]

Deste modo, os textos que tratavam da educação feminina informavam às assinantes os meios para alcançarem uma sociedade mais igualitária e, consequentemente, formar a consciência das mulheres sobre sua condição e como melhorar sua posição social e política.

A redatora Joanna considerava a emancipação moral da mulher como "[…] o conhecimento verdadeiro da missão da mulher na sociedade; é o justo gozo dos seus direitos" e a necessidade de reformar a educação do homem para que ele deixasse de considerar sua esposa, filhas e todas as mulheres como objetos.[26] Assim, para as redatoras de *O Jornal das Senhoras* cabia às mães a tarefa de educar seus filhos para que eles crescessem respeitando as mulheres e contribuindo para uma sociedade equiparada sexualmente.

Ao definir a educação como o aperfeiçoamento moral e intelectual do indivíduo, Joanna entendia ser a religião a base da educação.[27] Por este motivo, as gravuras religiosas inseridas em *O Jornal das Senhoras*, em substituição às placas de modas que chegavam atrasadas, também mantinham uma função pedagógica instruindo suas assinantes para um conhecimento moral pleno e digno para o progresso feminino.

Não apenas a religião, mas o estudo do universo, ainda que de modo poético e religioso, o ensino de geografia, história, matemática, literatura e métodos enciclopédicos, garantiriam a possibilidade de a mulher contribuir com as decisões de seu marido, considerado pelas redatoras como chefe de toda família, e assim tornar acessí-

---

25 NORONHA, Joanna Paula Manso de. *Op. Cit.*, n. 43, 24 out. 1852, p. 04.
26 *Ibidem*, n. 02, 11 jan. 1852, p. 04.
27 *Ibidem*, n. 07, 15 fev. 1852, p. 07-08.

vel o conhecimento feminino, superar sua posição de submissão e atribuir-lhe novos papéis sociais.

A busca pelo estudo do universo – não cientificamente, mas poeticamente e religiosamente - indica a sapiência com que Joanna usava suas palavras a fim de propor melhorias na condição feminina, sem causar grandes descontentamentos por parte dos homens mais conservadores. E mesmo tomando os devidos cuidados com as palavras, a redatora e suas sucessoras não deixaram de serem alvos de críticas diante de uma sociedade patriarcal, como visto na carta *O Homem* e no artigo *A emancipação das mulheres*.

Apesar de Joanna não ser mais redatora-chefe durante os anos de 1853 e 1854, ela continuou contribuindo com *O Jornal das Senhoras*, publicando textos sobre a educação feminina e um índice alfabético, chamado *Mulheres Célebres*, dando visibilidade à atuação feminina em diversos países e áreas do saber.

Ainda que os nomes tenham chegado apenas até a legra *G*, esta iniciativa informava às leitoras do periódico feminino os diversos cargos exercidos por mulheres, bem como as possibilidades de atuação feminina no Brasil. Deste modo, "Julgamos prestar um valioso serviço às nossas leitoras, tornando-lhes patentes e conhecidos os nomes das mulheres que se celebrizaram nos séculos passados, quer como artistas, quer como literatas".[28]

Dentre as mulheres mencionadas no índice, surgiram nomes como os de Ana Bolena, segunda esposa do rei inglês Henrique VIII; Catarina I, imperatriz da Prússia; e outras que se dedicaram ao mundo das letras, da cultura e das ciências.[29]

Inspiradas pela obra *Reivindicações dos direitos da mulher*, da inglesa Mary Wollstonecraft (1759-1797); *A Revolução Francesa*, do

---

28 *Ibidem*, n. 86, 21 ago. 1853, p. 04.
29 Sobre Ana Bolena, Cf. *Ibidem*, n. 87, 28 ago. 1853, p. 09; Sobre Catarina I, Cf. *Ibidem*, n. 107, 15 jan. 1854, p. 04.

francês Jules Michelet (1798-1874); *Direitos das Mulheres e Injustiça dos Homens*, da brasileira Nísia Floresta; e por outros textos extraídos de livros, e demais impressos, as redatoras de *O Jornal das Senhoras* publicavam em suas páginas questões de âmbito social e político que incomodava a ordem vigente: o patriarcado.

> Na ordem patriarcal, a mulher deveria obedecer ao pai e marido, passando da autoridade de um para a do outro através de um casamento monogâmico e indissolúvel. O domínio masculino era indiscutível. Os projetos individuais e as manifestações de desejos e sentimentos particulares tinham pouco ou nenhum espaço quando o que importava era o grupo familiar e, dentro dele, a vontade do seu chefe, o patriarca, era soberana.[30]

O domínio masculino era legitimado socialmente e legalizado politicamente e juridicamente pelo *Código Filipino*, compilado em 1603 em Portugal e que se manteve efetivo no Brasil até a promulgação do *Código Civil* de 1916".[31]

Assim, o incômodo causado por *O Jornal das Senhoras* à ordem vigente, e traduzido na carta endereçada à redatora Joanna, e no artigo publicado no *Novo Correio das Modas*, indicavam a insegurança com que aquelas ideias eram recebidas por parte dos homens, no período.

Provavelmente, o posicionamento firme das redatoras, ao rebater os questionamentos sobre a emancipação moral e o melhoramento social feminino, e a continuidade na publicação de textos sobre estes temas, sinalizavam as primeiras iniciativas do que viria

---

30 SCOLT, Ana Silvia. O caleidoscópio dos arranjos familiares. In: PINSKY, Carla Bassanezi; PEDRO, Joana Maria (Orgs.). *Nova História das Mulheres no Brasil*. São Paulo: contexto, 2012, p. 16.
31 HAHNER, June E. Honra e distinção das famílias. In: PINSKY, Carla Bassanezi; PEDRO, Joana Maria (Orgs.). *Nova história das mulheres no Brasil*. São Paulo: Contexto, 2012, p. 50.

a ser caracterizada, posteriormente, como o movimento feminino e movimento feminista, e um dos pontapés iniciais para desestruturar o sistema patriarcal.

Neste sentido, a busca por (in)formação ganhou sentido nas páginas de *O Jornal das Senhoras* na medida em que as redatoras Joanna, Violante e Gervasia, e suas colaboradoras, conseguiram a adesão de colaboradores e assinantes, bem como dar visibilidade às suas ideias, deixando claro seu descontentamento com a ordem social vigente e a necessidade de mudanças e melhorias para as mulheres.

E se o deslocamento pelos diversos espaços de sociabilidade, em busca de (in)formação, era uma das estratégias para alcançarem suas ideias e ideais, veremos a importância que os assuntos selecionados e impressos no periódico tiveram para atingir seus objetivos.

Estratégias editoriais femininas na Corte

Conforme já mencionamos ao longo deste capítulo, as redatoras de *O Jornal das Senhoras* criaram algumas estratégias para dar visibilidade ao periódico feminino, e, com isso, angariar novas assinantes e leitoras. Mas o destaque que o jornal recebeu também era influenciado por certas normas e estratégias editoriais utilizadas para atrair a atenção do público feminino.

A capa do periódico, por exemplo, tomava metade da primeira página com a finalidade de indicar o título, o subtítulo do jornal, a data da edição e informar que o programa do periódico se localizava na última página daquela edição.

Muitos periódicos mantinham um padrão de capa parecido, a fim de indicar seu título e quais assuntos ele abordaria. Assim, *O Jornal das Senhoras* escrito com letras maiúsculas, com uma fonte grande e em negrito, evidenciava o público ao qual ele era destinado, e o subtítulo *Modas, Literatura, Belas-Artes, Teatros e Crítica* informava os assuntos que seriam encontrados nas páginas do jornal.

Dividido em duas colunas, *O Jornal das Senhoras* geralmente mantinha o artigo de *Modas* nas primeiras páginas, o que confirma a importância deste assunto para as redatoras e o interesse de suas assinantes. A importância era tamanha, pois as informações descritas, muitas vezes, envolviam o cotidiano destas senhoras, que circulavam pelas ruas, jantares, bailes e demais divertimentos sociais públicos e privados.

Em muitas sessões do jornal, o artigo de moda dava visibilidade a determinados eventos sociais presenciados e relatados pelas redatoras em *O Jornal das Senhoras*, e também às senhoras, senhores, moças e rapazes presentes naquele evento, e as vestimentas utilizadas que mais chamaram a atenção das redatoras.

Os participantes que liam aquela seção se reconheciam e rememoravam o que viram e ouviram naquele espaço. Já as assinantes que não estavam presentes ao lerem aquele assunto identificariam os espaços frequentados por membros do periódico feminino, o nome de algumas pessoas presentes e as vestimentas que ganharam destaque aos olhos das escritoras e na escrita do jornal.

Tal visibilidade, ao fortalecer os vínculos afetivos e sociais entre os participantes daquele divertimento, atraía os olhares das senhoras que tinham a intenção de fazer parte daquele grupo, frequentar os mesmos espaços de sociabilidade, e, de modo especial, serem vistas pelas redatoras de *O Jornal das Senhoras*. Afinal, receber a atenção das escritoras significaria ser mencionada nas páginas do periódico, aumentando seu prestígio social.

Isso explica a importância e atenção dada ao artigo de modas e às peças litografadas e inseridas no periódico. A leitura da sessão de *Modas* e da *Descrição da Estampa* referente à placa de moda levava as assinantes do jornal à Rua do Ouvidor, nos estabelecimentos de modistas, alfaiates e demais comerciantes, para a compra das fazendas, tecidos e demais adereços que comporiam a vestimenta ideal para determinados eventos que seriam descritos pelo jornal.

Para compreendermos a influência que o assunto de modas causava às assinantes do periódico, podemos tomar como exemplo o primeiro mês de publicação de *O Jornal das Senhoras*, quando a redatora Joanna anunciou na primeira página, sob o título *Às nossas Assinantes*, que

> Está por tanto esgotada a edição toda dos nossos Figurinos, cujo número tínhamos calculado que seria mais que suficiente, e não chegou! Ainda temos um considerável número de Assinantes, que por sua mínia bondade esperam até o trimestre de Abril, que é quando poderemos receber de Paris um dobrado número de estampas para satisfazer a todos quantos nos quiserem honrar.[32]

Ainda que o esgotamento de figurinos possa ser relacionado à inauguração do periódico feminino e sua adequação ao número de assinantes, o cálculo feito pela redatora Joanna demonstra a pequena quantidade de leitoras que ela acreditava assinar *O Jornal as Senhoras*.

Mas, logo no segundo mês de lançamento do periódico, na busca por suprir a falta de peças às demais assinantes, Joanna anunciou ter copiado com exatidão os figurinos, antecipando aqueles que chegariam de Paris somente em abril. Se esta atitude tinha como objetivo manter fixo o número de assinantes ainda no primeiro mês de lançamento do jornal, ela também demonstrava o apreço com que a redatora tinha com suas contribuintes e a dedicação exclusiva com que realizava sua função.

Neste sentido, as modas impressas em o *O Jornal das Senhoras* proporcionavam uma nova dinâmica e relação social entre as mulheres. Das casas de subscrição para o espaço doméstico, o periódico era lido e suas notícias circulavam, seja pelo empréstimo do material

---

32 NORNHA, Joanna Paula Manso de. *Op. Cit.*, nº 03, 18 jan. 1852, p. 01.

impresso às outras mulheres, seja nas conversas realizadas durante as visitas femininas.

Com isso, as casas de modas eram frequentadas por estas leitoras e demais mulheres que recebiam as informações por outras vias, em busca dos acessórios e adereços que completariam as vestimentas visualizadas nas peças litografadas e que seriam utilizadas nos espaços de sociabilidade pela cidade.

Por fim, a frequência nos bailes, jantares, sociedades privadas e demais divertimentos, além de proporcionar e fortalecer novos vínculos afetivos, sociais e comerciais, também podia resultar na descrição da vestimenta nas páginas de *O Jornal das Senhoras*. Por isso, a importância de estar bem vestida e adornada.

E se o assunto de modas obteve grande importância por parte das redatoras e leitoras do periódico, os demais assuntos que compunham o subtítulo do periódico feminino também ganharam atenções especiais.

No caso da sessão de *Literatura*, alguns gêneros como a poesia, o folhetim, o romance, a novela, a crônica, o conto e a biografia ganharam as páginas do *O Jornal das Senhoras* e a atenção de suas assinantes.

As poesias, por exemplo, ao expressarem o sentimento de seus autores, se aproximavam das emoções vivenciadas pelas leitoras do periódico. Assim, a saudade, a tristeza, a melancolia, a solidão, a insegurança, o medo, o ódio, a raiva, a angústia, a alegria, a coragem, a serenidade, a perseverança, a esperança, a humildade, e, principalmente, o amor muitas vezes indicavam as sensações vivenciadas pelas mulheres em suas experiências de vida e em seu cotidiano.

A abertura que *O Jornal das Senhoras* deu à escrita de poetisas, escritoras e demais mulheres contribuiu para caracterizá-lo como um mediador cultural feminino, mantendo um diálogo "de mulher para mulher". Este novo canal de comunicação certamente uniu algumas mulheres com as mesmas angústias, anseios, sonhos e objetivos de melhorar a condição social feminina e ampliar seu papel social.

Os romances inseridos no periódico, também com a finalidade pedagógica, geralmente expunham mulheres que vivenciavam experiências de vida e sentimentais parecidas com as leitoras do periódico. O primeiro romance impresso em *O Jornal das Senhoras*, intitulado *Misterios del Plata*, escrito pela redatora Joanna Paula Manso de Noronha, apresentava o contexto argentino durante a ditadura de Juan Manoel de Rosas.

Neste romance histórico, Joanna narrou a trajetória da família de Valentín Alsina (1802-1869), membro do partido unitário e vítima das perseguições de Rosas. Ao longo da narrativa, Antonia Alsina, esposa de Valentín, teve grande importância no resgate de seu marido, que havia sido preso por membros do partido federado.

Ao criar um plano para resgatar seu marido, e ao executá-lo com êxito, Antonia Alsina foi descrita pela escritora Joanna como uma mulher criativa, corajosa e ousada, expondo a conjuntura de seu país e a situação de perseguição dos opositores de Rosas.

> Em que pese a fuga e a salvação de Valentin Alsina, por intermédio de sua mulher, encontrarem respaldo na história, a transformação de Antonia, no interior da ficção, em mulher de ação, vem ao encontro do posicionamento feminista de Joana Manso, assumido enquanto redatora de *O Jornal das Senhoras*, periódico empenhado na "*emancipação moral da mulher*". Dessa forma, a personagem dos *Misterios del Plata* se distancia do universo feminino dos *Misterios de Paris*, povoado de mulheres frágeis e passivas.[33]

Ainda que o título *Misterios del Plata* fosse remetido ao romance francês *Mistérios de Paris*, de Eugène Sue (1804-1857), a escritora explicou não ter criado o texto por imitação ao título, mas por

---

33 AZEVEDO, Silvia Maria. Mistérios rondam o romance-folhetim na América Latina: *Misterios del Plata*, de Joana Paula Manso de Noronha, e Mistério da Tijuca, de Aluísio Azevedo. *Miscelânea*, Assis, v. 18, p. 37-57, jul.-dez. 2015, p. 45 [grifos do original].

considerar "[...] que as atrocidades de Rosas, e os sofrimentos de suas vítimas, serão um mistério para as gerações vindouras, apesar de tudo quanto contra ele se tem escrito".[34]

Assim, Joanna encetava em suas leitoras características ousadas para a época, encorajando-as a assumirem a posição de protagonista de suas ações e motivando-as para alcançarem posições ativas socialmente.

Os demais folhetins, romances, novelas, contos e biografias, além de informar, formavam a consciência das assinantes do periódico, que se inspiravam nas personagens e em suas histórias e experiências de vida e superação.

Conforme já vimos, as biografias escritas pela redatora Joanna, em ordem alfabética até a letra G, davam visibilidade à atuação de mulheres em diversos setores da sociedade. Estes textos serviam para inspirar suas leitoras na tomada de posições parecidas e darem o pontapé inicial ao acesso feminino a cargos e posições que eram exclusivamente masculinos, no Brasil.

E enquanto os gêneros literários mantinham uma função pedagógica de inspiração feminina por intermédio de suas personagens, a sessão de *Belas-Artes* impressa no *O Jornal das Senhoras* contribuía com a (in)formação cultural de suas leitoras.

Abordando assuntos do cotidiano da Corte, das províncias e de outros países, as crônicas teatrais, musicais, da semana ou da quinzena imprimiam os divertimentos que aconteciam naquele período de publicação do jornal.

De modo mais detalhado, nesta seção eram relatadas as festividades que aconteceram ou que aconteceriam, informando as assinantes do jornal, que logo se deslocariam pela Rua do Ouvidor em busca da melhor vestimenta para a festa anunciada.

---

34 NORONHA, Joanna Paula Manso de. *Op. Cit.*, n° 01, 01 jan. 1852, p. 06.

Era nesta sessão que o termômetro teatral era impresso, indicando os artistas mais ovacionados pelo público e aqueles que não mereceram o prestígio da plateia. E a presença de suas altezas reais em determinadas peças simbolizava o ápice do sucesso, fator que mantinha a exibição daquele divertimento por mais algumas semanas, diante do considerável aumento no número de espectadores.

Portanto, o convite gratuito feito por artistas aos escritores e redatores para conferirem determinadas peças e, posteriormente, publicarem suas críticas nos periódicos, como Francisco de Paula Brito, Machado de Assis, Joanna Paula de Noronha, Violante Atabalipa Ximenes de Bivar e Vellasco, Gervasia Nunezia Pires dos Santos Neves e outros, nem sempre representaria a "justiça e imparcialidade" desejada.

Mas, apesar de muitos artistas não receberem os elogios e as ovações por parte do público e os comentários positivos na imprensa, eles ganhavam a visibilidade almejada, a fim de manterem aquela apresentação por mais alguns dias ou semanas.

Assim, compondo as últimas páginas do jornal, junto às pequenas informações sobre receitas ou notícias eventuais, os assuntos de *Belas-Artes* completavam as informações necessárias para formar um público feminino consciente de sua condição feminina e dos meios necessários para alcançar seus objetivos de melhoramento social e emancipação moral, por meio da educação e da cultura.

Tanto a seção de *Modas*, de *Literatura* e de *Belas-Artes* quanto os demais assuntos que compuseram as páginas de *O Jornal das Senhoras* tiveram objetivos específicos: emancipar moralmente e melhorar socialmente as mulheres. Neste sentido, as estratégias editoriais criadas pelas redatoras proporcionaram uma conscientização de sua posição e possibilitaram os meios necessários para instigar outras mulheres a lutarem por seus direitos públicos e privados.

Considerações finais

O deslocamento de Joanna e Gervasia nos teatros da cidade foi impulsionado pelos convites recebidos por diversos artistas para julgamento das peças apresentadas, mas também pela atuação de seus maridos, Noronha e Santos Neves, neste espaço de sociabilidade. A convivência nestes locais fortalecia os vínculos afetivos e as redes de solidariedade entre os agentes históricos que circulavam por lá e que contribuíam com *O Jornal das Senhoras*.

Ainda que Violante também tivesse vínculos sociais com o universo teatral, em especial por intermédio de seu pai, diretor do Conservatório Dramático, e também pela tradução de peças para alguns artistas, neste texto demos destaque à sua circulação pelas ruas do Rio de Janeiro, em especial pela Rua do Ouvidor, por possuir um grande número de estabelecimentos comerciais voltados para o público feminino.

Não por acaso, os três estabelecimentos comerciais que subscreviam o periódico *O Jornal das Senhoras* estavam localizados nesta rua. Assim, era colocada em prática a estratégia de dar visibilidade ao periódico feminino, colocando-o à mostra numa casa de modas, num salão de embelezamento e numa casa de livros e impressos.

E para manter e angariar novas assinantes para o periódico, um dos meios utilizados foi manter *O Jornal das Senhoras* a venda apenas por assinatura semestral paga previamente. Esta dinâmica garantia um número fixo de tiragens, facilitando o controle no número de impressões. Desta maneira, a preocupação das redatoras ficava apenas a cargo dos assuntos escolhidos e inseridos para publicação.

Como a seção de modas era uma das mais importantes para o jornal, ela foi mantida ao longo dos quatro anos de publicação, tendo como brinde a inserção de placas litografadas, vindas exclusivamente do periódico *Moniteur de la Mode* pelas embarcações que se deslocavam pelo oceano Atlântico. E caso houvesse atraso no recebimento deste material, outro brinde era inserido a fim de manter o periódico benquisto e assinado por suas leitoras.

A seção de *Literatura* e seus variados gêneros aproximavam ficção e realidade por meio dos sentimentos e experiências de vida das personagens, muitas vezes iguais aos das leitoras do periódico. Mantendo seu caráter (in)formativo, estes textos, assim como os textos sobre a mulher e sua educação, traziam à tona a conscientização do papel de submissão feminina e a busca pela superação desta posição social.

Ainda que os textos fossem escritos criteriosamente a fim de não irradiar atritos, *O Jornal das Senhoras* e suas redatoras foram alvos de questionamentos por parte de alguns homens insatisfeitos com as ideias impressas. Porém, sem recuar seus princípios, as redatoras Joanna, Violante e Gervasia levaram a diante a tarefa de (in) formar suas leitoras para um posicionamento social equiparado ao dos homens.

Com este objetivo, os textos sobre a educação feminina apresentavam os meios necessários para as mulheres alcançarem melhorias em sua condição social e moral. Já os textos inseridos nas crônicas teatrais, musicais, da semana e da quinzena formavam suas leitoras culturalmente, proporcionando um vasto conhecimento sobre literatura, artes e música, e informavam os espaços de sociabilidade em que elas podiam e deviam fazer parte, a fim de legitimarem sua liberdade de ir e vir pela cidade.

Portanto, as redatoras do *O Jornal das Senhoras*, Joanna, Violante e Gervasia, cientes de seu papel político e social, foram ousadas em suas propostas e ideias, no período em que a ordem patriarcal era vigente. Consideradas como subversivas, revolucionárias e ousadas, elas souberam se posicionar por meio da imprensa e tornar este veículo de comunicação um espaço de diálogo entre mulheres, de poder e luta simbólica e de (in)formação feminina.

Referências Bibliográficas

ASSIS, Machado de. Revista de Teatros. *O Espelho*. Rio de Janeiro: Typographia de Paula Brito, 1859.

AZEVEDO, Silvia Maria. Mistérios rondam o romance-folhetim na América Latina: *Misterios del Plata*, de Joana Paula Manso de Noronha, e Mistério da Tijuca, de Aluísio Azevedo. *Miscelânea*, Assis, v. 18, p. 37-57, jul.-dez. 2015.

BARBOSA, Everton Vieira. *Páginas de sociabilidade feminina: sensibilidade musical no Rio de Janeiro Oitocentista*. Dissertação (mestrado em História) – FCL – UNESP, Assis, 2016.

BRITO, Francisco de Paula. O Snr. Martinho no teatro S. Francisco. *A Marmota na Corte*. Rio de Janeiro: Typographia Dois de Dezembro, 1852.

CHRISTINA. Modas. *O Jornal das Senhoras*. Rio de Janeiro: Typographia de Santos e Silva Junior, 1852.

DUARTE, Constância Lima. Nísia Floresta e a educação feminina no século XIX. In: LÔBO, Yolanda; FARIA, Lia (Orgs.). *Vozes femininas do Império e da República*. Rio de Janeiro: Quartel / FAPERJ, 2008.

HAHN, H. Hazel. *Scenes of parisian modernity: culture and consumption in the nineteenth century*. New York: Palgrave Macmillan, 2009.

HAHNER, June E. *Emancipação do sexo feminino: a luta pelos direitos da mulher no Brasil*. 1850-1940. Tradução de Eliane Lisboa; apresentação de Joana Maria Pedro. Florianópolis: Ed. Mulheres; Santa Cruz do Sul: EDUNISC, 2003.

_____. Honra e distinção das famílias. In: PINSKY, Carla Bassanezi; PEDRO, Joana Maria (Orgs.). *Nova história das mulheres no Brasil*. São Paulo: Contexto, 2012.

LIMA, Joelma Varão. *O Jornal das senhoras, um projeto pedagógico: mulheres, maternidade, educação e corpo* (Rio de Janeiro, segunda metade do século XIX). Tese (doutorado em História) – PUC, São Paulo, 2012.

LOBO, Luiza. "Juana Manso: uma exilada em três pátrias". *Gênero.* Niterói, v. 9, n. 2, p. 47-74, 1º sem. 2009.

MONTELEONE, Joana. *O circuito das roupas: a Corte, o consumo e a moda* (Rio de Janeiro, 1840-1889). Tese (doutorado em História) – FFLCH - USP, São Paulo, 2013.

MOREL, Marco. *As transformações dos Espaços Públicos: imprensa, atores políticos e sociabilidades na cidade Imperial* (1820-1840). São Paulo: Hucitec, 2005.

NEVES, Gervasia Nunezia Pires dos Santos. *O Jornal das* Senhoras. Rio de Janeiro: Typographia do Jornal das Senhoras, 1853-1855.

NORONHA, Joanna Paula Manso de. *O Jornal das Senhoras.* Rio de Janeiro: Typographia Parisiense, 1852.

PALLARES-BURKE, Maria Lúcia Garcia. A imprensa periódica como uma empresa educativa no século XIX. *Cadernos de Pesquisa.* São Paulo, n. 104, jul. 1998, p. 144-161.

SCOLT, Ana Silvia. O caleidoscópio dos arranjos familiares. In: PINSKY, Carla Bassanezi; PEDRO, Joana Maria (Orgs.). *Nova História das Mulheres no Brasil.* São Paulo: contexto, 2012.

SOUZA, Silvia Cristina Martins de. *As noites do Ginásio: teatro e tensões culturais na Corte* (1832-1868). Campinas: Editora da UNICAMP, Cecult, 2002.

VELLASCO, Violante Atabalipa Ximenes de Bivar e. *O Jornal das Senhoras.* Rio de Janeiro: Typographia de Santos e Silva Junior, 1852.

Sobre o jornal fluminense *O Globo*: (re)definições em torno da concepção de um perfil editorial (1874 - 1876)

Priscila Salvaia[1]

Introdução

No clássico estudo de Nelson Werneck Sodré, *História da Imprensa no Brasil*,[2] mais precisamente em seu capítulo dedicado às "Reformas na Imprensa do Império" durante a segunda metade do século XIX, algumas poucas linhas abordam o surgimento do jornal *O Globo*, no Rio de Janeiro, em 1874. De forma pouco específica, o autor procurava inserir o periódico no bojo de uma nova imprensa

---

[1] Doutoranda em Teoria e História Literária no Instituto de Estudos da Linguagem da Universidade Estadual de Campinas (IEL/UNICAMP).
[2] SODRÉ, Nelson Werneck. *História da Imprensa no Brasil*. (4ª edição). Rio de Janeiro: Mauad, 1999 [1966].

compreendida em sua pretensa modernidade, e que refletiria o aprofundamento das contradições sociais da época.

De acordo com Sodré, o país vivia uma fase de mudanças sociais, tais como a questão servil, a liberdade do ventre, dos sexagenários, a previsível abolição ou, ainda, as questões religiosa, federativa, militar, entre tantas outras reformas que alavancavam o processo de transformação da sociedade brasileira. E, se de início tais mudanças se adiantavam à forma, por fim a imprensa procuraria se adequar, proporcionando o equilíbrio com a nova expressão que se impunha.

Nesse cenário, Sodré se ocuparia longamente do surgimento da *Gazeta de Notícias*; nas palavras do autor, este seria "o acontecimento jornalístico de 1874".[3] A folha de Ferreira de Araújo concentrava todos os predicados dos novos rumos pleiteados pela imprensa fluminense, fosse por seu teor liberal ou por seu grande alcance entre um público mais vasto. Junto à *Gazeta*, o autor fazia uma rápida referência ao recém-surgido *Globo*, e, embora a nota fosse breve e servisse muito mais para caracterizar o primeiro periódico, tais considerações apresentavam algumas pistas sobre o lugar ocupado pela folha no contexto jornalístico da época:

> A *Gazeta de Notícias* era, realmente, jornal barato, popular, liberal, vendido a 40 réis o exemplar. Ao lado do jornal de Ferreira de Araújo, que não conquistara ainda a posição destacada de que depois desfrutou, estava *O Globo*.[4]

Na busca de significados para as afirmações não explicadas de Sodré, algumas observações se fazem necessárias. Ao contrário do caso do jornal *O Globo*, é possível afirmar que há uma considerável bibliografia envolvendo a *Gazeta de Notícias*[5], e, sem dúvida, é coe-

---

3   *Ibidem*, p.224. A GAZETA DE NOTÍCIAS começaria a circular em 1875.
4   *Idem*.
5   Ver, por exemplo: PEREIRA, Leonardo A. de Miranda. *O carnaval das letras:*

rente o pressuposto de que ambos os periódicos foram compostos a partir de um ideário modernizador afinado a um discurso liberal/ progressista muito presente à época.

No caso específico da *Gazeta*, tal ideário seria conjugado ao compromisso em atingir um público bastante diversificado. Tratava-se de uma folha vendida a preços acessíveis, ofertada avulsamente nas ruas da cidade por garotos jornaleiros. Até mesmo a aparência do jornal causava uma impressão mais aprazível aos leitores, pois dispensava os excessos de ornamentos que costumavam poluir visualmente muitos periódicos da época. Os temas eram variados: atualidades, política, humor, artes, além dos sempre presentes folhetins. Em seu prospecto, o periódico defendia o compromisso com a leveza, com a jovialidade, com o bom humor, e, principalmente, com o "gosto do público".[6]

Por outro lado, quando – e se – comparado ao episódio de surgimento da *Gazeta de Notícias*, as vertentes editoriais de o *Globo* seriam expostas de forma mais tortuosa, e isso se daria por diversas razões que pretendemos demonstrar ao longo do texto. Mas, de antemão, postulamos ser necessária alguma ponderação ao considerarmos as similaridades propostas por Nelson W. Sodré.

Este escrito busca preencher uma lacuna que diz respeito à identificação do projeto jornalístico de o *Globo* a partir de seu próprio discurso e de sua materialidade. Ou seja, considerando o periódico fonte e objeto de nossa investigação, nos debruçamos sobre

---

literatura e folia no Rio de Janeiro do século XIX. (2ªedição). Campinas: Editora da UNICAMP, 2004. RAMOS, Ana Flávia Cernic. *As máscaras de Lélio: ficção e realidade nas "Balas de Estalo" de Machado de Assis*. Tese (Doutorado em História). IFCH/UNICAMP. Campinas, 2010. SANTOS, Lucinéia Alves dos. *Motta Coqueiro, a fera de Macabu: literatura e imprensa na obra de José do Patrocínio*. Dissertação (Mestrado em Teoria e História Literária). IEL/UNICAMP. Campinas, 2011.

6   GAZETA DE NOTÍCIAS. Rio de Janeiro, 2 ago. 1875.

suas páginas a fim de acompanhar os diversos processos de (re)formulação de um perfil editorial que, de início, fora concebido para atender a um público bastante seleto, mas que com o tempo teve de adequar-se às demandas impostas pelo mercado. Assim, distanciando-nos de comparações hierárquicas, e propondo uma reflexão sobre o periódico a partir de suas malhas discursivas, iremos esboçar algumas referências acerca dos princípios desta notável folha, que contou com colaboradores como o escritor Machado de Assis,[7] mas que ainda segue obscurecida por outros tantos veículos jornalísticos mais conhecidos, e mais estudados pelos especialistas.

O Globo em seus anos iniciais (1874-1876): primeiros intentos, entre idas e vindas e a remediável crise

De início, faz-se necessário atentarmos para o fato de que os primeiros exemplares do jornal *O Globo* disponíveis para pesquisa estão incompletos, ou se encontram em condições muito difíceis de leitura.[8] Porém, por informações contidas nos vestígios que restaram desses números, é possível afirmar que o primeiro exemplar publicado era datado de 5 de agosto de 1874 (Ano I - nº1). Todavia, faltam muitas páginas, e, caso tenha existido, não foi possível acessar nenhum tipo de prospecto, carta de intenções ou texto de boas vindas que pudesse esclarecer qualquer informação sobre o perfil editorial da folha. Tal constatação parecia um empecilho considerável aos intentos de nossa pesquisa, porém, como uma coleção bastante numerosa e profícua estava disponível para estudo, nos empenhamos na

---

7 Os romances *A mão e a luva* e *Helena*, ambos de Machado de Assis, foram publicados como folhetins no jornal O GLOBO, respectivamente, nos anos de 1874 e 1876.

8 Os exemplares do jornal O GLOBO e dos demais periódicos que citamos ao longo deste texto, foram consultados no site da Hemeroteca Digital Brasileira, através do seguinte endereço eletrônico: www.hemerotecadigital.bn.br.

leitura detida desses exemplares a fim de reconhecermos as diretrizes do projeto jornalístico de o *Globo* a partir de suas particularidades.

Nesse sentido, e como ponto de partida, observar o cabeçalho de um jornal talvez seja a forma mais evidente de conhecer seus dados mais básicos, uma vez que lá estão contempladas informações sobre propriedade, preços, além de detalhes e formas de apresentar-se que podem esclarecer alguns aspectos que orientavam os editores da folha. No cabeçalho de o *Globo* de agosto de 1874,[9] alguns dados importantes eram revelados: em destaque, vinham estampados o título, o proprietário e alguns dos interesses expressos pelo jornal (*O Globo: Órgão da Agência Telegráfica, dedicado aos interesses do Comércio, Lavoura e Indústria*; proprietário: *Gomes de Oliveira & C*). Nas pequenas linhas contidas abaixo, alguns "lemas" eram enfatizados: *Liberdade plena de enunciação do pensamento com responsabilidade real e efetiva do seu autor*; *Completa neutralidade na luta dos Partidos Políticos*; *Oferta gratuita das suas colunas a todas as inteligências que quiserem colaborar em assuntos de utilidade pública*. Em 1874, ainda não seriam divulgadas informações sobre tiragens, mas os preços de assinatura eram os seguintes: na Corte e em Niterói: 20$000 (por ano) e 12$000 (por 6 meses) / nas províncias: 24$000 (por ano) e 14$000 (por 6 meses). As assinaturas podiam ser adquiridas na Tipografia do Globo, localizada na Rua dos Ourives, nº 51. Posteriormente também seriam aceitas assinaturas por correspondência e, pelo menos inicialmente, os exemplares não seriam vendidos de forma avulsa.

Cabeçalho do jornal *O Globo*

Fonte: *O GLOBO*. Rio de Janeiro, 10 ago. 1874, p.1.

9   Ver página completa no Anexo I.

Publicado diariamente, *O Globo* era sempre constituído por quatro páginas. Na primeira, eram frequentes as notícias sobre chegadas e partidas de paquetes, oscilações cambiais ao redor do mundo e cotações de mercadorias (especialmente agrícolas). Ademais, e também nas páginas iniciais, eram comuns as publicações de artigos teóricos bastante rebuscados que tratavam de liberalismo, intervencionismo estatal, filosofia positivista, entre outros temas. A parte do rodapé era reservada ao folhetim, este que em alguns momentos cedia espaço aos textos de crítica literária, teatral, ou ainda, a diversas anedotas históricas. As segundas e terceiras páginas eram geralmente dedicadas às notícias da Corte e das províncias, as pautas giravam em torno das últimas novidades sobre política, economia, além do noticiário recorrente. Nessas páginas também é possível observar uma das principais características de o *Globo*: seu teor internacionalista. As notícias enviadas por correspondentes ou retiradas de jornais estrangeiros (principalmente franceses, ingleses, portugueses e norte-americanos), eram exaustivamente publicadas pela folha. A quarta página sempre era destinada aos anúncios publicitários dos mais variados produtos e dos mais variados ofertantes. Ao longo de nossa exposição, tais aspectos serão retomados.

Embora não seja destacado no cabeçalho, o nome de Quintino Bocaiúva[10] seria muito referenciado como editor-chefe e como autor

---

10 A trajetória de Quintino de Souza Bocaiúva começaria nos anos de 1850, inicialmente como tipógrafo e revisor em São Paulo, onde também cursava a faculdade de Direito que não chegaria a concluir. Posteriormente, Bocaiúva se mudaria para o Rio de Janeiro onde atuaria como jornalista e editor em diversos e importantes jornais da época, como o CORREIO MERCANTIL; o DIÁRIO DO RIO DE JANEIRO; A REPÚBLICA, folha fundada a partir do *Manifesto Republicano* (1870), cuja redação é atribuída ao jornalista; atuou também como editor do jornal *O Paiz*. Ver: BLAKE, Augusto Victorino Alves. *Diccionario Bibliographico Brasileiro*. Rio de Janeiro: Imprensa Nacional, 1902, (volume 7); SODRÉ, Nelson Werneck. (1999). *Op. Cit.* e COSTA, Emília Viotti da. *Da Monarquia à República: momentos decisivos*. (8ª edição). São Paulo: Fundação Editora UNESP, 2007.

de vários dos textos publicados no jornal. É possível cogitar também que Bocaiúva fosse um dos sócios da publicação, daí alguns estudiosos estabelecerem uma relação simples e direta da folha com os ideais republicanos que já circulavam na época. A leitura extensiva do jornal nos permitiu tomar contato com algumas transições importantes sofridas pelo *Globo* entre os anos de 1874 e 1876, e, do nosso ponto de vista, tais mudanças parecem colaborar significativamente nos esforços de compreensão das diretrizes e do lugar ocupado pela folha no mercado editorial da época, bem como na desmistificação de alguns "pré-conceitos" no esboço do suposto público-leitor.

Recorrendo-se mais uma vez aos cabeçalhos do jornal, torna-se possível perceber algumas alterações na propriedade da folha. Conforme destacado, no momento de sua inauguração, o jornal pertencia a *Gomes de Oliveira & C.*, tal nome se referia à Companhia de Comunicação *Agência Americana Telegráfica*, cujo diretor era o Sr. M. Gomes de Oliveira. Isso explica porque a primeira coluna do periódico sempre trazia as breves e numerosas notícias telegráficas fornecidas por tal agência. Contudo, tal constatação também parece sugerir alguns indícios sobre o teor internacionalista do jornal, visto que seus proprietários estavam em contato direto com o mundo todo. Seguem alguns anúncios coletados sobre a companhia:

Anúncios:

AGENCIA AMERICANA TELEGRAPHICA
DIRECTOR
M. GOMES DE OLIVEIRA
53 A — RUA PRIMEIRO DE MARÇO — 53 A
(PROVISORIAMENTE)
CENTRO DE COMMUNICAÇÃO TELEGRAPHICA
ENTRE O
Rio de Janeiro e as seguintes praças

Fonte: *DIÁRIO DO RIO DE JANEIRO*. Rio de Janeiro, 11 fev. 1874, p.4.

AGENCIA AMERICANA TELEGRAPHICA
NOVO PLANO DE SERVIÇO
PUBLICAÇÃO DE DUAS FOLHAS DIARIAS
O GLOBO, pela manhã — BOLETIM, á tarde
51 — RUA DOS OURIVES — 51

Fonte: *O GLOBO*. Rio de Janeiro, 6 nov. 1874, p. 01.

Tal situação sofreria uma primeira viravolta em 1875. O *Globo* de 1º de julho deste ano[11] surpreenderia seus leitores ao apresentar-se com um cabeçalho composto por poucas informações, esclarecendo apenas que, a partir daquele dia, o jornal passaria a ser *Propriedade de uma Associação Anônima*:

Cabeçalho do jornal *O Globo*:

Fonte: *O GLOBO*. Rio de Janeiro, 1º jul. 1875, p. 01.

Desta vez, seria possível acompanhar um texto[12] explicativo que tratava das continuidades e reformulações almejadas a partir de então. Nos primeiros parágrafos eram fornecidas algumas satisfações aos leitores sobre o fim da sociedade com a *Empresa Gomes de Oliveira & C.*, mas os redatores esclareciam que não haveria alterações no programa seguido pela folha. O texto, que ao longo da leitura ganha ares de editorial, reiterava o compromisso do periódico com a neutralidade política, com os interesses da nação e com o progresso; no entanto, a situação do país mudava e *as questões de políticas abstratas pareciam não comover mais a nação*.[13] Por isso, a partir daquele momento, os editores apontavam para os novos rumos que seriam seguidos pelo periódico, elencando, para tanto, a abordagem de temas mais específicos e próximos ao cotidiano dos leitores, como, por exemplo, o desenvolvimento da instrução pública, do comércio, da agricultura e da indústria. O ideário liberal do jornal seria mais uma vez enfatizado em seu inevitável compromisso com o progres-

---

11 Ver página completa no Anexo II.
12 Conferir transcrição completa no Anexo III.
13 *O GLOBO*. Rio de Janeiro, 1º jul. 1875, p. 01.

so da Pátria: "Trabalhar, produzir, aumentar e progredir, estudar e aperfeiçoar-se – tal é a síntese do destino humano. Servindo, pois, à propaganda dessas doutrinas, acreditamos servir à causa da grandeza e do porvir da nossa pátria".[14] Os editores se comprometeriam ainda com o maior desenvolvimento da seção noticiosa e com uma gama mais variada de assuntos.

De fato, as promessas seriam cumpridas. Se em 1874 *O Globo* surgia como um jornal sisudo, com textos de difícil compreensão e colunas abarrotadas de notícias telegráficas, a partir de julho de 1875, o jornal seria apresentado de forma mais acessível, com textos mais variados e próximos ao cotidiano de um público-leitor ávido por notícias que fossem além das teorias filosóficas ou das intempéries econômicas do mercado mundial. O jornal cederia mais espaço às notícias da Corte, aos textos críticos sobre a política local, sobre a instrução pública, além de aumentar o número de anúncios publicitários. Porém, não se tratava de uma transformação revolucionária, pois o periódico continuaria devotado aos grandes proprietários e aos interesses da lavoura, além disso, questões práticas relativas à distribuição e preços de assinaturas não sofreriam alterações significativas. No entanto, tem-se a impressão de que os editores passariam a dispensar mais atenção às camadas intermediárias dos comerciantes e dos profissionais liberais. Também se tornariam mais evidentes as opiniões defendidas pela publicação, pois os editoriais e comentários assinados pela redação seriam publicados com maior frequência. Vale lembrar que o noticiário internacional continuaria muito presente.

O Globo voltaria a passar por nova reviravolta no ano seguinte, ao fim do primeiro semestre de 1876, quando sofreria uma crise sem precedentes em sua breve história. Em agosto daquele ano, os edi-

---

14 *Ibidem*.

tores viriam a público novamente para comunicar que o periódico passava por dificuldades administrativas e financeiras, e em busca de soluções, o jornal teria seu estatuto modificado, tornando-se uma sociedade comanditária. O texto publicado em nome da folha é longo e o tom adotado quase confessional. Seguem alguns trechos:

> O Globo passa hoje a ser propriedade de uma sociedade comanditária.
> Novos capitais foram congregados para sua sustentação e um período de existência lhe está assegurado pela dedicação, pelo esforço, pelo patriotismo de vários cavalheiros.
> [...] Os fundadores do Globo, por mais nobre que fosse o seu intuito e por mais direito que tenham à estima do país e à gratidão dos seus sucessores, cometeram mais de um erro: confiaram no espírito da coletividade social e confiaram demais em si mesmos.
> O desalento público e a indiferença da população contagiaram aos próprios que se haviam coligado para a sustentação de tão alta empresa.
> [...] Sem leitores não há assinantes; sem assinantes não pode uma folha pretender a circulação e sem a circulação menos ainda pode pretender o concurso espontâneo ou interessado do anúncio, que é a base da renda das empresas jornalísticas.
> [...] Ao público, a quem nos dirigimos, cabe aquilatar do nosso mérito e dos nossos esforços.
> Para ele apelamos, porque só dele podemos receber auxílio, mantendo, com o decoro da imprensa livre, a independência, sem a qual perde ela sua nobreza.[15]

Vários outros periódicos se solidarizariam à crise enfrentada pelo *Globo* através de cartas que seriam publicadas no próprio jornal:

---

15 *O GLOBO*, Rio de Janeiro, 25 ago. 1876, p. 01.

Traz ao espírito as mais sérias reflexões, o artigo em que o *Globo* explica os motivos da mudança havida em sua direção econômica. Expondo, com toda a franqueza, as causas pelas quais tinha de sofrer modificações, usou de uma sinceridade, até então, desconhecida na nossa imprensa.

Contrista o espírito, na realidade, o pouco acolhimento que tem a imprensa no nosso país.

O que faltará ao *Globo* para merecer a benevolência do público?

Redigido por um publicista eminente, que parece ter herdado a pena de ouro de Francisco Octaviano, possuindo colaboradores ativos, inteligentes e dedicados, discutindo as mais importantes questões científicas, literárias e econômicas, com grande tino e profundeza, o que lhe falta? Nada. Só os 80 por cento, que não sabem ler poderão explicar esse fenômeno; só o desprezo pelas letras, e o pouco amor pela leitura darão razão deste fato.

Toda a imprensa deve sentir-se magoada e louvando a perseverança e dedicação destes infatigáveis trabalhadores, que arriscam mais uma vez, capital, descanso e suores. [...]. [16]

[...] Quintino Bocaiúva é incontestavelmente por seu talento, por suas opiniões democráticas, pela experiência adquirida em muitos anos de escrever para o público, o jornalista que melhor pôde imprimir a direção moral a uma folha nas condições do *Globo*.

[...] Democrata por convicção, compreendendo, porém, as dificuldades de uma propaganda enérgica e exclusivista, que seria atrofiada pelo acanhamento do círculo, ele se atira corajosamente sobre os preconceitos de seu tempo, mas não se esquece de estudar o terreno que pisa e de aferir o ataque pela força de resistência, pela antiguidade do direito adquirido. [17]

Nesse momento, a periodicidade da folha também seria alterada, e, algumas vezes, o jornal deixaria de ser publicado às segundas-feiras,

---

16 "O Globo" (Da Illustração do Brasil). *O GLOBO*, Rio de Janeiro, 12 set. 1876, p. 01.
17 "O Globo" (Da Província de S. Paulo). *O GLOBO*, Rio de Janeiro, 3 set. 1876, p. 01.

outras vezes, seria publicado em "meia folha", quando o jornal era reduzido pela metade. De forma pioneira, tais exemplares também trariam dados sobre a tiragem do jornal, sendo que os números giravam em torno de nove a dez mil exemplares, porém, é difícil afirmar se estamos diante de números frequentes ou de números motivados pela crise. Além disso, os preços das assinaturas seriam proporcionalmente reduzidos, passando a custar 5$000 para o período de agosto a dezembro de 1876. Trata-se de um desconto bastante significativo se compararmos com os preços anteriores de assinatura do jornal (Corte e Niterói – anual e semestral, respectivamente: 20$000 e 12$000/ nas províncias – anual e semestral, respectivamente: 24$000 e 14$000). Outra mudança drástica divulgada seria a venda dos exemplares de forma avulsa ao preço de 60 réis o número, e 40 réis no caso da meia folha, mas, para as compras efetuadas no escritório do *Globo*, o preço uniforme seria de 40 réis.[18] Trata-se do mesmo preço cobrado pelos exemplares avulsos da *Gazeta de Notícias*, o popular jornal citado no início deste texto, contudo, e diversa da proposta editorial da *Gazeta* em atingir intencionalmente diversos segmentos da sociedade, a venda avulsa do *Globo* parecia se configurar numa estratégia desesperada para que a bancarrota fosse evitada:

> Por nova fase acaba de passar *O Globo*. Vendido pelas ruas, apregoado pelas praças a dois vinténs, parecerá à ideia de muitos que o órgão da imprensa imparcial, prostituiu a sua missão e no exterior da agonia, no delírio de uma febre mortal quis exalar na praça pública o derradeiro suspiro.
> Engano! – *O Globo* não poluiu as crenças, nem esmoreceu nas lutas: segue o exemplo das nações cultas, proporciona a leitura por um preço ínfimo, prestando um serviço que o povo ignorante não sabe reconhecer![19]

---

18   *O GLOBO*, Rio de Janeiro, 26 ago. 1876, p. 01.
19   "A ignorância do povo: a propósito do Globo" (Editorial do *Brazil e Portugal*). *O GLOBO*, Rio de Janeiro, 17 set. 1876, p. 01.

Caricatura sobre a redução nos preços do jornal *O Globo* em 1876:

Fonte: Autor desconhecido. *O MOSQUITO*. Rio de Janeiro, 9 set. 1876.

***

Ao delinearmos as transições enfrentadas pelo jornal, podemos enfatizar que o *Globo* foi uma empresa jornalística criada para a divulgação e defesa de um ideário liberal - dito apartidário - e profundamente comprometido com o desenvolvimento e progresso do país. Todavia, e diferente do caso da *Gazeta de Notícias*, a folha editada por Quintino Bocaiúva não surgiria com intentos populares de leveza e acessibilidade. Os primeiros exemplares do *Globo*, com seus textos filosóficos alinhavados a tratados mercantis, pareciam exigir malabarismos intelectuais de seu seleto público-leitor. Ademais, os preços de assinatura não eram baratos e os números de tiragens de que se têm notícias são bastante inferiores aos números da *Gazeta*.[20]

---

20 Fundada em 1875, rapidamente a GAZETA DE NOTÍCIAS alcançou a tiragem

Portanto, em seu projeto inicial, *O Globo* se destinava a uma camada superior da sociedade, compreendida por grandes proprietários, interessados, sobretudo, em assuntos de política e economia. Por isso, estabelecer comparações entre os dois periódicos nos parece um risco, senão um equívoco. Nesse sentido, e citando mais uma situação concreta, durante o auge de sua famigerada crise financeira, a empresa de Quintino Bocaiúva perderia parte de seus funcionários e colaboradores. No exemplo a seguir, observamos alguns votos dedicados a um determinado colunista que deixava a redação do *Globo* e migrava para a pujante *Gazeta de Notícias*. Nas entrelinhas ficava evidente certo sentimento de inferioridade em relação à gazeta concorrente:

de 24.000 exemplares diários. Os preços de assinatura na Corte e em Niterói custavam 1$000 (preço mensal) e nas províncias 4$000 (preço trimestral), além dos referidos números vendidos avulsamente a 40 réis. (Ver: PEREIRA, Leonardo A. de Miranda. *Op. Cit*, p.54). E se nos referirmos às folhas consideradas mais onerosas e voltadas a públicos mais específicos, as comparações se tornam mais visíveis. Por exemplo, no caso da *Semana Ilustrada*, periódico semanal, ricamente ilustrado com modernas técnicas de xilogravura, os preços em 1874 eram os seguintes: Corte (anual e semestral, respectivamente): 16$000 e 9$000/ províncias (anual e semestral, respectivamente): 18$000 e 11$000 (Ver: SOUZA, Karen Fernanda Rodrigues de. *As cores do traço: paternalismo, raça e identidade nacional na Semana Illustrada (1860-1876)*. Dissertação (Mestrado em História). IFCH/UNICAMP. Campinas, 2007). No caso do *Jornal das Famílias*, publicação feminina mensal, com dezenas de páginas, algumas delas coloridas, os preços de assinatura anual em 1874 eram os seguintes: Corte e Niterói: 10$000 / províncias: 12$000 (Ver: PINHEIRO, Alexandra S. *Para além da amenidade – O Jornal das Famílias (1863-1878) e sua rede de produção*. Tese (Doutorado em Teoria e História Literária). IEL/UNICAMP. Campinas, 2007). Por fim, a exposição de alguns dados financeiros da época pode nos ajudar a refletir sobre possíveis análises comparativas: em 1871, custava 10$000 o aluguel de uma casa térrea no centro do Rio de Janeiro; em 1874, os ingressos para o teatro custavam de 2$000 a 3$000; em 1876, a renda de um advogado ou de um médico girava em torno de 2.000$000, a de um professor em torno de 1.000$000. (Disponível em: http://www.unicamp.br/iel/memoria/base_temporal/Numeros/numeros. htm. Acesso em: 20/10/2016).

> Seção comercial – Depois de nos haver prestado, por longo tempo, bons serviços, como redator da parte comercial da nossa folha, deixou-nos o nosso colega Sr. João de Almeida para fazer parte da redação da *Gazeta de Notícias*, com cujos proprietários e redatores acha-se o nosso colega intimamente ligado.
>
> A circunstância ocasional de achar-se em disponibilidade o Sr. Pereira Cotrim, atual redator da parte comercial do *Globo*, permitiu ao nosso colega a liberdade de consagrar-se mais ativamente à estimada folha, a que deve prestar grandes serviços.
>
> Para nós que soubemos apreciar sempre a inteligência e a atividade do nosso colega, é agradável vê-lo subir a uma posição mais saliente, sobretudo quando tantos motivos pessoais e não pessoais nos levam a fazer os mais sinceros votos pela prosperidade da *Gazeta de Notícias*, com cujos redatores honramo-nos de servir em comum à causa do progresso do nosso país e desenvolvimento da imprensa.[21]

De qualquer forma, e retomando a questão do público-leitor, seria uma ilusão acreditar que estamos diante de um jornal consumido apenas por um segmento da sociedade. A página de anúncios de o *Globo* era sempre frequentada por profissionais liberais como advogados, médicos, professores e professoras. Os folhetins, publicados desde o primeiro número, também seriam uma evidência da busca por um público mais amplo (feminino, especialmente). E não podemos deixar de nos referir às possibilidades de empréstimos dos exemplares, às práticas de leitura em voz alta, aos gabinetes de leitura e às bibliotecas públicas, que ofereciam acesso aos periódicos da época.[22]

---

21 *O GLOBO*, Rio de Janeiro, 8 set. 1876, p. 02.
22 "Explicação: Várias cartas e ofícios se têm dignado dirigir-nos diversas associações literárias e bibliotecas populares solicitando de nossa parte a remessa de nossa folha." *O GLOBO*, Rio de Janeiro, 12 set. 1876, p. 02.

Por fim, revendo a trajetória do jornal, buscamos demonstrar que, no segundo ano de existência, o periódico começaria a sofrer diversas transformações que terminariam por afastá-lo de seu suposto projeto inicial. Ao veicular conteúdos mais próximos aos interesses de um público oriundo das camadas intermediárias da sociedade, *O Globo* parecia sofrer um processo de "deselitização" que ampliaria seus leitores, proporcionando novas sobrevidas ao jornal que circulou até 1883. Vale concluir ainda que, reconstituindo parte dessas (re)formulações, deparamo-nos com um estudo de caso capaz de ilustrar alguns dos malogros inerentes às empresas jornalísticas oitocentistas, cujos "capitais simbólicos"[23] se conjugavam às demandas e especulações do público-leitor/consumidor e do mercado propriamente dito.

---

23 BOURDIEU, Pierre. *O poder simbólico*. (Tradução: Fernando Tomaz). Rio de Janeiro: Editora Bertrand Brasil, 1989.

ANEXOS

Anexo I

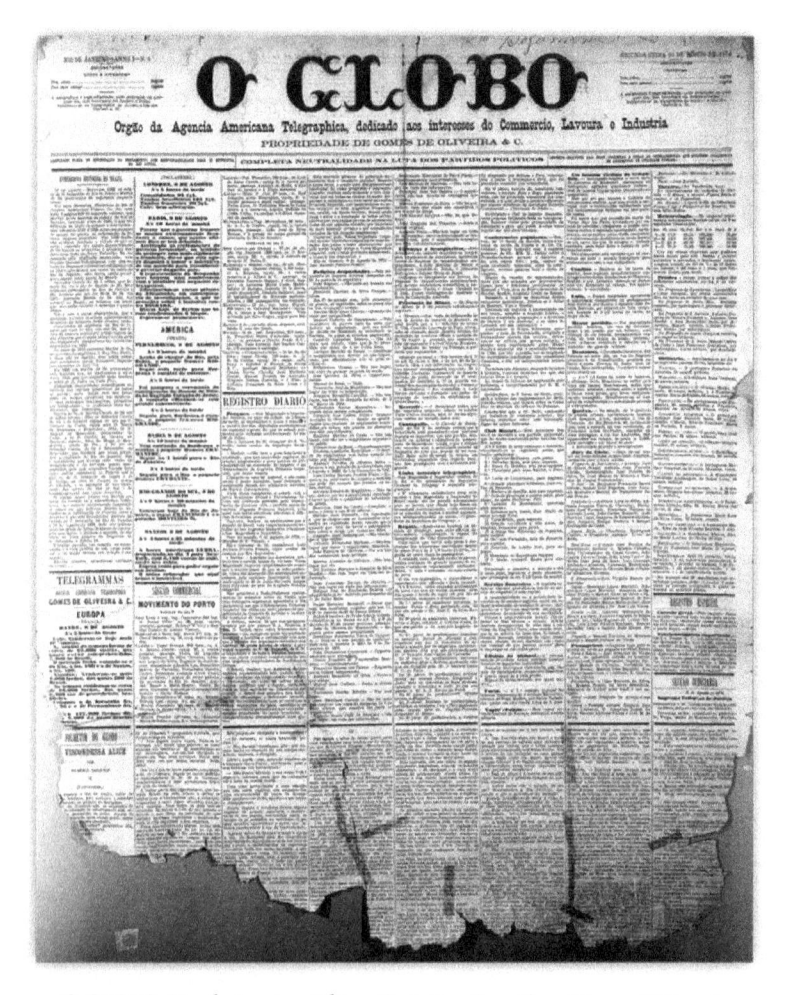

O GLOBO. Rio de Janeiro, Editor: Quintino Bocaiúva, 10 ago. 1874, p.1.

Anexo II

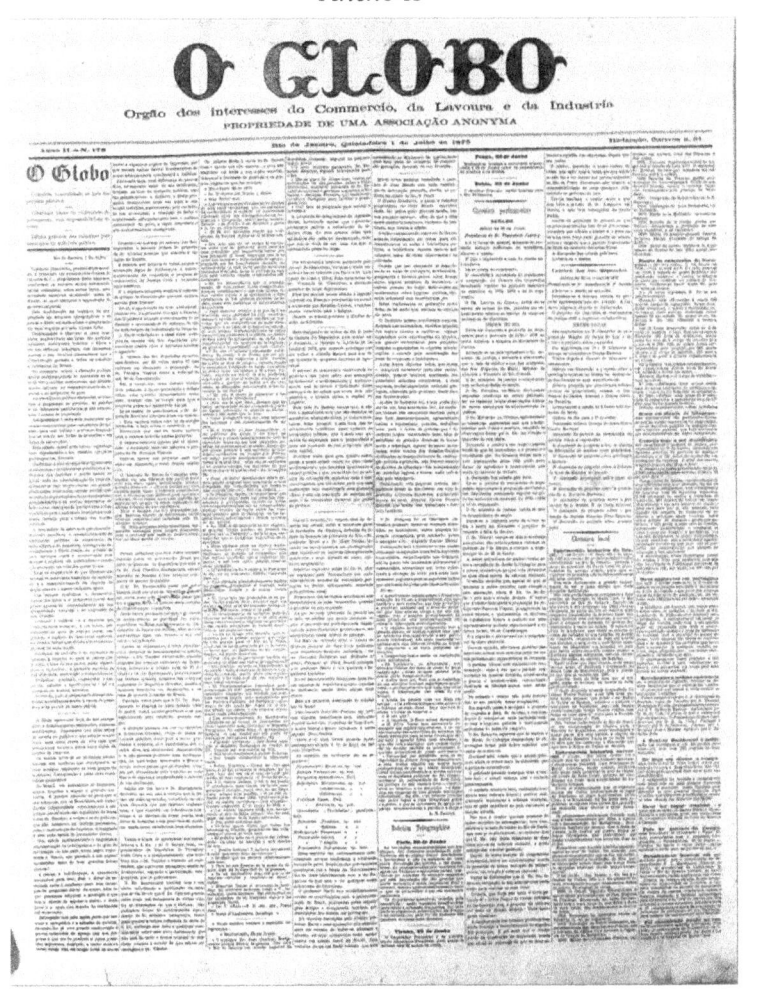

O GLOBO. Rio de Janeiro, Editor: Quintino Bocaiúva, 1º jul. 1875, p.1.

Anexo III. Transcrição do editorial publicado no jornal *O Globo* de 1º de julho de 1875 (*O GLOBO*. Rio de Janeiro, Editor: Quintino Bocaiúva, 1º jul.1875, p.1).

"Tendo-se dissolvido, por comum acordo, a sociedade em comandita Gomes de Oliveira & C., proprietário desta empresa, resolveram os mesmos sócios comanditários constituir, sobre novas bases, uma sociedade anônima sujeitando, como de direito, os seus estatutos à aprovação do governo imperial.

Esta modificação do regime da propriedade da empresa tipográfica e do jornal *O Globo* em nada altera o programa até aqui seguido por esta mesma folha.

Continuando a observar a mais completa neutralidade nas lutas dos partidos políticos, continuará também *O Globo* a ser um defensor constante dos interesses sociais e dos direitos elementares que a Constituição garante a todos os cidadãos e habitantes do Brasil.

No momento atual a atenção pública muito perspicazmente se concentra nos estudos das questões econômicas, que diretamente influem no desenvolvimento da riqueza e do progresso do país.

As questões de política abstrata, as teorias e programas de governo, as paixões e os interesses partidários já não comovem o ânimo da população.

Assinalamos o fato sem perscrutar que causas concorrem para essa atonia da opinião, para esse íntimo e profundo desgosto que se revela em todas as ocasiões e em todos os assuntos.

Esse estado moral pode talvez significar uma repressão a um passado que já se prolongou em demasia.

Cuidamos muito até aqui de programas ministeriais e de interesses peculiares à influência dos partidos e muito pouco ou quase nada da administração do Império, achando-se hoje as províncias em grande abatimento econômico, estado parcial que se reflete deploravelmente no mecanismo administrativo e na ordem econômica de todo o país, com grande perturbação e desequilíbrio para a sociedade brasileira e com grave ameaça para o futuro das rendas públicas.

A essa ordem de interesses que imediatamente envolvem o desenvolvimento da instrução pública, do comércio, da agricultura e da indústria, consagra-se especialmente o Globo desejando prestar ao país serviços reais e concorrendo para alargar a esfera da publicidade – condição essencial na vida dos povos livres.

Nem se depreenda do que dizemos que apenas os interesses materiais da sociedade e o desenvolvimento da riqueza da nação merece[sic] o nosso exclusivo apoio.

Nos tempos modernos o desenvolvimento das ideias e o progresso moral dos povos apoiam-se essencialmente na sua prosperidade material e no aumento de sua riqueza.

Produzir é cultivar, e a semente que brota da terra torna-se, a seu turno, instrumento ou meio de cultivo moral, ampliando a esfera do bem estar material, ao mesmo tempo que dilata o horizonte espiritual de uma nação.

Síntese do trabalho e da economia do homem, a riqueza é, para os países civilizados, a base do seu poder, assim como é, para o indivíduo, a garantia suprema da sua liberdade, instrução e independência.

Trabalhar, produzir, aumentar e progredir, estudar e aperfeiçoar-se – tal é a síntese do destino humano.

Servindo, pois, à propaganda dessas doutrinas, acreditamos servir à causa da grandeza e do porvir da nossa pátria."

***

"O Globo apresenta hoje, na sua perspectiva e distribuição de assuntos, algumas modificações. Esperamos que elas sejam do agrado do público e que este as aceite como uma nova prova do zelo com que procuramos tornar a nossa folha digna da capital do Império.

Os velhos mestres da retórica preceituavam aos oradores que começassem as suas arengas captando as boas graças do auditório, lisonjeando-o pelas suas excelentes qualidades.

No Brasil, em assuntos de imprensa, somos forçados a seguir o preceito contrário. É preciso recordar ao povo que se nos achamos, nós os brasileiros, em humilhante inferioridade relativamente à imprensa das repúblicas do Prata e das do Pacífico, a culpa é só do público, que não concorre, na medida necessária, para a sustentação da imprensa consagrada a essa rude tarefa do jornalismo diário.

Ora, sendo modernamente a imprensa a representação da inteligência e do grau de civilização de um país, triste papel representa um país, triste papel representa o Brasil, não podendo a sua capital apresentar mais de três grandes folhas diárias!

A rotina, a indiferença, a ignorância concorrem para isso; mas o dever da sociedade culta é combater esses três inimigos do progresso moral da nação, a fim de que possamos adquirir o prestígio a que tem o direito de aspirar o maior, o mais forte e o mais rico Estado do continente sul-americano.

Esforçando-nos pela nossa parte por merecer a simpatia e a adesão do público, devendo-lhe já uma grande coadjuvação e provas reiteradas do apreço que nos dispensa e que muito penhora a nossa gratidão, aspiramos, contudo, e muito mais e nosso desejo fora ver surgir todos os anos novos e vigorosos órgãos de imprensa, porque seriam outros tantos testemunhos do nosso adiantamento intelectual e político.

Entretanto, hoje, com diferença de poucos dias, no segundo ano de sua existência, firmado na base da simpatia pública, que tão galantemente o acolheu, o *Globo* promete desenvolver cada vez mais a sua seção noticiosa, amenizando, pela variedade de assuntos, atenção do leitor e trabalhando esforçadamente para o cultivo intelectual do povo, a cujos interesses é ele exclusivamente consagrado."

Referências Bibliográficas

Periódicos consultados

Diário do Rio de Janeiro. Rio de Janeiro, Editor: -, 1874.

Gazeta de notícias. Rio de Janeiro, Editor: Ferreira de Araújo,1875 e 1888.

Jornal das Famílias. Rio de Janeiro, Editor: B.L. Garnier, 1864 - 1874.

OGlobo. Rio de Janeiro, Editor: Quintino Bocaiúva, 1874 - 1876.

O Mosquito. Rio de Janeiro, Editor: s/ed., 1876.

Sites consultados

http://www.bn.br

http://www.caminhosdoromance.iel.unicamp.br/

http://www.hemerotecadigital.bn.br

http://www.unicamp.br/iel/memoria/base_temporal/Numeros/numeros.htm

Bibliografia geral

BESSONE, Tânia. "As leitoras no Rio de Janeiro do século XIX: a difusão da literatura." *Gênero*. Niterói, v. 5, n° 2, p. 81-93, 1° sem. 2005.

BLAKE, Augusto Victorino Alves. *Diccionario Bibliographico Brasileiro*. Rio de Janeiro: Imprensa Nacional, 1902, (volume 7).

BOURDIEU, Pierre. *O poder simbólico*. (Tradução: Fernando Tomaz). Rio de Janeiro: Editora Bertrand Brasil, 1989.

CHARTIER, Roger (org). *Práticas da Leitura*. (Tradução: Cristiane Nascimento). São Paulo: Estação Liberdade, (2ª edição), 2001.

COSTA, Emília Viotti da. *Da Monarquia à República: momentos decisivos*. (8ª edição). São Paulo: Fundação Editora UNESP, 2007.

PEREIRA, Leonardo A. de Miranda. *O carnaval das letras: literatura e folia no Rio de Janeiro do século XIX*. (2ªedição). Campinas: Editora da UNICAMP, 2004.

PINHEIRO, Alexandra S. *Para além da amenidade – O Jornal das Famílias (1863-1878) e sua rede de produção*. Tese (Doutorado em Teoria e História Literária). IEL/UNICAMP. Campinas, 2007.

RAMOS, Ana Flávia Cernic. *As máscaras de Lélio: ficção e realidade nas "Balas de Estalo" de Machado de Assis*. Tese (Doutorado em História). IFCH/UNICAMP. Campinas, 2010.

SALVAIA, Priscila. *Diálogos possíveis: o folhetim Helena (1876), de Machado de Assis, no jornal O Globo*. Dissertação (Mestrado em Teoria e História Literária). IEL/UNICAMP. Campinas, 2014.

SANTOS, Lucinéia Alves dos. *Motta Coqueiro, a fera de Macabu: literatura e imprensa na obra de José do Patrocínio*. Dissertação (Mestrado em Teoria e História Literária). IEL/UNICAMP. Campinas, 2011.

SODRÉ, Nelson Werneck. *História da Imprensa no Brasil*. (4ª edição). Rio de Janeiro: Mauad, 1999 [1966].

SOUZA, Karen Fernanda Rodrigues de. *As cores do traço: paternalismo, raça e identidade nacional na Semana Illustrada (1860-1876)*. Dissertação (Mestrado em História). IFCH/UNICAMP. Campinas, 2007.

Ideias que vão e que vem: o diálogo entre Nabuco de Araújo e Justiniano José da Rocha

Gladys Sabina Ribeiro[1]
Beatriz Piva Momesso[2]

Interessadas em compreender o campo liberal conservador no Brasil, institucionalizado na Regência com o Partido do Regresso e, após 1840, com o Partido Conservador, resolvemos comparar o pensamento de Nabuco de Araújo e de Justiniano José da Rocha, uma

---

1 Professora Titular do Departamento de História da UFF, pesquisadora do CNPq, desenvolvendo o projeto "Ordem, lei e justiça; Estado e sociedade no pensamento de José Justiniano da Rocha", e do Cientista do Nosso Estado – FAPERJ, com o projeto "Poderes políticos, trocas culturais e cidadania em dois momentos (1840 a 1857 e 1870 a 1920)".
2 Doutora em História Política pela UERJ. Insere-se no programa de Pós-Doutorado supervisionado e desenvolvido na UFF no laboratório CEO-NUPHEC, com bolsa concedida pela FAPERJ, e desenvolve o projeto "As ideias progressistas e centro liberais nas décadas de 1850 e 1860 no Brasil Imperial".

vez que cobraram a fidelidade às ideias originais da Conciliação na luta contra os liberais radicais e os conservadores emperrados.

Não escapou à historiografia a inequívoca relação existente entre eles, comprometidos com o gabinete da situação. Justiniano recebia honorários para escrever artigos em prol do governo com o qual acabou rompendo, em 1855, fato relembrado pelo próprio Joaquim Nabuco que ressaltou, porém, que a atividade não tinha o caráter de venda de consciências.[3] O então ministro da Justiça tratava diretamente com Justiniano José da Rocha e, segundo Lúcia Guimarães, bem poderia ter-lhe dado o esquema do texto *Ação, Reação e Transação* com a finalidade de apontar, anonimamente, suas preocupações com os rumos da política desenvolvida pelo Marquês de Paraná.[4]

No entanto, é importante lembrar que as relações pessoais entre o político e o jornalista ultrapassaram e superaram o âmbito e a temporalidade da Conciliação. Graças aos manuscritos, esse fato é perceptível.

Quando Justiniano, magoado, abandou o ministério em 1855, Nabuco foi a pessoa a quem ele se dirigiu em particular para, por um lado, justificar o ato; por outro, agradecer o apoio recebido. Despediu-se e manifestou o seu desejo de expressar novas ideias, não tão consonantes com o gabinete da situação, e explicou que exerceria suas atividades por mais um curto período de tempo em consideração ao ministro da Justiça:

> Devo-lhe uma confidência e uma declaração. Não posso mais ser jornalista ministerial [...] Tenho novos planos de vida para o novo ano: continuando, porém, nestes dois me-

---

3   NABUCO, Joaquim. *Um Estadista do Império*. São Paulo: Instituto Progresso Editorial S.A, 1949, vol. 1, p. 211.
4   GUIMARÃES, L.. M. P. Ação, Reação, Transação: a pena de aluguel e a historiografia. In: CARVALHO, J. M (Org.) *Nação e Cidadania no Império: novos horizontes*. Rio de Janeiro: Civilização Brasileira, 2007, p. 76.

ses, não será com as prisões do ministerialismo, embora o sejam com a afeição e gratidão para com o senhor.[5]

Tempos depois de romper com o Marquês de Paraná, Justiniano voltou a se dirigir ao ministro Nabuco. Corria o ano de 1859 e estava em vigor o gabinete conservador do Visconde de Abaeté. Por meio de bilhetes e cartas, sugeria ao ministro da Justiça da época nomes de homens honestos para ocupar cargos provinciais secundários, posições para moços de correio e também pedia empréstimos.[6] Ademais, foi no bilhete escrito no dia 19 de março de 1859 em que lhe pediu, com êxito, para ser nomeado diretor do Conselho de Instrução Pública da Corte. Como argumento ressaltava seus desejos de empreender reformas no âmbito da educação, bem como as suas habilidades como professor do Colégio Pedro II. Por último, com certa sutileza, dizia precisar de um emprego que atendesse adequadamente às suas urgentes necessidades econômicas.[7] Em 1861, Justiniano escreveria para a Galeria dos Brasileiros Ilustres a biografia de Nabuco de Araújo.

Até aqui, graças a esse tipo de fonte primária, fica claro que Justiniano continuou próximo a Nabuco após o término do gabinete do Marquês do Paraná. Todavia, seria errôneo pensar que a natureza destas relações se radicava tão somente em pedidos de empregos e indicações de cargos.

Há indícios que desde longa data ambos comungavam ideologicamente, isto é, detinham ideias pessoais análogas a respeito do sistema representativo brasileiro, e concordavam, no final da década de 1850, que este havia sido afetado pela condução da Conciliação.

---

5 IHGB. *Carta comunicado de Justiniano José da Rocha comunicando que deixará de ser jornalista favorável ao ministério*. Rio de Janeiro, 1855.
6 IHGB. *Cartas de Justiniano José da Rocha ao Conselheiro Nabuco acerca de sua situação funcional*, bilhetes n. 3, 4 e 7. Rio de Janeiro, 1853-1859.
7 *Ibidem*, bilhete n. 12.

Quando os assuntos em questão versavam sobre os partidos, virtudes políticas, júri ou monarquia constitucional, o paralelismo entre as opiniões de um e outro são notáveis.

Dessa forma, pensamos partir de alguns eixos de análise – tais como partidos, poder judiciário-lei, sistema representativo e monarquia como solução de governo- para verificar esse campo comum de ideias. Esses temas foram pensados por estarem presentes na cena política brasileira desde a emancipação. Significaram, assim, escolhas feitas por políticos e governantes, frequentaram os debates parlamentares e a imprensa em todo o período do que se convencionou chamar de Primeiro Reinado e de Regência,[8] e chegaram ao período da Conciliação, quando novas reformas foram julgadas primordiais para se alcançar a ordem e o progresso.

No início dos anos de 1830, a manutenção da unidade e dos interesses do Centro-Sul apresentaram-se mais uma vez como soluções para todo o país. A necessidade de reformar a Constituição frequentou as páginas dos jornais e dos impressos de diferentes editores e/ ou grupos políticos. A monarquia foi mantida, porém, tutelada por uma regência para a qual se elaborou lei específica, promulgada em 14 de julho de 1831.

Essa lei tratou de algumas questões cruciais que singraram os mares do Primeiro Reinado, ultrapassaram as suas barreiras cronológicas, desdobraram-se na Lei de 12 de outubro de 1832 e no Ato Adicional, bem como no chamado Regresso e Progresso (com as discussões sobre a conveniência de se entregar o trono a Princesa Januária ou emancipar Pedro II) e na efetiva disputa entre os campos conservador e liberal, transformados em partidos após 1840.

Entre esses aspectos, algumas disputas eram primordiais: as que diziam respeito às funções específicas dos poderes; à definição das

---

8 Gladys S. Ribeiro e Vantuil Pereira propuseram uma nova cronologia para esses dois períodos unidos no artigo intitulado *O Primeiro Reinado em Revisão*.

competências do chefe do Executivo, do Poder Moderador, da relação do governo e do Executivo com o Poder Legislativo; da relação entre o Poder Executivo e o Poder Judiciário; o papel da Lei e dos magistrados e/ou juízes de paz.

A lei da Regência delimitava e estabelecia limites à atuação do Regente, que só poderia exercer a função de chefe do Executivo e do Poder Moderador com o referendo de ministros. Contudo, "falaria em nome do Imperador" sempre, sendo a sua ação restrita por meio dos artigos 19 e 20. O artigo 19 impedia a Regência de dissolver a Câmara dos Deputados; perdoar ministros e conselheiros de Estado; conceder anistia em caso urgente, o que se tornou atribuição da Assembleia Geral com sanção da Regência; conceder títulos, honras, ordens militares e distinções; nomear conselheiros de Estado; e dispensar formalidades que garantiam a liberdade individual. Já o artigo 20 proibia a ratificação de tratados e convenções de governo a governo, bem como a declaração de guerra.[9]

A fórmula de rejeição e sanção dos decretos vindos do Legislativo, ou das recusas da Câmara sobre proposições do Executivo, foram abordadas nos artigos 11 ao 16. O artigo 17 foi o único que tratou da relação com o Judiciário ao atribuir a Regência, cumulativamente com os presidentes de província em Conselhos, a suspensão de magistrados, ouvindo-os e agindo em consonância com o artigo 154 da Constituição.

Complementando as questões não resolvidas no Primeiro Reinado, que diziam respeito à soberania da nação, a Lei de 12 de outubro de 1832[10] deu a Assembleia Geral o poder de reformar artigos

---

9 COLEÇÃO DE LEIS DO IMPÉRIO DO BRASIL. Lei de 14 de junho de 1831, vol. 1, parte 1, p. 19. Disponível em: < http://www2.camara.leg.br/legin/fed/lei_sn/1824-1899/lei-37250-14-junho-1831-563670-publicacaooriginal-87745-pl.html>. Acesso em: 17/08/2015.
10 *Ibidem*. Lei de 12 de outubro de 1832. Disponível em: < http://www.planalto.gov.br/ccivil_03/LEIS/LIM/LIM-12-10-1832.htm>. Acesso em: 18/07/2015.

da Constituição. Em pauta, estava mais uma vez relação entre os poderes (o Senado podia se reunir independente da Câmara quando se transformasse em Tribunal de Justiça) e a discussão da centralização *versus* descentralização, que recaia na possibilidade de transformação dos Conselhos Gerais em Assembleias Legislativas provinciais e na possível supressão do Conselho de Estado. E foi assim que a Câmara dos Deputados, autorizada por esta lei, reformou a Constituição por meio da Lei n. 16 de 12 de agosto de 1834, conhecida como Ato Adicional.[11]

Por esta lei de 1834, criou-se as Assembleias Legislativas provinciais, com eleição idêntica àquela da Assembleia Geral Legislativa, porém com duração de dois anos e com sessão de dois meses. À Assembleia Provincial se concedia o poder de "propor, discutir e deliberar, na conformidade dos artigos 81, 83, 84, 86, 87 e 88 da Constituição". Entre outros assuntos, devia legislar sobre a divisão civil, judiciária e eclesiástica da província, bem como sobre assuntos relativos à polícia, economia, despesas e contribuições dos municípios e da província, emprego das rendas, nomeação e estabelecimento dos ordenados, obras públicas, prisão, trabalho, correição e regimes delas.

Os fatos políticos que levaram a lei da Regência, aquela de 1832, e ao Ato Adicional foram contemplados no folheto de Justiniano, *Ação, Reação e Transação*. Estariam inseridos no segundo período da *Ação*, de 1831 a 1836, que levou o subtítulo de *Triunfo*. Criticando o desgoverno de 1831, dizia que havia dois sentimentos que lutavam contra o governo imperial: a aversão contra os nascidos em Portugal e a ardente aspiração para a república, que era apresentada sob o véu da federação e que se havia substituído ao pensamento

---

11 *Ibidem.* Lei n. 16 de 12 de agosto de 1834, vol. 1, p. 15. Disponível em: <http://www2.camara.leg.br/legin/fed/lei/1824-1899/lei-16-12-agosto-1834-532609-publicacaooriginal-14881-pl.html>. Acesso em19/08/2015.

liberal.[12] A Câmara havia assumido a ditadura,[13] organizava o país "em proveito da democracia" e o governo tornara-se uma comissão deste órgão representativo. Os "dias de republicanismo",[14] com o Código de Processo,[15] o Júri e a forma de nomeação e atuação da magistratura civil[16] completavam a democracia que a Lei da Regência havia decretado. Por essa lei, "o poder executivo estava desarmado na presença da Câmara (...)". Ao criticá-la, dizendo ser "toda popular", fazia também severas restrições ao sufrágio universal porque a condição para ser votante era residência recente na paróquia e renda de 100$. O mesário era proclamado por uma autoridade popular e eletiva: o juiz de paz, que compunha a mesa como queria, nela recebia as listas que queria e as apurava como queria:

> Os eleitores de paróquia, assim forjados, confundiam-se em colégios eleitorais, e os votos de todos os colégios da província marcavam os deputados.
> Fácil é ver quais e quantos os defeitos dessa eleição (...).[17]

Para Justiniano José da Rocha, a reforma da Constituição foi, então, compromisso dos que participaram de 1831, levando à descentralização, com a criação das Assembleias Provinciais e a submissão da magistratura. Para ele, a democracia havia invadido tudo:

> (...) o poder legislativo era todo seu; o judicial o não era menos; pois tinha o júri, e os juízes de paz, e os promotores, e os juízes de órfãos e os municipais. Não lhe escapou o poder

---

12 ROCHA, Justiniano José da. "Ação, Reação e Transação. Duas palavras acerca da atualidade política do Brasil". In: MAGALHÃES JÚNIOR, R. *Três panfletários do Segundo Reinado*. Rio de Janeiro: Academia Brasileira de Letras, 2009, p. 170.
13 *Ibidem*, p. 174-175.
14 *Ibidem*, p. 177.
15 *Ibidem*, p. 176.
16 *Ibidem*.
17 *Ibidem*, p. 178.

executivo; pois tinha o regente, (...) pois tinha esse regente limitadíssimas atribuições; pois os seus delegados imediatos, os presidentes de província, estavam subordinados às assembleias provinciais, que, enfim, eram as que elegiam os seus substitutos.[18]

Considerava a organização política um "pesadelo" e dizia que o poder era tido como inimigo da liberdade. A única solução possível era a "luta da reação", 1836-1840, porque a sociedade não podia caminhar sem a autoridade que protegesse a ordem, uma vez que a organização democrática fazia com que os distúrbios se multiplicassem.[19]

Foi assim que a bandeira do Regresso foi hasteada na Câmara "por um dos mais notáveis estadistas de então (...)". Para ele, foi o momento quando se travou a luta entre o Poder Executivo e o Parlamento, "ambos saídos de uma mesma origem", e essa luta apressou a restauração monárquica em razão de já se ter ganho a "experiência política" e compreendido o regime da "ponderação e do equilíbrio".[20]

Em definitivo, representação e democracia não eram sinônimas para Justiniano. A representação tinha como axiomas "a unidade de governo pela solidariedade ministerial; a responsabilidade ministerial; o respeito à maioria no parlamento para se estudar as reais necessidades públicas e uma oposição que deveria "procurar o governo."[21] A fraqueza do governo era gerada pelas leis e instituições da democracia. A força, que era reclamada por todos, e segundo pensava com toda razão, só podia ser encontrada na "restauração do elemento de unidade, do elemento monárquico".[22] Só a monarquia teria força para cuidar da unidade do Império, reformar o Ato Adi-

---

18   *Ibidem*, p. 179.
19   *Ibidem*, p. 181.
20   *Ibidem*, p.183.
21   *Ibidem*.
22   *Ibidem*, p. 184.

cional, o Código de Processo e a administração da justiça.²³ Em suas palavras, o *triunfo monárquico*, de 1840-1852, era inevitável.²⁴

A partir desse momento, passou a criticar a falta de identidade dos partidos: (...) nos partidos, vastas aglomerações de homens, congregados pela identidade de pensamento e de instintos políticos, há igualmente interesses individuais e interesses coletivos, há paixões e ilusões".²⁵

Dizia que nesse período nem sempre o governo foi dos conservadores, mas que quando os liberais estavam no poder continuavam a sua reação monárquica. De 1844 a 1848, os ministérios e as "posições de predomínio e de influência" foram ocupados por liberais, tendo sido um ministro liberal que instituiu o "veto presidencial sobre os atos das províncias".²⁶

Excetuado o ministério de Paula Souza, que quis fazer reformas sem ter força necessária, afirmava que os ministérios não tinham identidade e que serviam à reação monárquica:²⁷ "Confundamos, pois na obra de reação monárquica todos os ministérios que de 1840 até 1851 se sucederam, todos foram instrumentos mais ou menos voluntários, mais ou menos hábeis dessa reação."²⁸

O partido liberal não havia compreendido, em 1842 nem em 1848, que as armas eram a "razão pública" e a "inteligência, de modo que as revoltas levaram novamente à anarquia e o desejo de evitar a calamidade das ex-colônias espanholas". Justiniano afirmava que não haviam convencido a todos que a liberdade não era

---

23 *Ibidem*, p. 184-187.
24 *Ibidem.*, p. 189.
25 *Ibidem*, p. 190 *et seq.*
26 *Ibidem.*
27 *Ibidem*, p. 192.
28 *Ibidem*, p. 193.

incompatível com a ordem; a liberdade constitucional tinha que ser análoga à ordem.[29] Quase no final do folheto *Ação, Reação e Transação*, chegando aos anos de 1852 a 1856, quando esperava que os partidos e o governo tivessem aprendido com o processo histórico para não retrogradar, afirmava que de 1834 a 1836 havia quem cultuasse o poder monárquico e quisesse embaraçar 1831. Depois, houve ainda quem "quisesse embaraçar as consequências do triunfo de 1840" e se conservasse, ao menos em parte, fiel às ideias populares.[30]

> (...) grandes necessidades públicas foram demonstradas e a razão nacional se esclareceu. O observador que, desprevenido, confrontar as épocas, verá que em tudo e por tudo os *caramurus* (itálico no original) de 1831 a 1836, e os liberais de 1841 a 1851 desempenharam o mesmo papel, cometeram os mesmos erros, fizeram os mesmos benefícios. O que arredava dos *caramurus* as simpatias da grande massa nacional era a restauração, o que arredou dos liberais as mesmas simpatias era o constante apelo para as armas: em um e em outro caso, revolta e sofrimento, ruína da liberdade e da ordem, e a nação queria existir, e existir livre.
> Desde, porém, que a morte de D. Pedro I fez desaparecer a causa profunda dessa aversão e desse divórcio, a doutrina do Partido *caramurú*, modificada, aperfeiçoada, pela inteligência, foi geralmente abraçada, triunfou sob a bandeira do regresso.
> (...) as paixões refrearam o seu ardor, puseram silêncio as suas exigências, retiraram as suas ameaças, então cessou naturalmente a aversão e o divórcio e, sob o pregão do progresso conservador, aparecerá a época da transação.[31]

---

29 *Ibidem*, p. 194.
30 *Ibidem*, p. 200.
31 *Ibidem*, p. 200-201.

Informações contidas nos manuscritos de Nabuco, encontrados no IHGB, nos ajudam a traçar caminhos nessa pesquisa dos paralelismos, da identificação de um campo comum de pensamento sobre a experiência histórica recente que se deveria considerar ao pensar um projeto político para o Brasil dos anos de 1840 e 1850. Revelam-nos, por exemplo, que a *Folha Três de Maio* era dirigida por Justiniano José da Rocha. Tendo começado a funcionar em fevereiro de 1858 e terminado em dezembro mesmo ano,[32] em artigo não assinado da edição de 15 de novembro de 1858, intitulado *Questões Retrospectivas*, o autor relacionava a política da Conciliação e a extinção dos partidos.

Ora, uma das grandes preocupações de Nabuco de Araújo durante e, sobretudo, após a Conciliação, era a falta de identidade e força política dos partidos políticos. Em discurso na Câmara dos Deputados, em 30 de junho de 1854, e no calor da hora, posicionou-se: "A Conciliação como a fusão de Partidos, para que se confundam os princípios, para que se obliterem as tradições é impraticável, é perigosa e por todos os princípios inadmissível."[33]

Ao mesmo tempo, em seus apontamentos Nabuco afirmava que a política da Conciliação não deveria ser dirigida pelos partidos, e sim pelo governo. Lamentava-se que, após o término da Conciliação, os partidos quase inexistissem e se caracterizassem pela pobreza de ideias: "Que venham as ideias para que possam retornar os partidos."[34] Observamos igualmente alguns aforismos sobre os partidos em seu caderno de notas: "São a essência do sistema representativo". E, ainda, "Não temos nem é possível cria-los profundos como

---

32 A folha era publicada três vezes por semana na Typografia Americana de José Soares de Pinho. Há exemplares impressos no IHGB.
33 ANNAES DA CÂMARA DOS DEPUTADOS. Rio de Janeiro: Typografia de Hyppolito Pinto & C. C, vol.1, t. 4, 30 de jun. 1854, p. 295.
34 *Ibidem*, vol.1, t. 2, 13 de jun. 1857, p. 258.

na França"; ou "Estão extintos entre nós." Por fim: "*Seria uma felicidade, seria uma desgraça a extinção dos partidos?* "[grifo nosso][35]

Assim, o artigo do *Três de Maio* não somente era consonante às ideias de Nabuco, como também repetia, *ipsis litiris,* as máximas por ele anotadas em seu caderno de notas pessoais. Seria mera coincidência? Improvável. O trecho reproduzido abaixo é elucidativo:

> A política do Ministério de Paraná poderia ter provocado a reorganização [sic.] dos partidos, e de feito houve muito quem o esperasse [...] Mas o cansaço dos espíritos a falta de resolução de muitos, essa hesitação diante do futuro deixou passar a reforma.
> [...]
> *Seria uma felicidade, seria uma desgraça essa extinção dos partidos?* Declaramos alto e bom som que não compreendemos regime [sic.] representativo, regime de liberdade, sem os partidos. [grifo nosso] [sic.][36]

Entretanto, se o artigo anônimo da folha editada por Justiniano, datado de 1858, repetia ideias personalíssimas do ministro da Justiça, seria incorreto deduzir que o jornalista limitava-se a seguir escrevendo para Nabuco, que por sua vez não podia assinar artigos de teor crítico que lamentavam os frutos amargos, produzidos durante o gabinete de Paraná. Outrora, pertencera à instituição e apoiara e até colaborara com a política do gabinete em questão. No momento que escrevia, apalpava resultados que acabaram por comprometer a singularidade dos partidos.

Anos antes de Nabuco, nos jornais *O Atlante (1836), O Chronista (1836)* e em *O Brasil (1840),* Justiniano já havia manifestado

---

35 IHGB. *Suplemento às Opiniões do Conselheiro Thomás Nabuco de Araújo. Caderno de Notas Extratos e Discursos.* Rio de Janeiro, 1843-1862.
36 TRES DE MAIO. Rio de Janeiro, n. 74, p. 1, 15 nov. 1858.

a sua preocupação com a falta de consistência e a individualidade doutrinal de tais instituições políticas.

Em 1836, o número 1 de *O Atlante*, de 3 de maio de 1836,[37] criticava enfaticamente o Partido Moderado, que era dominante desde 1831. Segundo o redator, depois de ter sufocado a oposição e causado um marasmo na política do país, o partido se dividiu: de um lado estavam os que sustentavam as instituições, a administração, mesmo que timidamente; do outro, os que se sentiram excluídos da primeira porção e rebelaram-se contra esses homens que dominavam as instituições e formaram um novo partido. Estes indivíduos não perceberam que, ao tentar remediar tantos males, estavam arruinando a pátria que desejavam salvar.

Dessa maneira, o jornal apresentava como seus objetivos desviar os furacões que estes indivíduos não enxergavam, denunciar os infortúnios contra a prosperidade do Brasil, desenvolvendo medidas que fossem boas e desvendando os interesses ocultos dos homens – e previa que este último objetivo causaria a fúria em ambos os partidos. Para expor as suas ideias, afirmava que usaria a argumentação, desprezaria as calúnias e agressões, combateria as exigências revolucionárias e as "interpretações metafísicas" da Constituição, apresentando com franqueza a sua opinião. Assegurava ainda que não seria com revoluções que os males do país seriam combatidos, mas com os remédios do corpo político; organização dos Códigos, harmonia entre as instituições, criação -com a devida cautela e experiência- de emendas e outras medidas. A desconfiança e a falta de estabilidade agravariam as males padecidos pelas províncias. Era preciso salvar a monarquia das tendências democráticas que vicejavam de 1826 a 1832.

No número 8, de 27 de maio do mesmo ano, acusava o ministério de retrógrado, comparando-o com o Partido Moderado. Por isto,

---

37 O ATLANTE. Rio de Janeiro, n. 01, p. 01, 03 maio 1836.

afirmava ser oposição. O ministério estaria "pronto à ceder grande parte das reformas, que se arrepende com quase todo o partido moderado daquilo que contribui, que por isso daria mãos a qualquer sistema de retrogradação mitigada."[38]

Desejava que se mantivesse aquilo que era proibido alterar pela Constituição, que as mudanças não fossem levadas por correntes que colocassem a civilização brasileira atrás do ano de 1826 e ameaçassem as conquistas de 1832. Por este motivo, defendia um ministério que fosse forte, que tivesse capacidade e fosse amante das reformas, o que dizia não ser o caso daquele ministério em questão. Naquele momento, considerava que o ministério queria "modificar a reforma, porque tem medo dela, dos direitos que deu às províncias, e daqueles que estas podem ir usurpando".[39] Propunha como solução a conservação de instituições pública, que eram novas, e a harmonia pelo respeito às leis. Dizia que fazia o alerta sobre a possível mudança nas instituições por conta da influência das ideias democráticas de Washington e Franklin.[40]

A falta de unidade interna dos partidos, que não tinham posição política demarcada como nos países constitucionais – citava a França e a Inglaterra –, levava o sistema representativo brasileiro a ser *sui generis*: uniforme, sem divergências.[41] No número 12, comentava ainda que a "a falta de harmonia e de inteligência" do ministério, bem como a incompatibilidade dos ministros, agravava as lutas com o Parlamento e as lutas dentro do próprio Parlamento, uma vez que "temos visto que membros do Gabinete saberem uns de coisas que outros ignoram, sustentarem uns proposições que outros combatem".[42]

---

38 *Ibidem*, n. 8, p. 01, 27 de maio de 1836.
39 *Ibidem*, p. 02.
40 *Ibidem*, p. 03. As críticas ao ministério aparecem em vários outros números, como o 11, de 10 de junho de 1836 (não há unidade no Ministério).
41 *Ibidem*, n. 11, p. 04, 20 de junho de 1836.
42 *Ibidem*, n. 12, p. 01, 17 de junho de 1836. O assunto volta a ser comentado no

Interessante é registrar que para esclarecer os eleitores nas eleições que se avizinhavam, fornecendo-lhes critérios, desde o número 16 de *O Atlante* passou a publicar um artigo de Benjamin Constant, intitulado *Entretenimento de um eleitor consigo mesmo*.[43] No exemplar número 20, de 19 de julho de 1836, mencionou que no dia 3 de julho havia sido publicado o decreto que convocava a legislatura vindoura (1838-1842), sendo a intenção do governo influir sobre a eleição para se livrar da oposição, uma vez que adotou um partido e oprimiu os outros.[44]

Desta maneira, em 1836, preocupava-se com a ausência de partidos tanto nas páginas de *O Atlante* quanto nas de *O Chronista*, realidade que diz ter se verificado após o governo conturbado do Regente Feijó. A posição contrária a Feijó e a luta que este travava com a Câmara foram tratadas nos números 2, 3, 4, 5 e 8 de *O Atlante*.[45] No número 5, por exemplo, acusava o Executivo de imprudente porque desrespeitava a Constituição e afirmava que, nos governos constitucionais, a Câmara era a "razão social, ativa e forte", enquanto o Senado era "a razão moderna e experimentada".[46] No número 10, o alvo eram os sacerdotes, "que envolvem-se em intrigas políticas ateando fogo nas discórdias civis".[47] No ano seguinte, queixava-se do mesmo e se ressentia da dificuldade de levar a cabo reformas políticas profundas através de instituições.[48]

---

número 27, p. 1-4, de 23 de agosto de 1836, quando aborda o problema das maiorias *versus* minorias no Parlamento.

43 *Ibidem*, n. 16, 01de julho de 1836; *Ibidem.*, n. 17, 05 de julho de 1836; *Ibidem,,* n. 18, p. 1, 27 de maio de 1836. 08 de julho de 1836; *Ibidem*, n. 19, 12 de julho de 1836; *Ibidem*, n. 22, p. 6, 22 de julho de 1836.

44 *Ibidem*, n. 20, p. 5, 19 de julho de 1836. Este assunto também é tratado no n. 21, 22 de julho de 1836.

45 *Ibidem*, n. 2, 06 de maio de 1836; *Ibidem*, Rio de Janeiro, n.3 10 de maio de 1836; *Ibidem*, n. 4, 13 de maio de 1836; *Ibidem*, n. 5, 17 de maio de 1836.

46 *Ibidem*, n. 5, p. 02, de 17 de maio de 1836.

47 *Ibidem*, n. 10, p. 03, de 07 de junho de 1836.

48 O CHRONISTA. Rio de Janeiro, n. 44, p. 173-175, 08 mar. 1837.

Assim, quando Elmano Cardim afirmou que em 1848 Justiniano preferiu defender a *tolerância* em detrimento da *conciliação*, esse pensamento já estava posto desde 1836, quando pensava ser o caminho certo a prática de atitudes como a harmonia, a cautela, a experiência e a tolerância. A ideia defendida em *O Brazil*, que apontava a importância de pensamentos opostos não se fundirem e acabarem por se tornar neutros, dando origem a um governo anárquico, estava difundida desde as páginas de *O Atlante* (1836) e de *O Chronista* (1836 e 1837): "é impossível entre duas opiniões diametralmente opostas, entre dois partidos que se repelem por todos os seus pontos fazer desaparecer todo o antagonismo, como seria preciso para haver conciliação".[49]

Portanto, no final dos anos de 1840 retomava temas que frequentavam a sua pena muito antes: a tolerância para com as posições políticas diferentes, os direitos individuais e a proteção a todos os cidadãos:

> A tolerância do Ministério consiste em não ter duas medidas para os cidadãos brasileiros, em não atender as suas opiniões, senão ao seu mérito, em protegê-lo com igual eficácia, quaisquer que sejam suas opiniões, seus princípios, suas afeições, no que fôr direito de cada um, quer civil, quer político, em suma, em dar execução ao artigo da Constituição em que as leis são iguais para todos, e que os brasileiros são *aptos para todos os empregos com a graduação única dos seus merecimentos e virtudes, e não com a graduação de suas ações políticas*.[50]

Defendemos, então, que a conciliação proposta por Justiniano baseava-se, desde sempre, na tolerância com rastos de um pensa-

---

49 O BRAZIL. Rio de Janeiro, julho de 1848 *apud* CARDIM, Elmano. Justiniano José da Rocha. *RIHG,* Rio de Janeiro, n. 257, 1962, p. 87-121
50 *Ibidem.*

mento humanista e cívico, um conceito bem distinto da conciliação que anulava ideias e era instrumento para servir apenas aos interesses privados de integrantes de partidos opostos. Elmano Cardim afirmou que, em 1848, Justiniano defendia a tolerância e em 1853 passou a apoiar a Conciliação.⁵¹ Na ótica de uma abordagem conceitual, tal posicionamento não significou uma ruptura, já que Justiniano pautou muito bem que tipo de conciliação apoiava: aquela baseada nas ideias e méritos e não a que anulava partidos, uma vez que se fundava em uma política de coexistência entre os opositores justificada pela partição de cargos do governo.

Tanto Nabuco como Justiniano ressaltaram a importância das virtudes e talentos como critérios para que todos participassem do governo e para que todos fossem beneficiados pelo cumprimento da Constituição. Esse tipo de pensamento foi repetido por ambos em distintas ocasiões.

Justiniano citava Bacon e defendia que se escolhesse ministros pelos méritos e virtudes. Os homens de governo deviam ser capacitados, indivíduos bem formados em teorias administrativas, em história, em línguas, em política econômica e social: "Enfim, proscrevam-se todas as aristocracias, embora; mas, respeite-se a aristocracia do talento: e da capacidade".⁵²

Nabuco de Araújo o fez, primeiramente, no discurso *Ponte de Ouro* pronunciado alguns dias antes da implantação da Conciliação, segundo o qual alguns dizem ter lhe valido o cargo de ministro da Justiça. Na ocasião, Nabuco realçava o valor de uma política conduzida por "homens honestos de todos os partidos",⁵³ ou por indivídu-

---

51 *Ibidem*, p. 70.
52 O ATLANTE. Rio de Janeiro, n.9, p. 3-4, 31 de maio de 1836.
53 ANNAES DA CÂMARA DOS DEUPUTADOS. Rio de Janeiro: Typografia de Hyppolito Pinto & C. C, v.1, t. 3, 06 de jul. 1853, p. 87. Trata-se do discurso que foi intitulado Ponte de Ouro.

os independentes das suas filiações políticas, que "por seus serviços e tradições deviam merecer do governo imperial toda consideração".[54]

Não é demais ressaltar que mesmo antes de colocar-se ao lado de chefes liberais, o que formalmente aconteceu apenas no ano de 1862, o ministro da conciliação já estabelecia um profícuo diálogo através de sua correspondência com personagens que carregaram o bastião liberal desde tempos de outrora. Em comum, todos eles se caracterizavam pela adesão a um liberalismo não radical. A amizade com José Antônio Saraiva e Francisco José Furtado, por exemplo, remonta a essa época. Anos mais tarde, pertencerão, juntamente com Nabuco, à Liga Progressista (1862-1868) e posicionar-se-ão a favor de políticas transformadoras de teor moderado, encabeçadas pelas tão almejadas reformas no Judiciário, de Nabuco.[55]

Pelo visto, o único elemento para Nabuco, àquela altura, era o radicalismo caracterizado pela violência e pelos ambiciosos e desproporcionados desejos do pleno federalismo político, que podiam ameaçar a monarquia. Tal radicalismo não se expressava nas figuras de Saraiva e Furtado, ainda que o segundo personagem mantivesse amizade com antigos praieiros na década de 1850.[56]

Justiniano escreveu um texto biográfico sobre Nabuco de Araújo, que foi publicado na Galeria Sisson. Nele o jornalista enfatizou alguns aspectos de personalidade do estadista pelos quais nutria especial admiração:

> Nesse ministério, o conselheiro Nabuco mostrou-se um dos mais sinceros e devotados propugnadores da conciliação; na tribuna a defendeu por vezes e a explicou com o seu talento de hábil doutrinário, com as suas grandes exposições

---

54 Ibidem.
55 Cf. IHGB. *Cartas e bilhetes trocados entre Nabuco e José Antônio Saraiva. Rio de Janeiro, 1850-1865;* IHGB. *Cartas a Francisco José Furtado solicitando opiniões e pareceres.* Rio de Janeiro, 1855-1869.
56 *Ibidem*, carta n. 5.

de ideias gerais; *na prática, não fazendo seleção de pessoas pelas simples recomendações do passado, mas somente atendendo ao merecimento de cada um*, mostrou-se o que havia anunciado que seria já na presidência de Pernambuco, já nos seus discursos na sessão de 1853, especialmente quando procurou sustentar a validade do diploma com que então se apresentava como deputado pelo Pará o Sr. Sousa Franco. [grifo nosso][57]

O humanismo cívico como linguagem política disponível no século XIX esteve à serviço das intenções de Nabuco de Araújo e de Justiniano José da Rocha. Embora, se tratasse de uma linguagem inicialmente identificada com o republicanismo na Europa Moderna, apresentava outros importantes componentes, como o argumento de que a virtude é cívica e os que a praticam em prol do seu país são merecedores de estima, independente de sua opinião partidária.[58] O historiador Ruy Ramos associou o humanismo cívico às concepções liberais portuguesas do século XIX e mostrou sua apropriação e a consequente configuração de vocábulos liberais oitocentistas. Tratou de certo *liberalismo conservador*, encarnado nas figuras de Almeida Garret e Alexandre Herculano, personagens situados entre a Ilustração e o Romantismo, defensores de reformas políticas, preocupados em legitimar seus poderes por meio da força das ideias e da retórica, combatentes do absolutismo, amigos do progresso material de Portugal, a favor dos elementos da civilização moderna pautados pela moralidade.[59]

---

57 ROCHA, Justiniano José da. Perfil de José Thomáz Nabuco de Araújo. In: SISSON, Sebastien Auguste. *Galeria dos Brasileiros Ilustres*, vol. 1. Rio de Janeiro: Lithographia de S. A. Sisson, 1861, p. 110.
58 Cf. PAGDEN, Anthony. Introduction. In: ____.*The Languages of Political Theory in Early-Modern Europe*. Great Britain: University Press Cambridge, 1987, p. 1-17. Também, em segundo lugar, ver SKINNER, Quentin. *As fundações do pensamento político moderno*. São Paulo, Companhia das Letras, 1996 p. 90; 108.
59 Cf. RAMOS, Rui. *História de Portugal*. 7ª edição. Lisboa: A Esfera dos Livros, 2012, p. 507-509. Sobre as ideias de Garret e Herculano, na órbita do liberalis-

No caso de Nabuco e de Justiniano pode-se fazer referência a um *conservadorismo liberal*, uma vez que vislumbramos em ambos os personagens diferenças no plano das ideias tanto no interior do Partido Conservador quanto no que dizia respeito ao próprio gabinete da Conciliação. Na década de 1850, ainda estavam distantes das siglas liberais, porém suas concepções já apontavam para a existência de certa clivagem no interior do conservadorismo. Justiniano, em especial, defendia fortemente a moralidade, em detrimento do interesse, como pilar necessário para o feliz desenlace da Conciliação:

> Oh mesquinhez do espírito humano! A uma necessidade política, a uma satisfação moral no triunfo de ideias, substituirão uma satisfação de interesses no aviltamento dos indivíduos, e a isso chamarão conciliação.[60]

Em termos propositivos, Justiniano e Nabuco compartilhavam a defesa do Poder Judiciário e da Lei como premissas para a conservação do Estado sob a égide da monarquia constitucional. Juntando-se a esses elementos as suas visões consonantes a respeito do papel dos partidos, tem-se aí o resumo do conservadorismo liberal. No elogio a Nabuco, escrito no final de sua vida, o jornalista depois de desfilar os méritos cívicos do estadista, destacou o que considerou a fidelidade e o reto cumprimento de seus deveres de juiz de direito. Aliás, estes eram elementos que Justiniano tanto apreciava:

> Nabuco de Araújo compreendeu que havia uma missão importante para o juiz de direito de Recife, aceitou-a, cum-

---

mo nas primeiras décadas do dezenove em Portugal, cf. NEVES, Lúcia Maria Bastos P. *et all*. *Literatura, história e política em Portugal (1820-1856)*. Rio de Janeiro: EdUERJ, 2007, p. 7-12.
60 ROCHA Justiniano José da. Ação, Reação e Transação. Duas palavras acerca da atualidade política do Brasil..., *Op. Cit.*, p. 160.

priu-a. Os processos políticos foram levados a bom êxito, sem quebra da lei e da Justiça.⁶¹

Nesse caso, parece que a referência diz respeito às posições tomadas por Nabuco de Araújo, em 1848, quando lhe coube julgar os revolucionários praieiros. Nabuco havia optado por levar à risca a lei e imputou a pena de prisão perpétua aos réus, por entender que a revolução, de índole jacobina, incorria em um liberalismo radical que ameaçava a ordem do sistema representativo brasileiro.⁶² Ao mesmo tempo que se portava como um juiz rígido, atuava dentro da legalidade. Estava ciente de que segundo a mesma lei, e sem infligi-la de modo algum, a sentença poderia ser nulificada, tempos depois, quando se acalmassem os ânimos. Segundo o seu biógrafo, Joaquim Nabuco, por um lado, era notável pela sua preocupação do juiz de direito com a eliminação de radicalismos, por outro, porque o seu sentimento de legalidade se conjugava à virtude da equidade.⁶³

Conforme apontou recentemente Gladys Sabina Ribeiro, as ideias de Justiniano José da Rocha a respeito do Poder Judiciário, pensado como instrumento contra a desordem, foram divulgadas desde os anos de 1836 e 1837, quando ele atuava como editor dos jornais acima mencionados e quando publicou, no Rio de Janeiro, *Considerações sobre a administração da Justiça Criminal no Brasil*.⁶⁴

---

61 *Idem.* Perfil de José Thomáz Nabuco de Araújo..., *Op. Cit.*, v. 1, p. 111.
62 O posicionamento de Nabuco de Araújo em conjunto com o chefe de polícia Figueira de Melo foram objeto do seguinte artigo: MARSON, Izabel Andrade. Política, Polícia e Memória: a atuação do chefe de polícia Jerônimo Martiniano Figueira de Melo na Revolução Praieira. *Revista Justiça & História*, Porto Alegre, v. 4, n.7, 2004, p. 62-84,
63 NABUCO, Joaquim. *Um Estadista do Império...*, *Op. Cit.*, v.1, p. 109-112.
64 ROCHA, Justiniano José da. *Considerações sobre a administração da Justiça Criminal no Brasil e especialmente sobre o Jury; onde se mostrão os defeitos radicais dessa gabada instituição seguidas de hum appendice contendo a analyse circunstanciada do processo de La Ronciére, acusado de estupro e tentativa de assassinato, julgado no tribunal dos Assises de Paris em julho de 1853*. Rio de

Em primeiro lugar, fez fincapé em que o juiz de direito deveria ser escolhido longe da influência de famílias e partidos e dentre os homens honrados, prudentes, discretos e inflexíveis no cumprimento do seu dever. No ano de 1835, por meio do folheto *Considerações sobre a administração da Justiça Criminal no Brazil e especialmente sobre o Juri*, criticava o fato de as prerrogativas do juiz de direito serem menores do que aquelas atribuídas ao júri, situação perigosa já que nem sempre o jurado conhecia a lei, e por isso poderia dela não fazer bom uso.[65]

No primeiro parágrafo desta obra, advertia que os homens uniram-se em sociedade para respeitar vontades mútuas e para se oporem aos que não tinham se juntado socialmente, aos quais opunham a "força social", a "guerra", o "serviço militar". Conclui que o "poder foi instituído para proteger a sociedade contra os ataques de seus membros".[66]

Em seguida, no parágrafo 2º cuidava da Justiça, que mantinha o equilíbrio e conservava a ordem social. Lembrando que esta representava para o mundo social o mesmo que o movimento significava para o mundo físico. A impunidade, citando Montesquieu, era tratada no parágrafo 3º, enquanto no 4º abordava o papel do juiz, julgador que devia evitar a impunidade e a barbárie, proteger cidadãos. A ação do Poder Judiciário devia resolver a ação e a diversidade dos poderes, posto que o juiz tinha por obrigação ser uma espécie de "semi-deus na terra", ser escolhido sem a influência dos partidos e das famílias, de tal sorte que tivesse como qualida-

---

Janeiro: Typ. Imp. E Const de Seignot – Plancher e Cª., 1835, 140 p.
65   RIBEIRO, G. S. Pena de Aluguel? Justiniano José da Rocha e o Poder Judiciário. In. CARVALHO, J. M; NEVES, Lúcia Maria Bastos P. *Dimensões e Fronteiras do Estado Brasileiro no Oiocentos*. Rio de Janeiro: Ed. Uerj, 2014, p. 16-18.
66   ROCHA, Justiniano José da. *Considerações sobre a administração da Justiça Criminal no Brasil e especialmente sobre o Jury*; ..., Op. Cit., p. 2.

des a "prudência", a "discrição", a "honradez" e a "inflexibilidade no cumprimento do dever".[67]

Na segunda parte tratava, no 1º parágrafo, da jurisdição criminal no Brasil, lastimosa pela confusão entre o justo e o injusto devido à formação da culpa, aos julgamentos confiados aos juizes de fato e a nulidade absoluta do juiz de direito na decisão. O 2º parágrafo cuidava dos juizes de paz; o 3º aos juizes de direito e o 4º dos juizes de fato. A parte III dissertava sobre a teoria do Júri.

Criticava os juizes de paz porque desprezavam a formação da culpa e usavam o "método mais abreviado", que era o corpo de delito: chamava-se qualquer testemunha, bastando duas, repetia-se o depoimento dado, juntava-se outra testemunha e o sumário ficava concluído, pronunciando-se o réu. Nomeado por eleição popular, eram filhos de cabala, não queriam perder amigos e usavam a justiça para proteger afilhados. Condenava, assim, a sua multifacetada atuação, pois tinham que sustentar família, e os processos ficavam mal organizados.[68]

Justiniano comentava ser sedutora a teoria sobre o juiz de fato, o júri. Dizia que isto acontecia porque brotava do sentimento e de se dar garantias à liberdade contra o poder e por meio de uma justiça independente, transferindo-a para a nação.[69] Contudo, pensava ser a existência do jurado complexa por conhecer o que havia acontecido, não a lei – o que era prerrogativa de estudos prévios da ciência jurídica.[70] Além disso, como no Brasil quem tivesse 200$00 réis de renda poderia se eleger, dizia que o júri era presidido pelo "espírito de partido", que contemplava amizades e inimizades pessoais.[71]

---

67 *Ibidem*, p. 7-10.
68 *Ibidem*, p. 12-17.
69 *Ibidem*, p. 25.
70 *Ibidem*, p. 26.
71 *Ibidem*, p. 22

Essa mesma centralidade da lei aparece no jornal *O Chronista*, como Gladys Ribeiro já analisou, e também em *O Atlante* e no folheto de 1855, *Ação, Reação e Transação*. A obediência às leis apresentava-se como solução para os males do Brasil no momento em que era calorosa a discussão sobre as reformas constitucionais. A partir de 1835, estas abordavam a questão dos partidos, da monarquia – ao se aventar a subida ao trono de D. Januária –, do Código de Processo e da reforma do Ato Adicional recém-promulgado.

Se em 1835, ainda no folheto *Considerações sobre a administração da Justiça Criminal no Brasil e especialmente sobre o Jury...*, os juizes de direito eram atropelados pelo disposto no Código de Processo, sobretudo porque o recurso à Relação, previsto no artigo 301, não era cumprido;[72] em *O Atlante*, um ano depois, as críticas ao júri, a atuação dos juizes de direto e a necessidade de reforma do Ato Adicional eram explícitas.

O número 13, de 21 de junho de 1836 se iniciava com uma intensa crítica ao Ato Adicional. Segundo o redator, este havia dado margem a cada província, por meio das assembleias provinciais, interpretar a sua maneira questões de utilidade pública não favorecidas pelo Ato, assim como novas instituições tinham sido criadas por essas assembleias, que legislavam de forma ilegal, em especial no que tangia às atribuições dos juizes interiores, sujeitos às assembleias provinciais. Aqui fazia nova menção a atuação falha do Partido Moderado na discussão do Ato, tornando a administração da Justiça dependente da obediência à leis, que via de forma duvidosa, e tornando os juizes dependentes igualmente das assembleias provinciais.[73] Neste mesmo número, afirmava que a autonomia de a província legislar poderia afetar a unidade brasileira e em breve se teria 18 códigos, 18 legislações, sem a desejada homogeneidade da legislação

---

72 *Ibidem*, p. 18-21.
73 O ATLANTE. Rio de Janeiro, n.13, p. 1, 21 de junho de 1836.

criminal e das instituições judiciárias. Naquele momento, diante da gravidade do clima revolucionário no Brasil, julgava inoportuna a reforma ou a elaboração de um novo código.[74] As discussões sobre o papel do Judiciário, da obediência à lei, bem com da reforma do código e da necessidade de aplicar de forma correta o *habeas corpus* estão também no número 20, de 19 de julho de 1836, quando em relação aos revoltosos do Sul pregou que as garantias da liberdade deviam ser dadas pela obediência às leis;[75] quando analisou o requerimento de indenização dos anistiados de Minas Gerais, mostrando a ambiguidade do Código Criminal,[76] e na critica feita à Lei da Regência e aos seus desdobramentos no Ato Adicional e na gestão do Executivo.[77]

Em 1855, por meio de *Ação, Reação e Transação*, mais uma vez o jornalista e advogado defendia da ideia de o progresso somente ser alcançado pela ordem, promovida, por sua vez, pela justiça e pela lei. Como afirmou no início do folheto, o período de transação foi o período do progresso, cujos principais produtos tinham sido as constituições modernas.[78] Ao terceiro poder, caberia fazer com que fossem respeitadas: "O Poder Judicial devia organizar-se de modo que, respeitado e forte, possa ele ser o protetor da sociedade, o fiador dos direitos de todos: eis o que convém".[79]

Novamente aí repetia ácidas críticas ao Código de Processo de então, ao júri e a magistratura civil, chamando a Regência de "dias de republicanismo".[80] Afirmava assim:

---

74 *Ibidem*, p. 02.
75 *Ibidem*, n. 20, p. 1-3, 19 de julho de 1836.
76 *Ibidem*, n. 22, p. 1, 26 de julho de 1836.
77 *Ibidem*, p. 3-4, 26 de julho de 1836; *Ibidem*, n. 23, p. 1-4, 29 de julho de 1836.
78 ROCHA, Justiniano José da. *Ação, Reação e Transação. Duas palavras acerca da atualidade política do Brasil.*, *Op. Cit.*, p. 159.
79 CARDIM, Elmano. Justiniano José da Rocha..., *Op. Cit.*, p. 78.
80 ROCHA, Justiniano José da. *Ação, Reação e Transação. Duas palavras acerca da atualidade política do Brasil.*, *Op. Cit.*, p. 177.

> O Código de Processo constitui a polícia eletiva e democrática dos juizes de paz, que desnaturados da sua essência, da sua paternal jurisdição, passaram a ser os formadores das culpas, os julgadores das contravenções e dos crimes sujeitos a fraca penalidade, os encarregados de todas as diligências policiais na descoberta dos crimes, na apreensão dos criminosos, nas diligências exigidas pela mantença (sic) da ordem pública e da segurança individual (...).[81]
>
> Como tribunal apareceu o júri; o júri em todos os termos do Império, o júri que, com raríssimas exceções, todos os cidadãos eram admitidos, chegando-se até a determinar que a lei não exigia e, portanto, não era necessário que o cidadão soubesse ler e escrever para ser incluído da lista de juízes de fato. Pela supressão de todos os foros privilegiados (menos os foros políticos expressamente marcados na constituição), o julgamento de todos os crimes, como o de todos os criminosos, estava debaixo dessa jurisdição; o funcionário público de qualquer categoria, não só nos crimes que, como particular, houvesse cometido, mas igualmente naqueles que só como funcionário podia cometer e que se achavam incluídos no código penal, foi-lhe sujeito (...)
> Até a magistratura civil lhe ficou entregue (...).[82]

Ao tomar por base essas ideias, Justiniano dizia que o mal da falta de unidade ficava compensado pelo mal da origem eletiva, da condição democrática.[83] A Câmara era colocada acima do Senado e tinha influência sobre o povo por conta do sufrágio universal. Aí já atacava o sistema eleitoral ao afirmar que a condição para ser votante era residência recente na paróquia e renda de 100$. O mesário era proclamado pelo juiz de paz, que compunha a mesa como queria, e

---

81 *Ibidem*, 176.
82 *Ibidem*.
83 *Ibidem*, p. 177.

os eleitores de paróquia, assim forjados, confundiam-se em colégios eleitorais e os votos de todos dos colégios da província marcavam os deputados. Fácil ver quais e quantos os defeitos dessa eleição; com ela o poder que quisesse abusar era invencível (...) Mas, então, o poder tinha escrúpulos, abstinha-se do abuso e a eleição dava os seus frutos. A combinação dos votos dos diversos colégios anulava a personalidade do deputado, desapareciam as suas relações imediatas com os eleitores que haviam conferido o mandato; membro de uma chapa, parte de um corpo coletivo no qual se absorvia o individualismo da sua opinião, apenas servia para fortificar a opinião coletiva da deputação, ou a que lhe era imposta pelo membro dela mais influente e preponderante, o organizador da chapa.[84]

A concepção do Poder Judiciário como instituição compostas por juizes que não acumulavam cargos políticos e onde era impossível a manipulação dos júris municipais – de pequenos povoados ou aldeias – constituiu opinião dominante no pensamento de Nabuco de Araújo ao longo de toda sua vida política, quer dizer desde finais da década de 1840 até de 1870, quando ele presidia *o Movimento Centro Liberal*.

No seu caderno de notas cuja longa temporalidade abrange os anos de 1843-1862, por exemplo, se distinguem os verbetes: *direito, lei, júri, magistrado e magistratura*. Cada um deles foi composto por várias máximas, que posteriormente apareceram em seus discursos. A fim de expressar sua concepção de direito imitou a fórmula de Cícero, o jurista da Antiguidade: "Direito. Por mais discricionário que seja está sujeito à razão, à justiça, ao honesto".[85]

---

84 *Ibidem*, p. 177-178.
85 IHGB. *Suplemento às Opiniões do Conselheiro Thomáz Nabuco de Araújo...*, *Op. Cit.*, 9 b.

Sobre o magistrado anotou: "Não deve ser político"; "Não se pode ser bom magistrado e bom administrador ao mesmo tempo".[86] Complementarmente, acerca da magistratura assinalou: "Envolvida nas lutas políticas, perde a força moral".[87] Tais ideias, escritas a lápis e organizadas racionalmente em seus cadernos pessoais, aparecem compondo um trecho de *Ponte de Ouro*:

> Convém entre outras medidas radicais, que os magistrados deixem de ser políticos, eu sou magistrado, mas não posso deixar de reconhecer essa necessidade.
>
> E convém muito isso, afim de que eles possam ter a força necessária para não serem dominados por essas influências.
>
> É preciso que o poder judiciário seja reorganizado e que a nova legislação seja adaptada ao país [88]

Como se sabe, uma das mágoas de Nabuco de Araújo ao término da Conciliação foi não ver realizada a reforma judiciária por ele tão almejada e da qual era mentor. Segundo Joaquim Nabuco, seu projeto inicial concebido para o judiciário havia sido mutilado. Os juízes de direito não eram responsáveis pelo julgamento final nas causas cíveis e a incompatibilidade entre ser político e magistrado ao mesmo tempo não foi aprovada pelo Marquês de Paraná.[89]

> Assim como Justiniano, Nabuco abominava o poder do júri, pois geralmente não era bem instruído no conhecimento da lei. Preferia que as decisões dependessem, sobretudo, dos juízes de direito. Para ele, a falta de informação sobre o conteúdo legal poderia fazer com que o júri votasse voltado apenas para interesses localizados. Nos pequenos povoados,

---

86 *Ibidem*, 22 a-22 b.
87 *Ibidem*., 25 a.
88 ANNAES DA CÂMARA DOS DEUPUTADOS. Rio de Janeiro: Typografia de Hyppolito Pinto & C. C, vol.1, t. 3, 06 de jul. 1853, p. 88.
89 NABUCO, Joaquim. *Um Estadista do Império...*, *Op. Cit.*, v.1, p. 193-194.

o júri acaba por ser juiz. Para melhor controle das instâncias locais, Nabuco também defendia a fixação do júri na província e não nos municípios, pois: "Nos pequenos povoados é instrumento de impunidade."; "É má instituição onde os jurados são poucos, certos e suspeitos e interessados nos julgamentos das causas". [sic.][90] Tais ideias ganharam forma no discurso de 1854:

Convém salvar o júri, e para salvá-lo importa concentrá-lo nos lugares mais populosos, onde há concorrência e o contraste de diversos interesses e influências, onde a opinião se faz sentir mais, onde os jurados tem mais garantia e liberdade. Para salvar o júri é necessário retirá-lo dos lugarejos onde ele não pode ser senão a expressão da vingança e do patronato, o instrumento de influências antissociais e onde os jurados por seu pequeno número são juizes certos. [sic.][91]

Na qualidade de ministro da Justiça, Nabuco tentou minar o poder do júri quando se tratava de julgar recursos contra a pena de morte. Tratava-se de extinguir a Lei n. 4 de 10 de junho de 1835, segundo a qual eram condenados à pena de morte os escravos e escravas que matassem ou ferissem gravemente seus senhores ou membros e agregados da família senhorial. Os casos de ferimento leve eram punidos com a pena de açoite. O juiz de direito apresentava os réus ao júri. Perante votação, o júri detinha o poder de derrubar a imposição da pena de morte, que por si só era automática nos casos de assassinato. Se os votos contra a aplicação da sentença fossem iguais, ou superiores a 2/3 do total, o réu era poupado.[92]

---

90 IHGB. *Suplemento às Opiniões do Conselheiro Thomáz Nabuco de Araújo...*, Op. Cit., p. 17 b.
91 ANNAES DA CÂMARA DOS DEUPUTADOS. Rio de Janeiro: Typografia de Hyppolito Pinto & C. C, vol. 1, t. 3, 15 de jul. 1854, p. 151.
92 COLEÇÃO DE LEIS DO IMPÉRIO DO BRASIL. Lei n. 4 de 10 de junho de 1835. Rio de Janeiro: Tipografia Nacional, vol. 1, 1864. p. 5-6. Disponível em: <http://www.planalto.gov.br/ccivil_03/leis/LIM/LIM4.htm>. Acesso em: 10/08/2015.

Em suas notas pessoais, considerou a Lei de 1835 insatisfatória. A ideia posteriormente virou texto do decreto por ele assinado, que segundo Joaquim Nabuco também satisfazia um desejo do Imperador:[93] "O recurso ex-ofício ao Poder Moderador garante que a lei seja aplicada com segurança e que cumpra a função de prevenir o delito. Sem concluios (sic) do júri; essa é também a vontade do Imperador. Acorde com a reforma."[94]

Preferia que a apelação, capaz de revogar a pena, fosse feita mediante recurso legal dirigido diretamente ao Imperador. Ressaltava que a pena de morte, incluindo-se os casos em que os réus eram escravos acusados de agressões e assassinatos de seus senhores, era objeto de manipulação e vingança usufruídas pelo júri. Na sessão de 26 de maio de 1854, apresentou o projeto de sua autoria, o qual restringia os crimes a serem julgados pelo júri, sobretudo os crimes afiançáveis. Observa-se que essa não foi uma posição política temporária: foi mantida e endossada por Nabuco de Araújo no programa do Centro Liberal, de 1869.[95]

Passemos agora à questão da monarquia. Essa instituição para os personagens em questão jamais foi colocada em dúvida. Pelo contrário, acreditavam que sob a proteção do regime monárquico e constitucional, e somente partir de suas estruturas, seria possível obter o progresso duradouro mediante todas as reformas políticas necessárias realizadas dentro da ordem. O próprio sistema Judiciário só teria eficácia se respaldado pelo regime monárquico.

Nos escritos de Justiniano José da Rocha, a monarquia era o caminho para não haver a anarquia. Assim o afirmou recorrentemente

---

93 NABUCO, Joaquim. *Um Estadista do Império...*, Op. Cit., v. 1, p. 249.
94 IHGB. *Comentário pessoal e manuscrito da Lei n. 4 de 10 de junho de 1835 e decreto de 02 de janeiro de 1854 regulando a execução da dita lei*. Rio de Janeiro, 1854.
95 ARAÚJO, José Thomaz Nabuco de. *O Centro Liberal*. Introd. Vamireh Chacon. Brasília: Senado Federal, 1979, p. 110-111.

em *O Atlante* e em *O Chronista*, desde 1836, quando disse que só a monarquia dava credibilidade ao governo[96] e clamou pelo Reinado de Dom Pedro, o Justo,[97] o único capaz de salvar o país das desordens dos populares que se verificavam ao final da Regência e que serviam de combustível para os políticos da época, regressistas ou progressistas que usavam estes movimentos como argumentos.[98]

Segundo outro escrito, o opúsculo de 1855, o fundamento monárquico exerceu papel fundamental em todos os importantes momentos da história recente. Na fase da *Ação*, a monarquia, generosa, legou aos brasileiros a Constituição, que por sua vez dentro da ordem introduziu elementos democráticos no governo.[99] Como resultado da reação monárquica, ocorrida entre 1836-1840, figurou o saudável consórcio, o "justo equilíbrio dos elementos monárquicos e democráticos cada um com seus direitos, cada um com os encargos que lhe são próprios."[100] O golpe da Maioridade, após um intervalo de lutas, trouxe a ordem e a volta de um governo constitucional, com algum espaço para os amantes da liberdade, isto é, os liberais não radicais. Entre 1840 e 1852, foi necessário o domínio do princípio monárquico "reagindo contra a obra social do domínio democrático, que não sabe defender-se senão pela violência e é esmagado".[101] Justiniano referiu-se aí ao que considerou revoltas liberais ilegítimas por usarem de meios radicais e ilícitos. Na fase da transação, chamou a atenção para que a monarquia não fosse obscurecida pelo absolutismo, tendência autoritária que suprime a liberdade individual

---

96 O ATLANTE. Rio de Janeiro, n. 1, p. 1, de 03 de maio de 1836 e *Ibid.*, n 2, p. 3, de 6 de maio de 1836 e *Ibid,* n. 12, p. 4, de 17 de maio de 1836.
97 O CHRONISTA, Rio de Janeiro n. 20, 02 dez. 1836 *apud* RIBEIRO, 2014, p. 75.
98 RIBEIRO, G. S., *Pena de Aluguel? Justiniano José* da Rocha e o Poder Judiciário..., *Op. Cit.*, p. 76.
99 ROCHA, Justiniano José da. Ação, Reação e Transação. Duas palavras acerca da atualidade política do Brasil..., *Op. Cit.*, p. 160.
100 *Ibidem*, p. 202.
101 *Ibidem*, p. 161.

e subjugada ideias liberais legítimas, "as quais satisfazem as verdadeiras necessidades publicas e [...] sem perigo dão ao elemento democrático algum quinhão de organização política do país".[102] Aqui provavelmente se referia aos membros ortodoxos do Partido Conservador, os emperrados- aqueles que não aceitavam qualquer tipo de participação dos liberais no poder.

Portanto, no pensamento de Justiniano a monarquia foi sempre a constante, quer dizer o elemento fixo e intocável do sistema representativo brasileiro, a grande mãe que protegia a constituição e apoiava o Poder Judiciário. A estrutura capaz de integrar os liberais não radicais em prol das garantias das liberdades individuais.

Nabuco de Araújo, por sua vez, não economizou elogios à monarquia constitucional, considerado o sistema político notavelmente superior a qualquer outro, e nem se diga em relação à república. Além de transcrever notas contendo trechos de obras de Benjamim Constant,[103] autor cujas ideias constitucionalistas foram aproveitadas por Pedro I na elaboração das Cartas do Brasil, em 1824, e de Portugal, em 1826, ele usou algumas páginas em branco para registrar isoladamente o que pensava sobre o sublime governo: "Não se pode negar, a monarquia tem a vantagem do conhecido sobre o desconhecido; a estabilidade fundida na hereditariedade e reúne as vantagens da república.[104]

Além de constituir um regime superior graças à hereditariedade e à tradição, quais seriam as outras vantagens citadas por Nabuco, segundo seu ponto de vista, comuns ao regime republicano? A provável resposta é a crença de que a monarquia poderia coexistir com

---

102 *Ibidem*, p. 203.
103 IHGB. *Notas, pensamentos e máximas de autores diversos sobre política, monarquia, absolutismo, parlamentarismo, Partido Liberal (em francês e português) compilados pelo Cons. Thomáz Nabuco de Araújo*, fl. 2. Rio de Janeiro, 18[??].
104 *Ibidem*.

as ideias moderadas no âmbito constitucional e parlamentar. O próprio Constant, admirado por Nabuco, escreveu sobre a reconciliação da monarquia com a liberdade em sua obra *Principles de Politique*, em 1815. Na ocasião, Constant aceitou participar, na qualidade de conselheiro do governo de Napoleão Bonaparte, a auxiliar na escrita do *Acte Additionnel aux Constitution de l' Empire*, transformando o restaurado Império de Napoleão em uma monarquia constitucional, ainda que de fugaz duração.[105]

Em 1853, em Ponte de Ouro, Nabuco de Araújo ressaltou a importância da estrutura monárquica e constitucional para o sucesso da novata Conciliação:

> Senhores, a missão do governo e principalmente do governo que representa o princípio conservador, não é guerrear exterminar famílias, antipatizar nomes, destruir influências que se fundão na propriedade, na riqueza, nas importâncias sociais; *a missão de um governo conservador deve ser aproveitar essas influências no interesse publico, identificando-as com a monarquia e com as instituições*, para que possa dominá-la, dirigi-las e neutralizar as suas exagerações. [grifo nosso][106]

A missão do próximo gabinete seria bem sucedida a medida que conseguisse identificar os interesses radicais, com a monarquia sendo instituição duradora e pacífica e que permitia a conservação da propriedade em mãos de liberais e de conservadores, no Brasil, na primeira metade do século XIX. Afinal, a propriedade nacional era entendida como um bem acima de todas as disputas partidárias.

---

105 AUGUSTO, Miriam Toledo. Aspectos Básicos da Filosofia Política de Benjamim Constant. *Ibérica Revista Interdisciplinar de Estudos Ibéricos e Ibero-Americano*, Juiz de Fora, vol.1, n. 4, ago. 2007, p. 115-121,
106 ANNAES DA CÂMARA DOS DEUPUTADOS. Rio de Janeiro: Typografia de Hyppolito Pinto & C. C, vol.1, t. 3, 06 de jul. 1853, p. 88.

Além disso, a monarquia também não era incongruente com as práticas econômicas liberais, algo que Nabuco nunca negou prezar, uma vez que apoiou a política de Sousa Franco, com quem se correspondeu por longo tempo e ainda quando fazia parte do Partido Conservador.[107] Por último, deve-se lembrar que o estadista pensava que o poder do rei se coadunava com a possibilidade do exercício da liberdade, desde que o rei governasse com o Parlamento: "A república pode se achar sob a forma de uma monarquia. De facto, o que é desastroso é o absolutismo e a ausência de Parlamento."[108]

Embora a anotação pessoal acima referida não esteja datada e possa fazer referência ao final dos anos de 1860, quando Nabuco já era centro-liberal, aí se encontra um importante elemento político e ideológico comum ao pensamento de Justiniano e Nabuco, que remete a décadas anteriores. Trata-se do combate ao absolutismo, entendido como predomínio das ideias ortodoxas defendidas por elementos fundadores do Partido Conservador, concepções opostas ao ideal do humanismo cívico e de reforma presentes no pensamento de ambos quando examinado de modo detalhado, pelo uso contínuo das fontes impressas e manuscritas.

Aliás, é mister dizer: o estudo rigoroso e metódico dessa documentação foi justamente o caminho que tornou possível a aproximação de Nabuco e Justiniano no campo das ideias e a percepção do entrelaçamento de suas trajetórias, algo que historiografia havia demonstrado apenas no sentido pejorativo. Além da rejeição ao absolutismo, elucidamos o diálogo e a comum opinião de ambos no tocante à valorização da esfera judiciária e à identidade dos partidos

---

107 IHGB. *Correspondência pessoal ativa e passiva do Senador Nabuco*. Rio de Janeiro, 1850-1876.
108 IHGB. *Notas, pensamentos e máximas de autores diversos sobre política, monarquia, absolutismo, parlamentarismo, Partido Liberal (em francês e português), folhas 4 e 5...*, Op. Cit. .

que deveriam atuar de modo a não impedir a monarquia constitucional na realização da missão de conduzir o Brasil aos patamares da civilização e do progresso. Fizemos questão de usar *O Atlante* e o *Considerações sobre a administração da Justiça Criminal no Brasil e especialmente sobre o Juri*, ambos de meados da década de 1830, cotejando-os com as ideias do folheto *Ação, Reação e Transação* para mostrar que Justiniano José da Rocha tinha ideias próprias que são reafirmadas no contexto dos anos de 1850, quando se insurgiu contra a política da Conciliação tal como conduzida pelo Marquês do Paraná. Esse recorte de fontes também se explica ao usarmos os discursos dos anos de 1850 e o caderno de notas, que começa em 1843, para expor o pensamento de Nabuco de Araújo. Defendemos que havia um diálogo entre os políticos e membros desse conservadorismo liberal e que, a despeito das interpretações próprias, os unia e dava ao partido certa identidade que estava longe de ser homogênea.

Sendo desta maneira, esse é o nosso primeiro artigo a tratar do que denominamos *conservadorismo liberal*, elemento a margem da estática dicotomia conceitual *liberal-conservador* e que ganha visibilidade imediatamente ao final da Conciliação. O próximo passo consiste em mapear seriamente o sentido da *conciliação, transição* e *progresso* na ordem das racionalidades políticas e dos projetos desses dois personagens em questão.

Manuscritos

Instituto Histórico e Geográfico Brasileiro (IHGB)

Cartas a Francisco José Furtado solicitando opiniões e pareceres. Rio de Janeiro, 1855-1869.

Carta comunicado de Justiniano José da Rocha comunicando que deixará de ser jornalista favorável ao ministério. Rio de Janeiro, 1855.

Cartas de Justiniano José da Rocha ao Conselheiro Nabuco acerca de sua situação funcional, bilhetes n. 3, 4 e 7. Rio de Janeiro, 1853-1859.

Cartas e bilhetes trocados entre Nabuco e José Antônio Saraiva. Rio de Janeiro, 1850-1865.

Comentário pessoal e manuscrito da Lei n. 4 de 10 de junho de 1835 e decreto de 02 de janeiro de 1854 regulando a execução da dita lei. Rio de Janeiro, 1854.

Correspondência pessoal ativa e passiva do Senador Nabuco. Rio de Janeiro, 1850-1876.

Suplemento às Opiniões do Conselheiro Thomás Nabuco de Araújo. Caderno de Notas Extratos e Discursos. Rio de Janeiro, 1843-1862.

Notas, pensamentos e máximas de autores diversos sobre política, monarquia, absolutismo, parlamentarismo, Partido Liberal (em francês e português) compilados pelo _____. Cons. Thomáz Nabuco de Araújo, fl. 2. Rio de Janeiro, 18[??].

Impressos

Biblioteca Nacional (BN)

O Chronista. Rio de Janeiro, 1836-1837.

O Atlante. Rio de Janeiro, 1836.

ROCHA, Justiniano José da. *Considerações sobre a administração da Justiça Criminal no Brasil e especialmente sobre o Jury; onde se mostrão os defeitos radicais dessa gabada instituição seguidas de hum appendice contendo a analyse circunstanciada do processo de La Ronciére, acusado de estupro e tentativa de assassinato, julgado no tribunal dos Assises de Paris em julho de 1853*. Rio de Janeiro: Typ. Imp. E Const de Seignot – Plancher e Cª., 1835, 140 p.

Instituto Histórico e Geográfico Brasileiro (IHGB)
Tres de Maio. Rio de Janeiro, 1850-1859.

Legislação

Annaes da Camara dos Deputados. Sessões de 06 jul. 1853 a 17 jul. 1868. Disponível em:<http://imagem.camara.gov.br/diarios. asp?selCodColecaoCsv=A>. Acesso em: 20/08/2015.

COLEÇÃO LEIS DO IMPÉRIO. 1831-1871. Disponível em: <http://www2.camara.leg.br/atividade-legislativa/legislacao/publicacoes/doimperio.>. Acesso em: 20 ago. 2015.

Livros e artigos

ARAÚJO, José Thomaz Nabuco de. *O Centro Liberal*. Introd. Vamireh Chacon. Brasília: Senado Federal, 1979.

AUGUSTO, Miriam Toledo. "Aspectos Básicos da Filosofia Política de Benjamim Constant". *Ibérica Revista Interdisciplinar de Estudos Ibéricos e Ibero-Americano,* Juiz de Fora, v.1, n. 4, p. 115-121, ago. 2007.

CARDIM, Elmano. Justiniano José da Rocha. *R.IHG,* Rio de Janeiro, n. 257, 1962, p. 87-121,

_____. *Justiniano José da Rocha*. São Paulo: Companhia Editora Nacional, 1964.

GUIMARÃES, L. M. P. "Ação, Reação, Transação: a pena de aluguel e a historiografia". In: CARVALHO, J. M (Org.) *Nação e Cidadania no Império: novos horizontes*. Rio de Janeiro: Civilização Brasileira, 2007, p. 71-91.

MARSON, Izabel Andrade. Política, Polícia e Memória: a atuação do chefe de polícia Jerônimo Martiniano Figueira de Melo na Revolução Praieira. *Revista Justiça & História*, Porto Alegre, v. 4, n.7, p. 62-84, 2004.

NABUCO, Joaquim. *Um Estadista do Império*. São Paulo: Instituto Progresso Editorial S.A, 1949. 5 v.

NEVES, Lúcia Maria Bastos P. et al. *Literatura, história e política em Portugal (1820-1856)*. Rio de Janeiro: EdUERJ, 2007.

PAGDEN, Anthony. Introduction. In: *The Languages of Political Theory in Early-Modern Europe*. Great Britain: University Press Cambridge, 1987, p. 1-17.

RAMOS, Rui. *História de Portugal*. 7ª edição. Lisboa: A Esfera dos Livros, 2012.

RIBEIRO, Gladys Sabina; PEREIRA, Vantuil. "O Primeiro Reinado em Revisão". In: GRIMBERG, Keila; SALLES, Ricardo. *O Brasil Imperial*, v. I. 1808-1831. Rio de Janeiro: Civilização Brasileira, 2009, p.137-174.

_____. "Pena de Aluguel? Justiniano José da Rocha e o Poder Judiciário". In: CARVALHO, J. M; NEVES, Lúcia Maria Bastos P. *Dimensões e Fronteiras do Estado Brasileiro no Oiocentos*. Rio de Janeiro: EdUerj, 2014, p. 63-91.

ROCHA, Justiniano José da. "Perfil de José Thomáz Nabuco de Araújo". In: SISSON, Sebastien Auguste. *Galeria dos Brasileiros Illustres*, vol. 1. Rio de Janeiro: Lithographia de S. A. Sisson, 1861, p. 109-110.

_____. Ação, Reação e Transação. "Duas palavras acerca da atualidade política do Brasil." In: MAGALHÃES JÚNIOR, R. *Três panfletários do Segundo Reinado*. Rio de Janeiro: Academia Brasileira de Letras, 2009, p 159 -205.

SKINNER, Quentin. *As fundações do pensamento político moderno*. São Paulo: Companhia das Letras, 1996.

No bonde, com Aurélia: trânsito entre as chácaras do Jardim Botânico e o centro do Rio oitocentista

Samuel Albuquerque[1]

Murmúrios de um riacho tristonho é o título de uma pesquisa em curso.[2] Sua pretensão é estudar o cotidiano das famílias que viviam nas chácaras do Jardim Botânico, nos arrabaldes da cidade do Rio de Janeiro, em fins da década de 1870.

---

1 Professor Adjunto II da Universidade Federal de Sergipe - UFS, graduado em História (UFS), mestre em Educação (UFS) e doutor em História (UFBA).
2 O título é uma referência ao Rio Cabeça, que, nascendo nas fraudas da Serra da Carioca, cortava antigas chácaras do Jardim Botânico, antes de desaguar na Lagoa Rodrigo de Freitas. Nas memórias de Aurélia Dias Rollemberg, o Cabeça é referido como o riacho "bonito e triste" que cortava a chácara onde viveu em princípios de 1879 – ROLLEMBERG, Aurélia Dias. [*Texto de memórias*]. Aracaju, [entre 1927 e 1952]. p. 32 (Acervo do IHGSE); ou _____. O documento. In: ALBUQUERQUE, Samuel Barros de Medeiros. *Memórias de Dona Sinhá*. Aracaju: Typografia Editorial, 2005. p. 64.

Tendo como referência a família do deputado geral Antonio Dias Coelho e Mello (1822-1904),³ ali estabelecida em princípios de 1879, tentaremos compreender: o trânsito entre as chácaras do Jardim Botânico e o centro do Rio de Janeiro; o Jardim Botânico como um arrabalde do Rio de Janeiro; as dificuldades de adaptação, a vida doméstica e o lazer das famílias recém-chegadas às chácaras do Jardim Botânico.

Temos como ponto de partida a seguinte questão: como era o ir e vir das famílias que viviam nas chácaras do Jardim Botânico oitocentista? Como eram vencidas as duas léguas que separavam o centro do Rio de Janeiro daquele arrabalde?

O texto de memórias de Aurélia Dias Rollemberg (1863-1952), filha do deputado sergipano mencionado, não deixa dúvida: o bonde era o principal meio de transporte utilizado pelos chacareiros, quando iam à "cidade" ou vinham dela.⁴ Tomemos, então, um bonde, guiados pelas memórias de Aurélia e pelos registros de célebres amantes dos antigos ferro-carris.

Em crônica publicada na edição de 11 de outubro, de 1896 da *Gazeta de Notícias*, Machado de Assis deixou um testemunho sobre a instalação da Companhia Ferro-Carril do Jardim Botânico, em fins da década de 1860, depondo, também, sobre a ampliação da

---

3   Sobre o Barão da Estância e sua família, bem como sobre a experiência cortesã do grupo, consultar: ALBUQUERQUE, *Op. Cit.*, passim; ALBUQUERQUE, Samuel. *Nas memórias de Aurélia: cotidiano feminino no Rio de Janeiro do século XIX*. São Cristóvão: Editora UFS, 2015.
4   Conforme os clássicos estudos de Charles Julius Dunlop (19--) e Francisco Agenor Noronha Santos (1934), remonta aos fins da década de 1860 a popularização do termo "bonde" para se referir aos veículos das companhias ferro-carris do Rio de Janeiro. Os blocos com cinco bilhetes de passagem, criados para facilitar o pagamento da tarifa e vendidos nas estações, registravam, além do nome da companhia, do valor de cada cartão e do desenho do veículo, o termo *bond* (título em inglês).

rede de bondes no Rio, com a conclusão de linhas e o surgimento de novas companhias:

> [A Companhia Ferro-Carril do Jardim Botânico] completou anteontem vinte e oito anos de existência. Ainda me recordo da experiência dos carros na véspera da inauguração, e da festa do dia da inauguração. Ninguém vira nunca semelhantes veículos. Toda gente correu a eles, e a linha, aberta até o largo do Machado, continuou apressadamente aos seus limites. Nos primeiros dias os carros eram fechados; apareceram abertos para os fumantes, mas dentro de pouco estavam estes sós em campo; as senhoras preferiam ir entre dois charutos, a ir cara a cara com pessoas que não fumassem. Outras companhias vieram servir a outros bairros. Ônibus e diligências foram aposentados nas cocheiras e vendidos para o fogo. Que mudança em vinte e oito anos![5]

---

5 ASSIS, Machado. A Semana. GAZETA DE NOTICIAS, Rio de Janeiro, 11 out. 1896, p. 1. Posteriormente, Noronha Santos concluiria que "a Botanical Garden exemplificou as vantagens do sistema de transporte, de que se fizera pregoeira. Mostrou o *modus* prático de executar a viação urbana e, seguindo-lhe a trajetória, empresas congêneres organizaram-se, servindo outros pontos do Rio e contribuindo para o desenvolvimento das rendas gerais e municipais com os bairros que se formaram". No ano de 1879, quando a família do Barão da Estância vivia no Jardim Botânico e tomava os bondes da Botanical Garden (que, naquele ano, transportou 7.750.355 passageiros, conforme Noronha Santos), foi instalada a *Companhia de Carris Urbanos*, a partir da fusão de quatro outras companhias: "O decreto n. 7.007, de 24 de agosto de 1878 veio demarcar nova fase à viação urbana, com a aliança das quatro companhias *Locomotora* (concessão de 1865), *Santa Thereza*, *Fluminense* e *Carioca-Riachuelo* [originando a Companhia de Carris Urbanos]". Ao final do decênio 1872-1881, as seguintes companhias seguiam explorando as concessões: "Comp. V. Izabel | Comp. Jacarepaguá | C. U. e Cachambi | S. Cruz e Itaguaí". No mais, "com o capital de 21.635:000$000, em 1880, sendo: 10 mil contos da *Companhia Jardim Botânico*, 5 mil da de *Carris Urbanos*, 4 mil da de *S. Cristóvão* e 2 mil da de *Vila Izabel* – capital de 21 mil contos dessas empresas, e mais 635 assim divididos: *Companhia de Jacarepaguá*, 302 contos; *Cachambi*, 150 contos; *Elevador de Paula Mattos*, 100 contos; e *Santa Cruz-Itaguaí*, 83 contos – iniciaram as empresas de carris, naquele ano, melhoramentos em seu material rodante e em suas linhas (SANTOS, Noronha. *Meios de transporte no Rio de Janeiro: história e legislação*. Vol. 1. Rio de Janeiro: *Jornal do Commercio*,

A festa de inauguração evocada por Machado, sabemos, ocorreu em 9 de outubro de 1868, e contou, entre outras, com as presenças do imperador D. Pedro II e da imperatriz Dona Teresa Cristina. O primeiro trecho da linha, inaugurado naquela ocasião, ligava a Rua do Ouvidor, no coração do Rio, ao também concorrido Largo do Machado, no entroncamento entre o Catete, o Flamengo e as Laranjeiras (cerca de três quilômetros de extensão).[6] Semanas depois, a linha alcançaria a aristocrática Botafogo, chegando ao Jardim Botânico somente em janeiro de 1871, em decorrência da lenta abertura

---

1934. p. 260, 280, 284, 289, 295, 317, 348). Trocando em miúdos, o historiador José Murilo de Carvalho assim apresentou a configuração do sistema de transporte público coletivo na capital do Império em 1879, ano ao final do qual estourou a Revolta do Vintém: "Havia quatro grandes companhias de ferro-carris urbanos, ou de bondes, como ficaram conhecidos: a Botanical Garden Co., que cobria a zona sul, saindo da rua Gonçalves Dias, a Cia. de São Cristóvão, concentrada na zona norte, com ponto final no Largo de São Francisco, a Ferro-carril de Vila Isabel, que partia da Praça Tiradentes, e a Cia. de Carris Urbanos, que atendia ao centro, incluindo a zona portuária" (CARVALHO, José Murilo de. A guerra do vintém. *Revista de História da Biblioteca Nacional*, Rio de Janeiro, n. 23, p. 24-26, ago. 2007).

6 Passados alguns anos, Olavo Bilac, em crônica publicada em 11 de outubro de 1903, na GAZETA DE NOTÍCIAS, tornaria ao ato inaugural dos bondes cariocas, celebrando os 35 anos da Companhia Ferro-Carril do Jardim Botânico, empresa que "se orgulhava da sua decania, da sua dignidade de primaz das companhias de *bonds*". Garimpando em edições antigas de um vetusto periódico, escreveu: "[Não me lembro] do dia em que os primeiros *bonds* partiram da rua do Ouvidor. Nesse tempo, eu ainda era um pirralho de dois anos e tanto, mais ocupado em ensaiar a língua tatibitate do que em tomar conhecimento de progressos. Mas o JORNAL DO COMÉRCIO, esse venerando ancestral, [...] contou em 10 de outubro de 1868 o que foi a festa de inauguração. 'O trajeto (disse o velho *Jornal*) fez-se entre alas de povo, achando-se também as janelas guarnecidas de espectadores; os carros são cômodos e largos, sem por isso ocuparem mais espaço da rua do que as gôndolas, porque as rodas giram debaixo da caixa, e uma só parelha de bestas puxa aquela pesada máquina suavemente sobre os trilhos, sem abalo para o passageiro, que quase não sente o movimento'. Essas palavras podem parecer hoje frias e secas: mas, naquele tempo, escritas pela gente do *Jornal*, deviam ser o cúmulo do entusiasmo" (BILAC, Olavo. Chronica. GAZETA DE NOTICIAS, Rio de Janeiro, 11 out. 1903. p. 1).

da via de acesso que seria aproveitada pela companhia – a Rua de São Joaquim (atual Voluntários da Pátria).[7]

Outro dado registrado por Machado diz respeito aos tipos de carro utilizados pela companhia. De fato, até 1870, os carros, produzidos por uma empresa nova-iorquina, a John Stephenson Co., eram fechados e tinham capacidade para 30 passageiros (dezoito sentados em dois bancos longitudinais e doze em pé). A partir daí, foram paulatinamente substituídos por carros abertos (com seis bancos transversais, destinados a quatro passageiros cada um), originalmente destinados aos passageiros fumantes, que tiveram boa acolhida por serem mais leves e mais frescos.[8]

Em crônica anterior, publicada na edição de 10 de junho de 1894 da *Gazeta de Notícias*, Machado deu voz a um burro "de mais osso que carne", um burro que, por ser "burro de cidade, burro que puxa *bond* ou carroça", era um burro sem nome. No testemunho do exaurido animal, uma memória sobre os bondes que iam e vinham do Jardim Botânico somava-se ao protesto do autor contra os maus tratos aos burros no Rio de fins do século XIX (protesto que também pode camuflar uma crítica social às bestializadas classes populares da nascente República):

---

7 Torno a assinalar que os trabalhos de C. J. Dunlop (19--) e Noronha Santos (1934) contam-nos da história dos bondes no Rio de Janeiro. A abundante documentação arrolada por Noronha Santos, por exemplo, informa que, "a 1 de janeiro de 1871, abriu-se ao tráfego o trecho da linha entre a praia de Botafogo e o Jardim Botânico, com 5.230 metros de extensão". Ainda sobre aquele ano de 1871, registrou: "Ascendia o desenvolvimento das linhas a 15 klm., 123, assim discriminados: Da rua do Ouvidor a praia de Botafogo...... 5 klm., 710 | De Botafogo ao Jardim Botânico...... 7 klm., 230 | Ramal das Laranjeiras...... 2 klm., 183" (SANTOS. *Op. Cit.*, p. 260-261).

8 Tratando do "material rodante" da Botanical Garden, Noronha Santos registrou que, em 1882, circulavam "53 carros abertos chamados de fumantes e 14 fechados" (SANTOS. *Op. Cit.*, p. 349).

— Vejo que me compreende. Ouça-me; serei breve. Em regra, só se devia ensinar aos burros a língua do país; mas o finado Greenough, o primeiro gerente que teve a companhia do Jardim Botânico, achou que devia mandar ensinar inglês aos burros dos *bonds* Compreende-se o motivo do ato. Recém-chegado ao Rio de Janeiro, trazia mais vivo que nunca o amor da língua natal. Era natural crer que nenhuma outra cabia a todas as criaturas da terra. Eu aprendi com facilidade...

— Como? Pois o senhor é contemporâneo da primeira gerência?

— Sim, senhor; eu e alguns mais. Somos já poucos, mas vamos trabalhando. Admira-me que se admire. Devia conhecer os animais de 1869 pela valente decrepitude com que, embora deitando a alma pela boca, puxamos os carros e os ossos. Há nisto um resto da disciplina, que nos deu a primeira educação. Apanhamos, é verdade, apanhamos de chicote, de ponta de pé, de ponta de rédea, de ponta de ferro, mas é só quando as poucas forças não acodem ao desejo; os burros modernos, esses são teimosos, resistem mais à pancadaria. Afinal, são moços.

Para além da crítica social, a crônica lembra-nos da figura do norte-americano Charles B. Greenough (1825-1880), primeiro gerente do que seria a Companhia Ferro-Carril do Jardim Botânico. Também evidencia um lapso do autor quanto à razão social da mencionada companhia. É que, até princípios da década de 1880, o que existia era a Botanical Garden Rail Road, empresa originalmente criada em 1866 e sediada em Nova Iorque até 1882, que deu origem à memorável Companhia Ferro-Carril do Jardim Botânico.[9]

---

9 Autores como C. J. Dunlop e Noronha Santos informam-nos que, "aprovadas as modificações feitas nos estatutos em 1881 (Decreto n. 8.263, de 24 de setembro), no ano seguinte, a 18 de fevereiro, o Decreto n. 8.438 autorizou a transferência da sede da empresa para a cidade do Rio de Janeiro. Conforme a resolução imperial de 17 de setembro de 1881 sobre a consulta do Conselho

Tirando as vistas das crônicas do "bruxo do Cosme Velho" e colocando-as sobre as memórias de dona Aurélia, damo-nos conta de que o terreno acidentado da região do Jardim Botânico fazia do percurso entre as chácaras e os pontos dos bondes um verdadeiro calvário tropical, sobretudo em períodos chuvosos.

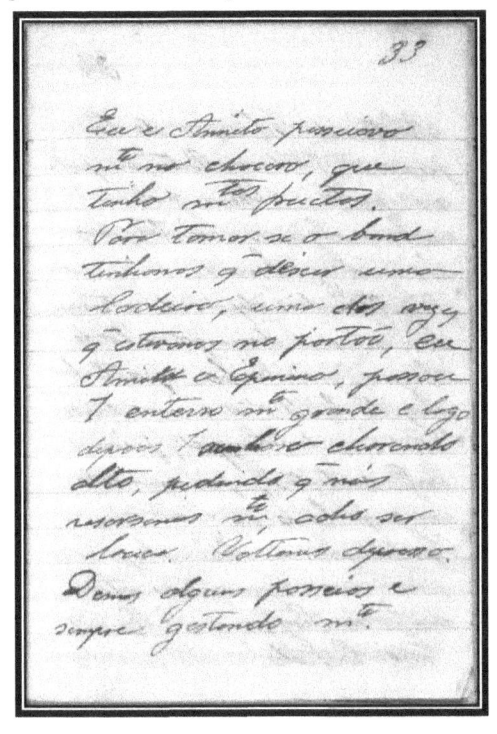

Página do texto de memórias em que Aurélia trata da penosa caminhada entre a chácara que vivia e a Rua do Jardim Botânico, onde tomava bondes, em fins da década de 1870.[10]

---

de Estado, organizou-se a 1 de abril de 1882 uma companhia nacional, adquirindo a concessão por dez mil contos, sendo o capital todo subscrito em ações. Lançaram a empresa, que se denominou *Companhia Ferro Carril do Jardim Botânico*, os capitalistas R. C. Sahannon, Hern Hayan & C., Finnie Irmãos & C., Alexandre Castro, Visconde de Figueiredo e o Banco Comercial do Rio Janeiro" (SANTOS. *Op. Cit.*, p. 332).

10 "Eu e Annita passeiava muito na chácara, que tinha muitas fructas. Para tomar

Em tom de lamento, registrou a memorialista: "Para tomar-se o *bond* tínhamos que descer uma ladeira".[11] Imaginemos moças e senhoras elegantemente vestidas que, para alcançarem os bondes que as conduziriam às imediações da Rua do Ouvidor, precisavam vencer acidentadas estradinhas de terra batida, dominadas pela poeira ou pela lama. Eis um quadro bastante desconfortável.

Mas os desconfortos de Aurélia não se limitavam à caminhada até o ponto dos bondes. Por vezes, o trajeto até a Ouvidor ganhava feições de tortura para a jovem provinciana e cheia de pudores. Partilhar o mesmo espaço e ser observada por homens desconhecidos, por exemplo, deixavam-na "atrapalhada", registrou.

Assinalando a contribuição do bonde para a democratização dos costumes, Carlos Drummond de Andrade, em crônica de princípios da década de 1960, concluiu: "Muita senhora metida a sebo torceu o nariz à ideia de viajar ao lado da gentinha miúda, vê lá; mas acabou aderindo à americanice, era cômodo, gostoso". Afinal, já propalava a imprensa da época, "o carro é sólido, para com a maior facilidade, e uma só parelha de bestas puxa suavemente a máquina; o passageiro não sente o menor abalo...". Para Drummond, "ocorreu aquilo que Artur Azevedo descreve na cançoneta 'O cocheiro de bonde'. Sentam-se no mesmo banco o Visconde de Parati-Mirim, a Baronesa de Cajapió, o sr. Almeida, da Rua do Rosário e o Seu Aquele, empregado na Pagadoria das Tropas".[12]

---

se o bond tinhamos que descer uma ladeira, uma das vezes que estávamos no portão, eu Annita e Eponina, passou 1 enterro muito grande e logo depois uma senhora chorando alto, pedindo que nós resarsemos muito, acho ser louca. Voltamos depressa. Demos alguns passeios e sempre gostamos muito" ROLLEMBERG, *op. Cit.*, [entre 1927 e 1952], p. 33; *Idem. Op. Cit.*, 2005. p. 65.

11 *Ibidem*; *Ibidem*.
12 ANDRADE, Carlos Drummond de. "Acabou-se o *din din* seu condutor". CORREIO DA MANHÃ, Rio de Janeiro, 9 mar. 1963, 2º Caderno, p. 13.

Antes de Drummond, Machado também concluíra que o bonde era um meio de locomoção "essencialmente democrático".[13] Bilac também exaltou o "veículo da democracia, igualador de castas, nivelador de fortunas", vendo-o como "o servidor dos ricos, a providência dos pobres, a vida e a animação da cidade".

> Os ricos, atendendo à tua comodidade e apreciando a tua barateza, abandonam por ti as carruagens de luxo, e preferem ao trote dos cavalos de raça o trote das tuas bestas […]. Assim, nos teus bancos, acotovelam-se as classes, ombreiam as castas, flanqueiam-se a opulência e a penúria; sobre os teus assentos esfregam-se igualmente os impecáveis fundilhos das calças dos janotas e os fundilhos remendados das calças dos operários; e, nessa vizinhança igualadora, roçam-se as sedas das grandes damas nas chitas desbotadas das criadas de servir. Aí, ao lado do capitalista guloso, senta-se o trabalhador esfomeado; a costureirinha humilde, que nem sempre janta, acha lugar ao lado da matrona opulenta, carregada de banhas e de apólices; o estudante bregueiro encosta-se ao estadista grave; o poeta, que tem a alma cheia de rimas, toca com o joelho o joelho do banqueiro, que tem a carteira cheia de notas de quinhentos mil réis; aí a miséria respira com a riqueza, e ambas se expõem aos mesmos solavancos, e arreliam-se com as mesmas demoras, e sufocam-se com a mesma poeira…[14]

O compreensível estranhamento de Aurélia amiudava-se quando a mocinha reparava o semblante de Fräu Lassius, preceptora alemã que vivia com sua família há mais de uma década. Marie Lassius, mulher madura, chamada pela pupila de vovó alemã, não dissimulava seu encantamento com os bondes. A impaciência, com o atra-

---

13 ASSIS, Machado de. "Balas de estalo". GAZETA DE NOTICIAS, Rio de Janeiro, 4 jul. 1883. p. 2.
14 BILAC. *Op. Cit.*

so, dava lugar à excitação, com a aproximação do veículo. Seguia-se uma espécie de transe, que durava, quase sempre, toda a viagem. Avessa a qualquer tipo de conversa, o olhar alemão parecia sorver as imagens que alcançava ao longo do trajeto. Por sua vez, o olhar de Aurélia perseguia o de Marie Lassius, e a menina ficava a imaginar o que pensava aquela mulher sobre os cenários que fitava.[15] Aos poucos, também Aurélia deixar-se-ia seduzir pela "americanice" que enredou sua preceptora.

Provavelmente, jamais saberemos dos pensamentos da preceptora nos passeios de bonde. Mas, uma pista nos é dada pela crônica de Bilac.

> O teu suave deslizar embala a imaginação; o teu repouso sugere ideias; a tua passagem por várias ruas, por vários aspectos da cidade e da Vida, – aqui ladeando o mar, ali passando por um hospital, mais adiante beirando um jar-

---

15 Tempo e espaço eram aliados da preceptora. Ao trote das mulas, o longo percurso era vencido em cerca de duas horas e meia. Deixando o Jardim Botânico para trás, o bonde alcançava a Rua de Humaitá, o Largo dos Leões, a Rua Voluntários da Pátria, a Praia de Botafogo, a Rua Marquês de Abrantes, o Largo do Machado, as ruas do Catete, da Glória e da Lapa, o Passeio Público, o Convento d'Ajuda, o Largo da Carioca e a Rua Gonçalves Dias, quina com Ouvidor. Múltiplas eram as paisagens e cenas cotidianas que poderiam prender a atenção de Früu Lassius ao longo do percurso. A singelíssima capela de São Clemente, no Humaitá (erigida no que hoje é o princípio da ladeira da Rua Viúva de Lacerda), nunca escapara ao olhar da preceptora, conforme registrou sua pupila. Preciosas informações sobre o percurso mencionado foram registradas por Noronha Santos: "A estação de carros e as cocheiras [da Botanical Garden] estavam localizadas, provisoriamente, desde março de 1879, em prédio do largo do Machado, adquirido por compra a Carlos Ferreira Santos, tutor da interdita D. Amélia Maria Pereira (escritura de 23 de janeiro de 1879, lavrada em notas do tabelião Teixeira da Cunha)"; "Da padaria Paschoal, na rua do Ouvidor, onde, a princípio, se instalara o escritório da Companhia, transladou-se a estação central para o prédio da rua Gonçalves Dias, canto da do Ouvidor, alugado por contrato a Luiz Anselmo Pereira Franco. | Em março de 1873, construiu-se ali um alpendre, a exemplo do que fizera na estação das *maxambombas*, na rua da Constituição, na loja "Notre Dame de Paris", na rua do Ouvidor, e na charutaria da mesma rua n. 125." (SANTOS. *Op. Cit.*, p. 350-351).

> dim, além atravessando uma rua triste e percorrendo bairros fidalgos e bairros miseráveis, e cruzando aglomerações de povo alegre e povo melancólico, – vai dando à alma do sonhador impressões sempre novas, sempre moveis [...]. Tu és um grande inspirador e um grande conselheiro, um grande fornecedor de temas, de sensações, de emoções suaves ou violentas, – ó *bond*, amigo dos que pensam, embalados de sonhos, resolvedor de problemas difíceis, amadurecedor de reflexões fecundas!
>
> [...] vais levar-me por aí afora, embebido na contemplação das cousas e das gentes, adormecendo com o teu brando movimento a recordação dos aborrecimentos que me oprimem, e oferecendo-me, em cada esquina dobrada, um espetáculo novo e um novo gérmen de sonhos consoladores. | Haverá alguém que te não ame, *bond* carioca?[16]

Verdade seja dita, Aurélia, sua irmã caçula Anna e sua mãe Lourença, observando o comportamento de Fräu Lassius, partilharam de uma espécie de etiqueta de bonde. Determinadas regras eram seguidas à risca, como tomar e acomodar-se rápida e discretamente no carro, recusando, com sóbria delicadeza, ajuda de desconhecidos.

Evitar a dispersão do grupo no carro era outra regra. Quase sempre, as meninas ficavam uma ao lado da outra, resguardadas pela preceptora e pelos pais. Evitar olhares insistentes, sobretudo de rapazes e senhores, foi atitude assimilada rapidamente.

Ao fim da viagem, euforias eram reprimidas pelos pais e pela preceptora. Era preciso aguardar com paciência o momento oportuno para deixar o bonde, evitando atropelos no ponto terminal.

Algumas atitudes aborreciam em demasia aquelas mulheres, notadamente a metódica Fräu Lassius. Visivelmente, ela detestava ser interrompida por "amoladores" ou dividir espaço com "encatarroados", "perdigotos" e pessoas com "morrinha", termos que ra-

---

16 BILAC. *Op. Cit.*

pidamente incorporou ao seu vocabulário teuto-brasileiro. Aliás, parecendo partilhar dos incômodos daquela preceptora, Machado de Assis, dali a poucos anos, divulgaria "regras para uso dos que frequentam *bonds*", evitando que os veículos fossem deixados "ao puro capricho dos passageiros".

Sobre os encatarroados, por exemplo, Machado considerou que poderiam entrar nos bondes, "com a condição de não tossirem mais de três vezes dentro de uma hora, e no caso de pigarro, quatro". Demonstrando um nível de paciência aproximado ao da preceptora, sentenciou: "Quando a tosse for tão teimosa, que não permita esta limitação, os encatarroados têm dois alvitres: – ou irem a pé, que é bom exercício, ou meterem-se na cama. Também podem ir tossir para o diabo que os carregue".[17]

Pior que, na ausência de belas escarradeiras (objetos que ainda decoravam muitas salas aristocráticas), os encatarroados lançavam seus excrementos sobre o assoalho do carro ou, ao ar livre, para fora do carro em movimento, muitas vezes encarregando o vento de conduzir o material ao rosto de passageiros distraídos.

Dos indesejáveis perdigotos (espirros) que, expelindo milhares de gotículas de saliva podiam propagar doenças como a tuberculose, destacou Machado: "reserva-se o banco da frente para a emissão dos perdigotos, salvo nas ocasiões em que a chuva obriga a mudar a posição do banco. Também podem emitir-se na plataforma de trás, indo o passageiro ao pé do condutor, e a cara voltada para a rua".

Sobre pernas excessivamente abertas, Machado considerou que os membros "devem trazer-se de modo que não constranjam os passageiros do mesmo banco". Sobre a leitura de jornais, alertou que "de cada vez que um passageiro abrir a folha que estiver lendo, terá o cuidado de não roçar as ventas dos vizinhos, nem levar-lhes os

---

17   ASSIS. *Op. Cit.*, 4 jul. 1883.

chapéus. Também não é bonito encostá-lo no passageiro da frente". Da prática de comer nos bondes, Machado repudiou-a, mencionado que o consumo de quebra-queixo era bem-vindo em duas circunstâncias: "a primeira quando não for ninguém no *bond*, e a segunda ao descer".

Dos "amoladores", que tanto incomodavam Fräu Lassius, Machado chegou à seguinte conclusão:

> Toda a pessoa que sentir necessidade de contar os seus negócios ínfimos, sem interesse para ninguém, deve primeiro indagar do passageiro escolhido para uma tal confidência, se ele é assaz cristão e resignado. No caso afirmativo, perguntar-lhe-á se prefere a narração ou uma descarga de pontapés. Sendo provável que ele prefira os pontapés, a pessoa deve imediatamente pespegá-los. No caso, aliás extraordinário e quase absurdo, de que o passageiro prefira a narração, o proponente deve fazê-la minuciosamente, carregando muito nas circunstâncias mais triviais, repetindo os ditos, pisando e repisando as coisas, de modo que o paciente jure aos seus deuses não cair em outra".[18]

Amolações também poderiam resultar de conversas indiscretas entre terceiros. Nesse sentido, orientava Machado: "Quando duas pessoas, sentadas a distância, quiserem dizer alguma cousa em voz alta, terão cuidado de não gastar mais de quinze a vinte palavras, e, em todo caso, sem alusões maliciosas, principalmente se houver senhoras".[19]

Lassius e Machado concordam, também, quanto às pessoas com morrinha, a popular "inhaca" dos pouco afeitos à higiene básica. Machado é, aliás, enfático quanto à possibilidade de uso dos bondes por esses indivíduos: "As pessoas que tiverem morrinha, podem

---

18 *Ibidem.*
19 *Ibidem.*

participar dos *bonds* indiretamente: ficando na calçada, e vendo-os passar de um lado para outro. Será melhor que morem em rua por onde eles passem, porque então podem vê-los mesmo da janela".[20]

Dos cavalheirismos mencionados por Machado, um, certamente, era bem-vindo entre as mulheres vindas da província de Sergipe: o de dar passagem às senhoras. O cronista adverte que "quando alguma senhora entrar, o passageiro da ponta deve levantar-se e dar passagem, não só porque é incômodo para ele ficar sentado, apertando as pernas, como porque é uma grande má-criação".[21]

A última recomendação de Machado aos usuários dos bondes era fielmente seguida pelo político sergipano e sua esposa em relação à preceptora.

> Quando o passageiro estiver ao pé de um conhecido, e, ao vir o condutor receber as passagens, notar que o conhecido procura o dinheiro com certa vagareza ou dificuldade, deve imediatamente pagar por ele: é evidente que, se ele quisesse pagar, teria tirado o dinheiro mais depressa.[22]

Se, nos primeiros dias, Früu Lassius simulava a intensão de pagar sua passagem no bonde, logo acostumar-se-ia a deixar que o patrão ou a patroa resolvessem a questão.

Mas, para que não tomemos como únicas as ásperas conclusões de Machado sobre a ambiência dos bondes, consideremos o seguinte depoimento de Bilac:

> O *bond* é um criador de relações de amizade... e de amor... Há amigos inseparáveis que se viram pela primeira vez no *bond*, começaram por olhar-se com desconfiança, passaram a saudar-se com cerimônia, encetaram palestras frias, foram

---

20 *Ibidem*.
21 *Ibidem*.
22 *Ibidem*.

> do *senhor* ao *você* e do *você* ao *tu*, e uniram-se para a vida e para a morte. E há casamentos felizes e amores delirantes, de que o *bond* pachorrento foi o primeiro *onze-lettras*.
>
> De encontros fortuitos em *bonds*, têm saído negócios, namoros, combinações políticas e financeiras, empresas e bancos, e até... revoluções. O *bond* põe em contato pessoas, que nunca se encontrariam talvez na vida, se não existisse esse terreno neutro e ambulante, em que se misturam diariamente todas as classes da sociedade. Às vezes antipatizamos com certo sujeito: um belo dia, esse sujeito sobe conosco para um *bond*, paga-nos a passagem, ilude a nossa antipatia, conquista a nossa confiança – e daí a pouco sem saber como nem por que, estamos a contar-lhe toda a nossa vida, a dizer-lhe o nome da mulher que amamos, e a convidá-lo a vir jantar em nossa casa...
>
> Ó *bond* congraçador! tu fazes mais do que nivelar os homens: – tu os obrigas a ser polidos, tu lhes ensinas essa tolerância e essa boa educação, que são alicerces da vida social...[23]

Também Drummond, meio século adiante, considerou que o bonde "ficou tendo a poesia que cada um era capaz de atribuir-lhe".

> Ligando-se ao trabalho, ao estudo, à cisma, ao passeio, ao carnaval, à farra, ao amor – amor que devaneava de bonde, alheio a tudo mais, enchendo-o de invisíveis borboletas e risadinhas de anjo –, o bonde foi-se revestindo de significados e tradições, na vivência dos usuários.[24]

Se é fato que "a cidade entendeu de crescer e enriquecer na ponta dos trilhos da Botanical Garden",[25] não imaginemos, todavia, que somente de bondes viviam os chacareiros do Jardim Botânico. A cidade contava com uma grande variedade de meios de transporte

---

23 BILAC. *Op. Cit.*
24 ANDRADE. *Op. Cit.*
25 *Ibidem.*

desde a década de 1810. Variados tipos de carros, carruagens e seges à tração animal podiam ser adquiridos ou alugados. "Na época, havia cocheiras que alugavam seges 'muito asseadas e com boas parelhas' […]. Alugavam-se, ainda, criados 'com toda decência' para conduzir os veículos velozes e evitar acidentes causados por condutores inexperientes", explica Lilia Schwarcz.[26] Assim, para uma família que apenas passava temporadas na capital do Império, como era o caso da família de Aurélia, alugar era mais prático e menos oneroso que manter um veículo à tração animal.

No conto "Singular Ocorrência", publicado em suas *Histórias sem data*, de 1884, Machado de Assis dá conta do trânsito de pessoas entre "a cidade" e o Jardim Botânico em carros de aluguel. Caminhando para o desfecho da estória de amor e traição do rábula Andrade e sua amásia Marocas, registrou Machado:

> — Estávamos comendo alguma coisa, em um hotel, eram perto de oito horas, quando recebemos notícia de um vestígio: — um cocheiro que levara na véspera uma senhora para o Jardim Botânico, onde ela entrou em uma hospedaria, e ficou. Nem acabamos o jantar; fomos no mesmo carro ao Jardim Botânico. O dono da hospedaria confirmou a versão; acrescentando que a pessoa se recolhera a um quarto, não comera nada desde que chegou na véspera; apenas pediu uma xícara de café; parecia profundamente abatida. Encaminhamo-nos para o quarto; o dono da hospedaria bateu à porta; ela respondeu com voz fraca, e abriu. O Andrade

---

26 SCHWARCZ, Lilia Moritz. "Cultura". In: SILVA, Alberto da Costa e (Coord.). *Crise colonial e independência: 1808-1830*. Rio de Janeiro: Objetiva, 2011. p. 223 (*História do Brasil Nação: 1808-2010*, 1). Tratando das principais cidades brasileiras, Gilberto Freyre registra que, a partir de fins do século XVIII, começaram a circular carruagens: "a princípio coches, seges, traquitanas; depois *cabriolets, cabs, tilburys, balancés*, todos aos solavancos pelas pedras e pelos buracos" [FREYRE, Gilberto. *Sobrados e mucambos*: decadência do patriarcado rural e desenvolvimento do urbano. 14ed. São Paulo: Global, 2003. p. 35 (Introdução à história da sociedade patriarcal no Brasil; 2).

nem me deu tempo de preparar nada; empurrou-me, e caíram nos braços um do outro. Marocas chorou muito e perdeu os sentidos.[27]

Tomando a ficção de Machado como fonte histórica, presumimos algo que é confirmado por estudiosos dos meios de transportes do Rio Antigo: as distâncias entre o Rio e seus arrabaldes eram vencidas, mesmo ao cair da noite, pelos carros de aluguel e seus diligentes condutores, conhecedores dos atalhos e habilidosos na travessia de trechos empossados ou esburacados das estradas que lhes eram tão familiares.

Mas não imaginemos que os bondes "dormiam com as galinhas". Os referendados trabalhos de C. J. Dunlop e Noronha Santos confirmam, por exemplo, o que a pena de Bilac registrara antes deles:

> Haja sol ou chova, labute ou durma a cidade, o trabalho metódico do *bond* não cessa: e alta noite, ou alta madrugada, quando já os mais terríveis notívagos se meteram no vale dos lençóis, ainda ele está cumprindo o seu fadário, deslizando sobre os trilhos, abrindo clareiras na treva com as suas lanternas vermelhas ou azuis, acordando os ecos das ruas desertas, velando incansável pela comodidade, pelo conforto, pelo serviço da população. Cheio ou vazio, com passageiros suspensos em pencas das balaustradas ou abrigando apenas dois ou três viajantes sonolentos, – a sua marcha é a mesma, certa e pausada, num ritmo regular que é a expressão perfeita da regularidade da sua missão na terra...[28]

O bonde foi "o triunfador" entre os meios de transporte no Rio, um "senhor absoluto e indispensável". O "operário da democracia" havia estendido

---

27 ASSIS, Machado. *Historias sem data*. Rio de Janeiro: B. L. Garnier, 1884, p. 68.
28 BILAC. *Op. Cit.*

> [...] por todas as zonas da *urbs* o aranhol dos seus trilhos metálicos, e assenhoreou-se de todas ruas urbanas e suburbanas, povoando bairros afastados, criando bairros novos, alargando de dia em dia o âmbito da capital, estabelecendo comunicações entre todos os alvéolos da nossa imensa colmeia.[29]

Antes dos bondes, rememorou Bilac, as ruas do Rio eram cortadas por gôndolas pesadas e oscilantes que "se arrastavam aos trancos, morosas e feias como grandes hipopótamos". Para Bilac (e com certo exagero de entusiasta dos ferro-carris), "o *bond*, assim que nasceu, matou a gôndola e a diligência, limitou despoticamente a esfera da ação das caleças e dos *coupés*, tomou conta de toda a cidade, – e só por generosidade ainda admite a concorrência, aliás bem pouco forte, do tílburi".[30]

Por décadas, desde o memorável 9 de outubro de 1868, foi o "rumoroso patear dos muares sobre as pedras", como diria Bilac, que embalou os pensamentos dos usuários dos bondes, entre eles os da preceptora Marie Lassius e de sua pupila Aurélia. Com o surgimento dos "elétricos", em 1892, os antigos bondes à tração animal foram, paulatinamente, sendo substituídos. E o império do bonde carioca seguiria por mais de meio século.

Carlos Drummond de Andrade testemunhou e se ressentiu com o desaparecimento do "derradeiro bonde da linha 13", fato que teria encerrado para a Zona Sul um capítulo da vida carioca, "o movimentado, alegre capítulo do bonde".

> [...] Automóveis, lotações, caminhões, camionetas, jipes, ônibus ocuparam a rua inteira, parecendo dizer: "Arreda que eu quero passar". "Passa por cima" ficou sendo frase co-

---

29 *Ibidem*.
30 *Ibidem*. Sobre os veículos mencionados, seus usos e abusos, consultar: SANTOS, Noronha. *Meios de transporte no Rio de Janeiro: história e legislação*. Vol. 1. Rio de Janeiro: Jornal do Commercio, 1934.

mum, de desafio irônico, nas ruas do Rio. O pobre bonde não podia passar por cima nem por baixo nem pelos lados; imobilizou-se, e por sua vez não deixava passar ninguém. Então acabaram com ele na Zona Sul. As outras regiões da cidade que se preparem. Era uma vez mais de 4.000 carros circulando sobre 500 quilômetros de trilhos. Teria sido preciso inventar o bonde, se ele não existisse? Pois agora foi preciso, ou acham que foi, desinventá-lo, desligando-o da paisagem e da dinâmica urbanas.

[...] E não adianta chorar o bonde, que, coitado, por assim dizer descansou, como se diz dos velhos e doentes muito doentes.

Encerremos este capítulo não com a imagem do bonde moribundo. Reparemos em uma obra que retrata tão bem, e com tanta poesia, o desfilar dos bondes pelo Jardim Botânico oitocentista. Ela está no Museu Mariano Procópio, em Juiz de Fora, nas Minas Gerais, e é da lavra de Nicolao Antonio Facchinetti, pintor italiano que viveu no Brasil, entre 1849 e 1900.

Trilhos, bonde e usuários da Botanical Garden Rail Road, no entorno da Lagoa Rodrigo de Freitas, na década de 1880[31]

---

31 FACCHINETTI, Nicolao Antonio. [Lagoa Rodrigo de Freitas]. Rio de Janeiro, 1888. Óleo sobre tela. Original de 33x61,5 centímetros. Acervo do Museu Mariano Procópio.

Facchinetti retratou, em 1888, uma das mais belas "paisagens culturais" do Rio Antigo. O óleo sobre tela de dimensões modestas, conhecido como "Lagoa Rodrigo de Freitas", coloca-nos diante dos trilhos que cortavam a antiga Rua do Oliveira. Deslizando sobre eles, um singelo bonde puxado por burros toma o prumo do Jardim Botânico. O cenário é convidativo. No alvorecer de um dia ameno, de céu lilás e nuvens esparsas, a exuberante paisagem do entorno da lagoa emoldura o bucólico cotidiano daquele arrabalde. Estão lá as imponentes palmeiras imperiais, o morro Dois Irmãos, a Pedra da Gávea e a Pedra Bonita, a Serra da Carioca, a Lagoa Rodrigo de Freitas, com suas límpidas águas refletindo o dourado do sol e a silhueta do relevo circundante, a Praia do Pinto, o Morro do Baiano, a restinga e o Atlântico, adiante, com suas ilhotas...

Em meio à paisagem natural, harmonicamente inserida, está a paisagem humana. Além da rua, da longa mureta, dos trilhos e do bonde, lá está um aristocrático casal, do lado direito da rua, entre o casario e os trilhos da Companhia. Ela, vestida à francesa e resguardada pela sombrinha. Ele, vestido à inglesa, de sobrecasaca e chapéu escuros. Parecem conversar, enquanto aguardam a chegada do bonde (que, na direção oposta à do que aparece no retrato, os conduziria à cidade).

Do lado esquerdo dos trilhos, pequenas embarcações ancoradas na Praia da Piaçaba e outras poucas singrando as águas da lagoa. Ao longe, um vapor bordeja a costa, buscando, certamente, a boca da Guanabara. Vemos, ainda, as chácaras do Jardim Botânico, como a da Bica, penetrando a lagoa, e as torres da Igreja de Nossa Senhora da Conceição da Gávea. É a encantadora natureza tropical, domada pela civilização, tão bem representada no quadro pela bandeira da França, que tremula diante da Chácara da Fortaleza.

As meninas Aurélia e Anna, a preceptora Marie Lassius, o barão e a baronesa da Estância poderiam, facilmente, compor a paisagem retratada por Facchinetti. Era aquele o cenário que a família do deputado encontrava, sempre que ia tomar o bonde e seguir ao encontro da vibrante cidade do Rio de Janeiro.[32]

Fontes

ANDRADE, Carlos Drummond de. "Acabou-se o *din din* seu condutor". *Correio da Manhã*, Rio de Janeiro, 9 mar. 1963, 2º Caderno, p. 13.

ASSIS, Machado de. Balas de estalo. *Gazeta de Noticias*, Rio de Janeiro, 4 jul. 1883. p. _____. *Historias sem data*. Rio de Janeiro: B. L. Garnier, 1884.

_____. A Semana. *Gazeta de Noticias*, Rio de Janeiro, 10 jun. 1894. p. 1.

---

32 Aliás, a partir de fins daquele ano de 1879, o Rio estaria ainda mais "vibrante", com a revolta que ficaria conhecida como a do Vintém, sob a batuta do médico e jornalista Lopes Trovão, militante da causa republicana. Aurélia e seus familiares, felizmente, já estavam longe da cidade e não se depararam com bondes virados, trilhos arrancados, condutores espancados, burros esfaqueados, manifestantes feridos e mortos. "A estada daquela família na Corte chegaria ao fim em setembro de 1879, logo após a cerimônia de Encerramento da Assembleia Nacional, no Paço do Senado, e a tradicional visita de despedida ao imperador e à imperatriz, no Paço de São Cristóvão. Era o fim do ano legislativo, e os deputados e senadores já podiam regressar às suas províncias de origem" (ALBUQUERQUE. *Op. Cit.*, 2015. p. 72). Todavia, o nome de um sergipano ligou-se à história da referida revolta. O militar Rufino Enéas Gustavo Galvão (futuro Barão do Rio Apa e marechal do Exército, além de ministro da Guerra e do Supremo Tribunal Militar sob a república), que participara ativamente da Guerra do Paraguai, comandou as tropas que, violentamente, reprimiram as manifestações populares ocorridas entre dezembro de 1879 e janeiro de 1880, gritando contra a cobrança da taxa de 20 réis (um vintém) sobre as passagens de bonde um reflexo da insatisfação popular com a política fiscal do ministro da Fazenda Afonso Celso de Assis Figueiredo (futuro Visconde de Outro Preto). Em 2007, o historiador José Murilo de Carvalho lançou um novo olhar sobre essa revolta, destacando a desastrosa atuação do militar sergipano. Sobre o Barão do Rio Apa, sua família e a Revolta do Vintém, consultar, entre outros títulos: ANTONIO Enéas Gustavo Galvão, Barão do Rio Apa (Marechal). In: GUARANÁ, Manoel Armindo Cordeiro. *Dicionário bio-bibliográphico sergipano*. Rio de Janeiro: Pongetti & C., 1925. p. 20-21; ALBUQUERQUE, Samuel. *A carta da condessa: família, mulheres e educação no Brasil do século XIX*. São Cristóvão: Editora UFS, 2016. p. 16-21; CARVALHO. *Op. Cit.*

_____. A Semana. *Gazeta de Noticias*, Rio de Janeiro, 11 out. 1896, p. 1.

BILAC, Olavo. Chronica. *Gazeta de Noticias*, Rio de Janeiro, 11 out. 1903. p. 1.

ROLLEMBERG, Aurélia Dias. [*Texto de memórias*]. Aracaju, [entre 1927 e 1952] (Acervo do IHGSE).

_____. O documento. In: ALBUQUERQUE, Samuel Barros de Medeiros. *Memórias de Dona Sinhá*. Aracaju: Typografia Editorial, 2005. p. 49-123.

Bibliografia

ALBUQUERQUE, Samuel Barros de Medeiros. *Memórias de Dona Sinhá*. Aracaju: Typografia Editorial, 2005.

ALBUQUERQUE, Samuel. *Nas memórias de Aurélia: cotidiano feminino no Rio de Janeiro do século XIX*. São Cristóvão: Editora UFS, 2015.

_____. *A carta da condessa: família, mulheres e educação no Brasil do século XIX*. São Cristóvão: Editora UFS, 2016.

ANDRADE, Ana Luiza (Org.). *Machado de Assis: crônicas de bond*. Chapecó: Argos, 2001 (Transportes pelo olhar de Machado de Assis, 3).

ANTONIO Enéas Gustavo Galvão, Barão do Rio Apa (Marechal). In: GUARANÁ, Manoel Armindo Cordeiro. *Dicionário bio-bibliográphico sergipano*. Rio de Janeiro: Pongetti & C., 1925. p. 20-21.

BARATA, Carlos Eduardo; GASPAR, Claudia Braga. *A Fazenda Nacional da Lagoa Rodrigo de Freitas na formação de Jardim Botânico, Horto, Gávea, Leblon, Ipanema, Lagoa e Fonte da Saudade*. Rio de Janeiro: Cassará, 2015 (Biblioteca Rio 450).

CARDOSO, Amâncio. "O bonde na literatura nacional". *Jornal da*

Cidade, Aracaju, 6-7 mar. 2016, p. B-5.

CARVALHO, José Murilo de. "A guerra do vintém". *Revista de História da Biblioteca Nacional*, Rio de Janeiro, n. 23, p. 24-26, ago. 2007.

DUNLOP, C. J. *Apontamentos para a História dos bondes no Rio de Janeiro*. Rio de Janeiro: Laemmert, 19--.

FREYRE, Gilberto. *Sobrados e mucambos: decadência do patriarcado rural e desenvolvimento do urbano.* 14 ed. São Paulo: Global, 2003 (Introdução à história da sociedade patriarcal no Brasil; 2).

SANTOS, Noronha. *Meios de transporte no Rio de Janeiro: história e legislação.* Vol. 1. Rio de Janeiro: Jornal do Commercio, 1934.

SCHWARCZ, Lilia Moritz. "Cultura". In: SILVA, Alberto da Costa e (Coord.). *Crise colonial e independência: 1808-1830*. Rio de Janeiro: Objetiva, 2011. p. 205-247 (*História do Brasil Nação: 1808-2010*, 1).

O processo de publicação do relato da viagem científica do oficial da Marinha francesa Louis Duperrey

Daniel Dutra Coelho Braga[1]

Não foi apenas Napoleão que a Restauração Bourbon precisou derrotar. Os esforços pela instauração de um novo regime monárquico, na França da primeira metade do século XIX, se deram em várias arenas. Dentre elas, o campo das publicações, em suas mais diversas modalidades, foi um dos que mais assistiu a acirradas disputas: é ao longo da Restauração Bourbon que livros de Rousseau e Voltaire, por exemplo, são publicamente queimados.[2] A cultura política da época, todavia, explica-se não apenas por intermédio dos

---

[1] Doutorando em História Social pelo Programa de Pós-Graduação em História Social da UFRJ. Bolsista da CAPES.
[2] Cf. LARKIN, T. Lawrence. "Louis XVIII`s Cult[ural] Politics, 1815-1820." Aurora: THE JOURNAL OF THE HISTORY OF ART, New Jersey, Vol. V, nov. 2004, p. 28-55.

livros que destruiu, mas sobretudo por meio daqueles que criou. É também ao longo desse mesmo período que a obra do patriarca de Ferney é cada vez mais integralmente editada, tornando o Voltaire "*complet*", temível para ultrarrealistas e entusiastas do mais amplo retorno das prerrogativas políticas da Igreja, acessível a um número maior de leitores.³

O que poderia soar como contraditório é, na verdade, a lógica de um período no qual um desejo de "retorno ao passado", deliberadamente articulado como estratégia conservadora,⁴ precisava conviver com o crescente enraizamento institucional de anseios liberais do século XVIII. Se a monarquia constitucional, por meio do bicameralismo, encontrava na hereditariedade da Câmara dos Pares um refúgio para desejos de distinção aristocrática, esse mesmo regime permitiu uma ampliação de atividades editoriais. Assim, não é surpreendente que, logo nos primeiros anos após a ascensão de Louis XVIII ao trono, multipliquem-se as atividades editoriais francesas, notadamente as parisienses, atraindo até mesmo livreiros e editores estrangeiros e contribuindo para uma nova circulação de variados modelos de li-

---

3 A expressão "Voltaire complet" é utilizada por François Bessire no intuito de ressaltar em que medida o campo político francês de então não apresentava demasiada restrição no que se referia a elementos pontuais da obra do patriarca de Ferney. Com efeito, seria principalmente o Voltaire anticlerical aquele a ser prontamente atacado, sobretudo por ultrarrealistas e homens vinculados à Igreja. Cf. BESSIRE, François. "Un vaste incendie qui va dévorer des cites et des provinces»: les éditions d'œvres completes de Voltaire sous la Restauration." In: MOLLIER, Jean-Yves; REID, Martinet; YON, Jean-Claude (Org.). *Repenser la Restauration*. Paris: Nouveau Monde Éditions, 2005.

4 Faço aqui, portanto, referência à interpretação de Pedro Rújula, segundo a qual "a ideia de restauração de uma ordem perdida foi uma criação intelectual, um mito construído pelos ultrarrealistas de modo a dispor de uma legitimidade para recuperar o poder na primavera de 1814". Cf. RÚJULA, Pedro. "Le mythe contre-révolutionnaire de la *Restauration*". In: CARON, Jean Claude; LUIS, Jean-Philippe. *Rien appris, rien oublié? Les Restaurations dans l'Europe postnapoléonienne (1814-1830)*. Rennes: Presses Universitaires de Rennes, 2015. Tradução livre.

vros, panfletos, periódicos e demais textos impressos, dentre os quais, por exemplo, os em língua estrangeira e aqueles especializados, direcionados para determinados grupos profissionais.[5] O campo das publicações encontrava condições de florescimento na medida em que o regime monárquico, justamente porque constitucional, respeitava diversas formas de liberdade tributárias do cosmopolitismo e dos anseios das Luzes, como a liberdade de opinião, de culto e de imprensa. Ainda que por meio de um "equilíbrio precário", tal como analisado por René Rémond, a Restauração mantém, segundo o historiador, parte da obra da Revolução, favorecendo, nesse sentido, a circulação de ideias.[6] Com efeito, como aponta o historiador Francis Demier, embora não se tratassem de condições que respondessem a uma "democratização da cultura", o rápido progresso da escrita permite "evoluir a opinião nas novas camadas da burguesia e desenvolver uma cultura nacional que é, também, o suporte do debate político".[7]

Uma modalidade específica de publicação não poderia deixar de constar das atividades editoriais em vias de ampliação durante a Restauração: os relatos de viagem. Trata-se de tradição consolidada na França, onde a viagem de volta ao mundo de Louis de Bougainville, realizada entre 1766 e 1769, por exemplo, se não trouxe êxitos coloniais ou científicos imediatamente consideráveis, tornou-se "monumentalizada", sem dúvida em função da propagação de seu relato, comentado à época até mesmo por um expoente da cultu-

---

5 Cf. COOPER-RICHET, Diana. Paris, capitale des polyglottes? Édition et commercialisation des imprimés en langues étrangères sous la Restauration. In: MOLLIER, Jean-Yves; REID, Martinet; YON, Jean-Claude (Org.). *Repenser la Restauration*. Paris: Nouveau Monde Éditions, 2005.
6 RÉMOND, René. *Introduction à l'histoire de notre temps. 2. Le XIXe siècle, 1815-1914*. Paris: Seuil, 1974, p. 18
7 DÉMIER, Francis. *La France de la Restauration (1814-1830)*. Paris: Éditions du Seuil, 2012, p. 587. Todas as citações de textos originalmente em francês são traduções livres realizadas pelo autor do presente trabalho.

ra das Luzes como Diderot.⁸ Assim, uma tradição já consolidada também passava por um processo de renovação, tendo em vista as novas condições técnicas de difusão e circulação da cultura escrita que a França da Restauração Bourbon encarava. Como bem ressalta Daniel Roche, é, sobretudo, ao longo da primeira metade do século XIX que diversas modalidades de publicação se propõem a, inclusive, realizar uma leitura propriamente bibliográfica e, portanto, mais especializada e autônoma do gênero, tal como evidenciado por iniciativas de publicação como os dezessete volumes do *Catalogue of Books of Voyages and Travels*, realizada em Londres pelo editor John Pinkerton, ou, ainda, a iniciativa de Boucher de la Richarderie na França, com sua *Bibliothèque universelle des voyages*, cuja edição se iniciara ainda à época do Diretório.⁹ Logo, não é surpreendente que, ao longo da Restauração Bourbon, uma instituição específica do campo político francês tenha buscado se valer simultaneamente tanto da reabilitação das grandes viagens de volta ao mundo como, em igual medida, da publicação de relatos a elas referentes: a Marinha francesa.

Ao longo da Restauração Bourbon, a Marinha francesa se empenhou em reabilitar os relatos de viagem em suas modalidades editoriais mais ambiciosas. As edições eram compostas de diferentes tomos, dedicados cada um a disciplinas como a Botânica, a Zoologia, a Hidrografia e a Física, além de mobilizar formas narrativas que se articulassem a saberes náuticos, relacionando descrições históricas de diferentes povos a uma cartografia que se propunha como corretiva, principalmente no tocante ao cálculo de longitudes. Tratava-se de um esforço no sentido de ampliar o campo de atuação da Mari-

---

8   TAILLEMITE, Étienne. *Marins français à la découverte du monde*. Paris: Fayard, 1999, p. 246.
9   ROCHE, Daniel. *Humeurs vagabondes. De la circulation des hommes et de l'utilité des voyages*. Paris: Fayard, 2003, p. 20-21.

nha, que se reconhecia como a instituição mais abalada tanto pela Revolução de 1789 como pelo governo de Napoleão. Emblemática, nesse sentido, foi a iniciativa de Louis-Claude de Saulces de Freycinet (1779 -1842), oficial da Marinha que, com respaldo do então ministro da Marinha, Visconde du Bouchage, conseguiu não apenas realizar sua própria viagem de circunavegação, entre 1817 e 1820, como também pôde iniciar logo em seguida o percurso editorial de seu relato de viagem.[10]

A iniciativa exitosa de Louis de Freycinet teve grande impacto sobre Louis Isidore Duperrey (1786-1842), um jovem oficial que o acompanhara entre 1817 e 1820. Em 1822, Louis Duperrey iniciaria, então, a sua própria viagem de volta ao mundo. Se a viagem de Duperrey foi prontamente considerada uma empreitada de êxito, notadamente no tocante à manutenção da saúde da tripulação quando de sua passagem por regiões tropicais,[11] não se poderia afirmar, por outro lado, que o percurso da publicação dos relatos referentes à viagem foi igualmente bem-sucedido. Nesse sentido, é possível refutar o que é por vezes afirmado nos poucos trabalhos que se dedicaram a analisar exclusivamente esta expedição, como é o caso da obra da historiadora Michèle Battesti. Nesta obra, afirma-se que "a publicação da *Voyage autour du monde exécuté par la corvette la Coquille* não encontra as dificuldades e percalços que Freycinent encontrara", na medida em que, "graças às subvenções do Ministério da Marinha, sete volumes e quatro grandes atlas *in-folio* foram publicados em tempo recorde – menos de cinco anos – junto ao editor Arthus Bertrand".[12] Na verdade, o processo de editoração dos relatos de Du-

---

10 Cf. BENOÎT-GUYOD, Georges. *Au temps de la Marine en bois: le tour du monde de "l'Uranie" (1817-1820) / le voyage triumphal de la Belle Poule" (1840).* Paris: Mercure de France, 1942.
11 BATTESTI, Michèle. *Images des Mers du Sud: les voyages de la corvette La Coquille (1822 – 1825).* Paris: Éditions Du May, 1993, p. 85.
12 *Ibidem*, p. 87. Tradução livre.

perrey se estendeu por décadas e culminou na entrega de tomos incompletos à Marinha francesa. Trata-se de um caso que evidencia, portanto, em que medida, apesar de ter ocorrido uma verdadeira política de viagens científicas por parte da Marinha francesa durante a Restauração Bourbon, é plausível afirmar que não houve, em igual proporção, uma política sistemática e eficaz de publicação de relatos dessas mesmas viagens. O percurso editorial desses relatos esteve submetido às lógicas de tensas negociações institucionais, em meio às quais foram decisivas as redes de sociabilidade envolvendo viajantes, editores e ministros do Estado francês. Além disso, houve a constante necessidade de negociação com as duas Câmaras, arenas essenciais do jogo político da Restauração.

Duperrey não foi uma exceção infortunada. Como indicado acima por meio da citação à análise de Battesti, o próprio Louis de Freycinet enfrentara diversos percalços em sua tentativa de materializar seu projeto editorial deveras ambicioso, o qual só foi finalizado após a morte do comandante. As negociações referentes à publicação do relato de Freycinet transitaram entre diversos ministérios, como o Ministério da Marinha e das Colônias e o Ministério do Interior, os quais continuamente redefiniram o orçamento disponível para cada tomo. As cartas trocadas em função de tais negociações foram parcialmente publicadas poucos anos após a morte do comandante pelo colega e chefe de divisão F. Grille, e evidenciam os desafios que o ambicioso comandante enfrentou.[13]

A diferenciação mais evidente que há entre o percurso editorial referente aos relatos de Freycinet e aquele referente aos relatos da viagem de Duperrey é a entrada em cena de uma figura cada vez mais em destaque no campo de publicações da primeira metade do século XIX

---

13 Cf. GRILLE, François-Joseph. *Louis de Freycinet: sa vie de savant et de Marin, ses voyages, ses ouvrages, ses lettres, son caractere et as mort. Avec des notes de G. Lafond*. Paris: Ledoyen, 1853.

e, portanto, na França da Restauração Bourbon: o editor. A partir de 1824, Freycinet teve seus relatos publicados sob o selo da Impressão Régia francesa, tal como ocorrera com os viajantes do século XVIII, aos quais Freycinet inclusive buscou se filiar por meio de um pretenso entusiasmo desinteressado pelo progresso do saber. Já o material recolhido e formulado em função da viagem de Duperrey, por sua vez, encontraria amparo na figura do editor Arthus Bertrand, escolhido em 26 de outubro de 1825 para se tornar o interlocutor essencial da Marinha na empreitada que visava inserir os esforços da viagem em um devido circuito de consumo e, portanto, apropriação.

Arthus Bertrand simbolizava simultaneamente uma exceção e uma regularidade sociológica, pois conciliava as atividades de editor e impressor justamente na medida em que atendia a demandas como a da Marinha francesa. Conforme aponta Francis Démier, é ao longo da Restauração que se afirma uma "dissociação progressiva das funções de um ofício no qual se era ao mesmo tempo impressor, editor e livreiro", processo pelo qual o editor se impunha cada vez mais como um "homem de inovação", capaz de antecipar expectativas do público, lançar autores e configurar, assim, um modelo de empreendedorismo.[14] Um exemplo sintomático de tal cenário é, inclusive, a trajetória de Honoré de Balzac: em 1825, o escritor, já endividado e ansioso por lucros financeiros, iniciou uma série de empreendimentos editoriais. Porém, não obteve sucesso. Três anos mais tarde, Balzac optaria por investir simultaneamente no ramo da impressão. De modo ousado, o romancista buscou articular o ofício de editor não apenas ao de impressor, mas também às atividades de fundição de moldes de caracteres.[15] Contrariando a tendência de dissociação entre os ofícios, Balzac terminou apenas por se endividar cada vez mais.[16] As análises do his-

---

14 DÉMIER, Francis, *Op. Cit.*, p. 588.
15 TAILLANDIER, François. *Balzac*. Paris: Éditions Gallimard, 2005, p. 63-66.
16 Cabe ressaltar que Taillandier aponta em que medida o modelo de impressor

toriador Francis Démier, no entanto, ressaltam em que medida nem todos os que apostaram na atividade editorial tiveram a mesma sorte trágica do autor da *Comédia humana*. Dentre os exemplos de tal novo perfil de editor, Démier aponta os irmãos Garnier, Hetzel, Levy, assim como editores conhecidos pelo êxito da literatura romântica, como Gosselin, Renduel e Canuel. O historiador reitera, todavia, o caráter de risco que a profissão continuava a apresentar. Pierre-François Ladvocat, segundo Démier o exemplo mais célebre dos editores da época, teria falido três vezes. A relação direta com as demandas de mercado contribuiria também para a formação de um perfil de editores especializados, como aqueles dedicados a livros de medicina ou ainda, como no caso do editor Louis Hachette, livros de ensino primário. As casas de edição permaneceriam vulneráveis a crises, o que faria das edições um empreendimento de porte pequeno, sendo a primeira tiragem de um livro geralmente limitada a cerca de mil exemplares. Uma segunda tiragem equivalente, por sua vez, seria certamente um indicativo de sucesso.[17] Com base no cenário delineado por Francis Démier, torna-se possível compreender as especificidades que apresentava a relação entre Arthus Bertrand e as ambições de publicação da Marinha francesa: uma empreitada apenas parcialmente condicionada por um mercado, capaz não apenas de projetar o nome do editor, mas igualmente capaz de lhe conferir a oportunidade de exercer com cada vez mais segurança seu ofício, tendo-se em vista a crescente aposta da Marinha nas viagens científicas e, consequentemente, nos relatos delas decorrentes. Assim configurava-se, então, a dupla condição sociológica de Bertrand, que, tendo suas ações divulgadas sob a manutenção da identidade de "livreiro-editor", parecia conjugar simultaneamente

igualmente encarregado da fundição dos moldes seria um modelo de êxito posteriormente às iniciativas de Balzac, afirmando que o escritor teria "chegado cedo demais" a tal ramo. Cf. TAILLANDIER, François, *Op. Cit.* p. 66.

17 DÉMIER, Francis, *Op. Cit.*, p. 588-589.

projetos ambiciosos e inovadores, justamente na medida em que era capaz de contar com uma demanda proveniente não de um mercado, mas de um campo interno ao próprio Estado francês. As demandas da Marinha forneceriam às múltiplas atividades de Bertrand o amparo com o qual a ambição desmedida de Balzac não pôde contar. Contudo, o que o editor talvez não soubesse em outubro de 1825 é que estava prestes a ingressar em uma empreitada tão vertiginosa como a própria viagem de volta ao mundo realizada por Duperrey entre 1822 e 1825! Em uma comparação entre ambos, inclusive, o viajante teve ainda a vantagem de realizar plenamente a sua missão, ao passo que o editor sequer conseguiu viver o suficiente para assistir à conclusão do processo editorial para o qual fora escolhido.

Os termos iniciais da negociação entre Arthus Bertrand e a Marinha francesa foram continuamente narrados em diversos documentos de negociações posteriores que, na medida em que buscavam contabilizar as novas somas e investimentos a serem realizados em função da publicação do relato da viagem de Duperrey, precisavam rememorar as decisões iniciais do acordo entre ambas as partes. Um desses documentos é a *Note de la Direction des Ports et Arsenaux*, escrita em 17 de junho de 1833 e assinada pelo oficial Pierre-Louis Boursaint, então Conselheiro de Estado e Diretor dos Fundos e Inválidos.[18] Nesse documento, Boursaint respondia a uma crítica feita pelo Conselheiro de Estado responsável pela Direção dos Portos e Arsenais, o qual havia criticado o orçamento da tiragem referente à publicação da viagem. Em função da polêmica, Boursaint se punha a examinar as condições sob as quais Bertrand fora solicitado, assim como as contas que o editor expunha no intuito de demandar reparações por parte da Marinha. Bertrand fora, como

---

18 Além disso, Boursaint esteve outrora encarregado de administrar orçamentos da Marinha, entre 1817 e 1824. Cf. TAILLEMITE, Étienne. *Dictionnaire de la Marine*. Paris: Seghers, 1962, p. 36.

citado anteriormente, no final de 1825, incumbido de imprimir, por conta da Marinha e, portanto, com a expectativa de obter reembolsos de seus gastos, os três volumes do texto da parte histórica e náutica da viagem de Duperrey. Por outro lado, o editor imprimiria por sua própria conta os três volumes do texto e as 274 pranchas dos tomos de história natural referentes à viagem. Deste conjunto, a Marinha teria direito a 300 exemplares, cujo preço seria pago em três parcelas a partir do dia do envio da primeira remessa. Assim, segundo o acordo inicial, os pagamentos deveriam ser feitos de modo que a Marinha não gastasse mais do que 35,000 francos por ano, entre 1826 e 1828, vindo a concluir o pagamento restante em 1829.[19]

O balanço estabelecido por Boursaint permite ter uma ideia propriamente financeira dos custos e desafios encarados por Bertrand até o ano de 1833. Além disso, é possível perceber a realização progressiva e parcial da edição dos diferentes tomos, o que certamente conferia uma maior margem de negociação para o editor. Os tomos cuja edição fora iniciada já em 1826 foram os de história natural, cujos custos do exercício entre 1826 e 1829 somaram cerca de sessenta e quatro mil francos. As gravuras para o atlas da parte histórica tiveram seus custos discriminados separadamente, tendo sua edição sido iniciada apenas em 1828. No período decorrido entre 1828 e 1832, as despesas totais referentes à edição das gravuras do atlas somaram 42,748.64 francos. A edição de tomos referentes a outras disciplinas também foi iniciada posteriormente e realizada parcialmente. Em 1831, por exemplo, foram editadas apenas 17 folhas do volume da parte hidrográfica e 22 folhas do volume da parte dedicada à Física, registradas sob o valor de 9,165.98 francos.

---

19 Note de la Direction des Ports et Arsenaux - Resposta escrita pelo Conselheiro de Estado Boursaint. Paris, 17 de junho de 1833, f. 1. Service Historique de la Défense - Vincennes – Sub-série BB4, Códice 1000 (doravante SHD - BB4, Códice 1000)

Perante os números analisados, o Conselheiro de Estado ressaltava o descompasso entre os números previstos quando Bertrand foi escolhido enquanto editor do relato e aqueles presentes após esses anos iniciais de exercício da publicação. No entanto, afirmava que "a natureza do trabalho" seria a razão de tal diferença, de modo que ela não poderia se tornar "objeto de uma crítica grave".[20] Finalmente, o Conselheiro de Estado reiterava que muitos dos termos iniciais da elaboração do projeto editorial não foram de antemão claramente definidos, citando como exemplo o tamanho integral da edição da parte histórica do relato.

Constituía-se, desse modo, ao longo do próprio processo editorial, uma memória acerca das condições iniciais sob as quais este havia sido iniciado. Essa memória corroboraria uma progressiva diferenciação quanto ao projeto inicial. Em um relatório da Marinha escrito em 10 de novembro de 1825, intitulado *"Proposições relativas à publicação da viagem da Coquille"*, torna-se possível inferir acerca do tipo de expectativa institucional que norteava a empreitada para a qual Bertrand fora escolhido, tanto em termos simbólicos como materiais. Afirmava-se que os materiais necessários para a publicação do relato já se encontravam reunidos e classificados, o que tornaria possível, portanto, "estabelecer, com alguma exatidão, a despesa a ser feita para a impressão de uma obra que marinheiros e homens de ciência (*savants*) esperam com a mesma impaciência".[21] Destaca-se, nesse relatório, o significado que tal iniciativa editorial poderia guardar para a Marinha enquanto uma instituição que cada vez mais buscava se enraizar em diferentes domínios da sociedade francesa. Provavelmente em implícita comparação com a tensão entre minis-

---

20 "Note de la Direction des Ports et Arsenaux" - Resposta escrita pelo Conselheiro de Estado Boursaint. Paris, 17 de junho de 1833, f. 3. SHD - BB4, Códice 1000
21 RELATÓRIO "Propositions relatives à la publication du voyage de la Coquille" - Paris, 10 de novembro de 1825, f. 1. SHD - BB4, Códice 1000

térios que conduziu a publicação da viagem anterior à de Duperrey, aquela conduzida por Freycinet, o relatório reiterava que não haveria necessidade de, no tocante à publicação da viagem a bordo da *Coquille*, recorrer ao Ministério do Interior para obter auxílios com a publicação dos tomos que não fossem dedicados apenas aos saberes náuticos. A justificativa apresentada no documento é a de que apenas os quadros da Marinha compuseram a tripulação da viagem, à exceção de seu desenhista, portanto seria conveniente que "os frutos da expedição" fossem levados "ao conhecimento do público sob os auspícios do Ministro desse departamento".[22]

No tocante ao suporte material dos relatos, definiam-se algumas diretrizes quanto às características de cada parte. A parte histórica e náutica deveria ser editada em conjunto e ser composta por três volumes de texto em mil exemplares, além de contar com a tiragem de 46 pranchas e gravuras. A despesa total referente a essa parte da publicação era estimada em sessenta e oito mil francos. Quanto à História natural, também se estimava que seria constituída por três volumes de texto, assim como por 274 pranchas, sendo uma metade em cores e a outra em preto e branco. Também solicitada em tiragem de mil exemplares, esperava-se que os custos referentes a esses tomos atingissem o valor de duzentos e quarenta e seis mil francos. Já se evidenciavam, em 1825, os percalços referentes ao alto custo inerente a uma publicação de história natural, reiterando-se no documento que não seria plausível que a Marinha pagasse integralmente por todo o custo da edição, principalmente pela dificuldade posterior que encontraria na tentativa de revender parte dos mil exemplares que terminariam sob sua guarda. Deste modo, decidia-se previamente que o editor teria sob sua posse o número de tomos da parte histórica e náutica do qual sentisse necessidade, além de, como

---

22 RELATÓRIO "Propositions relatives à la publication du voyage de la Coquille". Paris, 10 de novembro de 1825, f. 1. SHD - BB4, Códice 1000

apontado anteriormente, direcionar à Marinha francesa trezentos exemplares dos tomos de história natural. O relatório terminava por estabelecer as condições de proporção sob as quais o editor poderia vender os exemplares em questão, além de solicitar que fossem pagos três mil francos ao desenhista Lejeune, o qual embarcara junto a Duperrey e produzira as bases para a edição das gravuras.[23]

O fato de as viagens científicas terem sido eventos que se relacionaram uns aos outros não apenas no tocante às suas diretrizes de viagem, mas também no tocante aos quadros que as compunham, certamente contribuiu para atrasos nas publicações. Isso ocorreu porque muitos viajantes se encontraram indisponíveis para, logo após uma viagem, prontamente escrever sobre ela, uma vez que rapidamente se encontrariam ocupados com uma nova empreitada – ainda mais em uma conjuntura na qual a Marinha francesa exigia que apenas seus próprios quadros compusessem a tripulação das expedições, deliberadamente deixando de lado viajantes civis.[24] Assim, a publicação de um relato, embora exaltasse o nome do comandante da expedição como principal autor, era tributária de uma rede de autores, composta pelos viajantes que teceram seus diários de bordo, observações científicas e gravuras. Ao longo do processo editorial, todos esses agentes eram referenciados igualmente como "autores". No entanto, a dupla condição de viajantes e autores tornava difícil sua plena inserção no circuito editorial e poderia inviabilizar o pleno êxito do próprio comandante enquanto crivo principal do destino da publicação. É o que se averigua em uma nota emitida pelo Ministério da Marinha e das Colônias, em

---

23 RELATÓRIO "Propositions relatives à la publication du voyage de la Coquille". Paris, 10 de novembro de 1825, f. 2. SHD - BB4, Códice 1000
24 KURY, Lorelai. *Histoire naturelle et voyages scientifiques (1780-1830)*. Paris: L'Harmattan, 2001, p. 134.

dezembro de 1830, na qual se comentava o já evidente atraso no tocante à publicação do relato de Duperrey:

> A publicação da viagem da *Coquille* não pôde ser executada tão prontamente quanto se havia inicialmente esperado; mas este atraso não pode ser alvo de uma reprovação nem dos autores, nem do Editor; tanto os primeiros como o último demonstraram constantemente muito cuidado e zelo; mas a maioria dos colaboradores de M. Duperrey foi dele afastada, desde o início, para fazer parte da expedição da *Astrolabe*, e ele se encontrou deste modo como o único encarregado de um trabalho considerável que não pôde, por essa razão, ser terminado tão prontamente.[25]

A ambição editorial desses projetos, que visavam dar conta de diferentes disciplinas, certamente foi, portanto, um aspecto que contribuiu para descompassos, atrasos e contínuas renegociações no que se referiu às condições de produção e distribuição de cada volume da publicação. No caso de Duperrey, o que se averigua nos vestígios das negociações ocorridas nos circuitos do Ministério é a contínua defesa por uma ênfase nas ciências náuticas e físicas. Não que tal favorecimento tenha surgido apenas após a realização da expedição. Já na organização da concepção da viagem essa posição era defendida, como evidente no relatório de 11 de dezembro de 1821, no qual se afirma que "o projeto de viagem traçado por M. Duperrey é de um interesse direto para a Marinha", uma vez que "é sobretudo em relação à geografia e à hidrografia que a viagem que se trata de empreender fará algum progresso".[26] Porém, um tom diferente é registrado em nota escrita nove anos depois, em dezembro de 1830,

---

25 "Note du Ministere de la Marine et des Colonies". Paris, dezembro 1830. SHD - Vincennes, BB4, Códice 1000, f. 3.
26 RAPPORT. Paris, 11 de dezembro de 1821. SHD - Vincennes, BB4, Côte 1000, f. 70.

quando, perante as obras que comporiam os tomos dedicados a cada disciplina, teriam sido distintamente identificadas "duas partes que diferem essencialmente tanto por seu objeto como pela utilidade que sua publicação apresenta para a ciência náutica, a parte hidrográfica e a parte que se relaciona à história natural".[27]

As tensões e negociações entre Bertrand e o Ministério da Marinha revelam não apenas uma disputa acerca de orçamentos, mas também sobre as maneiras pelas quais decisões institucionais poderiam determinar os diferentes formatos adotados para o suporte material dos saberes formulados em função da viagem de Duperrey. Mais uma vez, os trabalhos cartográficos da expedição ocuparam lugar de destaque em meio às negociações referentes à publicação. É o que se averigua na carta escrita em 12 de julho de 1832 por Bertrand e enviada ao Conde de Rigny, então ministro da Marinha. Nesse manuscrito, obedecendo aos protocolos de distinção social que regulariam a escrita de uma carta enquanto prática, o editor, assinando enquanto "humilde e muito obediente servidor" do ministro, agradecia pela "honra" com a qual o ministro lhe conferira uma indenização, mediante decisão do mês pregresso, de modo que pudesse então arcar com os gastos não premeditados decorrentes de todo o processo de edição do tomo de historia natural. As despesas seriam decorrentes da decisão tomada pelos diversos "autores" do texto, que adicionaram uma extensão à parte escrita, a qual não fora previamente acordada, o que terminou por alterar o orçamento do tomo em questão.

Entretanto, ao longo da carta, Bertrand não se atém apenas a agradecimentos. A gratidão para com a indenização referente ao tomo de história natural cede espaço para uma discussão acerca dos valores e lucros decorrentes de diferentes modelos de venda do ma-

---

27 "Note du Ministere de la Marine et des Colonies". Paris, dezembro 1830. SHD, Sub-série BB4, Códice 1000, f. 3.

terial náutico da expedição. O objetivo da carta, portanto, era não apenas agradecer, mas também dar continuidade às negociações entre as duas partes. O Ministério da Marinha vislumbrava a possibilidade de vender separadamente as cartas que constituiriam o atlas hidrográfico da expedição. O Conde de Rigny, em escrito anterior, já havia consultado Bertrand acerca de tal possibilidade. Assim, ao longo da carta, o que se torna explícito é o consentimento, por parte do editor, quanto à proposta da Marinha, na medida em que renunciava à possibilidade de se valer integralmente do lucro decorrente da venda de edições do atlas completo da viagem. Ao ceder parcialmente tal fonte de lucros, Bertrand atendia, portanto, aos anseios do próprio ministro da Marinha.[28] Embora ressaltasse a importância da venda do atlas integral enquanto suporte material do saber náutico e cartográfico elaborado em função da expedição, Bertrand consentia, respeitando distinções e hierarquias, recorrendo à noção do "progresso das ciências" de modo a contribuir não apenas para a manutenção do projeto editorial como também para a manutenção de um vínculo institucional:

> Eu acreditaria, senhor Conde, estar em falta para comigo mesmo e para com o reconhecimento que vos devo, assim como ao progresso das ciências náuticas, se em oposição ao fato de que esta venda de cartas separadas possa me fazer perder benefícios, eu aportasse o menor entrave à vossa proposição, que é toda de interesse da Marinha.[29]

Como dito anteriormente, Arthus Bertrand não teve tempo suficiente de vida para assistir à conclusão da edição dos relatos de Duperrey. Os atrasos e divergências em torno da publicação dos tomos

---

28 Carta de Arthus Bertrand ao Conde de Rigny, 12 de julho de 1832, f. 1. SHD - BB4, Códice 1000
29 Carta de Arthus Bertrand ao Conde de Rigny, 12 de julho de 1832, f. 2. SHD - BB4, Códice 1000

referentes à viagem fizeram com que, ao longo da década de 1840, a esposa de Arthus Betrand precisasse dar continuidade às negociações. Em carta de 30 de outubro de 1842, assegurava-se à viúva de Bertrand o pagamento de mais algumas somas de francos, de modo que ela pudesse entregar, no ano seguinte, o último volume da parte de física do relato. Também se esperava que no primeiro trimestre de 1843, a editora pudesse fornecer a segunda parte de hidrografia, "formando um último volume *in-quarto* de 25 folhas, avaliado em 5,000 francos". Por fim, a carta estabelecia que, ao longo do ano seguinte, porém sem indicação precisa quanto a mês ou período, seria concluída a tiragem da parte histórica, "composta de um volume 1/2 de 55 a 60 folhas, ao preço de 8,000 francos". O total a ser pago somaria 26,835 francos. A carta termina, enfim, por retomar um recorrente elemento de tensão em todo o processo editorial: o próprio comandante Duperrey, o qual seria, segundo o manuscrito, convidado a levar ao conhecimento da editora a época na qual estaria em condições de lhe entregar "o manuscrito da parte histórica".[30] As cartas trocadas com a viúva de Bertrand revelam, portanto, a emergência de uma nova variável em toda a trama da publicação: o próprio viajante, então já membro da Academia Real de Ciências, tornara-se também um fator a contribuir para o malogro da obra que poderia ampliar a ressonância de seu nome.

As tensões culminaram na entrega de edições incompletas. Em relatório de 14 de outubro de 1845, oficializava-se a conclusão de uma das etapas de publicação, por meio do reconhecimento oficial do depósito da edição dos tomos restantes de física. O manuscrito faz referência à resolução do mês de setembro anterior, no qual se optara por aceitar a entrega de tais edições, "ainda que incompletas". Assim, a Marinha recebeu da viúva de Bertrand 1000 exemplares em

---

30 Carta enviada a Mme. Bertrand. Paris, 30 de outubro de 1842, f. 1-2. SHD - BB4, Códice 1000

papel "ordinário" e 100 exemplares em papel velino, de couro de vitelo.[31] Finalizava-se, assim, um percurso editorial que cindia e restringia as possibilidades de apropriação das formulações decorrentes da viagem de Duperrey. Não é de se espantar, portanto, que o viajante não tenha sido "monumentalizado" à maneira como o fora um Bougainville ou um Láperouse, viajantes do século XVIII cujos trabalhos passaram por processos editoriais mais sistemáticos e organizados.

Apesar de tudo, cabe ressaltar que Bertrand, por sua vez, foi um editor cada vez mais bem posicionado dentro do campo das publicações que, paulatinamente, envolvia os oficiais da Marinha que almejavam ocupar um maior espaço no campo científico francês. Além de ter sido o responsável pela edição de relatos de viagens posteriores à de Duperrey, tal como a viagem comandada por Hyacinthe de Bougainville, Artus Bertrand se tornara o editor oficial da Sociedade de Geografia francesa, sendo tal posição anunciada no frontispício do tomo histórico referente à viagem de Cyrille Laplace, publicado em 1832. A Sociedade de Geografia foi instaurada após o êxito da viagem de circunavegação de Louis de Freycinet. Não à toa, o comandante Freycinet constava como um dos seus fundadores e mais ativos membros em anos iniciais de funcionamento da entidade. Embora tenha atravessado uma fase definida pelo historiador Alfred Fierro como um período de "marasmo", notadamente no início da década de 1830, a instituição foi essencial ao favorecer a produção de saber acerca de territórios que, ao longo da segunda metade do século XIX, seriam essenciais para as diretrizes comerciais e coloniais francesas.[32]

Ainda que, como ressalta o historiador Pierre Rosanvallon, o campo francês de estudos geográficos não tenha alcançado, no curto

---

31 RELATÓRIO DO MINISTÉRIO DA MARINHA E DAS COLÔNIAS. Paris, 14 de outubro de 1845. SHD - BB4, Códice 1000
32 FIERRO, Alfred. *La Société de Géographie (1821-1946)*. Geneve: Droz, 1983.

prazo, a mesma preponderância alcançada pelos trabalhos de uma entidade como a *Société de l'histoire de France*, é inegável o papel da instituição no quadro mais amplo de desenvolvimento dos rumos das atividades estatais francesas, sobretudo no tocante à constituição de um império colonial.[33] Nesse sentido, o cargo ocupado por Bertrand enquanto editor desta instituição revela um posicionamento de destaque não apenas no campo da cultura escrita francesa da época, mas no próprio campo de uma cultura política que afirmava, principalmente por meio de publicações como relatos de viagem, seu caráter cada vez mais expansionista colonial, sobretudo mediante ideais como o de civilização.[34]

Além disso, o fato de o relato de Duperrey não ter sido plenamente editado não significa que não houvesse, por outro lado, uma ampla expectativa por sua publicação. Embora caros e demorados, os projetos editoriais dos relatos, de um modo geral, tinham um valor simbólico inegável, a ponto de muitos exemplares já nascerem com destino certo: indivíduos de alta posição no campo político francês. A repartição de exemplares iniciais denota uma verdadeira *entourage*, permitindo a compreensão da inserção dos homens à frente das viagens e relatos nos campos político e científico franceses.

No tocante à viagem de Duperrey, não poderia ter sido diferente. Em uma carta de 12 de outubro de 1826, assinada pelo então

---

33 ROSANVALLON, Pierre. *L'État en France de 1789 à nos jours*. Paris: Éditions du Seuil, 1990, p. 109.

34 A categoria "cultura colonial" é trabalhada pelos historiadores Pascal Blanchard, Sandrine Lemaire, Nicolas Bancel e Dominic Thomas no intuito de analisar sobretudo a expansão francesa a partir da Terceira República, embora os autores reconheçam condições anteriores de reiteração do ideal de civilização e de outras noções que, desde 1763, teriam auxiliado o processo. Os autores reconhecem nos relatos de viagem um vetor importante de tal expansão. Cf. BLANCHARD, Pascal, LEMAIRE, Sandrine, BANCEL, Nicolas, THOMAS, Dominic (Eds.). *Colonial Culture in France since the Revolution*. Translated by Alexis Pernsteiner. Indiana: Indiana University Press, 2014.

ministro da Marinha e das Colônias, encontram-se discriminados os destinatários dos exemplares do relato de Duperrey sob a guarda da Marinha. A lista de repartição apontava como destino desses exemplares o Rei e seus familiares, os ministros do Estado francês, assim como alguns "Pares da França", ou seja, homens nomeados pelo Rei para ocupar hereditariamente a Câmara alta do sistema bicameral instaurado na Restauração Bourbon. Receberiam, portanto, exemplares do relato homens como o duque de Orleans, o duque de Bourbon, o conde de Villèle, o conde de Leyounet, o marquês de Clermont-Tonnerre, o conde Corbière. Dentre os pares, o conde Roy, o conde Molé, o conde Lainé, o Barão Portal, o duque de Beijsac teriam cópias garantidas, assim como os ministros de Estado Martignac e Vaublanc. Dentre o Conselho de Almirantes, o Barão de Roussin, também viajante[35], consta da lista.[36] Cabe ressaltar, no entanto, que tal lista de receptores foi também o resultado de uma contínua negociação interinstitucional. Em relatório interno da Marinha francesa, datado de 26 de agosto de 1826, quando apenas vinte e dois exemplares possuíam destinatários definidos, o

---

35 Mais do que viajante, Albin Roussin foi um verdadeiro agente político da Marinha e do Estado franceses, sobretudo mediante sua atuação nas estações navais francesas na América do Sul. Há poucos trabalhos que evidenciam o vínculo entre as atividades simultaneamente científicas e políticas do agente. Destacam-se a publicação de Rosa Helena de Santana Girão de Morais no tocante aos saberes médicos emulados pelas estações e, especificamente no tocante ao significado político das estações navais francesas, a recente investigação de Daniel Gutiérrez Ardila.Cf. ARDILA, Daniel Gutiérrez. Les stations navales françaises en Amérique méridionale sous laRestauration. *Outre-Mers: Revue d'histoire de la Société française d'histoire des outre-mers*, T.103, nº 386-387 (2015), pp. 137-158; MORAIS, Rosa Helena de Santana Girão de. Ao sul do Equador: os relatórios médicos da Estação Naval Francesa no Brasil (1819-1870). *Revista Brasileira de História da Ciência*, Rio de Janeiro, v. 6, n. 1, p 49-59, jan/jun 2013.

36 *Projet de répartition d'une partie des 300 exemplaires du Voyage de la Coquille, dont la Marine dispose*. Paris, 2 de outubro de 1826. Service Historique de la Défense – Vincennes, Sub-série BB4, Códice 1000.

secretário geral da Marinha, Vauvilliers, era quem sugeria a inclusão, na lista de repartição, de diversos nomes, tais como o conde de Peyronnet, o barão de Damas, o marquês de Clermont Tonnerre, o conde de Frayssinous, o conde de Corbière, o duque de Doudeauville, o conde Roy e o conde Molé.[37] Esse tipo de articulação aponta em que medida os protocolos das redes de sociabilidade do campo político francês, que poderiam ser simbolicamente reiterados mediante publicações como os relatos, necessitavam de constantes atualizações, decorrentes da agência dos próprios homens que compunham essas redes.

O envio de exemplares a tantos membros da Câmara dos Pares não indica o mero cumprimento de uma formalidade institucional. Tanto a transfiguração dos tomos do relato em objeto a ser doado como a escolha dos beneficiados por essa doação são resultantes de uma dinâmica simbólica inerente à cultura política da Restauração Bourbon. Assim, o envio de exemplares denota não só os esforços da Marinha no sentido de adquirir respaldo e legitimidade junto a dirigentes da dinastia Bourbon, mas também os critérios mediante os quais essa instituição selecionava homens que poderiam usufruir publicamente de um gesto tão emblemático. Ao escolher aqueles que prestigiaria mediante o envio dos exemplares, a Marinha francesa reafirmava mais uma etapa de sua reinvenção ao longo da Restauração Bourbon. Evidencia-se, assim, o apreço em reiterar, mediante um protocolo inerente ao percurso editorial do relato de viagem, vínculos de ordem simbólica e política com homens que estiveram à frente não apenas da realização de muitas expedições científicas, mas, também, que corroboraram muitas das diretrizes coloniais, comerciais e políticas que caracterizaram a Restauração Bourbon. Não se trata de afirmar que todos esses receptores constituíssem um

---

37 RELATÓRIO DE 28 de agosto de 1826 do Ministério da Marinha e das Colônias. SHD (Vincennes) – BB4, Códice 1000.

grupo político de orientação homogênea e definida. Muitas foram as divergências entre eles. Ainda assim, um breve olhar lançado sobre a trajetória de muitos desses membros da Câmara dos Pares denota posições semelhantes, sobretudo no tocante à reiteração da Restauração Bourbon enquanto regime que, ainda que consentisse quando a alguns dos legados do final revolucionário do século XVIII, seria por definição contrarrevolucionário.

O conde Mathieu-Louis Molé de Champlâtreux (1781-1855), por exemplo, pertenceu a uma "família enobrecida", tendo sido filho de um presidente do Parlamento guilhotinado em 1794. A trajetória de Mathieu Molé indica a permanência de sua atuação a despeito da ruptura entre a Restauração Bourbon e a Monarquia de Julho. Tornou-se membro da Câmara dos Pares mediante a *ordonnance* de 17 de agosto de 1815, na qual foram nomeados 94 pares hereditários, dentre os quais René de Chateaubriand.[38] O historiador Étienne Taillemite reconhece em sua atuação um vetor fundamental para a renovação de atividades da Marinha no início da Restauração Bourbon, notadamente no tocante a inserção da Marinha na ciência e no comércio.[39] Sua atuação na Câmara dos Pares se deu junto aos monarquistas constitucionais. Com a queda do duque de Richelieu, Molé atuou na câmara no sentido de combater os ultrarrealistas. Após a Monarquia de Julho, foi convocado por Louis Philippe para integrar o Ministério de Assuntos Estrangeiros, em 11 de agosto de 1830.[40]

Estes dados de sua trajetória denotam em que medida ocupar o cargo de ministro da Marinha, à época da Restauração Bourbon, significava trazer à instituição a própria tensão que regia os demais

---

38 WARESQUIEL, Emmanuel de. *Un groupe d'hommes considérables. Les pairs de France et la Chambre des pairs héréditaire de la Restauration, 1814-1831*. Paris: Fayard, 2006, p. 383-392.
39 TAILLEMITE, Étienne, *Op. Cit.*, p. 470.
40 ZANCO, Jean P. (dir). *Dictionnaire des Ministres de la Marine 1689-1958*. Paris: Kronos/L'Harmattan, 2011, p. 391.

circuitos do campo político da França monárquica constitucional. Já o conde Joseph Lainé (1767-1835), além de ter sido membro da Câmara dos Pares, esteve bem situado no campo político francês desde 1808, quando se tornou membro do corpo legislativo. Foi uma figura chave de oposição a Napoleão já em 1813, além de ter sido ministro de Interior em 1816, ingressando na Câmara dos Pares por intermédio da *ordonnance* de 23 dezembro de 1823.[41] Pierre Barthélemy Portal d'Albarèdes (1765-1845), por sua vez, é um dos ministros mais evidentes do período da Restauração, devido às medidas que conseguiu implementar enquanto esteve à frente do Ministério das Marinhas e das Colônias entre 29 de dezembro de 1818 e 14 de dezembro de 1821. É reconhecido por ter eficazmente conseguido negociar um aumento orçamentário para a Marinha, além de ter unido a Marinha mercante e a Marinha de guerra, em evidente filiação à necessidade defendida por muitos no sentido de ressignificar o papel da instituição. Também teve papel importante na reconfiguração de relações com o Haiti.[42] Tornou-se membro da Câmara dos Pares mediante a *ordonnance* de 13 de dezembro de 1821,[43] ou seja, justamente no momento em que encerrava suas atividades a frente do Ministério da Marinha.

    Não apenas os membros da Câmara dos Pares, mas também alguns membros da Câmara dos Deputados receberiam exemplares. Outra categoria contemplada com exemplares foram os Conselheiros de Estado, dentre os quais o conde de Hauterive, o conde de Chabrol de Solvic e o Barão Capelle. Homens à frente de cargos direta ou indiretamente vinculados aos problemas contemplados pelas viagens científicas também receberiam exemplares, como o diretor de colônias Filleau de Saint Hilaire, o inspetor geral de saúde Keraudren

---

41 WARESQUIEL, Emmanuel de, *Op. Cit.*, p. 412.
42 ZANCO, J.P., *Op. Cit.*, 2011, p. 435.
43 WARESQUIEL, Emmanuel de, *Op. Cit.*, 2006, p. 406.

e o engenheiro hidrógrafo Beautemps-Beaupré. Finalmente, homens de destaque no campo científico, como Georges Cuvier, Alexander von Humboldt, Geoffroy de Saint-Hilaire e François Arago, todos membros do Instituto, teriam seus exemplares assegurados.

A lista de repartição de exemplares se encerra com a menção a bibliotecas municipais situadas em cidades como Paris, Dijon, Toulon, Rochefort e Cherbourg, além de serem igualmente contempladas as bibliotecas do Ministério do Interior, do Museu de História Natural, do Instituto, e do *Dépôt des cartes et plans*, serviço cartográfico do Estado francês. Havia, portanto, um verdadeiro circuito institucional por meio do qual o relato de Duperrey teria condições garantidas de recepção e apropriação.

Ao fim do processo, de fato os diversos tomos referentes à viagem tiveram sua circulação institucional garantida. Um breve olhar comparativo acerca dos diferentes tomos referentes à viagem de Duperrey revela em que medida, paradoxalmente, um pragmatismo seletivo favoreceu a publicação completa das disciplinas que favoreceriam as atividades náuticas, mas, também, alguns dos tomos referentes aos domínios da História natural, como a Zoologia e a Botânica. Os prefácios de tais edições ressaltam seus escopos restritos e pragmáticos. O tomo *"Hydrographie et Physique"*, assinado pelo próprio Duperrey e datado de 1829, por exemplo, contou com a edição dos *"Tableaux des routes parcourues par la corvette de as Majesté, la Coquille, et des observations météorologiques faites à bord du batiment, pendant les années 1822, 1823, 1824 et 1825"*. Trata-se de um conjunto de tabelas de orientação prática, com a intenção de permitir a correção de cálculos cartográficos que pudessem vir a condicionar as atividades náuticas subsequentes. No prefácio, o viajante afirma que essas observações e marcações cotidianas "teriam apresentado apenas um fraco interesse se tivessem sido isoladas no texto das divisões *Hydrographique* e *Physique* às quais pertencem"⁴⁴. Assim, percebe-se como, para o próprio viajante Duperrey, os formatos de suporte material por meio dos quais suas atividades científicas seriam divulgadas seria um fator decisivo para a circulação de tal saber.

Curiosamente, justamente o tomo de narrativas históricas, o qual contém diversos comentários também de ordem propriamente náutica e cartográfica, foi um daqueles a serem entregues incompletos. É plausível inferir que sua circulação possa ter se restringido ao cumprimento burocrático de uma negociação, culminando em um volume esquecido em estantes. Todavia, é justamente nesse volume incompleto, de modo falaz datado de 1825, que é possível perceber a mobilização, por parte do viajante, de muitos dos conceitos e vocabulário políticos que talvez melhor exemplifiquem o verdadeiro sentido que, para a França da Restauração Bourbon, tais viagens científicas poderiam adquirir.⁴⁵ Mais do que inventários cartográficos com o objetivo de corrigir cartas pregressas, os oficiais da Marinha francesa corroboravam um ideal de civilização que legitimava a retomada de uma projeção e expansão francesa, tanto no globo como no concerto das nações, "transubstanciando", assim, a possibilidade de superar o trauma comercial e colonial que, desde a Revolução de 1789, muitos dos atores do campo político francês buscavam combater:

---

44 DUPERREY, Louis Isidore. *Voyage autor du monde, exécutué par Ordre du Roi, sur la Corvette de Sa Majesté, La Coquille, pendant les années 1822, 1823, 182 et 1825, sous le Ministère et conformément aux instructions de S.E.M. le Marquis de Clermont-Tonnere, Ministre de la Marine; et publié sous les auspices de Son Excellence M. le Cte de Chabrol, Ministre de La Marine et des Colonies. Hydrographie et Physique.* Paris: Arthus Bertrand, Libraire-Éditeur, 1829, p.3.

45 Idem. *Voyage autour du monde, exécuté par ordre du Roi, sur la corvette de Sa Majesté, la Coquille, pendant les années 1822, 1823, 1824 et 1825, sous le ministère et conformément aux instructions de S. E. M. le marquis de Clermont-Tonnerre, ministre de la Marine; et publié sous les auspices de Son Excellence Mgr. le cte. de Chabrol, ministre de la Marine et des Colonies: Histoire du Voyage.* Paris: Arhus Bertrand, 1825.

> A França será legada para a posteridade como uma das potências que mais contribuíram para a exploração do globo, e a fazer florescer as ciências, as artes e a geografia, frutos dessas brilhantes expedições. Constante e desinteressada, ela deu continuidade a suas pesquisas científicas, apesar dos desastres que acometeram seus mais célebres navegadores (…). Tantas lembranças dolorosas não puderam desacelerar o zelo da Franca, e é para estender seus méritos e pesquisas por todas as partes do globo, cujo conhecimento interessa a todas as nações, que ela aplaudiu no momento da partida da expedição da qual iremos descrever os feitos.[46]

Finalmente, uma análise acerca do processo de publicação de viagens posteriores à de Duperrey também permite inferir em que medida houve, dentro do circuito institucional da Marinha francesa, um decréscimo de interesse no tocante à manutenção do padrão editorial que contemplou as grandes viagens do século XVIII, assim como a retomada de tal tradição por meio de Louis de Freycinet. É o que se averigua explicitamente quando se analisa a troca de correspondência entre diversos Ministérios no tocante à publicação do relato de viagem referente à primeira expedição comandada pelo oficial Cyrille Théodore Laplace. Entre 1830 e 1832, Laplace realizou uma viagem na embarcação *La Favorite*, viagem esta que se destaca inclusive por ser a primeira grande expedição posterior à revolução que culminou na queda da dinastia Bourbon e estabeleceu a assim chamada Monarquia de Julho. Embora o regime monárquico constitucional tenha sido mantido após tal revolução, houve consideráveis mudanças no campo político da época, o que certamente condicionou os rumos da expedição de Laplace e das publicações a ela referentes.

Em relatório manuscrito enviado ao ministro da Marinha, logo após o retorno de Laplace, discutia-se o futuro a ser dado ao mate-

---

46 DUPERREY, Louis Isidore. *Op. Cit.*, 1825, p. 3-4.

rial recolhido e formulado em função da expedição. Embora a empreitada de Laplace tenha sido reconhecida como frutífera por todas as outras instituições que circundavam as atividades científicas da Marina francesa, tal como o *Muséum d'Histoire naturelle*, o tratamento editorial a ser dado a essa expedição seria consideravelmente diferente daquele que Freycinet, apesar de diversos percalços, conseguira a partir da década de 1820. A França da Monarquia de Julho se encaminhava em uma direção administrativa e política cada vez mais comercial, industrial e financeira,[47] abandonando prerrogativas coloniais ultramarinas tal como se imaginavam à época do *Ancien Regime* – prerrogativas essas que estiveram por trás do entusiasmo de alguns apoiadores das viagens de volta ao mundo da Restauração, como o supracitado Visconde du Bouchage. Assim, não é de se surpreender que, em 1832, um dos chefes de divisão escrevesse para o ministro da Marinha reiterando que se tornava insustentável um projeto editorial que desse continuidade às ambições da tradição que se retomava desde a publicação do relato de Freycinet. Para ressaltar a dificuldade, o autor reiterava a dificuldade de negociação dos orçamentos com os dirigentes ativos no Estado mediante o sistema do bicameralismo, o que revela o quanto tais decisões editoriais não se inscreviam apenas no âmbito interno do Ministério da Marinha e das Colônias, tampouco das instituições científicas:

> Eu não tenho a intenção de propor hoje a Sua Excelência que se faça, a partir de tais documentos, uma publicação no gênero daquelas [referentes às viagens] da *Uranie*, da *Coquille* e da *Astrolabe*; minha opinião é que se deve evitar, para o futuro, essas despesas de luxo que se defendem dificilmente em meio às Câmaras.[48]

---

47 Sobre tal transição, Cf. CARON, Jean-Claude. *La France de 1815 à 1848*. 2ª edição. Paris: Armand Colin, 2011.
48 RELATÓRIO enviado ao ministro da Marinha e das Colônias. Paris, 15 de

Do exposto, torna-se possível averiguar, com base em apenas um dentre tantos casos de empreendimentos editoriais de relatos de viagem ocorridos durante o período monárquico constitucional, em que medida os relatos de viagem mobilizavam interesses, redes e tensões diversas, que extrapolavam o mero domínio de uma crença supostamente desinteressada no progresso do saber e das ciências. Embora o êxito da viagem de Freycinet tenha condicionado o início do que pode ser de fato reconhecido como uma política de viagens científicas, o percurso editorial que orientou a publicação de relatos denota uma linha de ações menos sistemática e mais suscetível a disputas, não só orçamentárias, mas também vinculadas a uma hierarquia de saberes e às relações sociais que permeariam a distribuição do texto.

O percurso editorial do relato de Duperrey é, portanto, uma evidência desse tipo de tensão não só editorial, mas simultaneamente científica e política. A repartição de exemplares mediante a discriminação de modalidades de suporte material, assim como a hierarquização de disciplinas e distribuição de custos entre diferentes setores ministeriais e o próprio editor, evidenciam como o percurso editorial de um livro poderia ser tão arriscado e incerto como a própria viagem que o inspirou: assim como até mesmo um viajante do porte de Lapérouse não teve seu retorno à terra natal garantido, os diários de bordo, formulações científicas, relatos e gravuras elaborados por viajantes ao logo de extenuantes esforços no ultramar não necessariamente alcançariam uma circulação pública – ainda que se desejasse, na maior parte dos casos, uma circulação pública institucionalmente restrita.

De modo a garantir que tantas formulações fossem dadas "às Luzes", os dirigentes que interagiam com os oficiais viajantes, assim como os próprios editores, precisaram articular entre si as condi-

agosto de 1832. SHD - BB4, Códice 1004.

ções orçamentárias de produção e circulação dos suportes materiais desses saberes, muitas vezes precisando justificá-las para atores do campo político em outras esferas, como os membros da Câmara dos Pares. Essa dinâmica revela em que medida a França, diferentemente do que Duperrey passionalmente registrou no prefácio de seu relato de viagem, não foi tão "constante e desinteressada" em seus empreendimentos científicos. Para que fossem plenamente concluídas, viagens e publicações mobilizaram disputas e interesses de diversos atores, sendo as diretrizes predominantes do campo científico francês o resultado de embates tributários não só da cultura científica, mas da própria cultura política francesa. Logo, ainda que seja equivocado reconhecer, ao longo da Restauração Bourbon, uma política de publicações *de* relatos de viagens – a despeito da formação de uma política de realização de viagens –, certamente é possível identificar uma política *na* publicação desses relatos.

Referências bibliográficas

ANGELIER, François. *Dictionnaire des voyageurs et explorateurs occidentaux. Du XIIIe au XXe siècle*. Paris: Pygmalion, 2011.

ARDILA, Daniel Gutiérrez. Les stations navales françaises en Amérique méridionale sous la Restauration. *Outre-Mers: Revue d'histoire de la Société française d'histoire des outre-mers*, T.103, nº 386-387 (2015), pp. 137-158.

BATTESTI, Michèle. *Images des Mers du Sud: les voyages de la corvette La Coquille (1822 – 1825)*. Paris: Éditions Du May, 1993.

BESSIRE, François. "Un vaste incendie qui va dévorer des cites et des provinces: les éditions d'œvres completes de Voltaire sous la Restauration." In: MOLLIER, Jean-Yves; REID, Martinet; YON, Jean-Claude (Org.). *Repenser la Restauration*. Paris: Nouveau Monde Éditions, 2005.

BENOÎT-GUYOD, Georges. *Au temps de la Marine en bois: le tour du monde de "l'Uranie" (1817-1820) / le voyage triumphal de la Belle Poule"* (1840). Paris: Mercure de France, 1942.

BLANCHARD, Pascal, LEMAIRE, Sandrine, BANCEL, Nicolas, THOMAS, Dominic (Eds.). *Colonial Culture in France since the Revolution*. Translated by Alexis Pernsteiner. Indiana: Indiana University Press, 2014.

CARON, Jean-Claude. *La France de 1815 à 1848*. 2ª edição. Paris: Armand Colin, 2011.

CARON, Jean-Claude & LUIS, Jean-Philippe (Dir). *Rien appris, rien oublié? Les Restaurations dans l'Europe postnapoléonienne (1814-1830)*. Rennes: Presses Universitaires de France, 2015.

COOPER-RICHET, Diana. "Paris, capitale des polyglottes? Édition et commercialisation des imprimés en langues étrangères sous la Restauration." In: MOLLIER, Jean-Yves; REID, Martinet; YON, Jean-Claude (Org.). *Repenser la Restauration*. Paris: Nouveau Monde Éditions, 2005.

DUPERREY, Louis Isidore. *Voyage autour du monde, exécuté par ordre du Roi, sur la corvette de Sa Majesté, la Coquille, pendant les années 1822, 1823, 1824 et 1825, sous le ministère et conformément aux instructions de S. E. M. le marquis de Clermont-Tonnerre, ministre de la Marine; et publié sous les auspices de Son Excellence Mgr. le cte. de Chabrol, ministre de la Marine et des Colonies: Histoire du Voyage*. Paris: Arhus Bertrand, 1825.

DUPERREY, Louis Isidore. *Voyage autor du monde, exécutué par Ordre du Roi, sur la Corvette de Sa Majesté, La Coquille, pendant les années 1822, 1823, 182 et 1825, sous le Ministère et conformément aux instructions de S.E.M. le Marquis de Clermont-Tonnere, Ministre de la Marine; et publié sous les auspices de Son Excellence M. le Cte de Chabrol, Ministre de La Marine et des Colonies.*

Hydrographie et Physique. Paris: Arthus Bertrand, Libraire-Éditeur, 1829.

FIERRO, Alfred. *La Société de Géographie (1821-1946)*. Geneve/Paris: Droz/Champion, 1983.

GRILLE, François-Joseph. *Louis de Freycinet: sa vie de savant et de Marin, ses voyages, ses ouvrages, ses lettres, son caractere et as mort. Avec des notes de G. Lafond*. Paris: Ledoyen, 1853.

LARKIN, T. Lawrence. "Louis XVIII`s Cult[ural] Politics, 1815-1820." *Aurora: The Journal of the History of Art*, New Jersey, Vol. V, nov. 2004, p. 28-55.

MOLLIER, Jean-Yves; REID, Martine; YON, Jean-Claude (Dir). *Repenser la Restauration*. Paris: Nouveau Monde Éditions, 2005.

MORAIS, Rosa Helena de Santana Girão de. Ao sul do Equador: os relatórios médicos da Estação Naval Francesa no Brasil (1819-1870). *Revista Brasileira de História da Ciência*, Rio de Janeiro, v. 6, n. 1, p 49-59, jan/jun 2013.

RÉMOND, René. *Introduction à l'histoire de notre temps. Le XIXe siècle. 1815-1914*. Paris: Éditions du Seuil, 1974.

ROCHE, Daniel. *Humeurs vagabondes. De la circulation des hommes et de l'utilité des voyages*. Paris: Fayard, 2003.

ROSANVALLON, Pierre. *L' État en France de 1789 à nos jours*. Paris: Éditions du Seuil, 1990.

RÚJULA, Pedro. Le mythe contre-révolutionnaire de la Restauration In: CARON, Jean Claude; LUIS, Jean-Philippe. *Rien appris, rien oublié? Les Restaurations dans l'Europe postnapoléonienne (1814-1830)*. Rennes: Presses Universitaires de Rennes, 2015.

TAILLANDIER, François. *Balzac*. Paris: Éditions Gallimard, 2005.

TAILLEMITE, Étienne. *Dictionnaire de la Marine*. Paris: Seghers, 1962.

TAILLEMITE, Étienne. *Marins français à la découverte du monde. De Jacques Cartier à Dumont d'Urville*. Paris: Fayard, 1999.

WARESQUIEL, Emmanuel de. *Un groupe d' hommes considérables. Les pairs de France et la Chambre des pairs héréditaire de la Restauration. 1814-1831*. Paris: Fayard, 2006.

ZANCO, Jean Philippe (dir). *Dictionnaire des Ministres de la Marine 1689-1958*. Paris: Kronos/L'Harmattan, 2011.

A biblioteca de Almeida Garret: a formação de um homem de Letras oitentista[1]

Maria do Rosário Alves Moreira da Conceição[2]

FIGURA 1: Litografia de Almeida Garrett por Pedro Augusto de Guglielmi.
Fonte: Biblioteca Nacional de Portugal

---

1 Esse trabalho faz parte do projeto de Doutorado intitulado "Almeida Garrett: Aspectos da vida cultural no Portugal Oitocentista".
2 Doutoranda do Programa de Pós-Graduação em História da Universidade do Estado do Rio de Janeiro - UERJ. Bolsista da Funcação Carlos Chagas de amparo à Pesquisa do Estado do Rio de Janeiro - FAPERJ.

A primeira parte desse texto traçará um panorama histórico de Portugal que compreende os anos da Revolução de 1820 até 1854, ano da morte de Almeida Garrett. Pretendemos apresentar o processo político e a construção de ideias liberais na sociedade portuguesa do século XIX. A contextualização do período é necessária para explicitar os objetivos aqui perseguidos: analisar o perfil cultural de Garrett por meio de sua biblioteca particular.

João Baptista de Almeida Garrett nasceu no Porto, em 4 de fevereiro de 1799, membro de uma família burguesa. De 1809 a 1816, viveu em Angra do Heroísmo (Açores), por causa das invasões napoleônicas. Lá recebeu educação e formação católica influenciada pelos princípios iluministas. Foi educado sob a orientação de seu tio bispo, frei Alexandre da Sagrada Família, membro da maçonaria e poeta árcade. Em 1816, ingressou no curso de direito da Universidade de Coimbra e transformou-se em líder acadêmico da ala liberal. Acabou participando do movimento que culminou na Revolução Liberal do Porto (1820), que exigia o retorno da Corte, que estava no Brasil, e o estabelecimento de uma monarquia constitucional.

> D. João VI chegou à Lisboa em julho de 1821, depois de ter jurado as bases da futura Constituição. Muitos liberais olharam-se com desconfiança, vendo nele o dirigente natural de uma corrente de opinião conservadora e anticonstitucional. Todavia, D. João VI não traiu seu juramento desde logo, aceitando com certa boa vontade tudo aquilo que as Cortes e os governos lhe foram impondo. É verdade que escolheu sobretudo ministros conservadores, mas, no conjunto e durante dois anos, comportou-se bem para um primeiro monarca constitucional. Os dirigentes do movimento absolutista achavam-se antes na rainha Carlota Joaquina e no seu filho, o infante D. Miguel.[3]

---

3   MARQUES, A.H. de Oliveira. *História de Portugal. Das revoluções liberais aos nossos dias.* 3 ed. Lisboa: Palas Editores, 1986, p.6-7.

Em 1821, já formado em direito, Garrett foi viver em Lisboa. Por sua amizade com José da Silva Carvalho, figura de proa do liberalismo, obteve nomeação de oficial da Secretaria do Reino. A Independência do Brasil aplicou um golpe mortal na situação precária das fontes de receitas portuguesas. Desaparecerem os sonhos burgueses de recuperar a Colônia perdida e a Independência deu aos liberais uma grande impopularidade. Muitas das inovações do parlamentarismo não agradavam aos partidários do absolutismo. Assim, o partido liberal se viu isolado no poder.

Em maio de 1823, os partidários do absolutismo pegaram em armas em Vila Franca de Xira. Começou a derrocada da primeira experiência liberal em Portugal. D. Miguel, filho mais novo de D. João, se apresentou como cabeça do movimento anticonstitucional conhecido como *Vilafrancada*. O infante obedecia a um plano conspirador para destronar o rei, de quem se dizia que era influenciado pelos liberais. Entretanto, D. João VI rejeitou a ideia de voltar ao passado, prometeu uma Constituição modificada, nomeou outro Executivo, decretou a dissolução das Cortes e atribuiu o comando do Exército a D. Miguel. Nesse período, as sociedades secretas são dissolvidas e muitos liberais vão para o exílio, entre eles se encontrava Almeida Garrett. Ocorreram os infortúnios da terrível década, quando teve de se exilar (de 1823 a 1826) na França e Inglaterra. Tais sofrimentos o marcaram pelo resto da vida. Foi no exílio que publicou os poemas *Camões* (1825) e *D. Branca* (1826), marcos do romantismo português. Também nesse período integrou os grupos de resistência ao Antigo Regime.

O primeiro exílio de Garrett iniciou-se em 9 de junho de 1823, quando embarcou para Londres no paquete inglês Duque de Kant. Luisa Midosi, com quem se casara havia sete meses, ficou na casa do pai. No diário transcrito por Gomes de Amorim, em *Memórias Biográficas*, Garrett registra:

> Meu pae, minha mae! Vós estaes tão longe: e nem o adeus da despedida, nem uma benção que me acompanhe no desterro e seja sobre a minha cabeça escudo de providencia aos azares que me aguardam por essas terras estranhas, onde me leva meu destino! Irei sozinho… só… tão só como a andorinha que se perdeu do bando das companheiras quando atravessavam o oceano na quadra de suas emigrações! (…). Tudo ahi fica n'esse paiz de escravos e miséria! Amigos, companheiros…esposa…[4]

Chegando em Londres, em 4 de julho, Garrett por meio de um plano revolucionário que exigia um emissário a Portugal, tentou retornar, mas só o que conseguiu foi levar consigo Luísa para o longo exílio que se estendeu até 1826. Na Inglaterra, seja em Londres, seja em Birmingham, a situação financeira do casal não era boa. Os emigrados portugueses, nesta ocasião, pediram um subsídio ao governo britânico, que foi logo negado, o que fez com que Garrett pedisse um emprego ao amigo António Joaquim Freire Marreco, no banco Laffite, no Havre França, onde veio a trabalhar. O casal chegou a França em março de 1824.

A 30 de abril de 1824, menos de um ano após a *Vilafrancada*, D. Miguel revoltou-se mais uma vez: fez reunir as tropas de Lisboa, no Rossio. Na proclamação, que então foi lida às tropas, referiam-se tentativas de assassinato da Família Real por parte dos liberais e a necessidade de os destruir para conseguir a pacificação do reino. Com dificuldade, D. João VI conseguiu retomar o controle da situação, e exonerou D. Miguel do cargo de comandante chefe do Exército, além de afastá-lo para exílio em Viena.

Em março de 1826, poucos dias antes de morrer, D. João VI preparou o seu testamento político. Ele nomeou para uma eventual Re-

---

4   AMORIM, Gomes de. *Memórias biográficas*. Lisboa: Imprensa Nacional, 1881-4, tomo I, p. 286. Optou-se por não se atualizar a grafia dos documentos citados.

gência a infanta D. Isabel Maria. Entretanto, foi o filho primogênito, D. Pedro, que foi aclamado como D. Pedro IV em Portugal, logo após a morte de seu pai. Porém, ao abdicar a Coroa em favor de sua filha Maria da Glória, sob a condição de esta jurar a Carta de 1822 e se casar com seu tio D. Miguel., D. Pedro colocou em marcha o regime constitucional, outorgando ao país uma Carta, que mantinha a autoridade da monarquia. Após a outorga da Carta Constitucional, Garrett regressou a Portugal, onde teve uma intensa atividade jornalística. Editou praticamente sozinho o jornal *O Cronista*, em 1827. Nas páginas desse semanário, expôs seus preceitos políticos e defendeu uma literatura que colaborasse para uma solução moderada, ordeira, pacífica, progressiva, por meio da qual Portugal se inserisse na marcha dos acontecimentos que vinha alterando a face social da velha Europa. Foi também neste período que participou da redação de *O Português* (jornal anti-miguelista), que o levou a prisão do limoeiro (Lisboa).

A reação contra D. Miguel iniciou-se simultaneamente aos seus primeiros atos políticos absolutistas. Os liberais desencadearam, entre março de 1828 a agosto de 1831, uma série de movimentos de revolta contra D. Miguel. Ocorreram uma série de rebeliões, que, embora frustradas, foram um importante sinal da fragilidade política do governo miguelista. Entretanto, essas rebeliões não foram ignoradas. D. Miguel estava rodeado de um aparelho de repressão muito forte, levando um grande número de liberais à prisão, à condenação à morte por fuzilamento ou enforcamento. O caminho que se abriu mais uma vez a tantos liberais foi o desterro. Então, em 1828, iniciou o segundo exílio de Garrett, que só terminou em 1832. De novo, a Inglaterra foi o seu destino.

Em 9 de setembro de 1829, ocorreu a publicação do primeiro número d' *O Chaveco Liberal,* com um prólogo escrito, segundo Gomes de Amorim, por Garrett. Começa com esta epígrafe de Molière: "Mais qu'a-t-il été faire a bord de cette galère?". Resposta: "Nós cá somos e declaramos ser O CHAVECO LIBERAL; içamos bandeira portuguesa constitucional (…)"⁵

A revolução de julho, na França, animou Garrett a reunir os artigos que escrevera no jornal *O Popular* (Londres) e publicá-los em livro sob o título *Portugal na Balança da Europa*. Nesta obra, Garrett analisou as relações políticas entre as nações da Europa e fez uma reflexão sobre a posição de Portugal neste jogo. O desejo foi divulgar a luta contra a tirania, em favor de uma monarquia constitucional, pautada no cristianismo e no liberalismo.

Existia um grande número de exilados, tanto na Inglaterra como na França. Contudo, este grupo não tinha uma posição única a respeito do destino de Portugal. Na última fase da luta política, são visíveis as cisões entre os exilados. De um lado estavam os que tinham no duque de Palmela o chefe, que defendia uma orientação moderada, anglófila. De outro estavam os seguidores do duque de Saldanha, que era um grupo mais radical, francófilo.

Apesar das diferenças encontradas entre as duas facções de liberais exilados, foi possível uma aproximação entre moderados e radicais face à violência e à repressão miguelista e aos infortúnios do exílio.

D. Pedro abdicou da Coroa brasileira a 7 de abril de 1831, em favor de seu filho de 5 anos. E no mesmo ano chegou à Europa para lutar contra D. Miguel, em nome da Carta e dos direitos de sua filha D. Maria da Glória. Ao seu lado, os exilados, apesar das dissidências que os opunham, empregam grandes esforços para repor em Portugal a ordem política liberal. Na ilha Terceira foi criado um foco liberal, com a formação do governo da regência. Assim, em junho de 1832, partiu uma expedição chefiada por D. Pedro com o intuito de restabelecer a liberdade em Portugal. Compunham a expedição uns

---

5   AMORIM, Gomes, *Op. Cit*, p.398.

7500 homens. Almeida Garrett estava entre os soldados que, em 9 de junho de 1832, entraram no Porto evacuando as tropas do governo de D. Miguel.

FIGURA 2: A GUERRA CIVIL (1833) – Caricatura de Honoré Daumier representando D. Miguel e D. Pedro disputando a Coroa portuguesa:

Fonte: Biblioteca Nacional Digital. http://purl.pt/5206 [6]

Quer na Terceira, onde as tropas constitucionais tinham permanecido por um tempo, quer no Porto, após o desembarque, Garrett foi chamado para trabalhar na reorganização do país, trabalhando com Mouzinho da Silveira na preparação de reformas que mudaram a estrutura socioeconômica de Portugal.

> Esperam-no, porém, graves dissabores, provindos da sua isenção política e do deu empenho em efectivas mudanças. Ainda em 1832, é afastado do espaço nacional, devastado pela guerra civil, a pretexto de uma missão diplomática que o leva de novo a Paris e Londres. Quando reentra em Lisboa, quase um ano depois, permanecia o estado em luta e a

---
6 Caricatura publicada no jornal LA CARICATURE, de 11 de julho de 1833.

discórdia grassava entre os liberais, entregues, muitos deles, após a vitória constitucional (1834), à ambição desenfreada de cargos e riquezas, facilitada pelo decreto das "indemnizações", que ressalvava a vingança política, e pela venda em hasta pública dos bens retirados às ordens religiosas, na sequência da legislação anticlerical de Joaquim António de Aguiar. A nomeação do escritor, em fevereiro de 1834, para funções consulares em Bruxelas representa talvez o meio lisonjeiro de afastar de tais desmandos uma testemunha que podia tornar-se incómoda. Aí se mantém até meados de 1836 (em que é afastado do lugar), ora conhecendo as alegrias do estudo (inicia-se na literatura alemã) e do prestígio social (acusam-no de gastos excessivos com a *toilette*), ora as angústias de uma financeira débil e de desavenças conjugais que culminam, pouco depois, na separação.[7]

Retornou a Lisboa separado, mas não divorciado de Luísa Midosi, com quem tivera três filhos, que morreram na infância. Em 1837, já vivia com Adelaide Deville. Dessa ligação nasceram 2 meninos e uma menina, Maria Adelaide. Somente ela chegou à fase adulta. Os meninos morreram em 1839, e em 1841 morreu a mãe deles, vítima de complicações decorrentes do último parto.

Em 1837, Almeida Garrett foi eleito deputado por Braga e fundou o "jornal de teatros", o *Entre-Acto*. No ano seguinte, foi jurada a Constituição de 1838, com a qual Garrett colaborou. Foi nomeado cronista-mor e iniciou, no Convento do Carmo, várias sessões de leituras históricas. Também em 1839, foi reeleito deputado pelos Açores.

Politicamente, apesar de todos os esforços, as autoridades portuguesas, que tinham na figura de Maria II o seu governante, não conseguiram pôr fim à crescente agitação. Então, a 4 de abril de 1838, jurou-se a Constituição que ao longo de um ano fora elaborada

---

7 MONTEIRO, Ofélia Paiva. *O essencial sobre Almeida Garrett*. Lisboa: Imprensa Nacional Casa da Moeda, 2001, p. 11-12.

pelas Cortes Constituintes. Essa nova lei representava um compromisso entre a Constituição de 1822 e a Carta de 1826. Todos estavam ansiosos pela tranquilidade pública, desejavam o entendimento entre as duas facções liberais. No entanto, o que ocorreu foi que a nova Constituição não agradou.

De 1838 até 1842 as facções existentes disputaram o governo se alternando no poder. No entanto, em janeiro de 1842, um movimento chefiado por Costa Cabral proclamou, no Porto, a Carta de 1826. Nos dias seguintes, outras partes do país manifestaram a sua adesão e, no dia 10 de fevereiro, um decreto declarou o texto constitucional de 1826 em vigor. Em 24 de fevereiro, Costa Cabral tomou posse como ministro do Reino. Ficou à frente de um governo de direita que durou mais de quatro anos (primeiro período do cabralismo).

Para os cartistas, o ano de 1842 foi o início de um período de conciliação, de ordem e progresso. Entretanto, para os setembristas, miguelistas e cartistas dissidentes foi o início de um período que ficou marcado pela hostilidade.

O Cabralismo adotou a bandeira da ordem e do desenvolvimento econômico, consolidou o Estado Liberal, assente numa forte centralização e complexa burocracia. Desenvolveu a rede viária. Criaram-se sociedades capitalistas privadas e alargaram-se as relações econômicas externas.

O Cabralismo foi imposto pelo dinamismo das novas forças que se engrandeceram. Eram os barões, descontentes com os ideologismos setembristas e desejosos de uma adequada representação institucional. Costa Cabral satisfez as reivindicações desse grupo: deu-lhes uma Câmara dos Pares, vitalícia e hereditária; um código administrativo com 400 administradores, 4000 regedores e cerca de 3000 cabos de polícia, todo um clientelismo estatizante.

Seguiu-se um novo período de guerra civil, a partir de março de 1846, quando, de armas na mão, surgiu nova ampla coalizão, com setembristas e miguelistas. Setembristas moderados (que desejavam a restauração da Constituição de 1838), cartistas dissidentes (que reconheciam a necessidade de reformas constitucionais) e os próprios miguelistas uniram forças, forjando assim forte oposição ao ministério de Costa Cabral.

Um dos principais movimentos revolucionários deste período foi a revolta popular da Maria da Fonte. Assim se chamou à revolução que eclodiu no Minho, em maio de 1846, contra o governo de Costa Cabral. A causa imediata da revolta foi a proibição de sepultamentos dentro das igrejas, limitando-os aos cemitérios.

A rainha D. Maria II, assustada com esta insurreição verdadeiramente popular, viu-se obrigada a demitir o ministério cabralista, o que levou ao exílio Costa Cabral. Triunfou a oposição cabralista e o ministério formado em maio de 1846, tendo à frente o duque de Palmela, que pretendia governar de forma mais progressista.

Em 5 de outubro de 1846, entretanto, ocorreu um golpe palaciano, conhecido como a "Emboscada", organizado por Costa Cabral, mas posto em prática por Saldanha com o total apoio de D. Maria II, e que provocou a demissão do governo de Palmela e a constituição de um novo ministério cabralista.

Após essa remodelação ministerial, a oposição tomou medidas imediatas. Assim, a guerra civil continuou com a Patuleia. Começou, então, em meados de 1847, a segunda fase das sublevações iniciadas com a Maria da Fonte. Este prolongamento da guerra civil levou o governo a negociar com a Espanha, França e Inglaterra uma intervenção militar que levasse a guerra ao fim.

No correr do ano de 1848, as desavenças continuaram. O banditismo aumentou, provocado pelo desemprego; cresceu as guerrilhas que provocaram a perturbação da ordem pública. Assim, nos meses de março, abril e maio, aumentaram os focos insurrecionais, tanto em Lisboa como em outras localidades. Com o desenrolar dos acontecimentos, a crise ministerial aumentou. Foram exigidas medidas severas e repressão violenta. Costa Cabral reassumiu a chefia do executivo governamental em junho de 1849, apoiado por Saldanha. As divergências mantiveram-se e foi o próprio marechal Saldanha que, em abril de 1851, dirigiu, do Porto, um golpe militar que afastou Costa Cabral do poder. Foi o fim do período cabralista. Cito, a este respeito, Maria Manuela Tavares Ribeiro:

> O processo político português, que até meados de Oitocentos viveu um percurso de intermitentes oscilações e de tensos conflitos sociais, experimenta, a partir de 1851, alguma estabilidade, com a aplicação e prática de regras de acção política. O equilíbrio do sistema consolidar-se-á, porém, mediante o funcionamento regular das instituições. Foi longo e espinhoso esse trajecto ...[8]

Em 1851, Garrett foi reeleito como deputado e assumiu a pasta do Ministério dos Negócios Estrangeiros e passou a se ocupar da elaboração do Acto Adicional à Carta Constitucional (de 1826). Mas, em 1852 pediu demissão do cargo por causa de intrigas políticas; uma acusação de desvio de verbas foi feita, entretanto os fatos comprovaram serem infundadas as denúncias.

É importante destacar que Almeida Garrett, durante todo o "Cabralismo", manteve, como deputado, como jornalista e escritor, uma forte militância, "corajosa pela independência e pela lucidez" [9]. Esteve sempre presente na defesa da liberdade e na afirmação do pensamento político cultural do liberalismo português, no século XIX. Assim, participou ativamente da vida política do oitocentista. Participou de várias publicações, numa época em que o jornalismo ainda estava em

---

8 RIBEIRO, Maria Manuela T. "A Regeneração e o seu significado". In: MATTOSO, José (org.). *História de Portugal – O Liberalismo*. Lisboa: Editorial Estampa, 1998, p. 102
9 MONTEIRO, Ofélia Paiva. *Op .Cit.* , p. 20

desenvolvimento, escreveu romances, poesia e teatro. E sua escrita esteve sempre em defesa da liberdade e da afirmação do pensamento político-cultural do liberalismo português.

Em 1854, Garrett não conseguiu mais dedicar-se à atividade parlamentar e se afastou do cargo. Faleceu a 9 de dezembro, vítima de um possível câncer de origem hepática.

A biblioteca particular

No século XIX surgiu toda uma série de publicações, dicionários, enciclopédias, revistas, almanaques, jornais e livros, com o objetivo de difundir de forma mais ampla o conhecimento.

Nesse período, Portugal presenciou uma subida significativa no número de livros, jornais e revistas publicados. Este surto estava ligado a uma prática política que tinha como objetivo levar os ideais liberais aos cidadãos e, assim, formar o que então se chamava de "opinião pública".

> (...) Quase todos os periódicos desse período constitucionalista luso-brasileiro evidenciavam a preocupação que os indivíduos ilustrados tinham, de dirigir a opinião pública ou de erigir-se em seu porta-voz e destacavam o papel exercido pela educação e pelos periódicos na constituição dessa opinião. [10]

A prática jornalística não foi levada a cabo de modo completamente pacífico nem muito menos sem evidentes contradições e recuos. Foram muitos liberais portugueses, inclusive Garrett, que foram presos e exilados em nome dessa causa.

Nesse período, os intelectuais puderam exercer o seu papel na crescente imprensa periódica. Os escritores de maior destaque con-

---

10 BASTOS, Lúcia M. Opinião Pública. In: JÚNIOR, João Feres (Org.). *Léxico da História dos Conceitos Políticos do Brasil*. Belo Horizonte: Editora UMFG, 2009, p.187.

seguiam um grande espaço nesse tipo de publicação. Garrett, em sua tarefa jornalística, percebeu o papel importante que podiam ter os periódicos, principalmente num período em que a informação era fundamental para formar a opinião pública. Deste modo fundou jornais e colaborou com vários deles. Coube a ele um papel pioneiro em relação aos outros intelectuais de Portugal, no século XIX, principalmente por meio de seus escritos literários e discursos políticos.

Entretanto, não será somente o jornal o único meio de difundir a chamada "civilização". Os livros também tiveram papel primordial nesta jornada. O jornal detinha pequenas vantagens com relação ao livro. Primeiro, porque o jornal era mais barato; e segundo, porque era de mais fácil acesso. Além disso, muitos livros de interesse, na época, só chegavam às mãos de seus leitores através de importação, o que os deixavam mais caros e mais distantes do público. A tarefa de levar livros aos leitores era muito complexa e envolvia um número considerável de pessoas. O processo começava pela relação autor-editor que dependia de tipógrafos, fornecedores de papel, distribuidores do produto e livreiros para que o produto final chegasse ao leitor. Além disso, era necessário levar em consideração questões sociais, econômicas e políticas da época, que podiam dificultar a chegada do livro ao seu público.[11]

As bibliotecas públicas eram poucas até o início do século XIX. A primeira biblioteca pública foi fundada somente em 1833, na cidade do Porto, por D. Pedro. O seu espólio foi composto por algumas doações particulares e por acervo dos mosteiros extintos.

Além das bibliotecas públicas, existiam os gabinetes de leitura, que ofereciam dois tipos de serviço para os leitores (espaço para

---

11 Robert Darnton apresenta de forma clara a dificuldade do processo de circulação de livros no século XIX. Ver DARNTON, Robert. *A questão dos livros: passado, presente e futuro*. Tradução: Daniel Pellizari, São Paulo: Companhia das Letras, 2010, p.180 -210.

leitura e aluguel de livros). Os gabinetes foram espaços criados pelos livreiros, sendo o primeiro organizado, em 1801, em Lisboa, por Maussé. A partir desta data, outros gabinetes de leitura foram organizados, não somente pelas mãos de particulares, mas também por instituições culturais e profissionais.

A produção do livro verifica-se, principalmente, nas cidades de Lisboa, Coimbra e Porto, onde se encontravam as mais importantes impressoras e editoras oficiais (Imprensa Régia, Imprensa da Academia das Ciências, em Lisboa, e a Imprensa da Universidade de Coimbra). Neste sentido, assumiram um papel importante algumas empresas livreiras — os livreiros franceses (os casos de Rey, Borel, Bertrand, Rolland ou Martim, em Lisboa, e Aillaud e Orcel, em Coimbra, Emercy, no Porto) tiveram, desde o princípio do século, e foram-no tendo cada vez mais, um papel significativo — ou então empresas de natureza cultural, como apenas para citar um exemplo modelar, a Sociedade Propagadora dos Conhecimentos Úteis, criada em 1837.

A história dos livros e das bibliotecas tem gerado muito interesse e faz parte de uma renovação da historiografia que privilegia a história cultural. E que nos leva a fazer a seguinte pergunta: "O que liam esses homens? A partir daí a busca de novas abordagens tem-se ampliado significativamente"[12]. Sobre essa questão, Robert Darnton faz a seguinte afirmação:

> (...). Mas a maioria de nós concorda que um catálogo de uma biblioteca particular pode servir como um perfil do leitor, ainda que não tenhamos lido todos os livros que nos pertencem e tenhamos lido muitos livros que nunca adquirimos. Esquadrinhar o catálogo da biblioteca de Monticello é inspecionar as provisões da mente de Jefferson. E o estu-

---

12 BESSONE, Tania Maria. *Palácios dos destinos cruzados: bibliotecas, homens e livros no Rio de Janeiro, 1870-1920*. 2 ed.. São Paulo: Editora da Universidade de São Paulo, 2014, p.214.

do das bibliotecas particulares tem a vantagem de unir o "o quê" com o "quem" da leitura.[13]

Em outra publicação, Robert Darnton também destaca a seguinte questão sobre a importância da história dos livros:

> (...), mas por toda parte a história do livro vem sendo reconhecida como uma importante disciplina. Poderia até ser chamada de história social e cultural da comunicação impressa se essa definição não fosse tão extensa, pois sob forma impressa e como a exposição à palavra impressa afetou o pensamento e a conduta da humanidade nos últimos quinhentos anos. (...); um campo de pesquisa que se desenvolveu tão rapidamente nos últimos anos que parece pronto a conquistar um lugar no cânone das disciplinas acadêmicas, ao lado de áreas como a história da ciência e a história da arte.[14]

Assim, as bibliotecas privadas permitem uma ampla gama de reflexões sobre os sujeitos e as práticas históricas, permitindo traçar um perfil cultural de Garrett, uma vez que no percurso de uma vida agitada soube produzir uma extraordinária e intensa atividade como escritor e homem público. Consciente de seu valor, em sua vida agitada montou uma bela e interessante biblioteca. Localizada no seu inventário *post mortem*, esse achado nos faz refletir sobre qual a importância de tal acervo na formação intelectual desse homem de letras oitocentista. Ou seja, um homem inserido no seu tempo, um tempo moderno.

Como foi observado anteriormente, não é possível afirmar exatamente quais os livros que foram lidos por Garrett. Porém, algumas pistas podem ser fornecidas pela autobiografia que foi publicada no jornal *Universo Pittoresco*, em 1844.

---

13 DARNTON, Robert. História da Leitura. In: BURKE, Peter (org.) *A Escrita da História. Novas perspectivas*. Trad. Magda Lopes. São Paulo: Ed. da UNESP, 1992, p.208
14 DARNTON, Robert, *Op. Cit.*, 2010, p.189-190.

O *Universo Pittoresco* foi publicado em Portugal, entre os anos de 1839 e 1844, pela Imprensa Nacional em Lisboa, com dois números por mês e dezesseis páginas cada um; foi fundado pelo arqueólogo Inácio Vilhena Barbosa. Os seus artigos eram sempre destinados à história, biografia, literatura, economia, história natural, viagens, costumes, paisagens naturais e curiosidades. Uma parte desses artigos retratava o Brasil, principalmente nas estampas, com destaques para as litografias do artista Legrand. Poucos eram os artigos assinados. Somente alguns eram dedicados à política e à economia.

O jornal tinha como público alvo uma nova camada de leitores, saída de uma classe média letrada, ou seja, indivíduos que, a princípio, supunha-se, tinham poucos momentos para se dedicar a leitura e para os quais era preciso criar uma literatura que pudesse atraí-los. A proposta dos editores era levar aos seus leitores o que poderia ser considerado de mais seleto. Em seu prólogo o jornal esclareceu a questão:

> (...): agora porém, para as classes laboriosas, a quem poucos momentos sobram de seus empregos, era necessário crear uma literatura própria, e de tal arte concebida, que as convidasse a empregar n'ella algumas das horas destinadas ao repouso. Os jornaes pitorescos preencheram completamente esta concepção; redigidos debaixo daquele ponto de vista, estas publicações periódicas devem entremear quanto as sciencias teem demais selecto, e adaptado ás intelligencias comuns, com tudo o que as belas letras podem apresentar de mais recreativo. Deste modo o leitor, que, por mingoa de tempo, não se afoutaria a abrir um livro, cujo volume o desanimára, colhe com avidez estes pequenos folhetos, que principiam por deleita-lo, e finalizam por instrui-lo.[15]

---

15 Estas citações, como as demais retiradas do periódico UNIVERSO PITTORESCO, permaneceram com a grafia original do texto (1839).

No tomo III, no ano de 1844, foi publicado uma biografia de Almeida Garrett. A importância deste artigo está no fato de que ele foi escrita pelo próprio, ou seja, uma autobiografia. É fato que o artigo não estava assinado. Porém, vários testemunhos nos permitem sustentar a atribuição de autoria a Garrett.

Teophilo Braga diz: "Na sua Autobiografia, publicada neste mesmo anno de 1843, e sob os atentados do cabralismo, toma a aludir á promessa feita na memória citada"[16]. E confirma o texto citando um trecho da biografia que está no *Universo Pittoresco*.

Gomes de Amorim, autor de uma monumental biografia de Garrett, ainda hoje referência fundamental nos estudos garrettianos, foi muito claro com relação a este fato: "(…). Na sua biografia, publicada no *Universo Pittoresco* (Tomo III, 1844) da qual possuo o manuscripto original, (…)"[17]. E mais adiante: "Na biografia do Garrett portuguez, publicada no *Universo Pittoresco*, disse o biografado (que outro não foi o autor d'esse curioso documento) (…)"[18]

FIGURA 3: Imagens do Universo Pittoresco: Jornal de Instrucção e Recreio

Fonte: Biblioteca Nacional de Portugal

---

16 BRAGA, Teófilo. *Garrett e os dramas românticos*. Porto: Lello, 1905, p.365.
17 AMORIM, Gomes de, *Op. Cit.*, p. 25.
18 *Ibidem*, p. 29.

A autobiografia citada fez parte de três números do jornal. O artigo foi todo escrito na 3ª pessoa. Traz um relato familiar, como foi a sua educação, a sua tumultuada trajetória na vida política de Portugal desde sua jovem idade até o início de 1844, um relato de todas as suas publicações, as constantes viagens ao exterior, e também leituras que influenciaram a sua trajetória.

> (...). Aos treze para os quatorze estava versado em quase todos os autores classicos da antiguidade, em nossos melhores escriptores, e em muitos dos francezes, italianos, e castelhanos. Do inglez foi senhor mais tarde; e do alemão só bastantes annos depois foi sabedor; mas já nesta edade tinha lido nas traduções francezas as obras de Locke, e de Newton, e ousava arrojar-se ás difficuldades de Leibnitz, e de Kant, ao mesmo passo que Homero, e Camões, Horácio, e Racine, faciam as delicias das suas horas de recreio.[19]

E mais adiante:

> Nos ultimos dias de junho de 1834 partiu o Sr. Garrett para Bruxellas, na qualidade de encarregado de negocios de S.M.F. junto d'el-rei Leopoldo. Nos principios de Julho estava na capital do novo reino da Belgica, aonde, pelo pouco trabalho oficial, que tinha a satisfazer, facilmente pôde dar-se a adquirir, o que ha muito desejava, o conhecimento e da literatura allemã, que até entam não poderá cultivar.
> O ardor com que se deu a este cunho, fez que em breve podesse ousar acometer as maiores dificuldades dele, lendo a par de Herder, e de Schiller, as mais dificeis composições de Goêthe. E gosto, que tomou, principalmente por este ultimo escritor, influiu de tal sorte nas suas opiniões litterarias, no seu estilo, em tudo o que se pode chamar – o genero e modo de escrever de um author – que as suas composições posteriores teem todas um cunho diferente, ao menos em nossa

---

19 UNIVERSO PITTORESCO, Tomo III, p. 298.

opinião, um caráter de maior transcendencia e profundidade, pensamento mais vigoroso, estilo mais próprio e feito, mais verdadeiramente original.[20]

No inventário *post mortem,* encontrado na Sala Ferreira (Universidade de Coimbra), está incluído toda a Livraria que ele possuía no dia da sua morte. Todos os livros foram vendidos. A maior parte dos compradores era composta por amigos, como Borges de Castro e Joaquim Larcher, que era tutor de sua filha.

Nos últimos anos de vida, Garrett morou numa casa que estava situada na rua Direita de Santa Izabel, no número 56, tendo depois mudado para o número 79, em Lisboa. Era uma casa de dois pavimentos, possuía largos portões e com lugar para duas carruagens. No primeiro pavimento haviam uma saleta, alcova, copa, cozinha e a livraria. No segundo pavimento, uma saleta e dois quartos.

A livraria era quase quadrada e possuía duas janelas para a rua. O teto era de estuque branco e as paredes possuíam um tom de verde. Nas janelas havia cortinas transparentes brancas e de lã verde. Entre as portas que davam para o corredor e a alcova, havia uma "banca de escrever" de pau santo com quatro pés torneados em espiral. À esquerda, uma majestosa cadeira que pertencera ao bispo D. Frei Alexandre da Sagrada Família, seu tio. Ao fundo havia duas belas estantes de pau santo, presente do duque de Palmela, D. Pedro. Eram moveis com estilos severos que aliavam elegância à comodidade, tendo uma sequência de gavetas para papeis. Defronte a esses móveis, do outro lado da sala, havia mais duas estantes. Completavam a mobília algumas cadeiras italianas pretas, uma banquinha ao pé da porta do corredor, um tapete e um quadro bordado com moldura de pau santo e pé de ferro. Na dinâmica da livraria, Garrett arrumou

---

20 UNIVERSO PITTORESCO, Tomo III, p. 307.

nas duas primeiras estantes livros de Literatura, Poesia e miscelânea e nas outras estavam os livros de Direito, História e Política.

A biblioteca não era muito grande: possuía 370 títulos com 720 volumes no total, mas era excelente (a quantidade de volumes se justifica porque vários títulos eram edições com mais de um volume). Possuía, entre eles, algumas raridades, como a primeira edição dos *Lusíadas,* que no inventário aparece como bem tratada, e que teve um ótimo valor final de revenda. Tinha algumas obras raras (cito a *Peregrinação de Fernão Mendes Pinto,* século XVI), mas não tão raras para a época, e não foi possível arrecadar valores altos por esses livros. Havia edições dos autores gregos, latinos, ingleses e alemães. Como também bons escritores franceses, italianos e espanhóis, vários cancioneiros, quase todos os poetas portugueses e principais historiadores. Possuía vários títulos em ciências da política e da administração do Estado. Os livros de autores estrangeiros, em sua maioria, eram publicações importadas e escritas na língua mãe do autor.

A partir do que foi afirmado na autobiografia, publicada no *Universo Pittoresco,* foi possível fazer alguns avanços com relação aos gostos literários de Garrett. Não havia em sua biblioteca Locke, Newton, Leibniz e Kant. Entretanto, consta a obra de Francis Bacon (filósofo, ensaísta e estadista inglês), intitulada "The essays or conseils, civil and moral" e que influenciou escritores como Locke e Newton. Dentro dos escritos latinos, Garrett possuía as obras completas de Homero e Virgílio.

Outra questão que merece destaque foram as influências de Herder, Schiller e Goethe nas obras de Garrett. Em sua livraria, constavam duas obras de Schiller e cinco de Goethe, porém não há referências aos títulos. Ele destacou, na sua autobiografia, que a partir da leitura desses representantes do Romantismo alemão, a sua escrita e opiniões literárias se transformaram e que a sua obra ganhou profundidade e estilo mais próprio. Provavelmente não foi por acaso que *Viagens na Minha Terra*, obra de maior destaque da sua vida literária, nasceu após esse "encontro" com a literatura alemã.

Viagens marcou o nascimento da ficção romanesca de assunto contemporâneo na literatura portuguesa. É o início da moderna prosa literária e um rompimento com o discurso da pesada tradição clássica. É uma obra única, quer pela estrutura, quer pelo estilo. É uma obra complexa, misto de narrativa de viagens, de crônica jornalística, de comentário político e de novela sentimental. Nela, Garrett coloca as suas preocupações, principalmente com os rumos de seu país. O texto foi escrito e publicado em uma situação política adversa. Esta circunstância fez da obra um importante testemunho crítico dos caminhos da sociedade liberal e romântica.[21]

O romance é constituído basicamente pelo relato de um fato verídico: a viagem de Garrett, de Lisboa a Santarém, para visitar Passos Manuel, ex-chefe setembrista e o principal opositor da ditadura de Costa Cabral. Os seis primeiros capítulos foram publicados entre agosto e dezembro, nos tomos II e III da *Revista Universal Lisbonense,* e depois foram cancelados. Provavelmente os primeiros capítulos de *Viagens* já estariam causando algum tipo de reação entre os partidários de Costa Cabral. A publicação foi retomada somente em junho de 1845, pela própria *Revista.* Os seis primeiros capítulos foram publicados com algumas alterações, seguidos do restante da obra que será concluída em novembro de 1846, mesmo ano em que saem os dois tomos que compõem a primeira edição em livro.

É importante destacar que entre os títulos estão obras completas de clássicos da literatura inglesa, tais como, Lord Byron e Shakespeare, e da literatura francesa, tais como, Victor Hugo, Moliere, Alexandre Dumas pai, Jean Racine e Alphonse Lamartine. O que nos faz acreditar na forte influência do romantismo inglês e francês em

---

21 Carlos REIS faz um estudo literário detalhado sobre a obra literário de Almeida Garrett e o surgimento do Romantismo em Portugal. Ver: REIS (1993, p. 82-90).

suas obras. Dos 370 livros, 230 eram edições importadas; essas publicações conseguiram maiores lances em dinheiro, justificado pela dificuldade de conseguir essas edições.

Com uma notória formação arcaica iluminista, é impossível não destacar que em sua livraria existiam títulos *A História dos Girondinos* de Lamartine e a *História da Revolução Francesa* de Adolphe Thiers.

Entretanto, Gomes de Amorim, seu biógrafo oficial, nos fala sobre a sua prática de leitura nos últimos dias de sua vida:

> A sua leitura, neste tempo, já o tenho dito, era de obras ligeiras, que eu lhe fornecia. A última que me pediu, e da qual não pode concluir a leitura, pertencia a coleção das *Voyages autour du monde,* com gravuras, algumas coloridas, publicadas por Albert de Montêmont. *As Viagens de Cook*, nesse volume, deleitavam-no muito, recordando-lhe o tempo em que pela primeira vez as lera, na juventude em Coimbra. [22]

É relevante salientar que esse inventário é um documento inédito e o trabalho de pesquisa, com essa fonte, está no início. Ou seja, essas são as primeiras impressões e reflexões sobre esse vasto documento.

Para finalizar, é significativo evidenciar que Almeida Garrett, no percurso de uma vida agitada, muitas vezes marcada pelas provações e infortúnios, soube produzir uma extraordinária e intensa atividade como escritor e homem público. Consciente de seu valor, escreveu a sua própria biografia e deixou uma vasta publicação, incluindo cartas pessoais, oficias e fictícias, proporcionando ao pesquisador uma ampla variedade de fontes que são essenciais para compreender e vislumbrar o século XIX.

---

22 AMORIM, Gomes, *Op. Cit*, p.601.

Periódico

Universo Pittoresco: Jornal de Instrução e Recreio. Lisboa: Imprensa Nacional, 1839-1844.

Referências bibliográficas

AMORIM, Gomes de. *Memórias biográficas.* Lisboa: Imprensa Nacional, 1881-1884. 3v.

BASTOS, Lúcia M. Opinião Pública. In: JÚNIOR, João Feres (Org.) *Léxico da História dos Conceitos Políticos do Brasil.* Belo Horizonte: Editora UFMG, 2009.

BESSONE, Tania Maria. *Palácios dos destinos cruzados: bibliotecas, homens e livros no Rio de Janeiro, 1870-1920.* 2 ed. São Paulo: Editora da Universidade de São Paulo, 2014,

BRAGA, Teófilo. *Garrett e os dramas românticos.* Porto: Lello, 1905, p.365.

BONIFÁCIO, Maria de Fátima. *Um homem singular. Biografia política de Rodrigo da Fonseca Magalhães (1787-1858).* Alfragide: Publicações Dom Quixote, 2013.

CABRAL, Luís (coord.). *Garrett jornalista.* Porto: Litogaia, 1999.

CHARTIER, R. *A história cultural: entre práticas e representações.* Lisboa: Difel, 1990.

DARNTON, Robert. História da Leitura. In: BURKE, Peter (org.). *A escrita da História. Novas Perspectivas.* Trad. Magda Lopes. São Paulo: Ed. da Unesp, 1992.

DARNTON, Robert. *A questão dos livros: passado, presente e futuro.* Tradução: Daniel Pellizzari. São Paulo: Companhia das Letras, 2010.

DUARTE, Luiz Fagundes. A edição da Correspondência: questões de crítica textual. In: FRANÇA, José-Augusto. *O romantismo em*

Portugal. 3 ed. Lisboa: Livros Horizonte, 1999.

GARRETT, Almeida. *Correspondência familiar*. Edição de Sérgio Nazar David. Lisboa, Imprensa Nacional – Casa da Moeda, 2012.

GARRETT, Almeida. Portugal na balança da Europa. In: *Obras de Almeida Garrett*. Volume I. Porto: Lello e Irmão Editores, 1963.

GARRETT, Almeida. *Viagens na minha terra*. Rio de Janeiro: Nova Fronteira, 2003.

GOMES, Ângela de castro (org.). *Escrita de Si Escrita da História*. Rio de Janeiro. Editora FGV, 2004.

GUEDES, Fernando. *O livro e a leitura em Portugal: subsídios para sua História, Séculos XVIII e XIX*. Lisboa: Verbo, 1987.

GUENÉE, B. & SIRIBELLI, J.F. "L'histoire politique". In: BEDARIDA, F. (org.). *L'histoire et le métier d'historien en France, 1945-1995*.

MARQUES, A.H. de Oliveira. *História de Portugal. Das revoluções liberais aos nossos dias*. 3 ed. Lisboa: Palas Editores, 1986.

MATTOSO, José (org.). *História de Portugal – O liberalismo*. 5º volume. Lisboa: Editorial Estampa, 1998.

MATTOSO, José (org.). *História da vida privada em Portugal. A época contemporânea*. Maia: Círculo de Leitores, 2011.

MOLLIER, Jean-Yves. *A leitura e seu público no mundo contemporâneo: ensaios sobre história cultural*. Tradução: Elisa Nazarian. Belo Horizonte: Autêntica Editora, 2008.

MOLLIER, Jean-Yves. *O dinheiro e as letras. História do Capitalismo Editorial*. Tradução: Katia Aily Franco de Camargo. São Paulo: Editora da Universidade de São Paulo, 2010.

MONTEIRO, Ofélia Paiva. *O essencial sobre Almeida Garrett*. Lisboa: Imprensa Nacional-Casa da Moeda, 2001.

MONTEIRO, Ofélia Paiva. *Estudos Garrettianos*. Rio de Janeiro: EDUERJ, 2010.

MONTEIRO, Ofélia Paiva. *A formação de Almeida Garrett: experiência e criação*. Coimbra. ED. IL. 1971.

PERROT, Michelle (Org.). *História da vida privada: da Revolução Francesa à Primeira Guerra*. 4º volume. São Paulo. Companhia de Bolso, 2014.

REIS, Carlos; PIRES, M. Natividade. "A. Garrett e a fundação do Romantismo Português". In: *História Critica da Literatura Portuguesa*. Vol. V, Lisboa: Editorial Verbo, 1993.

RÉMOND, René. (Org.). *Por uma História Política*. Rio de Janeiro. Editora UFRJ, 1996.

RIBEIRO, Maria Manuela T. A Regeneração e o seu significado. In: MATTOSO, José (org.). *História de Portugal: O Liberalismo*. 5º volume. Lisboa. Editorial Estampa, 1998.

SANTOS, Maria de Lourdes C. L. dos. *Os Intelectuais portugueses na primeira metade do século XIX*. Lisboa: Editorial Presença, 1985.

SARDICA. José Miguel. *A Europa Napoleônica e Portugal. Messianismo Revolucionário, Política, Guerra e Opinião Pública*. Parede. Tribuna da História, 2011.

SERRÃO, Joaquim Veríssimo. *História de Portugal. A instauração do Liberalismo (1807-1832)*. 3 ed. Lisboa: Editorial Verbo, 2002.

SERRÃO, Joaquim Veríssimo. *História de Portugal. Do Mindelo à Regeneração (1832-1851)*. 2 ed. Lisboa: Editorial Verbo, 1995.

TENGARRINHA, José. *Nova História da Imprensa Portuguesa. Das origens a 1865*. Lisboa: Círculo de Leitores, 2013.

TREBITSCH. M. & GRANJON. M.C. (dir.). *Pour une histoire comparée des intellectuels*. Paris: Editions Complexe, 1998.

UNIVERSO PITTORESCO: *Jornal de Instrucção e Recreio*. Lisboa: Imprensa Nacional, 1839-1844.

VALENTE, Vasco Pulido. *A Revolução Liberal (1834-1836) – Os "De-*

voristas. 2 ed. Lisboa: Alêthea Editores, 2007.

VAQUINHAS, Irene. "Introdução". In: MATTOSO, José (org.). *História da vida privada em Portugal. A época contemporânea*. Maia: Círculo de Leitores, 2011.

WINOCK.M. *O século dos intelectuais*. Rio de Janeiro: Bertrand Brasil, 2000.

Com licença do Desembargo do Paço: mecanismos de funcionamento da censura no início do século XIX

Claudio M. Correa[1]

Guarneça, senhor, todas as suas fronteiras de soldados, arme-os de baionetas para rechaçar todos os livros perigosos que aparecerem, que mesmo assim estes livros, perdoe-me a expressão, passarão por entre suas pernas ou por sobre suas cabeças, até chegarem até nós.

Diderot[2]

O artigo XI da *Declaração dos Direitos do Homem e do Cidadão* consagrou um princípio que seria enigmático para as monarquias do

---
1 Graduando em História pela Universidade do Estado do Rio de Janeiro – UERJ– e Bolsista FAPERJ.
2 *Carta sobre o comércio do Livro*. Rio de Janeiro: Casa da Palavra, 2002, p. 117.

Antigo Regime: a liberdade de expressão e de impressão.[3] Embora os soberanos de toda Europa tentassem abafar os sinos repicados durante a Revolução Francesa, a partir de 1789, colocando suas mãos sobre os ouvidos dos súditos, era possível ouvir ao longe tanto as badaladas dos acontecimentos revolucionários quanto as fragorosas réplicas do ideário iluminista.

Em Portugal, a situação não se mostrou diversa em relação à cautela com a qual as notícias de Paris e as ideias dos *philosophes* franceses deviam ser recebidas. Na segunda metade do século XVIII, a preocupação com a vigilância das fronteiras literárias do Reino passou a integrar um arranjo político mais amplo, no qual as medidas impostas pelo governo lograram-se reformadoras e ilustradas. O absolutismo ilustrado lusitano corporificou-se nas ações do ministro Sebastião José de Carvalho e Melo, conde de Oeiras desde 1759 e marquês de Pombal a partir de 1770, em uma série de medidas que esboçavam reformas nos quadros morais e culturais das políticas do Estado.[4]

Apesar da diligência régia, os impressos tomaram toda a Europa ocidental no oitocentos, espalhando-se por uma malha livreira que ia de São Petersburgo a Lisboa.[5] O aumento da produção ocorreu devido ao crescente interesse por temas da Literatura, Ciências e Artes, nos circuitos legais; e outros, como literatura pornográfica, sátiras, libelos e crônicas escandalosas e difamatórias, que corriam nos circuitos clandestinos. A literatura efêmera, composta por jornais, panfletos e revistas, se somava aos livros em pequenos forma-

---

3 Proclamava o artigo: *La libre communication des pensées et des opinions est un des droits les plus précieux de l'Homme: tout Citoyen peut donc parler, écrire, imprimer librement, sauf à répondre de l'abus de cette liberté dans les cas déterminés par la Loi.*
4 FALCON, Francisco & RODRIGUES, Claudia (orgs.). *A 'Época Pombalina' no mundo luso-brasileiro*. Rio de Janeiro: Editora FGV, 2015, p. 412-416.
5 Cf. DARNTON, Robert. *O Iluminismo como negócio: A história da publicação da 'Enciclopédia', 1775-1800*. Trad. Myriam Campello, São Paulo: Cia das Letras, 1996.

tos (in-12, in-16, in-18), completando o quadro de diversificação. No entanto, além deles, encontramos a disseminação de instituições onde se podia ler um livro sem necessariamente adquiri-lo, como os *cabinet littéraires*; fatores que indicam uma revolução das práticas de leitura e a multiplicação do público leitor, em espaços diversos e, grosso modo, não controlados por autoridades policiais.[6]

Na convergência entre uma concepção do consumo de letras pelas elites, como ocorria nas academias de ciências, nos *cabinets*, nas bibliotecas e em outros espaços que se multiplicaram por algumas partes da Europa, e um público mais geral, como indicam os historiadores Robert Darnton e Roger Chartier em sua produção historiográfica, o presente capítulo pretende analisar a trajetória da censura no Brasil durante o período joanino.[7] Tarefa que representa, da mesma forma, um exercício de observação do modo pelo qual o medo da influência dos princípios e das doutrinas propagadas pelos autores iluministas refletia-se na sociedade sob a forma de recrudescimento legal. Para tanto, seguimos um caminho traçado através do Atlântico, no sentido Lisboa-Rio, o mesmo percurso que muitos livros realizaram, até desembarcar nos portos *brasílicos*. Sugerimos primeiro recuar um passo, a fim de expor a linhagem desse mecanismo, abordando os órgãos que empreenderam essa tarefa até que a Corte se transferisse. Um percurso tortuoso, mas que demonstrará sua importância. Após essa rápida exposição, propomos a análise dos pareceres e pedidos de licença da Mesa do Desembargo do Paço, entre 1808 e 1821, no Rio de Janeiro.

---

6   CHARTIER, Roger. As revoluções da Leitura no Ocidente. In: ABREU, Márcia (org.). *Leitura, história e história da leitura*. São Paulo: Fapesp, 1999, p. 95-98.
7   DARNTON, Robert. *O Iluminismo como negócio: A história da publicação da 'Enciclopédia', 1775-1800*. Trad. Myriam Campello. São Paulo: Cia das Letras, 1996 e CHARTIER, *Op. Cit.*

A documentação presente no Fundo da Mesa do Desembargo do Paço guarda, na Seção de Licenças, importante repositório sobre a história do livro no Brasil. A partir dela é possível examinar a circulação dos impressos tolerados e proibidos pelo Estado. Tarefa mais difícil, porém, é apreender as práticas de leitura e os usos e significados atribuídos aos escritos por indivíduos e instituições. O levantamento qualitativo de alguns processos pode revelar indícios não só das políticas voltadas aos prelos, mas da cultura do período representada nos conteúdos das obras e na ação dos censores, homens que conheciam a vanguarda literária do final do século XVIII e início do XIX.

Genealogia Institucional

Presente em Portugal desde o início do século XVI, a censura possui uma tripla gênese, conforme o estabelecimento das três instâncias que tomaram parte nessa tarefa. Primeiro, o Ordinário – juízos das dioceses locais –, em 1517, passa a exercer o exame dos impressos em todo território luso; em 1536, com o surgimento do Tribunal do Santo Ofício, a Inquisição implicou-se na tarefa; e, em 1576, o Desembargo do Paço completou a tríade. Essa arquitetura institucional se desenha antes mesmo das disposições do Concílio de Trento (1545-1563), mas se intensifica em decorrência dele. As duas primeiras instituições operavam sob o controle eclesiástico, conferindo a Igreja dois terços do mando sobre as concessões. A terceira, o Desembargo do Paço, representava o poder real frente às questões de caráter político, sem se furtar dos demais assuntos.[8] Independentes entre si e com regimentos próprios, os tribunais exi-

---

8 VILLALTA, Luiz Carlos. Censura literária e inventividade dos leitores no Brasil colonial. In: CARNEIRO, Maria Luiza Tucci (org.). *Minorias silenciadas: História da censura no Brasil*. São Paulo: Edusp/Imprensa Oficial/Fapesp, 2002.

giam paciência nos seus pareceres, pois além da falta de regramento, eram necessárias seis aprovações, duas de cada órgão, para que uma obra fosse liberada.[9] Essa situação mostrava-se contraproducente, e durante a administração pombalina, num impulso de firmar a supremacia da Coroa diante da Igreja e da nobreza, procurou-se secularizar a censura. A fundação da Real Mesa Censória, por alvará de 5 de abril de 1768, surge nesse intuito. Com ela, aboliam-se as três instâncias tradicionais e se concentrava o exame dos impressos em um único tribunal, que respondia diretamente ao rei. Naquele momento, o alvo era mais interno do que externo, uma vez que as diversas acusações arroladas no documento centravam-se nos jesuítas. Mas, não se perdia de vista as vertentes mais radicais do Iluminismo, que podiam atrapalhar a implantação de uma política de absolutismo ilustrado em Portugal. O combate do ministro Sebastião José de Carvalho e Melo ocorria em duas frentes distintas e conciliáveis.[10]

A elaboração do novo *Index Expurgatório* veio completar a reforma. O regimento de 18 de maio do mesmo ano estabelecia um conjunto de dezessete regras que deviam ser observadas para a proibição de uma determinada obra ou de uma categoria inteira de escritos. Dessas, sete tratam exclusivamente de religião, estabelecendo certa linha de continuidade à ideologia determinada pela Santa Sé e levada a cabo pela Inquisição. Condenavam-se ao limbo da proibição os autores ateus, protestantes, judeus, as obras de feitiçaria ou que propagassem a superstição, a apostasia, a heresia, os papéis ímpios, e diversos outros que pudessem levantar falsas doutrinas religiosas ou morais. Outras seis regras abordavam a política. Nelas,

---

9 MARQUES, Maria Adelaide Salvador. *A Real Mesa Censória e a Cultura Nacional: aspectos da geografia cultural portuguesa no século XVIII.* Coimbra: Coimbra Editora, 1963, p. 7-9.
10 *Ibidem*, p. 54-55.

destaca-se o combate aos "livros que contivessem sugestões de que se siga perturbação do estado político e civil", vetando-se qualquer crítica ao soberano e aos "Direitos, Leis, Costumes, Privilégios, Concordatas e Disciplina" do Reino de Portugal. Proibiam-se, ainda, as obras dos "Pervertidos Filósofos destes últimos tempos", aquelas que circulassem sem a devida autoria, e por fim aquelas cuja autoria derivava de membros da Ordem de Jesus. No campo da moral e da cultura, encontravam-se os livros obscenos, indecentes, infamatórios e difamatórios, de um lado, e os escolares que fugissem ao regramento estabelecido em alvará distinto, de outro, somando quatro regras.[11]

O novo regramento revelava as tendências políticas e culturais intentadas pela Coroa. Um terço do documento ocupava-se em estabelecer diretrizes no campo religioso, buscando afastar a ingerência da Igreja sobre a atividade censória, como já demonstrava a unificação da censura. Em sentido mais amplo, negava-se o uso dos meios impressos para divulgação de cabalas, superstições e práticas pagãs tradicionais que permeavam o cotidiano das populações em plena época moderna.[12] Em seguida, tratava-se a política, acentuando as disposições centralistas do ministério de D. José I, salvaguardava-se a manutenção da ordem e dos privilégios estabelecidos e reforçava-se o poder do Estado. Nesse ínterim, a circulação das obras de autores iluministas ou dos membros da Companhia de Jesus se fazia interdita pelo mesmo motivo, o combate ideológico; uns por meio da divulgação de escritos que criticavam elementos fundamentais das estruturas do Antigo Regime e outros pela preeminência que

---
11 MARQUES. *Op. Cit.*, p. 47-51.
12 Em relação às reminiscências dessas práticas ver: GINZBURG, Carlo. *Os Andarilhos do Bem: feitiçaria a cultos agrários nos séculos XVI e XVII*. São Paulo: Companhia das Letras, 1988; BURKE, Peter. *Cultura popular na Idade Moderna*: Europa 1500-1800. São Paulo: Companhia das Letras, 2010; THOMPSON, E. P. *Costumes em comum*: estudos sobre cultura popular tradicional. São Paulo: Companhia das Letras, 1998; entre outros.

haviam tomado no Reino e no Além-mar sobre a instrução e sobre algumas concepções da política.[13] A partir de 1794, já sob o reinado de d. Maria I, a situação mudara drasticamente. O clima assustador tomara conta da Europa, fatos como a fuga dos nobres da França, no final do ano de 1789, a fuga frustrada da real família francesa em Varennes, a Declaração de Pillnitz, pela Áustria e Prússia, o início da guerra da primeira coalizão, o julgamento do rei em 1792 e sua execução no ano seguinte, colocaram o continente e as possessões do ultramar em estado alerta. Em 17 de dezembro, a Inquisição, o Ordinário e a Mesa do Desembargo reassumiam sua função de tribunais das letras. O alvará de 30 de julho de 1795, por sua vez, assentava quais deveriam ser os critérios adotados para que as três instituições realizassem as proibições.[14]

No Paço dos Vice-Reis

A transferência da Corte portuguesa para o Rio de Janeiro, entre 1807 e 1808, ocorreu naquele contexto revolucionário. Empurrada mais pela força dos canhões do que pela potência das palavras, atracou na cidade no dia 7 de março. A partir de então, começaram os esforços para colocar novamente em pleno funcionamento a pesada máquina administrativa do Império Luso-Brasileiro, uma dura rotina burocrática.

Nesse bojo, uma série de instituições foi criada e outras tantas reformuladas, medidas de abertura e liberalização tiveram lugar, funcionários ascenderam ao serviço público e à nobreza, monopólios foram concedidos a particulares, melhorias urbanas foram realizadas. Até então, proibida em todo território da América Portu-

---

13 FALCON & RODRIGUES. *Op. cit,.* p. 454-456.
14 NEVES, Lucia Maria Bastos P. "Censura, circulação de ideias e esfera publica de poder no Brasil, 1808-1824". *Revista Portuguesa de História*, Coimbra, tomo 33, vol. 1, 1999, p. 667-669.

guesa, a imprensa tornou-se legal, a partir da criação da Impressão Régia. A cargo deste órgão ficou a impressão de "toda legislação e papéis diplomáticos" do real serviço e demais obras.[15] Em um jogo de vai-e-vem, típico da política joanina, quebrava-se a proibição da instalação de prelos no Brasil, e consequentemente a de impressão, ao mesmo tempo em que se garantia o monopólio dessa função ao Estado. A própria oficina ficou acomodada no andar térreo da casa de um dos ministros secretários mais eminentes, Antônio de Araújo de Azevedo, futuro Conde da Barca. O que demonstra a importância dessa tarefa e sua estreita ligação com o poder.[16]

O estabelecimento da Impressão Régia do Rio de Janeiro fomentou o interesse cultural na Colônia, possibilitando a publicação de jornais e outras obras de cunho literário. A partir de então, a censura foi atribuída à sua Junta Diretora, com a obrigação de "examinar os papéis e livros que se mandarem publicar e de vigiar que nada se imprima contra a religião, a moral e os bons costumes".[17] Porém, ainda em 1808, numa típica atitude de competição por privilégios entre órgãos administrativos do Antigo Regime, a Mesa do Desembargo do Paço reivindicou o direito de exercer a jurisdição sobre o exame dos livros.[18] Atendida a solicitação, por decreto de 27 de setembro de 1808, o príncipe regente atribuía à *Mesa* o papel de organismo censor no Brasil, estendendo sua autoridade tanto aos textos encaminhados para publicação na Impressão Régia, quanto às obras importadas.[19]

---

15 COLLECÇÃO DAS LEIS DO BRAZIL DE 1808. Rio de Janeiro: Imprensa Nacional, 1889, p. 29.
16 SCHWARCZ, Lilia Moritz. *A longa viagem da Biblioteca dos Reis: do Terremoto de Lisboa à Independência do Brasil*. São Paulo: Cia. das Letras, 2002, 249-250.
17 COLLECÇÃO DAS LEIS... *Op. Cit.*, p. 29.
18 NEVES. *Op. Cit.*, p. 670-671.
19 COLLECÇÃO DAS LEIS... *Op. Cit.*, p. 144.

A *Mesa* se organizava de forma ambígua, ao mesmo tempo um tribunal e um conselho régio, presidido em última instância por d. João, a quem cabia distribuir *mercês* conforme o merecimento do solicitante. Além disso, configurava-se enquanto uma porção menor da Mesa do Desembargo do Paço e da Consciência e Ordens, órgão superior da administração da Justiça, formado por desembargadores e deputados.[20] Esta composição diversa e a análise dos pareceres produzidos pelos censores atestam a flexibilidade do direito, elemento característico das sociedades do Antigo Regime, nas quais o *primado da lei* ainda não havia se estabelecido de forma efetiva e as sensibilidades locais ordenavam a vida cotidiana.[21]

No Paço, o trabalho dos censores envolvia uma difusa gama de objetos, obrigando-lhes a dar seu parecer não só com ciência, baseando-se na extensa legislação que estabelecia os critérios para a proibição ou liberação dos pedidos, na jurisprudência da atividade e das mercês concedidas e na fama dos autores franceses, mas também com consciência, segundo critérios pessoais e normas sociais. Desse modo, não faltaram motivos para que, em abril de 1818, o Desembargador do Paço e Censor Régio José da Silva Lisboa, futuro Barão e Visconde de Cairu, ao examinar a lista dos livros enviados ao engenheiro Daniel Pedro Müller, declarasse:

> Não posso imaginar interpor o meu parecer que Vossa Majestade manda quanto aos livros escritos em língua Alemã, que ignoro, e que indico com o sinal X. Quanto aos outros, parece-me que são dignos da licença pedida, tendo só dúvida no "Abragé d'l'Histoire Universelle de Voltaire, que noto

---

20 CARDOSO, Patrícia Domingos Woolley. Mesa do Desembargo do Paço e da Consciência e Ordens (Verbete). In: VAINFAS, Ronaldo & NEVES, Lucia Maria Bastos P. (orgs.). *Dicionário do Brasil Joanino (1808-1821)*. Rio de Janeiro: Objetiva, 2008, p. 327-329.
21 HESPANHA, Antônio Manuel. Depois do Leviathan. ALMANACK BRAZILIENSE, São Paulo, n.º 5, p. 55-66, maio 2007, p. 56-58.

na pag. 2 fo. com algarismo 1, bem que é a obra de escrito deste Autor, em [que] não dogmatiza as suas opiniões infiéis: "De l'esprit 3 volum."; como não se declara o Autor, tenho suspeita que seja a obra "l'Esprit de Helvecio", que é Materialista. Como a Lista contem muitos livros excelentes, ou indiferentes, e são para uso de seu dono, filho mui douto do censor Muller que tão bem serviu [a]o Estado em Portugal, entendo deferível a Licença requerida [...].[22]

O título original da obra de Voltaire era *Abrégé de l' Histoire universelle depuis Charlemagne jusqu'à à Charlequint* e nela o já censurado autor iluminista destilava a sua concepção de filosofia da história crítica e independente, como se pode verificar tanto neste quanto em outros escritos do mesmo período. Acompanhava a censura *l' Esprit*, de Helvécio, cuja produção havia sido condenada e queimada publicamente pela Sorbonne no século anterior.[23] Segundo Roger Chartier, este tipo de expressão – *l'esprit* – ganhara espaço no século XVIII, ao lado de outras como *la nation* ou *l'opinion,* indicando o nascimento de uma esfera pública.[24] O que torna extremamente curiosa a permissão, mesmo que atenta, pela censura, uma vez que se tratava de um pensador materialista e filósofo do utilitarismo condenado dentro e fora dos domínios lusitanos.

Apesar disso, o censor não se viu em posição de denegar o pedido. Daniel Pedro Müller era um fiel súdito de Sua Majestade, cujo prestígio, a posição e os serviços prestados conferiam toda confiança, integrando a categoria daqueles homens ilustrados da elite inte-

---

22 ARQUIVO NACIONAL – Rio de Janeiro (doravante AN-RJ). Fundo Mesa do Desembargo do Paço, cx. 169, doc. 17.
23 NEVES, Lucia Maria Bastos P. Luzes nas Bibliotecas de Francisco Agostinho Gomes e Daniel Pedro Müller, Dois intelectuais luso-brasileiros. *Actas do Congresso Internacional Espaço Atlântico de Antigo Regime*: poderes e sociedades. [s.n.t.], p. 11.
24 CHARTIER, Roger. *Origens culturais da Revolução Francesa*. Trad. George Schlesinger. São Paulo: Ed. Unesp, 2007, p. 80-81.

lectual da Colônia. Chegando ao Brasil em 1802, como ajudante de ordens do novo governador da capitania de São Paulo, Antônio José de Franca e Horta, ele organizou o Instituto Topográfico desta capitania, levando a cabo diversas obras nos anos seguintes, e participou dos preparativos para recepção da Família Real Portuguesa. Porém, à sua trajetória, soma-se ainda a de seu pai, João Guilherme Christiano Müller, que fora deputado da Mesa da Comissão Geral sobre o Exame e Censura dos Livros, diretor do Estabelecimento da Impressão Régia e censor régio do Desembargo do Paço, pertencendo, além do mais, à Academia Real das Ciências de Lisboa, sendo assim personagem dos altos círculos da Corte. Perfil que faz provável que a remessa de livros de que trata o pedido seja herança da ilustrada biblioteca paterna.[25]

Silva Lisboa seguiu postura diferente, no entanto, ao analisar o pedido de Claude Jean-Baptist Loyseleur. Sua confusão foi tamanha, que o escrivão da Real Câmara se interpôs ao parecer dado, criticando não só o despacho, como apontando a suposta incapacidade na censura. Afirmava que Silva Lisboa "não notou os referidos quatro tomos" das censuradas obras de Mably, "sem dúvida por se equivocar com a letra Francesa". No despacho seguinte, ainda salientava, provavelmente com graça, que havia um equívoco quanto ao item marcado pelo censor com o número 1. Era o título *Denomination des Principaux ouvrages Composant la Bibliothèque de Mr. Loyseleur*, correspondente não ao nome de uma obra, mas ao da lista em si.[26]

O escrivão da Real Câmara, Bernardo José de Souza Lobato, era mais um personagem inesperado dos mecanismos censórios. Ficando preso em Portugal pelo menos até 1811, Lobato consegue que seu filho tome posse do cargo em 1808. Voltando às suas funções em 1813, ele começava as suas maquinações, extrapolando seus deveres

---

25 NEVES. *Op. Cit.*, p. 4-6.
26 AN-RJ. Fundo Mesa do Desembargo do Paço, cx. 169, doc. 8.

quando questionava o parecer dos censores e colocava em dúvida sua habilitação para o cargo.[27] Assim fez, em 1808, no processo supracitado e tornou a fazer em 27 de novembro de 1820, interpondo um novo exame à lista analisada por Silva Lisboa, que pouca monta fez do caso, nas duas ocasiões.[28]

Certos problemas envolvendo as listas eram comuns e significavam mais um obstáculo a ser transposto no exercício da atividade censória. Em março de 1819, o censor régio Francisco de Borja Garção Stockler assevera, em seu parecer favorável, que:

> [...] não há inconveniente em se lhe mandarem entregar, não só por que a falta de clareza com que a relação vem escrita procede evidentemente da ignorância de quem escreveu e não de malícias, mas por que os Livros são do suplicante e entre eles não se nota um só evidentemente pernicioso.[29]

Stockler estava perfeitamente regulado com as reclamações do ofício e as práticas da Corte, deixando transparecer em seus pareceres a afeição que guardava por si mesmo. Enviando, entremeado a um de seus relatórios, a exposição de seus sentimentos e uma breve trajetória pessoal:

> [...] tendo sido a carreira de meus estudos determinada pela profissão de soldado que abracei desde menino, as ciências matemáticas e militares tem sido por toda minha vida objeto de minhas aplicações. É certo que um desejo ardente de instrução me levou a dar algumas horas a outros gêneros de estudos principalmente os da Filosofia especulativa, e de alguns anos à literatura. Mas antes também é do meu dever

---

27 ALGRANTI, Leila Mezan. *Livros de devoção, atos de censura: ensaios de história do livro e da leitura na América portuguesa (1750-1821)*. São Paulo: Hucitec/Fapesp, 2004, p. 234-236.
28 AN-RJ. Fundo Mesa do Desembargo do Paço, cx. 169, doc. 7.
29 AN-RJ. Fundo Mesa do Desembargo do Paço, cx. 170, doc. 25.

declarar a Vossa Majestade que ainda sobre estes mesmos objetos há muitos outros na minha erudição e, portanto, não estranhe Vossa Majestade quando em minhas censuras e informações descobrir evidentes passos desta verdade.[30]

Ao fim, solicitava que as listas fossem melhor distribuídas, de acordo com a extensão dos conhecimentos de cada censor.

O militar, mais tarde, pede demissão da função devido às intrigas de Lobato. A distinção do cargo de censor régio não foi suficiente para que seu gênio suportasse as miudezas palacianas que se amontoavam junto ao escrivão. O que nos conduz à ponderação de Norbert Elias, quando considera que "todo e qualquer vínculo existente [na Corte] ficava incessantemente exposto aos ataques de quem ocupava um nível mais baixo, ou dos rivais e concorrentes do mesmo nível".[31]

Também em referência aos erros, o censor Marianno José Pereira da Fonseca, em parecer de junho de 1819, reclama que:

> A lista de livros franceses exibida por Carlos Durand é tão defeituosa e informe, que merecia ser rejeitada e obrigado o suplicante a apresentar outra que fosse exata ou menos imperfeita. Acham-se títulos truncados, outros que não podem ter por mal escritos, muitos repetidos mais de duas vezes, falham os nomes dos Autores, e o número dos volumes de cada obra. Semelhantes defeitos não só dificultam a censura dos livros, como também suscitam desconfianças e perplexidades no espírito do Censor que atribui a malícia e dolo o que muitas vezes é efeito da imperícia ou negligência dos escreventes.[32]

---

30 AN-RJ. Fundo Mesa do Desembargo do Paço, cx. 171.
31 ELIAS, Norbert. *A sociedade de Corte*: investigação sobre a sociologia da realeza e da aristocracia de Corte. Trad. Pedro Süssekind. Rio de Janeiro: Zahar, 2001, p. 236-240.
32 AN-RJ. Fundo Mesa do Desembargo do Paço, cx. 169, doc. 4.

Exaspero razoável, uma vez que esse repertório fazia parte das manobras empreendidas, sobretudo pelos livreiros, para burlar as proibições impostas, representando outro aspecto da maleabilidade do tráfico de impressos. A ele se juntam expedientes menos elaborados, por vezes mais perigosos, mas igualmente passíveis de sucesso, como o suborno aos funcionários das alfândegas para retirarem um ou outro volume que pudesse ser retido na *Mesa*. Assim, provavelmente, o mesmo livreiro Durand conseguiu fazer desaparecer da caixa retida no Porto a obra *Paralèlle*, de cuja moralidade duvidava o censor.[33]

O processo de censura, que poderia culminar em um recurso ao rei, seguia geralmente um percurso longo, até que o príncipe regente se dignasse a dar vistas. Ao chegar à cidade, o viajante que ingressava com livros em sua bagagem se dirigia ao juiz desembargador da respectiva alfândega para fazer o pedido de entrada. Na hipótese de não poder fazê-lo pessoalmente, por qualquer motivo, era nomeado um procurador para tal tarefa. O escrivão da alfândega transcrevia a solicitação e a despachava, junto com a lista de livros cuja entrada estava sendo requisitada. O despacho chegava ao Paço e era recebido pelo porteiro, que o encaminhava para o escrivão da Real Câmara. A este último personagem restava o encargo de designar qual dos censores régios daria o parecer ou se devia seguir, antes, para o ordinário. Escolhido, o censor examinava a lista, liberando todos os livros ou requerendo o exame daqueles que julgasse suspeitos. Nesse caso, o processo voltava aos depósitos da alfândega para envio das obras para a *Mesa*. Depois de recebida pelo porteiro e despachada pelo escrivão, o censor realizava a leitura e emitia novo parecer, isentando as obras ou solicitando que fossem recolhidas permanentemente. Percurso que tornava manobras ou descuidos parte do expediente habitual.

---

33 Ibidem.

Além da Corte, e da já mencionada alfândega de Santos, todos os demais portos estavam sob a jurisdição da Mesa quanto ao exame de material impresso. O precavido Alferes José Borges de Pinho, entre 1814 e 1816, solicitou licenças para três diferentes cidades. Adiantava seu pedido aos envios "para que naquela Alfândega se lhe não ponha embaraço ao Seu Despacho", como disse em requisição de 30 de janeiro de 1815, quando intentava remessa a Porto Alegre. Ainda nesse ano, fez envio a Angola, endereçado ao capitão Adriano Portella. No ano seguinte, consta uma liberação para um caixote com 650 livros vindos da tipografia de Manuel Antônio da Silva Serva, na Bahia.[34]

Entretanto, não só geograficamente se dava a amplitude da censura. Os livrinhos religiosos, fúnebres e missais, os livros vulgares e técnicos, os discursos, os jornais e tudo mais que se quisesse imprimir passava pelos censores régios. Até mesmo os contratos comerciais, firmados entre negociantes, e de seguros requeriam as devidas licenças. Entre as curiosidades da documentação, está o pedido deferido em 14 de junho de 1819, feito pelo administrador geral da Real Fábrica de Cartas de Jogar Antônio Gualberto, monopólio da Coroa concedido como privilégio exclusivo.[35] Trata-se de provisão para aumentar a produção, o que não estava livre para correr sem autorização.

---

34 AN-RJ. Mesa do Desembargo do Paço, cx. 170, doc. 26. A Typographia Silva Serva, inaugurada em 1811 na cidade de Salvador, foi a primeira tipografia particular autorizada a funcionar no país; anteriormente, a oficina tipográfica de Antônio Isidoro da Fonseca, no Rio de Janeiro, experimentou vida efêmera no ano de 1747.

35 A Real Fábrica era um dos ramos da Impressão Régia que foi desmembrado após a invasão de Portugal, ficava, portanto, sob a jurisdição da Real Fazenda e da Mesa do Desembargo do Paço. Biblioteca Nacional – Rio de Janeiro, Divisão de Manuscritos, I-32, 25, 007 n. 002.

A censura e a História do Livro e da Leitura

A análise da documentação presente no Fundo Mesa do Desembargo do Paço revela diversos pormenores tanto do funcionamento dos mecanismos de censura, cuja historiografia recente trata entre continuidades e rupturas em relação ao período anterior a 1808,[36] quanto das práticas de leitura durante o início do século XIX. Põe-se em questão a pluralidade dos temas, o emprego dos livros, a diversidade das leituras, a apropriação e os usos do texto e outros questionamentos, demonstrando, ainda, como a sociedade do Antigo Regime funcionava de maneira a categorizar os indivíduos segundo suas funções e posições sociais, condicionando a censura e a possibilidade de leitura a estes dois aspectos.

Lucia Bastos, em artigo tratando desse mesmo tema, conclui que durante espaçado período de tempo conservou-se um pensamento muito característico das sociedades do Antigo Regime, onde o escrito estava restrito a uma pequena elite dirigente e esclarecida. No mundo luso-brasileiro a utilização de mecanismos como a censura tendeu a preservar uma ordem estabelecida que estava em vias de ruir, frustrando a constituição de uma esfera pública de poder, a partir da circulação de ideias. O efeito da entrada de novos princípios foi apropriado no sentido contrário, servindo para acautelar as autoridades.[37]

Contudo, o que se verifica junto à chegada da Corte é um aporte cultural que inclui, mas não se limita, a palavra impressa. Quanto a ela, a historiadora Tania Bessone nos fornece rico material no artigo "História do Livro e da Leitura: novas abordagens", percorrendo a historiografia sobre o tema. Nele, tem-se listado as contribuições recentes mais relevantes para esta matéria, como a produção científica

---

36 Leila Algranti, Lucia Neves e Marcia Abreu possuem os principais trabalhos sobre o tema, utilizando como fonte o Fundo Mesa do Desembargo do Paço, presente na sede do Arquivo Nacional, Rio de Janeiro. (cf. Bibliografia)
37 NEVES. "Censura, circulação de ideias...". *Op. Cit.*, p. 695-697.

de Leila Algranti, Márcia Abreu, Luiz Carlos Villalta e Lucia Bastos – para citar os autores aqui utilizados e que realizam pesquisas voltadas, sobretudo, para a censura.[38] Além dos historiadores mencionados, ressalta-se a contribuição da professora luso-brasileira Maria Beatriz Nizza da Silva para compreensão dos meandros culturais desse período. Entre bibliotecas e leituras, comenta que "Assim como a posse de livros não indica necessariamente a sua leitura, também a ausência dos mesmos não significa que os indivíduos não tivessem acesso ao conteúdo de várias obras, ou pelas conversas ou por cópias manuscritas em circulação".[39] Abre, portanto, diversas possibilidades para esse campo de estudo.

Os próprios censores colocavam-se no papel de leitores, quando duvidavam de uma determinava obra proibida, por desconhecê-la ou por já tê-la lido integralmente. Eles eram críticos de sua época, com acesso à vanguarda da literatura europeia, e compunham o seleto grupo de homens letrados a quem cabia aconselhar o rei nos mais diversos assuntos. O conhecimento que adquiriam, porém, era privativo e não um instrumento público, "o inverso mesmo do esclarecimento", como aponta Guilherme Pereira das Neves, "servindo para proteger o próprio Estado da sociedade".[40]

---

38 BESSONE, Tania. A história do livro e da leitura: novas abordagens. *Floema. Caderno de Teoria e História da Literatura*, ano III, n. 5ª, p. 97-111, out. 2009.
39 SILVA, Maria Beatriz Nizza da. "História da leitura luso-brasileira: Balanços e perspectivas". In: ABREU, Márcia (org.). *Leitura, história e história da leitura*. São Paulo: Fapesp, 1999, p. 159.
40 NEVES, Guilherme Pereira das. *História, Teoria e variações*. Rio de Janeiro: Contra Capa/Companhia das Índias, 2011, p. 278. Outros autores consagrados retratam o pragmatismo dos letrados luso-brasileiros, como DIAS, Maria Odila da Silva. *A interiorização da metrópole e outros estudos*. 2ª ed. São Paulo: Alameda, 2005; e, MAXWELL, Kenneth. A geração de 1790 e a ideia de Império luso-brasileiro. In: _____. *Chocolate, piratas e outros malandros: ensaios tropicais*. Trad. Irene Hirsch, Lólio Oliveira, [et.al.]. São Paulo: Paz e Terra, 1999.

Um falso réquiem

No Brasil, em 2 de março de 1821, pouco antes de retornar a Portugal, d. João VI decreta que "fique suspensa a prévia censura que pela atual Legislação se exigia para a impressão dos escritos que se intente publicar". Transferindo o exame dos manuscritos às provas tipográficas e responsabilizando autores, livreiros e editores, em casos de "cumplicidade" com impressos que "contêm alguma coisa contra a religião, a moral, e bons costumes, contra a Constituição e Pessoa do Soberano, ou contra a pública tranquilidade".[41] Uma medida novamente ambígua, pois, por um lado, configura-se enquanto grande passo no caminho a uma relativa liberdade de imprensa; por outro, arrola severas punições àqueles que abusassem da benesse real. Sem dúvida, um falso réquiem para uma morte há muito anunciada.

Entre a *Declaração* da Assembleia Nacional Constituinte e o *Decreto* joanino, os mecanismos da censura portuguesa foram, pouco a pouco, se esfacelando, à revelia ou com a anuência do Estado. Primeiro, a Inquisição deixou de ser instância relevante no processo, devido a sua desarticulação com a vinda da Corte para a América.[42] Concomitantemente, a entrada de obras proibidas ocorria nas malhas do tráfico de impressos ou mesmo com a permissividade e favor dos censores, como demonstram os pareceres da *Mesa*. As elites letradas beneficiaram-se com a flexibilidade da lei, mantendo em suas bibliotecas particulares e transportando para o Brasil uma série de obras cuja leitura era proibida. E, em última instância, o governo luso-brasileiro preferiu o combate material e normativo, faltando-lhe sensibilidade para perceber que a batalha, agora, ocorria no cam-

---

41 COLLECÇÃO DAS LEIS DO BRAZIL DE 1821. parte II. Rio de Janeiro: Imprensa Nacional, 1889.
42 Há de se notar que a Inquisição só deixou de existir com a Revolução do Porto de 1820.

po das ideias, e estas mal entendiam as fronteiras de Sua Majestade,
passavam-lhe entre as pernas ou sobre a cabeça.

Fontes Manuscritas

Arquivo Nacional - Rio de Janeiro. Mesa do Desembargo do Paço,
Licenças, caixa 168.

Arquivo Nacional - Rio de Janeiro. Mesa do Desembargo do Paço,
Licenças, caixa 169.

Arquivo Nacional - Rio de Janeiro. Mesa do Desembargo do Paço,
Licenças, caixa 170.

Arquivo Nacional - Rio de Janeiro. Mesa do Desembargo do Paço,
Licenças, caixa 171.

Biblioteca Nacional – Rio de Janeiro. Divisão de Manuscritos, I-32,
25, 007 n. 002.

Fontes Impressas

Collecção das Leis do Brazil de 1808. Rio de Janeiro: Imprensa Nacional, 1889.

Collecção das Leis do Brazil de 1821. parte II. Rio de Janeiro: Imprensa Nacional, 1889.

COLLIARD, Claude-Albert. La Déclaration des droits de l'homme et du citoyen de 1789. *La documentation française.* Paris: [s.n.], 1990.

Referências Bibliográficas

ALGRANTI, Leila Mezan. Censura e comércio de livros no período da permanência da Corte portuguesa no Rio de Janeiro (1808-1821). *Revista Portuguesa de História,* Coimbra, tomo 33, vol. 1, 1999, p. 631-663.

ALGRANTI, Leila Mezan. Política, religião e moralidade: A Censura dos livros no Brasil de D. João VI (1808-1821). In: CARNEIRO, Maria Luiza Tucci (org.). *Minorias silenciadas: história da censura no Brasil*. São Paulo: Edusp/Imprensa Oficial/Fapesp, 2002.

ALGRANTI, Leila Mezan. *Livros de devoção, atos de censura: ensaios de história do livro e da leitura na América portuguesa (1750-1821)*. São Paulo: Hucitec/Fapesp, 2004.

BESSONE, Tania. "A história do livro e da leitura: novas abordagens". *Floema. Caderno de Teoria e História da Literatura,* ano III, n. 5, p. 97-111, out. 2009.

BURKE, Peter. *Cultura popular na Idade Moderna*: Europa 1500-1800. São Paulo: Companhia das Letras, 2010;

CALBUQUERQUE, Luís de. Stockler, Francisco de Borja Garção. In: SERRÃO, Joel (dir.). *Dicionário de História de Portugal*, vol. VI. Porto: Figueirinhas, 1981.

CARDOSO, Patrícia Domingos Woolley. Mesa do Desembargo do Paço e da Consciência e Ordens (Verbete). In: VAINFAS, Ronaldo & NEVES, Lucia Maria Bastos P. (orgs.). *Dicionário do Brasil Joanino (1808-1821)*. Rio de Janeiro: Objetiva, 2008

CHARTIER, Roger. As revoluções da Leitura no Ocidente. In: ABREU, Márcia (org). *Leitura, história e história da leitura*. São Paulo: Fapesp, 1999.

CHARTIER, Roger. *Origens culturais da Revolução Francesa*. Trad. George Schlesinger. São Paulo: Ed. Unesp, 2007.

DARNTON, Robert. *Censores em ação: como os Estados influenciaram a Literatura*. São Paulo: Companhia das Letras, 2016.

DARNTON, Robert. *O Iluminismo como negócio*: A História da publicação da 'Enciclopédia', 1775-1800. Trad. Myriam Campello. São Paulo: Cia das Letras, 1996.

DARNTON, Robert. *Os dentes falsos de George Washington: Um guia não convencional para o século XVIII*. São Paulo: Cia. das Letras, 2005.

DIAS, Maria Odila da Silva. *A interiorização da metrópole e outros estudos*. 2ª ed, São Paulo: Alameda, 2005.

ELIAS, Norbert. *A sociedade de Corte: investigação sobre a sociologia da realeza e da aristocracia de Corte*. Trad. Pedro Sussekind. Rio de Janeiro: Zahar, 2001.

FALCON, Francisco & RODRIGUES, Claudia (orgs.). *A 'Época Pombalina' no mundo luso-brasileiro*. Rio de Janeiro: Editora FGV, 2015.

FRIEIRO, Eduardo. *O diabo na livraria do cônego*. Belo Horizonte: Itatiaia, 1957

GINZBURG, Carlo. *Os Andarilhos do Bem: feitiçaria a cultos agrários nos séculos XVI e XVII*. São Paulo: Companhia das Letras, 1988;

HESPANHA, Antônio Manuel. Depois do Leviathan. *Almanack Braziliense*, São Paulo, n.º 5, p. 55-66, maio 2007.

MARQUES, Maria Adelaide Salvador. *A Real Mesa Censória e a Cultura Nacional: aspectos da geografia cultural portuguesa no século XVIII*. (Separata do Boletim da Biblioteca da Universidade de Coimbra, vol. XXVI). Coimbra: Coimbra Editora, 1963.

MAXWELL, Kenneth. A geração de 1790 e a ideia de Império luso-brasileiro. In: _____. *Chocolate, piratas e outros malandros*: ensaios tropicais. Trad. Irene Hirsch; Lólio Oliveira; [et.al.]. São Paulo: Paz e Terra, 1999.

NEVES, Guilherme Pereira das. *História, Teoria e variações*. Rio de Janeiro: Contra Capa/Companhia das Índias, 2011.

NEVES, Lucia Maria Bastos P. Censura, circulação de ideias e esfera publica de poder no Brasil, 1808-1824. *Revista Portuguesa de História*, Coimbra, tomo 33, vol. 1, 1999, p. 665-697.

NEVES, Lucia Maria Bastos P. Comércio de livros e censura das ideias: A actividade dos livreiros franceses e a vigilância da Mesa do Desembargo do Paço (1795-1822). *Revista Ler História* (separata), Coimbra, n.º 23, 1993, p. 61-78.

NEVES, Lucia Maria Bastos P. Luzes nas Bibliotecas de Francisco Agostinho Gomes e Daniel Pedro Müller, Dois intelectuais luso--brasileiros. In: *Actas do Congresso Internacional Espaço Atlântico de Antigo Regime*: poderes e sociedades. [*s.n.t.*].

NEVES, Lucia Maria Bastos P. e BESSONE, Tania. O medo dos 'abomináveis princípios franceses': a censura dos livros nos inícios do século XIX no Brasil. *Revista Acervo*, Rio de Janeiro, vol. 4, n. 1, p. 113-119, jan.-jun. 1989.

NEVES. Lucia Maria Bastos P. Antídotos contra obras 'ímpias e sediciosas': censura e repressão no Brasil de 1808 a 1824. In: ABREU, Márcia (org.). *Leitura, historia e historia da leitura*. São Paulo: Fapesp, 1999.

SCHWARCZ, Lilia Moritz. *A longa viagem da Biblioteca dos Reis: do terremoto de Lisboa à Independência do Brasil*. São Paulo: Cia. das Letras, 2002.

SILVA, Maria Beatriz Nizza da. História da leitura luso-brasileira: Balanços e perspectivas. In: ABREU, Márcia (org.). *Leitura, história e história da leitura*. São Paulo: Fapesp, 1999.

THOMPSON, E.P. *Costumes em comum: estudos sobre cultura popular tradicional*. São Paulo: Companhia das letras, 1998;

VILLALTA, Luiz Carlos. Censura literária e inventividade dos leitores no Brasil colonial. In: CARNEIRO, Maria Luiza Tucci (org.). *Minorias silenciadas: história da censura no Brasil*. São Paulo: Edusp/Imprensa Oficial/Fapesp, 2002.

VILLALTA, Luiz Carlos. *O Brasil e a crise do Antigo Regime português* (1788-1822). Rio de Janeiro: FGV Editora, 2016.

VILLALTA, Luiz Carlos. *Os usos do livro no mundo Luso-Brasileiro sob as luzes: reformas, censura e contestações*. Belo Horizonte: Fino Traço, 2015.

Alameda nas redes sociais:

Site: www.alamedaeditorial.com.br
Facebook.com/alamedaeditorial/
Twitter.com/editoraalameda
Instagram.com/editora_alameda/

Esta obra foi impressa em São Paulo no outono de 2018. No texto foi utilizada a fonte Minion Pro em corpo 10,5 e entrelinha de 15,5 pontos.